博观译丛

Duncan Kennedy

邓肯·肯尼迪

判决的批判

写在世纪之末

王家国 译

法律出版社

著作权合同登记号
图字：01－2006－7351

前　言

该书是批判法学运动集体智识努力的结晶之一，书中的思想是我们在过去20年的一些激烈争辩过程中形成的。我非常感谢这些的讨论，尽管我在书中的立场有时不同于那些在讨论中盛行的观点，但它们让我很受教益。书中的思想还形成于教学过程之中，故我十分感谢我的几届学生，他们的提问给了我启发。Nathaniel Berman，Brian Bix，Wayne Eastman，Karen Engle，Aeyal Gross，David Kennedy，Karl Klare，Frank Michelman，Kerry Rittich与Joseph Singer等在本书写作的不同阶段阅读了其部分或全部，非常感谢他们的评论意见。同样还要感谢Eugene Paige与Kevin Vosen，感谢Patricia Fazzone，感谢Mopsy Strange Kennedy。

第三章第三节"策划解释中的策略行为"于1996年《犹他法律评论》第785期发表过，此处略有增改。

目录

引 言

美国通过判决与立法两种不同的途径来组织法律创制,本书对这一社会实践的政治效果提出一套理论。这是一部一般社会理论的著作,写作采用了左派与现代/后现代主义者的视角。该书把判决与立法看做政治与文化生活的组成部分,期望所呈现的图景既令人信服,同时又令人深思。

书中所讨论的主要问题是政治意识形态,简单地说比如"自由主义"与"保守主义",或"州的权利"与"废奴主义"等,在部分司法活动中(最好描述为造法)所起的作用。我认为,司法造法已然成为这样那样的意识形态方案的载体,但上述意识形态取向下的法律工作完全不同于意识形态取向下的立法工作。我通过对这些不同点的揭示来讨论一个重大问题,即判决在社会中的意义与影响。

我的主要分析手段是对采用了各种各样方法论的判决进行细述。法官的造法活动发生在由诸多法律规则构成的完整结构情境之中,面对结构中存在的具体裂隙、冲突或模糊点。法官通过一种手法来解决解释方面的问题,即对此结构的某部分进行重述,然后施展法律论证全部技能来证成其处理结果。意识形态在判决中最重要的影响模式正滋生于这种精细而技术性的法律证成修辞与时下一般政治修辞之间的贯通渗透。

法官在力图得出具体解决办法时有时确实体会到自己受制于材料(materials),即便是在浸透意识形态的环境中工作也是如此。但他们总是打算通过下述手法来产生一种特别的修辞效果,即力图使他们的解决办法有法律之必然性,且与意识形态无关。他们为此效果而努力,但此效果却有悖于我们的认知,即解释中策略行为(strategic behavior)的可能性是根深蒂固的,这里我是说法官受外在因素触动即意识形态选择影响着他们得出一套特定的而非其他的重述与解决办法。事实上,他们似乎经常致力于否认他们的策略行为,而这正使他们陷入失诚背信之境。

基于此一境况,我对判决的后果问题给出三点回答。首先,我们至少能推知它给整个法典所带来的变化,即其中相当一部分是由那些在这些特殊解释约束下遵循意识形态方案的法官创制的。法律创制权力的分配削弱了经意识形态组织起来的多数派(无论是自由派还是保守派)的权力,使他们在任何深受法律支配的主题领域(subject-matter area)都无法带来重大变革。它授权法律界少部分知识分子在立法程序之外来决定他们当中意识形态冲突的结果。不管如何,它为现状增加了自然性、必然性与相对公平性的外表,而这些只有在一个更为透明的政体中才会普遍存在。在每一种情形下,判决都有着保障社会与经济现状中知识阶层的具体意识形态利益及一般阶层利益的作用。

其次,判决在我们政治中发挥作用的第二条路径是通过其与一般的权利观念的关系。权利之存在这一信念既受到权利在法律话语中的作用所支持,也受到其威胁。从我自己的"后权利"(post-rights)视角来看,我将力图表明这种对权利的信仰是如何支持对判决的信仰的,以及对判决的批判有时又如何隐含在权利信仰的迷失之中。

最后,我们以一种矛盾的心态相信着法律理性(legal rationality)的可能性,这与科学理性一道,是我们这个社会用以证明一般制度之"正当性"(rightness)的手法之一。人们从最一般的层面上认为存在从业者可以寄予信赖的专家话语,认为这些话语不仅在意识形态之外而且是反意识形态的,这一观念支撑着大量的去政治化实践即角色专业化。"那不在我职权之内"与"不要把你的工作场域政治化"这些说法之所以被接受,至少部分是因为我们都认为法官角色中立（model neutrality）。结语部分梳理了工作场所政治即判决的批判的一些隐含意义，这种批判发生在法律理论领域之中。

一、约束力是象征手法

法官的形象在美国文化中很重要，有多重共鸣的意义与关联，有玄外的神秘力量。在法官人物形象诸因素中，有两项即解释上的忠诚义务与由此引发的约束感颇具特色。法官被假想为“舍弃”与“搁置”、“抵制”与“超越”了他们个人的利益、本能的或直觉的同情心、派系性的团体裙带关系以及个人的意识形态承诺。他们被假想为“服从于”与“他们自身”相比“更大”、“更高”的某种东西。

法官的神话般形象，部分是因为人们把法官形象理解为是一种奋斗，犹似一种宗教的或僧侣的奋斗，即弃绝人类行为中自然的且又腐化、庸俗的东西，去除其自身个性化的东西。法官必须奋斗以实现他（或她）自己的约束。任何人都能对此进行尝试并在一定程度上成功，但它是一个我们承认可能存在才干、伟大与天赋的领域，身处其中的我们有一种文化上的导演中心论。

约束力不是我们寻求的唯一东西。还有两个其他的深层形象，即法官有训练有素的道德直觉，以及法官是惩治腐败的鞭子。前一种法官洞察到非常琐细的互动中存在的高度复杂性，常为思索正义在具体案件中的窘境而彻夜难眠。后者看穿技术的屏障，发现真相，刺破专制强权的傲慢，诉诸基本的原则与衡平，扶助被压迫者并重建事物的公正与自然秩序。前者内心默默承受着他（或她）只能依据脆弱的理性作为指引所必需付出的代价。后者代表我们所有人勇敢地抵抗三 K 党对他（或她）家人的袭击，并抵制来自位高权重友人的隐晦警告。

法官可能出错，如变得十分独裁、身陷腐败、变得官僚习气或英雄主义。法官的神秘角色模型中，有一些是上帝、大家族中的尊长者、国王和所罗门。尘世间对应于牧师、警官、医生、临床医学家乃至领航员。用性别中立的词汇来描述法官其实扭曲了法官的形象，因为他是德高位重的男权（male power）之多样原型之一，男权系通过在语言符号上比照于母亲、女巫、护士、童女祭品与其他女性品德与权力的形象来界定。

我们唯有承认约束力在此符号复合体中的影响,才能指出约束力在判决中的政治后果。约束感真实而常在,且经常涉及斗争。我们认为法官自己力争服从约束,这正是使我们“相信”法官的因素之一。因为他们服从强有力的规范并依规行事,且一贯如此,故我们(我)钦佩、尊重且敬畏他们,且心甘情愿地赋予他们权力来决断我们(我)的命运。

但恰恰在灌输了这样一套法官认知的政治文化中,存在一股逆流,这好比苹果中的虫子,它是一种学术叛逆,一种颠覆性的或“虚无主义”的学说,旨在消解法官的合法性,褪去他们的光环。于是,又有一股辩护的力量来与批判力量抗衡。本书是批判力量的一部分,同辩护力量保持对话。

由于法官的行为服从于规范即忠于材料,故对他们采用一种“在白板上写字”的态度就是错误的、不合情理或违背誓约的。尽管没有人洁若白板,但这些态度间的区别仍然很重要。服从解释上忠诚于规范的法官,与那些把自己视为不受上述约束的法官相比,也可能会在一些甚为重要案件中创制不同的法律规则,并且会创制与他们若身为立法者相比所创制的不同的规则。

不过我的论题是,判决中法官造法的某个部分最好描述为意识形态的选择,这种选择有个顽固的话语环境即否认选择,否认选择者中有一些缺乏诚信之人。如此之多的法律都创制在这些情形中而不是在一些更为透明的其他情形下,这有什么后果吗?

我的想法是,在文化中(通过歌曲与故事)表现出来的真实的约束感,正统化且强化了在造法情形下的司法权威,而在这里,约束力比喻仅反映了现实情况的一部分。换言之,约束力之实在性的后果之一是神秘化了事中的选择、论辩与判决中的意识形态,而约束力只不过是事件之一部分。

在西欧包括英国,法官远没有在美国那样有影响力。其反响、神秘、日常的交谊与魅力超凡的权力是真实的,但显然不如美国法官。不过,在这种比较中有矛盾之处。一方面,相较于美国人,欧洲人承认某种极接近于立法至上的东西,这看起来破坏了法官的形象,使他不太像一个圣父而更像是一个代理人(agent)。另一方面,法官的从属地位似乎是维护而非破坏了一种假想的法律实在性图景之影响力。

颠覆性学说(subversive doctrine)进展缓慢,并且可能有一个后果,即从属于法律的法官能在政治生活中作为刑法执行者却拥有一种此处难以想象的令人困惑的权威。在量刑方面根本没有什么是自然或不可避免的,同时,我们无法简单地解说复杂的文化差异。不过,差异的存在诱使我们思索,各种文化中共同或不同的因素是如何在司法工作者(judicial persona)那里发挥作用的。

二、批判社会理论、左倾、现代主义与后现代主义

这里的讨论将在一个特殊种类的社会理论中进行。它是描述性的,有人或许会说是假说—描述性的(hypothetico-discriptive)。它试图描述很大一部分社会生活,有时会打破社会科学的学科界限。它对社会现象作心理分析并从社会学角度解释心理现象。它所采用的视角是无情地"批判",既表现在抨击现存的社会与文化安排,又表现在对文本与实践的内在批判上。近来,在这方面有一些先行者,如萨特(Jean-Paul Sartre)[1]、马尔库塞(Herbert Marcuse)[2]与米歇尔·福柯[3],当然,他们比这里所表述的立场更有抱负。

敏锐的读者会觉察到,我试图在这一流派中展开研究时存在两股张力。其一,虽然我的陈述看得出来显然处于这一传统之中并且采用了这一传统中的许多广为人知的范畴,但它只是严格谦抑版。我的注视点只包括大师们所关注的整个范围的一小部分。我据以建构我的理论框架的要素包括意识形态与正统性(legitimation),但表现为一些现世的形式:美国自由主义与保守主义,它们强化了现状而非"资本主义"。我的结论只是一些假定,即便都被证明正确了,它们也会是既不明显违反直觉的,也不显然有用的。

话说回来,这种谦虚是一个大规模争论的结果,即批判方案的支持者与**自由主义**支持者之间的争论(我用黑体是因为我想指一个更大的世界观,包括美国的保守主义与自由主义,第一章第二节将有详细讨论)。就像在任何争论中那样,我已竭力去掉或回避那些来自论敌的十分有力的异议,回避掉谈话中那些随时能满足我的修辞目的但却是偷来的技巧与

特色的方法。我在美国改革派实用主义氛围中成长，发现它根本难以吸收欧陆批判家们(continental critics)的主张与方法。我不必一同放弃此二者，我更乐意调和它们。

其二，也是更重要的，判决后果理论，与一般的批判法学运动，看起来有一个模糊的接合点，铰合着两项完全不同的、时有互补又时有冲突的事业，在整个讨论中，我把它们称为左派(the left)方案与现代／后现代方案(the modernist/postmodernist projects)。我这里用的"方案"是作为一种艺术术语使用的，即像橡皮泥一样可以塑造的艺术术语。

方案，是一个持续的、目的取向的实践活动，它建立在某种分析(有着文本的或口头的传统)之上，但目的与分析随着时间的推移而并不必然地内在融贯或一致。它是一种集体的努力，但所有的参与者都可能因时而变，人们随时都能参与其中而不必支持甚或不必关注其整个认知或实践活动等。

特定情境中的实践部分对理论有很大的影响，反之亦然，但二者从未完全相互符合。除非人们这样来看待，否则它就不成其为方案，不过人们看待它的方式并不排斥局外人对它有所评说。自由主义与保守主义是"不同意识形态知识界的不同方案"，现代／后现代主义、左倾与批判社会理论也是如此。

左派方案的目标是改变现存的社会等级制度，包括阶层、种族与性别等方面，旨在获得更大的平等与更大程度地参与进公共与私人事务管理。分析方法包括一个批判部分即对现行安排中不公正的与压迫现象的批判，一个乌托邦部分，以及一个实证理论部分即事物何以变得如此之糟和为何会停滞不前。实际做法涵括很大范围，包括从完全闭门展开的学术研究到对选举或行政过程的参与，再到组织方面的微观政治与家庭生活中的微观政治。

左派方案叠合了(即部分相同又部分不同于)我在第一章第二节中将予讨论的自由派的与保守派的方案，以及"激进的"马克思主义者的革命方案、无政府主义、黑人民族国家主义与彻底的取消种族隔离论、激进的女权主义以及同性恋自由主义。其与各者间的关系，以及与其他类似思想的关系都受到争议，正如其本身的存在受到争议一样。一个有关联的脉路就是对立论(oppositionism),它对左派思想很重要只是因为它有时对自由主义与马克思主义很重要。另一个就是普遍主义(universalism),它基于身份认同(identity)而区别于政治运动。对它是否作严格的界定,对我的研究目的而言并不重要。

不过,我会努力使我自己的思想更易于理解,我将通过我个人与这项事业相关联的几点线索来谈,亦即把我自己放置到多少有些熟悉的左派风格或特征当中。我的政治身份已变化多次,但它初成或诱发于青年期的经历,即听到别人受到了压迫的故事,故事充满共鸣又令人愤怒,充满罪恶感,但没有付诸行动的暗示。直接的压迫感发生在家庭(没有姐妹)、在级进式的小学、在寄宿学校以及在邻里间。学校里,有不同届级学生间冲突,在男孩小团体中有暴行专治,有性别间的冲突与诱惑。邻里间,基本的矛盾是颠倒阶层等级:中下层的工人阶层的天主教白人们压迫中上层的新教与犹太教白人。

这种发生在公共领域与经济领域中的对他人的压迫围绕着一个自由/保守的轴心被理论化了。麦卡锡主义者压迫共产主义者(大多数"像我们"这类人成了受害群体);南方白人压迫黑人;在苏维埃阵营中共产主义者压迫自由主义者及其他人。在我们身边,我们认识或差不多认识的黑人与工人阶层应受无限同情与毫不犹豫的尊重,因为他们的生活比我们更为困难,因为除了我们自己之外,有许多人对他们持有偏见。

日常生活中,压迫发生轴心主要围绕模糊的交界点、基本未理论化的代际问题、性别以及邻里之类。上流社会革新传统似乎更像是一种文化与阶层的态度,即被一小部分知识分子创建和拥有,而不像一种纲领(program),比如民主党中阿德莱·史蒂文森(Adlai Stevenson)一翼的纲领。

现代/后现代主义(简称 mpm)是一个不乏争议的概念,它是一项方案,目的是在破碎的理性篱苑之边缘或裂隙处获得超验的审美/情感/智识上的体验。现代/后现代主义的实践活动集中于人为事实(artifact),即一些人造的或人为的事物(可以是高雅艺术、极世俗的事物、文本的解构抑或是宴会时的管弦乐)。

制作与欣赏人为事实是两条通向超验体验的道路,但它们双双颠覆了经验之理论。分析学,在现代主义中总是事后追溯式的,现被植入进了后现代主义者的行为之中,并且强调普遍存在着被压制或否认的"初元的力量"或"危险的增补",强调那些被假定为不可改变的形式媒介之可塑性。

现代/后现代主义叠合于(既包括又不包括):有宽心之效的意识形态;在现代文学、绘画、音乐、舞蹈之类中的前卫派运动;法国的后结构主义;文学理论以及其他诸如此类。妇女、有色人种与同性恋已大量出现于现代/后现代主义者中。它与左派共享着统一的对立论,但一般指向"官方"或"资产阶级"的文化,"男根崇拜主义"与理性主义,而不指向政治、社会与经济现状。另一个统一的线索是"后式"(postness)态度,我把它直接归为"信仰的迷失",它针对的是理性化、普世化(universalizing)的主张以及对现代精英的期盼,这些精英不论是左派或右派的、个人的或政治的、学术的或实践的。

我后面会把这种现代主义与其他诸多形式区分开来。不过自传体式的小片断可以澄清我的用法。我的父母把我社会化入一个厌恶资产阶级压迫的传统并崇拜形式创新,而未化入政治激进主义传统。这些调子就期盼……原创性……成艺术家。原创性是指拒绝惯例主张与群体生活,因此注定孤独(疏远)。教育教会我抵制资产阶级本质,诸如"个人"、"人"、"民族国家"、"阶级"、"种族"、"家庭"甚或尤其"人性"。只要我们愿意让它们背弃"联合"与"朋友",爱德华·摩根·福斯特(E. M. Forster)的两句格言就可以说明一切,即"只有联合起来"与"若我必须在背叛祖国与背叛朋友之间作一选择,我希望我有勇气背叛祖国"。

对资产阶级生活的批判扩展到激进的政治学。有一股时髦风、审美潮——与政治静默教。艺术对于资产阶级是妥协的与间质的,也是对抗的与轻蔑的。现代主义者摆脱革命派与共产主义者传统,因为左派在文化事务上(社会现实主义,革命清教徒主义)证明是超资产阶级(hyperbourgeois)。他们事实上既憎恨无政府主义的元初底层力量,又恨形式主义的批判、实验与变革。

三、批判法学运动

我已经在美国批判法学运动(CLS)语境下讨论了我自己对左派/现代/后现代主义方案(left/mpm project)的理解,这里觉得有必要对批判法学运动做个简述。据我所知,批判法学运动存在四种非常不同的模式。起初,曾经有一场"运动"(movement)被称作CLS;现在仍存在一个批判法学"派"与一种被称为CLS的"法律理论";还有一种介质即"仿真陈述"(factoid)有时被称为CLS。

我用"运动"仅指上述所讲的一个"方案",即一个大体上身份认同的团体根据一种分析结果所实施的有目的取向的实践活动,这种分析结果包含在内容多变的文字之中。批判法学运动方案中的人绝大多数是法律学者;其目标在该团体中仍有争议,但我的观点是,我们就是努力创立一个左派法律学术圈,作为一个新的社会团体,其能够影响自己的工作场域与一般的政治文化。

两项实践活动正沿着左派/现代/后现代主义方向改变着各法学院,正在创作法律学术作品以期在法律圈内提出左派思想。CLS是一项运动而非一项方案,因为"改变"、"生长"与"反对"之类的观念已深植其中,这些观念已成了有意识的集体目的。另一种实践活动是通过招募新人、处理公共关系、发展内部关系来"构建运动"。社会/政治/学术网络在20世纪70年代末与80年代初"曾是"批判法学运动,但在80年代晚期开始分解了,原因已在其他地方讲过(包括受主流的规训与诱惑,性别与种族政治,代际紧张,后现代主义的出现,无疑还包括领导层的失败)。[4]但各种各样的后继团体在一如往昔地活跃着。

作为一个思想流派的CLS,就像这种运动,因为它是一项方案,但它是严格的学术方案,即培育由共享一套理想的论者与教师组成的网络,而不是一种学术/政治方案即试图通过改革法律教育来变革社会。该学派的成员都试图扩大成员与影响力,他们多少有些攻击性地批判过主流法律学术,但他们这么做却并不力图挑战他们制度中的游戏规则或权力平衡。

该学派的社会组织建立在教师—学生与导师—门徒的关系之上。特色性的活动包括招募新人并帮助其推进研究以壮大本学派，组织学术活动以使该网络中的广大成员可以交流思想并建立大学间的关系，在适宜的学术场合“展现”批判法学，即在法律思想中现有的不同学派面前露一下锋芒。

内部的政治是代际政治与职业政治。它们包括在代际间与同代人中影响力的期盼，思想地盘的竞夺，成功与失败、英雄主义与机会主义变幻剧，学术职位的攀附。该学派不同于运动，它在一少部分法律教员中已被制度化，且在社会上不断复制自身，在学术上不断发展自身。

CLS 作为一种法律理论，存在于形式完全不同的精品之作(canon)中，即一些“是”批判法学的文本以及一些评论与批判中。你可能从未参与过此运动就成了上述所谓精品文本的作者，你可以提出一套解释来帮助把批判法学界定为一种法律理论，说它如此有影响主要是因为它声名在外。与其他人一样，我努力让我写的作品能构成批判法学的精品并能“助它一臂”以便与其他理论相媲美。批判法学作为一种法律理论是非常活跃的，在公认为有竞争力的理论中“小有名气”，并且随着人们不断写“批判法学文章”与其他对“该”理论的评论与批判文章而逐步发展。

既然正典精品是由多方构成的，我得像其他作者那样努力让我的思想也引入其中。唯有文本而非人能“列入”精品之作中，而人与历史运动或眼下后继团队的关系无法保证(尽管这种关系显然确实强烈地影响着)他(或她)有能力使其新作列入精品。本书就是尝试着加入精品并通过发展它、强化它且在我喜欢的方向上改变对它的理解，以此来改变该理论的“现状”。这也意味着要批判并努力剔除在批判法学精品中许多我认为错误的思想。

最后，批判法学近期曾是，并可能作为仿真陈述而再次呈现为一个独立体，表现在大众传媒供给我们娱乐和消遣的“景观”(spectacle)中。[5]在这一景象中，批判法学“是”新闻工作者所决定的样子。批判法学参与者或理论家所形成的网络能够影响其外观及其所为，但作为景观中的一个人物只能通过满足什么才算是一则“叙事”的刚性标准来影响它。

在景观里，故事中的元素既要常见又要简明，同时，整个叙述还得新颖或至少让广大受众觉得有趣，还得有启发性。因此，批判法学应当经一些人来“检视”或“解析”，比如“80 年代出现在哈佛的60 后激进派们”，但不是“乐于整合新左派、新马克思主义、文化现代主义与女权思想的那些人，这些思想在自由主义主流的法学教授当中激起不安”（不是说后者可能“正确”）。

这场景观就是持续往复的世界历史，而建构它的新闻工作者们服从叙述上的约束。一旦批判法学到这场景观中发展出一套仿真陈述或虚拟存在，以后对判法学“所作所为”的解说就必定保留下早期特征（新闻工作者只研究先前同行们对批判法学所作的言说），尽管在叙述上这种特征可以有所变化（比如，“批判法学随时间的推移已失去其善战的锐气”）。我感到相当骄傲的是，我们这些批判法学运动早期参与者成功进入了景观的“真实世界”。不过令我震惊的是，银幕上的事件同我所身处的银幕外“真实世界”所发生之事相比，相互符合的是何其之少！我震惊的是，叙述受到有效约束时，分歧仍在不断增加。这恰好表明，我自己就是此景观之观众中的普通一员。

四、批判法学中的左倾与现代／后现代主义

左倾与现代／后现代主义这些概念，有助于理解发生在批判法学中的许多争议，这些争议产生于当年它还是一场活跃的运动之时，在它被理解为一个法学学派或理论时这些争议仍存在。来自左派的抨击既有内部的也有外部的，抨击焦点常常是其 MPM 属性。在唯理论层面上理解的“具有正当性”（Being right）已成了左派思想的关键部分，在这一左派方案中的 MPM 支翼则反对一切形式的正当性（rightness）。左派们对此方案的其他批判源自一项要求，即理论应当促成现实中一种具体的行动模式，尽管时髦派、审美派、政治上的静默派等 MPM 众支翼反对这一设想。

从其他方向对此方案展开的许多批判源自 MPM 的最大化论（maximalism），即要求下述行为得正当：完全拒斥正当性并由此证成静默主义。回应就是驳斥本方案对某种承诺的明显要求（demand for commitment）。其他 MPM 批判（如主体的复活，未能看到万事早已处于结构之中）也被激起。MPM 中常有一种认识，即批判应当旨在获得消极的自由（negative liberty），反对形形式式的资产阶级道德论与伪善。此方

案中的左翼似乎与右翼一样有威胁性。

赞成现行美国批判社会理论的谦抑特征,其理由可能是在这套理论中的 MPM 似乎有一种“吹毛求疵”倾向,此倾向有可能会毁灭左翼。具体说来,在批判法学运动中,判决的批判已涵括了一些思想的发展,但矛盾的是,这些思想改变了判决的原初功能,把它从一个直接用于反对自由法条主义(Liberal legalism)的驮马变成了一个特洛伊木马。批判像摆脱了缰绳(判决)的野马,抨击一切“前批判”(precritical)元素,而这些元素看起来是保持左翼完整性特征所必需的。

我将努力指明,在批判法学中,除了 MPM 之外,仍然有某些东西既站得住脚又属于左翼,不过这一努力要求放弃或缩减许多在若干年前可能看起来很合理的左倾观点。这就要求展开分析,这种分析有时候似乎害怕其隐含义,这一点我想读者也早已知道。所以在第五章第三节中,我将让左倾与现代/后现代主义直接对质。有效解决它们间的冲突需要改变各自的传统含义,以期这种改变会迅速带来生机(一个典型的现代主义复苏方案)。

五、颠覆

本书是法官的批判(the critique of judges)这一长期方案的一部分,并因此带有一些颠覆性的抱负。在批判者与辩护者之间的争论中,大多数争论话语有个预设,即争论者之间的共同有道德与智识架构。然而,对于辩护方来说,指控批判方背叛了法律之治的理想或背叛了理性(Reason)本身,这并不鲜见。(从我们这边看,我们不乏冷嘲热讽,比如我很快将要去摆平的“辩方”的一些无根据指控)。这些指控有一特性,一定程度上就像指控信仰者中的异端那样,在法律学术性争论中也存在一股暗流,即不赞成对方看法就转而去责难或人身攻击,这就远超出相当单纯甚至枯燥的学术问题,而学术争论只就问题讨论问题。[6]

我有些惊讶并且经常感觉受到了这种抨击的伤害,尤其是在攻击我个人的时候,因为大多数时候我把自己看做有良心的“好人”,虽然有些叛逆与失礼,但我只希望说服别人甚至留下印象,而不是煽动人们厌拒道德。有些主张说出来是为了救助受伤的自爱欲。一是作为 20 世纪 50 年代的自由主义者,我憎恶忠诚之誓并以此为骄傲;二是我意识到下述想法其本身就有一种坏倾向故而在此推理上应予以排除,即队为有些思想天生存在一种不良倾向。

不过我确实认为,法治理想与理性理想二者都深蕴于这些学术性的(technical)法律讨论中。很多人(包括我)把20世纪看做集体致力于摆脱无辜残杀(innocent blood)的世纪,许多残杀都是受恶人包括邪恶思想的煽动。故此,本书提出一些思想,首先是关于法治的,其次是关于理性的,或至少关于于"客观性"的。我想说我承认自己"相信"上述二者,但是在我看来,系争的这些理想几乎没有多少自由主义理论家们所期望从中得到的光芒四射的权威性(authority)。

六、法律之治

一套法律制度,一般在民主资本主义国家如美国、比利时、捷克、日本与澳大利亚,在管理、生产以及社会秩序等系统中有其重要的作用。但它并不是在上述每个国家中发挥同样的作用,实际上根据各国内部系争的部门不同,其作用非常不同。我所"信仰"的法治之概念,是作为一项政治道德的问题来谈的,因此是广义的,故而人们有理由说它普及于所有这些国家之中,尽管有时候只有在受到破坏时才觉得珍贵。

如此广义的法治概念要求:

私人(one private party)能对他人做什么,执行官能对私人做什么等应当有一些可在法庭上裁判的法律约束;法官相信自己受命而独立执行这些约束措施,即独立于行政、立法机构和政党的观点;

法官认识到自己受约束于一种规范,即在解释上忠诚于那些与所受理纠纷相关的整套法律材料。

法治之下,市民们自动地获得了"权利",即在有限但重要的问题上可以诉诸法院来控告其他人,当他们感觉到行政官员违背法律规范而致其受损时也可控告行政官员。在此意义上,权利就是对私人或公共行为有可司裁的约束之逻辑必然结果,即便没有《权利法案》,没有司法审查制度，没有在法律上对个别国家认为是“根本性的”一些特定权利的承认，它们也“存在着”。

换言之，这是法治的一种程序上的或制度上的定义，而不是一个建立在或附随于具体的实体性合法政权的定义。我非常愿意举手宣誓，我认为这种程序性／制度性的安排是一件好事，相比之下，在现代资本主义、法西斯主义与共产主义政体中盛行的安排就没有有效地分离出政府权力，或没有在政府与政党权力之间作有效分离，或在审判中没有一套有效的解释上的忠诚规范。

不过，我有两点保留意见。第一，我不认为法治是一种绝对价值。它不必然蕴涵于某类根本概念之中，而只是一个工具性概念，其价值依赖于其他现代西方自由主义制度的状况，所以把它套用到另一类我们不太了解的社会其实没有意义。它有时得与某些观念妥协，比如突发事件、国家安全甚或“实体正义”。第二，制度已经并仍将有严重的负面效应（这不是制度内在逻辑问题，而是制度在西方社会与文化中之随境况演化的问题），我在本书中就是探讨这一效应。在所有的西方制度中，法官、法律权威人士与政治学家们用来对国家权力之运用进行正统化的话语，都否认（压制、神秘化、扭曲、隐瞒、规避）两个关键现象：(1)法典中或普通法中，既定规则在多大程度上可以构建公共与私人生活以至于能授权某些团体而损害其他人，以及从一般功能上讲能复制代表系争社会之特征的等级制度；(2)法律规则体系在多大程度上含有裂隙、冲突与模糊，而这些不确定因素的解决竟借助于法官遵循这些有意识、半意识或潜意识的关于等级问题的意识形态方案。

我重申一次，西方社会法治的这些所谓的现行缺陷，并不是上述程序／制度的法治定义所固有的。我们本可以受益于一个没有这些缺陷的司法体系(judiciality)。“反事实的立法至上”(counterfactual legislative supremacy)是指法官应当少造法而立法机构多立法的情形，这一概念将允许我们探究我们现行法治的负面效应，而不必怀疑（或就此而言得进一步讨论）其持续存在的优点。

七、客观性

我的目标是这样表述判决,借用一个被多种方法论可资利用的概念媒介即人们所谓的“社会—合法律性”(socio-legality)。我希望这种表述能吸引受众并留下一个左派/现代/后现代主义的政治与文化影响。如果你愿意,你会发现这些含含糊糊的词汇中隐含一种客观说或理性论。

(一)社会—合法律性。这是一杂堆的资讯、输入信息或现象,我记载下(观察、收集、测量)它们,然后改装为我表述判决的一些部分。它包括法律规则、法律话语、法律制度贯彻者的行为以及下述一般意义上的社会行为,即看起来明显受影响于或显著影响到判决现象的社会行为。简言之,几乎所有东西都是我利用的对象。

我对判决的描述是“一幅精选的图景”。意思说,我在决定何者可入选与如何入选时要经过许多选择。也就是说,我寻找我想找到的东西并坚持到底直至找到,当最初找到的东西不符合试图建构的图景时,我也经常改变我力图寻找东西的标准。

不过有时在一些具体方面,社会—合法律性也有客观性。当我记录下某事物时,我有时情不自禁地以一种独特的方式来看它,尽管我并不真心想要那样看它。我搜寻中所记录下来的东西能促使我在表述中作一些改变。这些数据不支持假说。我就完全无法找到我本来认为客观自在的东西。这种表述并不出口即真。时有驳倒我理论的事情发生。其他人提出“更符合事实的”表述或只是提出一些事实来推翻我的表述。

(二)被多种方法论资以利用的概念媒介。本书在方法论上是兼收并蓄的。书中使用的概念、技巧与行为模式采自技术性的法律分析、法理学、新马克思主义、韦伯的社会学、符号论与结构主义、心理分析、历史主义叙事、勒温的场论、现象学、现代的拟制以及解构。

第一,我选择了折衷主义,部分是源于一种确信,即我能透彻了解用法的每一种方法,与一般意义上的方法论都遭遇过批判,此批判颠覆一个主张即上述方法论之践行者会必然得出其所表述的事物真相(truth)。所以我不相信我的对象(判决)事实上仅且确实符合一种表述,这种表述是在一种“正确的”方法媒介中得出的。无论我采用何种方法,对象都会凌驾或超出我的表述,并且事实上超出我的理解力,这对我而言是个折磨。然而我不认为,方法论的批判已经完全废掉了我收集的这些所有的方法并由此会证明我用这些方法所做的一切必然只是个谎言。

第二,折衷主义表达了现代人信奉表述(representation)是一条双向道——我想完全了解我的对象,去调适它,消化它,把它植入进我自己的人造事实从而使它能对我的受众起作用。但我不想把它还原成依某个具体方法所表述的样子来消除其外在性。

第三,我认为折衷主义在政治上是正确的。许多人相信,每一种方法论有深植其中的具体的政治偏向(比如,解构就是遣散),不过我不认同。我认为我能很好地遵循我的政治目的,时而换用各种方法,而其他人也能做到。人们认为的政治上不正确的一些方法,有些用法却表明它们能够在政治上是正确的,这就是一种去具象化步骤(de-reifying move),它有助于增进实践中的行动自由,也能确认一般意义上的自由。

赞同折衷主义的最后一条理由是方法论铁律,这将等会儿细述。

(三)表述。判决的表述是一个文本,它描述、分析或塑造了社会—合法律性的一部分。我思考一种说法即判决是一种"外在着的"客观真实,因为从上述层面看:"它"是某种东西,能支配作为认知与表述主体的我。我同意批判那些(其他人)表述有误的具体表述。但我无法理解的是,说这种表述是客观的。

我的想法是,你最多只能希望你的表述不会沦落为弄虚作假。这通过外在或内在的批判而展开。你或其他人提及处在表述之背后或周围的客体时,得出一种体验即"不适合"、"不可变更"、"事实上时刻表没有安排任何列车那时驶出"等,这些我在前面讨论过。或者,模型的内在逻辑是自相矛盾的。不过,你的表述没有被证伪并不意味着它就是"真的"或它不会很快被证伪,尽管你很努力或心意很诚。

鉴于对我采用的每一种方法与一般的方法论的批判,客观性就只能意指"一种(仍)未被证伪的表述"了。至少,这是我从这些批判中得到结论。

受众从(至今)尚未被证伪的社会法律研究中(socio-legal studies)所能期望的,不是客观性而是一种"碰撞"(hit),产生这种碰撞的途径是把我们自己放置到与客体(如判决)、作者以及作者对客体的表述这三重奏关系之中。现代主义者陈述的目标是要制造一种人为事实，即一种再现(representation)，它能引起受众忘我迷醉、提供信息或可能改变受众而不必理解为像镜子般反映真相，其实通常的办法是游走于表述的边际含义中(即方法论的)。

在这一现代主义模式中，作为人为事实的陈述预设了受众与对象有着独特的关系：受众有自己的途径介入对象(如果对象是某人的行为，就有可能反之亦然)。受众正努力提高自己的理解力，而不是凡事皆依赖于表述。这都处于一个三角关系之中。

拿一个旅行者来作例子，他想知道火车何时驶离但除了列车时刻表外他无法获知此信息。他只关心时刻表的表述是真的还是假的。相比之下，赞同人为事实的受众把他自己对对象的理解与表述相核对，如果人为事实“管用”(重大假设)，他会通过理解表述本身而获得信息，而不因二者之间有惊人相似之外还有彻底的不连贯性就无所适从。(人为事实与对象有一种换喻关系。)

(四)政治/文化影响。我通过制作人为事实来改变世界的方案是左翼的，并且在文化上是现代/后现代主义的。我的思考基于一个假设，即社会领域方面看起来大错特错的事就那样(that way)，根本不顾人们深切地期盼正义与活力。而且诸种信仰体系以不同于我们期盼的方式构造了我们自身，并阻碍我们努力去实现正义与活力，即虚假的表象让人看起来它们无法实现或早已被实现。我的想法是与其他人一道提出一些表述，这些表述将不符合这些“有正统化作用”且“基本的”信仰体系。

该做法的检测标准就是，把这些表述植入左派/现代/后现代主义政治与文化方案的受众是否认识到这些表述的价值。此目标对选择表述什么与如何表述，包括方法论的选择有巨大影响。支持它的理由是方法论铁律：越“靠实”(能够被计算，极可证实与可复印，主体间“有效”)，就越“狭隘”(局部的，片断的，无意义的)。让我感兴趣的东西是“广义的”，比如正义与活力，所以人们可以通过一些“柔性”的(可争辩的、主观的、含糊的)方法从其整体上把握它们。

我想，应对这一困局的办法就是在策略上采用刚性/狭义的表述方法，来使柔性/广义的方法更合理，而目的就是要戳穿那些在我看来是错误的但又有正统化与思想僵化作用的其他表述。我们不单单相信统计学,我们也不单单相信赞美整体性的颂文。何不二者兼用?

在我看来,这些都不会"破坏客观性"。听众能理解我们所表述的对象之客观性,而表述的有效影响范围只限于听众能够理解它与心目中的客体,而创造表达式的人却丝毫不认为表述是错误的或无效的。人为事实有影响力,这非因人们在建构它时遵循了先例并确保能表述客观(尽管它在很大程度上可能是经验的或演绎的),而是因为通过把表述、作者与客体并置交融,听众体验到了一种"顿悟"。

八、被异化了的权力模式

下面的讨论,从一个简单的启发型模式开始会比较理想(终于开始了!)。假设,所有法律问题在作为解释问题处理时,要么有一个"确定的正解",要么没有。一个没有确定答案的问题将会被决断(decided),但理解决断之结果的最佳方式是把它看作是:法官在相匹敌的意识形态方案之间,而不是较好与较差解释之间所作的选择。再假设,体制的参与者相信朴素的规则治理说,依照此说法官只应用法律而不创造法律。

这种处理方式好处在于,它能符合费尔巴哈[7]与马克思[8]的批判方案。在这样的批判方案中,我们按照推测来对一些内在不融贯的主张给出结论性说明,比如赞同万能上帝之存在,赞成资本主义制度通过无情规则来运转即依据社会贡献取酬。但人们相信对立面,即万能的上帝不存在,市场不按贡献分配。在每一种情形中,存在一种虚假表象即认为社会领域中有确定性,这种虚假确定性遮闭一个真正的由人类主体实施的决断。换言之,人"异化了其权力"。

于是有人分析相信确定性(determinacy)这一假象的后果,认识到凡是现行的一切都不是参与者所思之状。下一个步骤就是表明事物确实被它物决定。因此上帝意志的决断掩盖了其他的如对食物之需求的决定;市场的决定掩盖阶级力量的决定;法律的决定掩盖了其他的如意识形态的决定。

这种幻象与人之权力的异化,促成、影响或部分地引起各种社会生活的样式,而非只是使它们神秘化。阶级论的主张是,如果人们明白上帝意志或市场决定完全掩盖了人的决断,人们就不太可能接受这些模式了。

揭明这种表面确定性只是幻象或欺骗，而以一种替代性的确定性（对食物的需求、资本的逻辑）取而代之，那么人们就不相信事物现象了。

表述因而不仅包括对现行事物进行一种替代性分析（alternative analysis），而且还是一种对伦理的诉求，即不相信事物现状。古典政治经济学的箴规已被识破为谎话连篇时，共产主义作为一种积极的理想被打造成一种应用，即把强势的犹太与基督教伦理应用于它眼中的世界。这种伦理诉求转移故而是一种次生的决断：它把一些曾经作为辩解之辞的那些貌似清晰的原则巧妙地应用于世界，即应用于一个人们异化了其权力的神化了的世界。

左翼方案，从下述角度理解正是遗样的一种模式。我认为，意识形态通过构架法律话语与解释中的策略性选择而影响着判决。我认为，否认判决中的意识形态会导致许多政治后果，它们不同于那些可能出现在透明情境中的后果。我还提议，若能决定我们的命运而不必异化权力从某种意义上讲可能“更好”。

但我理解的批判方案是在几个方面修正了的，力图从中剥除真理的托词。修正一是去除认为在两类问题之间存在客观界限的看法，一类是有正确且确定答案的法律问题，另一类是那些只能通过意识形态选择方可解决的问题。

修正二是提出一种对规则的理解，即把意识形态之桩（ideological stakes）当做法律素材与法官的意识形态方案二者间互动的产物，法律素材可理解为一种有约束力的介质。理解此互动产生的规则选择，应当既不能简单说成是权威的必然内涵，也不能说成是意识形态方案的内在含义，它只是一种妥协。

修正三是拒斥简单幻象或虚假意识的思想，赞同较为复杂的思想即法官是不诚实的（in bad faith）。他们“否认”其意识形态方案而不是要么置之不理要么对这撒谎，因此在他们的两个不同层面的意识之间有一种非连续性而不是真理与幻象之间不连续。

修正四是探究法官经由判决背信地展开造法所产生的意识形态后果，既不提出一种实质论断即“真正”现行的事物，也不提出一种伦理论断即我们必须如何应对揭错。

不确定性、意识形态与法律的政治本性

——《判决的批判》代译序

批判法学运动(CLS)兴起于20世纪70年代早期的美国,兴盛于80年代中后期并由美国扩展至其他一些国家。这个学派曾经因为其"破坏性"太强或没有建构新的图景而遭到美国学术界的围剿、排斥甚至人身攻击,但时至今日,她作为"法律学术思想"仍然十分活跃。被誉为"批判法学教父"的肯尼迪教授,其《判决的批判——写在世纪之末》一书,是该学派最新的理论成果之一,是批判法学"集体智识努力的结晶",是人们研究批判法学并通过批判法学来了解英美法哲学思潮的必读书目。

一、"不确定性"命题

有些研究对批判法学有一个误读,认为它是"批判的"即没有建构一个属于批判法学自己的未来图景,因此就否定其学术价值。这种误读的根源在于,论者把"批判"等同于全盘否定并视之为批判法学的最终学术目的或理论旨趣。而实际则不然,对于批判法学来说,批判只是一个方法论或手段,其讨论的理论问题之一依然是西方法学研究中的一个传统问题,即法律的不确定性问题。

法律的不确定性问题,对于西方国家尤其是欧美国家来说至关重要。欧洲在结束上千年的宗教之治后,转而寻找到的生存方式或社会治理根基就在"法律之治"(the rule of law),因为他们摆脱了神的摆布之后即以人的理性或主体性来取代了上帝或神的地位,而规则治理或法治正体现着人的理性和主体性要求。这是他们社会秩序或生活安排的根基性原则,倘若无法解决法律之不确定性问题,那么法治的合法性也就会出现深层的信仰危机,因而在 20 世纪 80 年代终于有人发出最为痛苦的一个声音:"法死了吗?"〔1〕由此可见,由"法的不确定性"这一学术问题所引发的社会或政治问题极为重大,因而围绕法律的"不确定性命题"所展开的学术争论其实质是一场政治运动即"法的死亡与拯救运动"。〔2〕在这场运动中,以富勒、哈特、德沃金、拉兹、哈贝马斯乃至肯尼迪为首的批判法学等智识争辩与学术努力,都属于践履这一政治使命之尝试。批判法学与前面这些学者所不同的是,它是一次"彻底的批判",连同作为意识形态的自由主义根基也被一并砸烂。

如果说在哲学领域中建立了概念天国的人是黑格尔,那么在法学领域中的人就是凯尔森,而哈特、德沃金等就是修补这一"纯粹化"了的概念天国的泥瓦匠。无论是哈特还是德沃金,他们都是在 20 世纪一个主流话语或范式中讨论问题的,即"语言学转向"。有所不同的是,哈特主要诉诸后期维特根斯坦的语言哲学和日常语言哲学,而德沃金则诉诸"解释学",但他们不约而同地诉诸一个方法论即概念分析。而"概念分析"的方法论注定使他们只能在法律帝国的大厦之内即"内在视角"来论证法律,以期把这个概念的天国或法律的帝国粉饰得相对完美并更令人信服。无论怎么说,哈特虽然为法律之门设立一个"承认规则"作为宗师性的检验标准,但终究以承认"空缺结构"的存在而未能彻底地维护法的确定性、自治性。同样,德沃金虽以原则理论或建构性解释论而努力构造一个融贯价值考量的帝国大厦,但终因赫克力士这一神式法官的出场而功亏一篑。

〔1〕 Owen M. Fiss, *The Death of the Law? Cornell Law Review*, Vol. 72, 1986, p. 1.

〔2〕 於兴中:《法治与文明秩序》,中国政法大学出版社 2004 年版,第 134 页。

批判法学正是这一问题研究脉路上的智识努力,是此“问题史”研究道路上的一支重要力量,因而我认为下述对待批判法学的态度是草率的:因为批判法学与后现代思想有关联就为之贴上“虚无主义”标签并弃如敝屣。肯尼迪此篇巨著所要针对的正是这一传统的学术问题,所以并没有脱离“正题”。他从政治意识形态的角度来重新思考美国下述社会实践的政治效果:通过判决与立法两种不同的途径来组织法律创制,而司法造法过程就像立法一样被布下了各种意识形态之桩,这使得判决与立法一样成为美国政治与文化生活的组成部分,判决在美国政治文化生活中有着十分重要的影响与意义。正是由于意识形态因素的存在,判决中的“法律必然性”或完全根据材料所作的演绎论证就成为一种公开的谎言,法官通过对意识形态因素与解释中策略行为的否认来维护法律的确定性,这显然是掩耳盗铃的把戏且最终使其自己陷入“背信”(bad faith)的境地。这也就意味着,通过“奥卡姆剃刀”人为地把价值、动机等不确定性因素排除在法律之外的“纯粹法学”进路是维护不了法律的确定性的,或者说所维护的法律已经不再是有“社会维度”的法律,而只是限定了的纸面的法律,但这在肯尼迪看来,其背后存在两个错误的理论预设:立法与判决的二元论,纯粹的演绎推理可以得到正确的判决。

既然哈特的理论如“空缺结构”已经为法律的不确定性留有空间,既然弗兰克等人的研究早已证明法律的不确定性问题,那么肯尼迪的这种证明法之不确定性的努力还有意义吗?我认为很有意义。首先,他打破了法律实证主义的那种语义分析尤其是概念分析方法论,甚至走出了语言学转向的大范式,转而借助含新马克思主义在内的一些理论资源(如意识形态理论)以证明法律的不确定性问题,在一定意义上可以说是从传统的静态分析转向动态分析。其次,肯尼迪还没有走到早餐或“腹痛”决定判决的弗兰克式极端情形,这在第四章第三节论述其PT理论与外部决定论的差别时有明确的强调,这一点经常会被误读。他其实并不否认法律规则或材料的约束力,只是说它并不总是唯一的决定判决结果的因素,因而在“判决理论的类型学”中他是倾向于德沃金的。在法律思维方面,他是在承认演绎推理的基础上强调政策推理与策略行为的。最后,它是从一种语言分析转向一种现象学解读,即“认为确定性或不确定性并不是法律材料之内或者其自身的现象,而是想得到某一结果的解释者的操作行为与法律材料的互动产生的”。[3] 这些都暗示着肯尼迪对法律不确定性问题持一种独特的政治解读。

二、法律就是政治

“批判法学”作为一个学派并不是天上掉下来的、无根无源的怪物,很多研究成果表明,她的诞生有其社会背景、理论根基与历史传统。新自然法学、社会法学、新分析法学在对两次世界大战所造成的人类痛苦的反思与争辩中各执一词、反战运动、民权运动等使美国民众动摇了对过去的政治生活与制度安排的信心,自由主义与保守主义两大意识形态之间的争战使得其所宣扬的价值理念不再那么确定,反思与批判成为那个时代的共同声音,CLS 正是在这样的社会背景中出现。她的理论根基或思想来源大致有:左派政治理论、美国的法律现实主义、实用主义与西方马克思主义。其中,西方马克思主义对其影响极为深刻,比如葛兰西、阿尔都塞、马尔库塞、福柯、哈贝马斯等。他们也有其相对久远的批判传统,虽然一直以来没有形成一个像 CLS 这样真正有影响的思潮或学派。篇幅有限,这里只选部分论题做一简述。

肯尼迪没有采用其他批判法学家们采用的韦伯进路,而是采用了葛兰西、阿尔都塞等进路,尤其是葛兰西的“正当性”与“霸权”理论、阿尔都塞的意识形态与问题框架理论,对其判决的批判有着直接的影响。在葛兰西看来,思想或知识的力量可以使被压迫者无形之中接受压迫者施加给他们的结构与做法。而在阿尔都塞看来,意识形态就是社会历史生活的一种基础结构或一种客观的无意识结构。正是这种对美国当下司法判决之“正当性”的反思、对立法与判决二元论的剖析以及对意识形态的解构,构成了肯尼迪此书的三根红线。

批判法学有一个口号,即“法律就是政治”。法律为权力或政治服务,一如马克思与恩格斯在《共产党宣言》中所讲的,“你们的法不过是奉为法律的你们这个阶级的意志,而这种意志的内容是由你们这个阶级的物

---

[3] 比克斯:《牛津法律理论词典》,邱昭继等译,法律出版社 2007 年版,第 103 页。

质生活条件决定的”。[4] 肯尼迪认为,规则只是前台的表象,而其后台隐藏着的正是阶级或集团的意志与利益,因为法律“归根结底反映社会上占统治地位的阶级的利益……法比统治阶级的直接暴力包含更多的东西,它把社会上占统治地位的观念与关系以普遍化的形式固定下来,把偶然的、社会的产物装扮成必然的、自然的产物,把有政治倾向、有利于统治阶级的东西装扮成中立的、有利于全社会的东西”,[5] 而这一切背后正是政治的或意识形态的作用,其发挥作用的重要途径之一就是司法判决对美国社会生活安排的直接影响。当然,肯尼迪对其所使用的“意识形态”概念有其独特的限定,这在书中有很大篇幅的论述。

他相信,法律的普世主义方案或话语并不能掩盖住其实质的占统治地位的阶级集团政治目的与利益。此外,规则不能自证其成或徒法不足以自行!法官其实并不完全是在“适用”立法机构制定的规则或普通法先例,在美国普通法传统的语境下,莫不如说法官是在“选择”规则甚至创制规则,即便是在所谓“规则适用”中法官展开演绎推理时也不完全排除其策略行为与政策主张。而政策就是规则与政治的“中间人”。他由此认为,在美国法律实践中存在大量的去政治化现象或有一个共谋即“否认”(心理学意义上的),法官们心照不宣地“否认”其判决中有个人的、政治的或意识形态因素,强调其判决是“法律上的必然”,即通过法律规则之演绎推理而在逻辑上所必然得出的结论,由此造成人们的一种对专家话语霸权的错觉,即人们寄信赖于“专家话语,认为这些话语不仅无关于意识形态而且是反意识形态的,这一观念支撑着大量的去政治化实践即角色专业化”。[6] 在肯尼迪看来,这种信赖是错误的,其一是因为它是一种形式主义的视角,否认了判决中的意识形态、价值等不确定性因素——这些正构成美国法律思想、司法意见或粉饰太平的法理学之“病毒性”元素,而这种鸵鸟式地“否认”正好纵容了政策主张做一个“特洛伊木马”,大量地

---

〔4〕《马克思恩格斯选集》(第1卷),第268页。

〔5〕朱景文:“对西方法律传统的挑战:评美国批判法律研究运动”,载《中国法学》1995年第4期。

〔6〕Duncan Kennedy, *A Critique of Adjudication: fin de siècle*. Harvard University Press, 1997, p. 2。下文中标注页码而未注出处的,皆取自肯尼迪此书。所标页码数皆为原著对应页。

向法律制度并由之向美国政治文化生活中输入某种意识形态;其二是因为它掩盖了判决与立法、公与私的二元论,并使法官工作处于背信之中,而本书正是要检讨和反思"一般政治理论与具体法律理论的重大二元论之一,即判决与立法二元论"。(P. 23)肯尼迪的这一主张在现实生活中的例证很多,比如2009年国际法活动中《哥本哈根协议》就是明证,此不赘述。

三、司法判决的批判

以法律的不确定性与法律的政治性为基础,肯尼迪着力对法律实践的一个重要环节即司法判决展开了别具一格的批判。其实,这与其说是对司法判决的批判,倒不如说是以判决的批判为话题而对美国当下政治文化生活与制度安排的深刻批判,因为本书的主要议题就是研究美国这样一个"意识形态分隔了的社会中,司法判决的地位"。(P. 39)全书批判大体分三个大的部分:判决中意识形态的作用、司法中立的不可能性与司法判决的三大社会效应,而其批判的角度或方法论就是"一种左派/现代/后现代主义视角"。(P. 1)

肯尼迪对"司法中立性"或"非意识形态的判决"之批判由来已久,甚至可以这样说,《判决的批判》就是他这一学术思想的一次会演与总结。书中,他首先指出,规则或材料对法官的"约束力只是个象征手法",法官不可能只是在"适用"规则,因为意识形态在司法判决中时常起到关键作用,尤其是在法官选择、解释或界定规则时更为如此,所以他认为过去几代人的努力即美国批判法条主义存在一个悖论,即对法律的"怀疑论与信仰论之悖论式组合",(P. 79)而原因正在于其错误的理论预设即立法与司法二元论:意识形态的立法与非意识形态的司法截然二分。美国的自由主义法条论处境也是尴尬的,因为"经由判决的司法造法有重大嫌疑带有变相的意识形态",(P. 92)这让它在形式主义与虚无主义之间"进退维谷"。(P. 113)三代融贯论者的努力并不成功,因为他们并没有"说服我们相信,与政策论证全然不同的权利论证有排除司法意识形态之功效"。(P. 125)为此,肯尼迪专门补写了一章,即第五章"后权利时代",从一般的判决批判转入了具体的权利批判。当然,还要再强调一下,"判决的批判不是说法官委身于意识形态,而只是说意识形态影响着判决”,所以比克斯的评价即批判法学“认为法律是彻底的不确定的”有些走极端,而且在逻辑上也讲不通,因为“彻底的不确定”恰恰是另外一种确定性,即确定的不确定性,而像肯尼迪这样执教哈佛大学多年的大师,显然不会犯这类逻辑错误。

随后,肯尼迪依据一项基本判断即“政策是意识形态的一个潜在木马”,(P. 133)从而展开了司法中立之不可能性的进一步论证。他分别从外在视点与内在视点两个角度进行分析,前者是一种语言学即结构主义进路,研究法官所使用的语言,后者是一种现象学进路,研究法官判决中的心智状态,即在司法造法中法官对意识形态信条的矛盾态度。(P. 134)在这里,他提出了许多非常有创造性的“洞见”,如规则与“支持规则的理由”即规则—证成二分法、申策论式的法律论证结构、演绎论证与政策论证并存、政策是意识形态工具,以及法官在法律工作中的策略性行为与否认,等等。通过对意识形态取向下的法律工作与法律解释中的策略行为等进一步分析,肯尼迪证明一个基本的结论,即“不管承认与否,法官就是个意识形态执行者”。(P. 155)因而自由主义法条论所强调的法官之“解释上的忠诚义务”在这里也就成了一种奢望。我们姑且不要判断肯尼迪的这些主张或观点“是对还是错”,至少,这些分析放置在特定的法律话语即美国政治文化生活中是“真实的”,此外,从学术意义上讲,这些分析也进一步证实了肯尼迪两大学术命题之一:“法律的不确定性”命题。所以有评论指出,读肯尼迪会比读德沃金“学到更多的东西”。[7]

最后,肯尼迪探讨了这种司法判决制度的三大政治后果或社会效应,即适度效应、授权效应与正统化效应。适度效应就是缓和或“缩减立法机构与一些高院法官的权力”,因为通过司法解释可以缓和成文法的强制力;授权效应即授权法官或小部分知识圈逾越立法机构或选举过程赋权而自行解决意识形态冲突问题;而正统化效应就是通过这样的判决制度来使现状合法化,即通过诉诸法律推理之非意识形态的、逻辑上的必然性

〔7〕 Joanne Conaghan, Review of “A Critique of Adjudication”, *Journal of Law and Society*, Vol. 27, No. 2(Jun., 2000), p. 329.

来"让现状(不管是什么)看起来增加了自然性、必然性和相对正义性"。(P. 216)对此肯尼迪认为,在这些政治效应的背后,就是精英阶层们在"法律下的正义"之假面具下追求着他们自己的意识形态方案,这是不正义的。

在指出美国现行司法判决制度与法律文化中若干问题之后,肯尼迪确实没有为我们提供一个"更好的图景",并且反而认为这种建构性努力"从左派/现代/后现代主义视角看就像物化理论或恋物癖理论,式样上对应的恋物癖如上帝、市场、阶段、法律与权利。"当然,肯尼迪因此而受到了很多指责,但我认为这不是我们可以"否认"甚至漠视其在批判法学理论研究之路上努力的理由,原因很简单:关键是,我们如何看待"批判"或肯尼迪视野中的那个"最低限批判"(minimalism critique)。

四、批判作为一种研究态度

这本是本书的题外话,但我认为这个问题对于正确或客观地理解批判法学或法学中的批判研究十分重要,也是研究肯尼迪法学思想的关键点之一,故作简论并以此作结译序。

诚然,"批判法学不是一种清楚的、系统的哲学,而只是一种研究的角度"。[8] 肯尼迪在评论20世纪发生在英语世界中的几次大的理论争辩时,甚至坦率地说道,"我很欣赏他们相互批判的研究",(P. 91)这正反映了他把批判看作是一种研究态度或角度。其实,人的知识或理性是有限度的,因而据此而构建的任何建构论方案也必然是有限的,对这些普世主义的方案保持一定的距离或批判的态度或许更是明智之举。肯尼迪受富勒、哈贝马斯等人的影响,比较强调主体间的互动与法的社会维度,这也内在地要求对过去或现有的制度安排保持一种批判的态度。因此,批判的学术态度或许可以表述为与普世主义方案保持适度的"距离",但并不由此就走向另外一个极端,即认为批判是对后者的彻底否定或全盘抛弃,毕竟这是两回事。另外,从哲学的角度讲也同样可以得到理解,事物的发

---

〔8〕 理查德·拉卡由:"批判法学的兴起:两种学术思想的严重分歧导致哈佛法学院的严峻时刻",载《国外法学》1986年第2期,信春鹰译,原载于美国《时代》周刊1985年11月号。

展都经历肯定、否定、否定之否定等环节而不断扬弃自身,也许“批判”就是社会建构方案不断“扬弃”、保持合理前行方向的“一支开拓性力量”。(P.295)

批判作为一种思维方式,它追问理论对现实之“正当性赋予”力量的理据,是走出杜威所讲的“旁观者式的认识论”从而进入互动图式或“关系性审视”的一种思想态度。[9] 哲学中所讲的“反思”一定意义上就是批判,法哲学区别于律学的一个方面也在于这种批判的思维方式。肯尼迪在讨论“法律推理之不确定性”时指出,有一种思想要不得,即指望得出一套理论以一劳永逸地万世普适,并称此为“金饭碗主义”。他认为,事实上“架构与批判是永无止境的工作,没有任何批判是真正一网打尽的。当有人想出一个新论点,你就需要个新答案。”(P.276)批判作为一种思维方式,肯尼迪认为,可以克服传统认识论上的二元论,比如在论证法律权利批判时他说,“法律权利批判的要义在于,在追求一般左翼方案即表明法律推理的可操控性过程中,批判平抑权利主张与一般政策主张之间的截然二分”。(P.316)批判的目的最终就是要消解基础主义思维或任何“乌托邦图景信仰”。(P.336)

批判并没有消灭理论研究的热情,也没有毁灭人类社会对正当性的追求,恰恰相反,“批判服务于终极的正当性,并且呼吁重建也肯定一个信念即理论是通往正当性的道路”。假如有一天学术研究或人类思维中没有了批判,那才是真正的悲剧。当然,批判的思想维度并不排斥思想的分析与综合等,因为“批判不是左派对任何问题的解决办法,不是一颗万能药或一个纲领”。(P.338)

人们通常把批判理解为一种彻底的否定或虚无主义,所以会本能地反感、不欢迎甚至抵制它。在肯尼迪自己看来,“为何我们不欢迎批判,不论其批判动机是多么的左派/现代/后现代主义,只要一听到批判我们就不再确信我们先前观点的真实性呢?批判并不会使我们一无所有,即不会使我们无从决定要做什么”,因为“如果我们认为内在批判能引向一个

[9] 邓正来:《中国法学向何处去:建构“中国法律理想图景”的时代论纲》,商务印书馆2006年版,第1~2页。

我们对一切物事失去信心的境地并导致我们完全不可能知道要信什么和做什么,那就误解了内在批判……它使我们并不丧失批判前所有的一切,只是作为工具来制订我们的承诺与对未来的详细计划”。(P. 361 ~ 362)批判只是一种“工具”,一种研究的角度、态度或思维方式。如果我们认同批判只是研究态度的必要组成部分,只是人类思维的一个必要维度而非一种政治主张,那么我们或许就不会再强求 CLS(包括其他批判性的学术研究活动)向我们提供什么“替代的政治图景”或救世良方了。也正是在这个意义上,肯尼迪并没有彻底打翻“自由主义哲学”,[10]因为这种“批判工具论”恰恰蕴涵着运用批判工具的主体之自由地批判,亦即彰显着自由主义哲学所强调的自由意志、意思自治与个人自由等基本思想。

几年前,当有人问及肯尼迪先生“批判法学为身边的世界贡献了什么”时,他坦然地回答:“尽管批判法学运作为一场政治运动已消逝多年,但它作为一个法律学术思想派别却仍然十分活跃,她形成了一套分析理论并作出自己的贡献,这不是对一般的周边国家的贡献,而是影响了周边国家的知识阶层,他们亦致力于对现世制度展开左派/现代/后现代主义的批判。”[11]

王家国
庚寅年于修齐阁

---

〔10〕 作为哲学体系的自由主义,区别于肯尼迪所批判的作为意识形态的自由主义。其实肯尼迪要批判的不是前者,而是后者,这一点在其定义“大自由主义”这个概念时可以明白。所以安德鲁·奥尔特曼的批评是否有点儿打错了靶子?!

〔11〕 Duncan Kennedy, *Two Globalizations of Law & Legal Thought*: 1850 – 1968, 36 Suffolk U. L. Rev. 631, 2003.

第一章　判决中的意识形态之桩

第一节　判决与立法的区分

本节研究一般政治理论与具体法律理论的“重大二元论”[1]之一，即判决与立法二元论。我前面说过，许多人“否认了”判决中的意识形态因素，而且法官工作于“背信”(bad faith)之中。这种否认在一定意义上回应了对审判的批判，构成了美国法律思想中的“病源性”因素。法理学将此否认理论化，以多种方式解说着判决如何能够不带意识形态，不过现在到了对此展开检讨的时候了。

在一开始就有必要区分开否认审判(judging)中的意识形态因素与否认法官作出的判决(decisions)对意识形态学界很重要。我认为，许多人不会否认自由派与保守派关注着美国最高法院对堕胎适用何种规则，并且关注的方式足可以说是受意识形态促动的。我认为，许多人不会否认意识形态学界在理解产品责任之细节时，带着意识形态色彩去关注着法院适用何种规则。

不过，作如下主张却是另外一码事儿，即在上诉裁判(appellate adjudiation)中创制规则的推理过程有意识形态内容的意义。原因在于，许多自由派与保守派分子有时多少有些相信，尽管在规则定义中有意识形态之桩，但在选择规则（在上诉判决中）时布下意识形态之桩的推论过程本身不是或不应是意识形态的。不过，这种信念通常是不诚实的。此外，法官经常声称他们自己根据绝对排除意识形态的推理程序行事，尽管他们经常指责其他法官未能作此排除。

存在两种极为不同的惯常表述方法，说明上诉审法院选择规则的推理活动确实或应当排除意识形态。一是规则的创制过程是或应当是“客观的”；二是较谨慎的立场，即规则创制过程不应当有“个人色彩”（personal）。后面将重点讨论。

在法律文化中，自 19 世纪末以来，已经对法官选择法律规则的程序之客观性有所争论。我认为，对于律师而言，这些讨论中至关重要的大事是，法官是否是或不得不是或应当是有意识形态的行为人。若说司法造法产生了客观正确的规则选择，就相当于说它产生的规则选择不能归因于法官意识形态立场。人们有时断称，存在其他的桩，比如无政治色彩的确定性推动了法律事务，但这些桩在法律争论中无关重要，虽然偶有圈外人会提及。

此争论一个有趣的附带话题已被一些哲学家们（怀有许多信条与意识形态）提了出来，他们关注“一般的”客观性并忙于把法律中的问题类比于在其他领域中产生的问题。通常情况下，他们尚未理解法律人之桩（lawyers' stakes）就根据对客观性的叙述而说法律是客观的，但这种对客观性的叙说却没有回应如何排除意识形态决断。他们就此认为已经帮我们这些哲学上的文盲们澄清了问题。[2]由于他们没有切中要害，所以这些话题常常不被纳入法律人的争论之中。

费什（Stanley Fish）在其与德沃金的争辩中犯了一个相反的错误。[3]他似乎认为我们应当坦然接受：尽管法律的确不是客观的，但法官没有办法摆脱他们所处情境的控制。不过，他这种“总是业已受约束于”的说法显然是指一种无法排除意识形态的约束。

关于法律判决的制作是否没有或不应当有“个人色彩”，这方面类似争论有同样的桩（stakes）。非法律职业人员有时把个人之见的排除解释为旨在防止腐败，或防止法官随意偏私，比如对穿蓝衬衫诉讼人的偏向。

下述一段话是非常经典的,对法官是否"确实没有"根据个人的价值观作出判决还是只因"被阻止"而没那么做,所以法官们"极少"能够作出"重大原则性的转变"(massive doctrinal shifts),这段话没有含糊其辞。

事实上,法官在许多重大方面被隔离于公众意志……这就使得下述行为不适当:他们依据自己的个人(且可能意识形态的)价值观作出判决结果。尽管有人空谈如说这就是法官真实所为,真相却是他们确实没那么做。我前面讲过的制度诸约束——连同要求有理据地判决及道德义务即公正——就是检讫,可以阻止法官强加其个人价值观并把法院限制到"分子运动"之中。重大原则性转变是极少有的。当偶有出现时,它们常常是一个长时间的构建,并且如果它们触及敏感的道德神经,就至少要同样长的时间以达到普遍的接受,唯有普遍接受才能有效。[4]

我想极力表明,目前美国法律文化中的这种(大卫·夏佩罗的)判决观不是"主流",因为在这个问题上没有主流观点。法律人从完全的犬儒主义转向了十足的19世纪末的兰德尔主义(Langdellianism),也有相当多的人在二者之间摇摆。法律学术也一样。法理学家们经常专注于这个问题,一致反对"虚无主义"(不管它意指什么)但同样也一致反对任何"形式主义"。它们中间范围的变体组建成了许多学派而不是法律人的随机摇摆,但不乏巴洛克式的怪胎。

夏佩罗的文章确实代表了一种正统说法,这种看法曾经只是一般意识但现在已成传统,曾经防备但现在相信在大量的异教徒、背道者与怪人之中有第一性原理(first principles)。

我不是要讨论法官是否真的或应当基于个人的或特有的价值观得出判决(创制规则),如果我们把"个人的"理解为"在巧克力与香草冰激凌之间偏爱"或偏爱穿蓝衬衫的或行贿的诉讼人。我所感兴趣的是法官的意识形态承诺(包括承诺说无意识形态)进入规则创制的途径,以及这些承诺在被抹除或谢绝的情况下又得以出场(如果它们出场)的前因后果。我自认为清楚的是,法官有时基于从其他规则的推演来选择规则,他们有时受到其实很古怪的因素影响(我是说"不恰当的"影响)。但在我下一章详细展开的理解中，意识形态取向决非指“纯粹个人的”东西。

一、判决 VS. 立法

判决与立法的区分密切关联到其他许多东西，并且若不参照这些东西就不可能解说得清这种区分。它们包括，法院与立法机构的区分，法律适用与法律创制、法律与政治、客观问题与主观问题、权利与权力、职业官员与选任官员等的区分。有一种看待此问题的方法，即判决就是法院的所作所为，而立法就是立法机构的所作所为。依此看法，判决与立法的二分寄生于一个先在的区分（即法院与立法机构两套机构的区分）并且纯粹是描述性的。法院所做的一切就叫判决；立法机构所做的就是立法。

然而，人们更常把二者看做决断的方法（methods of decision），它们不一定能刻画法院或立法机构的任何既定活动。此观点之最早也是最简单的版本是，立法机构在立法时所做的就是创制法律，而法院在司裁时所做的就是把法律应用于事实，尽管现在的法律人不这么理解。不过，完全有可能出现立法机构司裁而法院立法的情况。在此二分视野中，判决与立法是相互排它的概念：行为人不会同时做这两件事，以一种方法来决断问题就会排除以另一种方法决之，把既有法律应用于既有事实不同于创制新法律应用于未来（或过去）事实。

即使我们承认法律适用经常要求我们在将规则应用于事实前对之予以重述（reformulation），但这种区分依然十分明显。我们乍一看其实并不清楚如何把规则应用于事实；我们诉诸语词的定义来解决问题。只要重述的过程被理解为是“语义的”或“演绎的”，即寻找所施规则中构成性语词的“意义”，那么它依此理解就不是创制规则，即便疑难案件也是如此。依此观点，“法律问题”（习惯上区分于“事实问题”）就成了法官的事儿了，因为这类问题牵涉客观的意义问题而非主观判断，后者是在我们对既定事实情形应用此一规则而非彼一规则进行政治选择时才需要的。

判决与立法的二分法已成了更大的**自由主义**规范理论（黑体，以区分于与保守主义相对的作为政治意识形态的小写“自由主义”）的构成要求。这个黑体的**自由主义**（以下简称大自由主义。——译者注）是指对个人权利、多数决规则与法治的信仰。自由主义的法治诸理论要求权力分立并以之作为在实行多数决规则的政体中保护个人权利的一种手段。立法机构与司法机构的分立恰好对应于作为不同决断方法的立法与判决二分。立法机构应当且仅负责立法;法院应当且仅司裁,尽管它们事实上会违背这些角色限制。

从这种规范视角看,法律创制过程必然有价值判断,这种判断不可避免是主观的,因而是政治的。由于法律创制是政治的,故它应由民选的官员来进行(这些官员可能服从作为整体的民众通过创制宪法性法律所施加的约束),他们的行动服从一项规则即对选民负责。

反过来看,立法机构不能司裁。判决(法律适用)决定各当事方在纷争中的权利。实证主义与自然权利论两派中的自由主义者都认同,权利不管如何得到公认,但法治仍意味着当事人有权决定其权利,且其决定的过程不受多数派的主观政治偏好玷污。我在上面提到过,这些论者所关注的与其说是怪人即真正“个性化的”人,不如说是在关注有意识形态的人即詹姆士·麦迪逊(James Madison)所讲的“小派系”。

依早期观点看,判决不必是政治的,因为它包括意义问题与事实问题,这些问题独立于价值判断(即客观的)。既然权利问题可以得到客观的决断而不带有意识形态,那么判决显然也应当可以。因此,判决应当委托给训练有素的专职人员遵循“无私”忠诚于法律这一规范来进行。组建法院就是要执行此功能,法院不应当立法,因为法官不是选举产生的。

在这种规范论中,“司法立法”(judicial legislation)这一措辞一直有一种消极的规范意义,就像一位资深的法律评论人在对一位最高法院大法官候选人所说的那样,“尽管史蒂芬·布莱耶天资温和且非激进分子,但其实用主义立场唤起了司法立法方面的问题,探讨这些问题将会是有益的。”[5]这种理论认为,法治意味着必须从两个方面对实施暴力或侵犯市民给出合理的证成理由:第一,通过诉诸经民主的决策步骤(物化为立法机构)或宪法创制的步骤所产生的规范;第二,通过将规范应用到事实,应用步骤独立于产生此规范的原有决策步骤。司法立法是有问题的,因为它违犯了第一个要求,就像在由立法机构来判案一样会违犯第二个要求。

这种立法与判决二分观及其在大自由主义理论中的地位,对美国民众的政治文化产生了实质性的影响，但它在学界里几无信用，在法学界中尤其如此。原因在于，把现实的法官活动描述为只是应用法律，至少像一般人理解的法律适用那样，这看起来不太可信。

诚然，法官确实一直在应用法律，即采用相关人员都认为"有效"的规范并追问其实际的谓词是否已有证据支持。不过似乎同样清楚的是，法官一直得去做某些最好表述为创制法律而非应用法律的事情。至少，法官经常有责任解决法律规范体系中的裂隙、冲突与模糊之处。无疑是语词构成了可应用的规则，在有些案件中，以这些语词的定义为基础展开重述，怎么也无法通过推论就得出有效的解决办法来。若人们认同存在这种裂隙、冲突与模糊点，那么也应同样赞同解决上述问题的法官"创制"了一条新规则且又将之应用于事实，而不只是应用现成的规则。[6]

当以法律创制与法律适用为参照来识别立法/判决二元论时，此二分法似乎容不下任何中间状态。但只要我们转向更广义的法律解释概念，就能看出判决同时包括创制与应用。不过它得不出下述有争议的观点：法院的法律创制必定是或事实上就是"司法立法"，因而与法律之治学说格格不入，后者要求，对市民使用暴力的问题须经民主（立法上）合法化。

美国法官们强力否认他们所做的（甚至在"疑难案件"中）不得不是或事实上就是司法立法，尽管他们经常承认其造法。他们以一种修辞即无政治色彩的必然性（necessity）来为具体的规则选择作辩护。不过我认为，他们虽声称其在所有案件中都受法律素材约束故所得出的判决结果与其政治无关，但这无法令人信服。

首先，法官说他们对其所创制法律的内容保持中立，这已成了司法意见撰写惯例，也是大众文化的一个政治要求。其次，创制任何具体规则的任何法官都有一种关心，关心他或她的规则得到普遍接受，关心把规则选择说成不是司法立法。最后，司法意见中，法律必然性的许多具体主张一看就站不住脚，因此引出一个问题，即是什么在"真正地"决定着结果。

与法官们在其司法意见中所表述的观点完全不同，老练的新闻界通常把法官（至少最高法院的法官）当做政治行动者，认为法官们的观点与结盟行为可用传统的政治词汇加以分析。其实正如下列引文所说，新闻界用意识形态语言来看待法院，比之于他们以此看待对应的立法冲突而言则更有信服力，因为大家普遍感觉到截然的左—右分立仅仅局部地描述了立法政治。琳达·格林豪丝（Linda Greenhouse）在星期天《纽约时报》之“一周新闻回顾”中这样描述了1993年间的最高法院：

许多判决（审判）暴露出来了深层的派系，并且有一些带有赤裸裸的意识形态之争的痕迹……

……交锋……凸显了最高法院的当前动力：法官Thomas与Scalia代表最高法院中的保守派一端，法官Blackmun、Stevens、Souter及Ginsburg可以被界定为与最高法院目前状况相关的自由派，虽然不是典型的自由主义者……

法官Kennedy位居最高法院的引力重心。[7]

值得一提的是，在她所提到的唯一实质性的论辩交锋中，“自由派”抨击“保守派”作出了“一种‘激进的’尝试即主张政策而不是法律”。换言之，法官们互相攻击对方司法立法，正如评论人用严格的意识形态术语所讲述的那样。一周后，《波士顿环球报》的一名记者描绘了最高法院“一般的意识形态构成”，范围包括各类自由主义（categories liberal）、中庸自由派、中庸派、中庸保守派，以及保守派。他还预言了史蒂芬·布莱耶（Stephen Breyer）会成为一个中庸自由主义者。[8]

美国法律学术研究关注是否存在一种政治上正统的、通过解释法律材料进行司法造法的方法——换言之，在法律适用与司法立法之间是否存在一个中间词汇。这种文献既是描述的又是规范的。其中很多内容令人欢欣鼓舞。比如，它把一些著名大法官表述为完人，恰恰是因为他们成功地为法律作出巨大贡献（即，创制许多“良”法）而未沦落进意识形态陷阱。例如，曾是法学教授的法官努南（John Noonan）在《纽约时报书评》中回顾了一位法学教授的辉煌人生，他就是汉德法官（Learned Hand）：

这个高手既不献身于保守派，也不献身自由派，而只致力于一个信条即司法节制(judicial restraint)……这一信条通过他自己对民主的体会而越发强烈。司法节制在保守派统治法院时自由派们所提出的标语;它即便在自由派占支配地位后仍然是汉德、费利克斯·弗兰克福特(Felix Frankfurter)等法官的口号。这导致汉德的司法意见无法完全让左派或右派满意……他不关注政治正确性。他努力作出正确的判决。[9]

数月后,同为法学教授的布拉斯(Vincent Blasi)以同样的笔调评论了鲍威尔(Lewis Powell)大法官的自传:

在一个有着强烈压力要求解释宪法以服务于党派议题的时代里,鲍威尔为保持司法独立的理想,做的可能不比任何人少。历史上很少有法官如此成功地将其政治偏好同其对宪法意味着什么所作的判断分离开来。鲍威尔法官的表现让许多保守派们失望了……因为他的观点盛行于大量经严密争辩过的判决之中,故其独立精神对法律的发展有着重大影响。[10]

有人写信提及这种评论有可能会误导"有知识的外行人"以为在最高法院里"独立性"比之于规则来说极其稀少,不过他认同鲍威尔"有能力视法律高于任何意识形态的或政治的考量,正是这种能力使他成为一名值得注目的法官"。[11]

二、判决的法理学

尽管未采用煽情的语调,但本节强调了一种焦虑,这种焦虑隐含在这些评论人特别的颂语选择之中。如果使一位法官变得伟大的因素是他能够抵制他人及其自己的意识形态偏好,那么就像那封书信作者所讲的,似乎可以推知很多法官都能做到。法哲学家们在构建他们规范理论时,会采用一些立场思考"什么是法官可能去做的"并不断诉诸一些构想来思考法官事实上做了什么。在此过程中,他们提供了一种类型学来探索判决的意识形态"老底"。

我们至少能够区分出五种处理此问题的一般策略。其一,否认或至少忽略中间术语的可能性,主张为了各种意图与目的而展开的司法立法不能称为法律适用。这种策略经由哈特[12]而与古典实证主义有了关联。这一进路的一个基本问题是:在大量的案件中,法官们至少重述了现存的法律规则。

一旦法官的重述不是演绎自先前有效重述中语词的“核心含义”,我们就应当理解为如果他是立法者他也会这么做。这种理解靠谱吗?有兴趣对法制的内容做政治分析的人,都不会采信这一假说。我们显然不能说:判决与立法的制度情境是如此不同以致法官与立法者基于同样的意识形态动机会产生实质上极其不同的法律创制结果。但问题是,在什么方面不同?[13]

其二,我将之与凯尔森[14]、昂格尔[15]、图什内特(Mark Tushnet)[16]、皮勒(Gary Peller)[17]、博伊耳(James Boyle)[18]等联系起来,此立场打破了规则创制与规则适用之区分,表明规则之适用无法不受“主观”影响,包括意识形态的影响。似乎可以推知,结构上很差的裂隙、冲突与模糊点的解决活动同样有空可钻了。关于为什么规则适用“不可能是客观的”存在许多论证,这些论证依赖于形形色色的语言哲学家,如洛克、维特根斯坦、罗蒂与德里达,但一个例子则足矣。

人们常说,“没有哪条规则能够决定其自己的适用范围”,这意味着应用一条规则比如“五点钟关门”需要判断,即在事件顺序中的具体情况是否符合“关”、“门”、“五点”等概念。从逻辑上看,这些判断的根据不会在这些概念自身中找到。但一旦认同语言不是自然之镜,那么在规则的文本之外就不存在“客观的”符合论检验标准。

人们通常会回答说(就像费什那样[19]),当规则适用者行动时,他不是依据演绎法而是基于“实践理性”、“解释共同体”的合意或别的什么东西。批评家们的回答是,无论某人选择了何种方法来解决规则的“应用问题”,即无论某人如何为规则应用找理由,所选方法不会有可明证的或客观的属性,即无法必然地确保判决者的意识形态在判决结论的选择中不发挥任何作用。[20]

规则应用即便最坚固的核心含义也已化解进了规则创制,其结果也是开放于意识形态的影响,这些事件在关于角色约束与“保持正直”方面的一般性学术争议中非常重要。但这种摧毁性的策略本身对于我们这里所致力的事业而言并不那么重要——我们正力图摸清司法造法之不同于立法造法的独特性格。

在我们的法律文化中，人们早已广泛承认法官通过法律解释造法。此外在许多或大多数情况下所有相关人员显然都体会到，规则适用的过程是有问题的，而且可做问题化处理，无论如何它绝不是纯粹的逻辑推演。我们在制定规则时会选择用词，这些词有些是"简明的"("你在21岁时就可以参加选举了")，有些是"疑难的"("在你具备良好品性的时候")。核心主张的体会幸未失去其哲学根基。[21]尽管我们尽了最大努力但规则应用的问题百出的情形依然常见，它们较少地质疑判决中意识形态的中立性，更多地承认解释过程的开放性。

法官在那些提出来用以解决裂隙、冲突与模糊点的新规则中进行选择，这在制定法与宪法解释、先例与"政策"这些各类不同的规范性话语中是可争辩的(且已有争辩)。这类话语有时会错误地假定法官无论采用何种规则都能被"中立地"应用，但无疑正确的是，规则如何被应用有时与规则"是"什么同样重要。在普通法而非法典体系中，若法官在应用规则于具体案件的过程中重述了规则，这些重述就成为日后案件法律"渊源"的一部分。对司法造法感兴趣的普通法法律人总是关注这一过程以及我们如何能够将之比照于立法过程。证明即便在完全例行性地应用规则于事实时也创制法律，这固然很重要，但似乎更为重要的是，我们要努力指出规则起初是如何创制出来的。

其三，虽然没有中间术语即一种不同于法律适用与立法的说法，然而司法造法不同于立法，原因在于它在实质内容上是受约束的。经典的表述是霍姆斯的一段："我毫不犹豫地承认法官确实且必须立法，但他们只能填补空隙式地立法；他们被限定在从'克分子到分子的运动'。"[22]另一经典表述当是弗兰克福特所罗列的原理，这些原理限定宪法判决(constitutional adjudication)范围因而抑制了其政治上的影响(立场，案件或争议，政治问题原理)。[23]另一个是拉兹，他罗列了对判决的制度约束。[24]

这种处理方法认为，凡不是规则应用的情形在方法论上都无法区别于司法立法,还可能承认审判的不民主色彩致其问题百出。更大的妥协可能是,次阶规则把司法造法限定在一个“范围”之中,但这些规则与法官的一阶规则创制面临同样的批判。换言之,何以确保在“空隙的”与“宏观的”造法、“政治的”与“司法的”问题之间作一种非意识形态的区分?法官的做法如果超越了对那些限制其立法式造法的规则之应用(寻找规则的含义)时,他的行为正是对司法立法之范围进行司法立法。[25]

其四,通过提议一种介乎法律适用与司法立法之间的纯中间术语来对付此问题。这就是“融贯”(coherence)或“适合”(fit)之方法论,法官据此可以创制新的法律规则而不会牵涉其自己立法偏好。我把这种路子同下述人员的研究关联起来:卡多佐[26]、卢埃林[27]、富勒[28]、亨利·哈特(Henry Hart)与阿尔伯特·萨克斯(Albert Sacks)[29]、麦考米克[30]、菲尼斯[31]以及德沃金[32]。适合与融贯的规则创制不同于下述方法,即对一些法律规则中语词释义进行限定来佐助规则之适用,因为后者关注的是在一些不同规则中作选择,法官提出这些规则用以解决若干规则组成的法律体系的空隙、冲突或模糊点。显而易见,法官就是在造法。其途径是把整个现存的规则库(不是具体规则中的语词)当做是一项隐含的理性计划(rational plan)的产物,并追问哪条规则最能推进这一计划。如果他采用了融贯方法,他所创制的法律就不会受其个人信念的影响,原因很简单,即便在他不同意理性计划时他也会遵从它。

若法官推进具体的法律体制(legal regime),对有空隙、冲突或模糊的法制有所发展时,融贯法就允许他做有意识形态的事情。法律体制或许只能理解为是源自意识形态观念的构想,我是说一种自由主义或保守主义的意识形态观念。举个大家熟悉的例子,立法机构已制定了一部综合的成文法如《国家劳工关系法案》,它有意识地摒弃了先前保守派的劳工关系体制并同样有意识地采用与之相匹敌的自由主义体制。想用一种“适合于”成文法框架的办法来解决案子的法官必得推行自由主义观念。但它不是其“个人的”意识形态而是指导着他的有立法权的(或合宪的)上司的。融贯论允许对判例法作类似的分析。法官执行着先前法官意识形态的命令,依赖于立法机构来改变那种意识形态,还要看立法机构是否想改。

融贯论者可能会像德沃金那样相信，要想理解法律体制整体，就只有视之为表达了诸多政治理论观念的一种独特组合。如果这是真的，融贯论就要求在范畴上排除其他政治观念的解释："法官，如果接受这一约束并且其信念是马克思主义或无政府主义或取自某种古怪的宗教传统，那么无论他相信这些信念是多么高洁或天启，他都不能以法律的名义把这些信念强加给共同体，因为它们无法提供一套他所需要的融贯的一般解释。"[33]我认为这段论述有些古怪（可能因为我自己对马克思主义、无政府主义与古怪宗教信念的关系的理解）但很经典，它浓缩了融贯论者的宏愿（下面再细论）。

这种认为在法律适用与司法立法之间有中间方法的立场，与下述思想（即上述第三种方案）是一致的：存在许多规则约束司法造法的范围，因而可以限制意识形态对判决的影响。事实上，融贯方法回应了一种担忧：这种规则只能把司法立法的问题从对实体性规范（substantive norms）的解释推回到对有约束力的规则（constraining rules）的解释。根据与先前案例及体系中的其他规则相融贯的要求，法官解释政治问题原意或更模糊的概念"空隙"（interstitiality），这就是在执行"该体系的"意识形态即司法约束或司法能动性，而非其个人的观点。

有人会区分开此立场（即存在方法论上的中间术语）的两个变体。英国版留有边沁式的实证主义遗风，它断定符合融贯方法的案件有范围界限。法官不得不判决所有手头的案件，而其中有些超出了中间范围——换言之，法律"用尽"了，法官必须立法。当然，法官这么做是服从于许多约束的，如判例或公开辩论所提出的要求，上面描述过。

在此版本中，有两大形式的司法立法，仅其中之一有消极的内涵。一方面，如果法官不能根据融贯方法发挥其司法造法功能，尤其如果他创制了一条规则只是符合他自己的立法偏好而非符合隐含在法律素材中的优先选择时，法律之治就随时遭到破坏。另一方面，当法律"用尽"时，法官显然困扰于一种矛盾，即大众政治文化所提出的各种角色约束之间的矛盾。人们期望他不借助司法立法就判决案件，而这是不可能的。将案子存而不判也行不通（走开意味着被告方胜诉），对他来说要做的正确的事就是他所认为的正确之事，如果他错了就留待立法者或（在美国）宪法修正程序来校正。

在美国版中，融贯法会对法官有权管辖的任何纠纷给出一个"正解"。可能会有许多案件是不宜采用判决方法的（见富勒[34]，亨利·哈特与萨克斯[35]等相关论述），不过法律原理（legal doctrine）本身限定了这些案件并禁止法官裁判它们，而不是要求他们司裁。被告胜诉"是个法律问题"但不是因为摒弃正义。法官从来不必去立法，且司法立法总是恶的。尊重传统的司法修辞即受法律约束，而不以实证主义方法视之为无法实现的谎言。在此版本中，法官可以尽其职责。

从卡多佐到富勒与卢埃林，经由亨利·哈特与萨克斯再到德沃金之变迁，该立场有一个显著的进化。它运演的方向是模糊掉中间术语融贯与司法立法之间的差异，同时又大力肯定这种差异的重要性。德沃金与其他许多现代美国法律理论家们勉强承认（甚至肯定）判决的政治色彩。他们相信即便在"最难"的案件中也有"正当性"（rightness）之可能，同时逐步放弃了一些主张，如这种正当性是"客观的"或可明证的，即任何理性的法律推理践行者都可能不得不接受它，更不用说在良好法律推理的准则中不可争辩的那部分了。然而他们在审判与立法之间仍保留着截然的区分：

> 法律实践就是展开解释，不仅表现在法律人解释特殊的文献或成文法，而且表现在一般的解释。法律如此想来是深深地且彻头彻尾政治性的。从广义的政治理论看，律师与法官无法回避政治。但法律不是一种个人的或党派政治的东西，并且不理解此区别点的法律批判，会提供更差的理解与更差的指引。[36]

对德沃金来说，疑难案件可能要求判断"政治理论"，因为可能有不止一套解决方案符合融贯性或适合性之要求。此外，要调查所提议的解决方案是否通过适合性之初始检测，展开此调查就会受到一些政治理论的影响，这些政治理论与法官们在下述情形下所诉诸的政治理论相同，即如果他们最终不得不在同样融贯的结论之间作出选择之时。不存在什么元标准可用以在诸政治理论间或受此理论影响的融贯论诸版本之间作选择,除了法官认为某一既定理论是最佳的确信。

正如吉拉德·波斯特马(Gerald Postema)指出的,[37]这是对解释中的"正当性"之极具"抗议性的"看法。在疑难案件中,法官无法依赖外在权威甚或客观性思想,也不能指望强迫其他人一致同意;但他从不屈从于下述质疑,即他所追寻的真理是否在其自身之外"真实地存在"。"判决疑难宪法案子的法官们,他们也不只是在票决他们个人的政治信念,同样在票决大量的[文本内容],一如他们本来就是立法者或审议一项宪法惯例的代表团团员似的。"[38]如果法官在扮演着"戴着假面的一般政治家",那么他就是"不合格的或不诚信的"。[39]

其五,看一下民法法系判决观,即第五套策略,它以另一种方式兼合了所有这些因素。按欧陆法系的官方说法是,法官的作用就是把相关的法典应用于案件的事实,他们采用了一种法典无空隙(gaplessness)假说。如果通过对有效制定的规则中一些术语的含义进行语义的或演绎的分析,案件仍无法解决的话,法官就调用一些解释技术,这些技术基于一个预设:法典是融贯的,源自一个独特的概念结构。他尽其所能做到最好,但他不会接受"没有正解"之说。在官方看来,虽然有些案件比其他的更为棘手,但法官总能完美完成任务。从这方面看,德沃金是大陆法系的。

但官方态度[40]否认:(1)法官迄今将不得不跳出融贯或适合,进入德沃金个人主张的一般政治理论王国;(2)这些一般理论合法地影响着法官第一步决定融贯性的过程。更激进的欧陆法系学人提议,对法官来说,有时必然会超越融贯的概念框架而诉诸"进步"或"社会进化"概念,但他们轻描淡写而非着重强调这些思想的争议性。即便是自由法学派的欧陆法系学人,在对待司法必然性这一传统手法时也比目前美国学术主流认真得多。[41]

三、判决理论的类型学

演绎 + 司法立法	哈特
司法立法	昂格尔
演绎 + 限制性规则 + 司法立法	拉兹
演绎 + 融贯 + 司法立法	麦考米克

演绎 + 融贯 + 个人政治理论　　　　　　　　德沃金

演绎 + 融贯　　　　　　　　　　　　　　　民法学家们

非常清楚，这些判决理论中每一个的发展都已成为更大的政治方案的一部分。只要我们对判决的理解从规则适用转向解释，我们就可能撼动更大的**自由主义**概念结构，即区分开法院与立法机构、法律与政治、技术决策与民主决策、法治与专制。这个大结构，无论理解为是对现实的规定还是描述，都在意识形态争论中发挥着核心作用，这些意识形态包括各种保守主义、自由主义以及激进主义，还有马克思主义各种变体理论。意识形态在判决中的作用问题就是一个意识形态问题。

我在第三章第二节中所提的理论，更接近于美国模式即介于法律适用与司法立法之间的中间术语，并更接近德沃金理论的变体而非这一类型中的其他变体。不过我认为，德沃金的核心区分即"政治理论"与"党派或个人的政治"、权利与政策，无法起到他所期望达到的作用。因为它肯定了意识形态出现在判决的所有方面，故我的理论仿效"批判"策略即打破规则创制与司法立法二分，但同时否认此策略依赖于对司法实践进行一种纯粹逻辑的（而非"内在的"）批判。

我的主张是，美国法理学对司法立法问题的独特处理符合一种情境，其中的意识形态之桩被司法造法暴露出来并高耸着，但是，针对为这些桩寻找借口的法律体制与司法意见所展开的内在批判也已全面展开。此处只是浅谈这种判决批判的政治解说，下一节将对诸意识形态的概念与意识形态之桩作更为精细的解说。

第二节　法律规则界定中的意识形态冲突

我整个研究目的就是，检讨判决在被意识形态区隔开的社会之中处于何种地位。一个基本的观点是，许多意识形态冲突与法律规则有关。法官在法律规则的发展中起着巨大作用。但他们是否是意识形态的行动者，这是受争议的。从他们都是意识形态行动者这个意义上看，过去几乎没人注意过下述问题，即由那些意识形态角色受到争议（有时被否认有时又被肯定)的行动者来组织大量的规则创制活动,这是如何影响意识形态冲突结果的。

所有这些术语是模糊的。我想通过提议一个词对应一个模式的办法来把它们界定得更精确些。首先,我把一项意识形态界定为一个普世化方案,[1]即意识形态知识分子[2]把自己看做是"为"与其他集团有利益冲突的某一个集团做事,并且把自由主义与保守主义视为美国意识形态的两大基本样态。我认为,美国这些意识形态的一个重要特征就是它们都有类似的一般结构与类似的论证元素,故在它们之间的差异就表现为在一些具体事宜方面他们采用或"谈论"这些元素的方法之不同。

当这些事项是(它们经常是)法律事项时,意识形态圈的法律代表们就向立法者、执行官与行政官员、法官与陪审团主张其思想。我们可以粗略地把法律事项分类为要么是规则创制(与解释),要么是事实查明,在一些"混合的"问题上还伴有明显中间的范畴(如,被告是"疏忽大意"吗)。

对于任何具体的法律问题而言,我们能够识别出那些用意识形态术语理解法律问题的参与者们所隐含的意识形态之"桩"。这些桩也许能又或不能区分于案件当事人理解它们时的那些桩(对支配警察调查的规则作出界定,这对被告的策略来说可能是小事,而对"民权自由主义者们"来说却是个大问题)。

此项研究事关"法律的问题"而非"事实的问题",并且是关于法律在法院体系中的位置,尤其是在法官有决判上的最终正式权威的上诉审法院中的位置。上诉审法院的活动是清晰的例证,例证了法官的法律创制布下了意识形态之桩,但这是在一个争议的情境下完成的,即判决制作者是否是(或应当是)有意识形态的行为人。

本节下面详述该模式的诸元素,讨论:(1)集团、利益与冲突;(2)意识形态与意识形态知识阶层;(3)自由主义与保守主义;(4)自由主义与保守主义者们所见到的在法律规则中各种意识形态之桩;以及(5)上诉审法院在实践中经由判决而创制规则布下了这些桩。

一、集团、利益与冲突

集团、利益与冲突这三个概念并非互不相干。集团由人组成,它们是延续的但不是永远不变。它包括强意义上的各种社群和只因志同而道合的团体(如民权自由主义者们)。利益是集团冲突不变的目标。利益既可以是所有集团共同持有的,也可以是集团间你争我抢的东西比如收入、财富或空间,甚或做其他集团不希望看到的事情也可能有一种利益,如堕胎。它是集团生活的一个或大或小的问题。冲突是这样一些情境,即看起来好像利益正“受到威胁”,而非只是讨论或争议的对象。

共同的利益能够让人们认为他们是一伙的。集团间为保护各自利益而形成冲突,但两个个人间的一场冲突可能会引起其他人重新界定他们的利益,或引起其他人形成一个集团。在这些概念中,没有本体论上的优位顺序。

二、在法律规则演变中的集团利益

在人们认为的“集团间”许多不同冲突中,法律规则发挥了重要作用。当这些冲突成为讼案时,原告与被告被看成是不同集团的代表,即便他们本人无意于如此并且尽其所能地回避它。集团关注的焦点不在于案件当事人善行或恶行(若时间后延还牵连出陈年旧事),或他们的罪与非罪等整套杂事,而关注在冲突演化过程中发挥过作用的具体规则。此规则是冲突中的情境性元素,极可能不重要但也是集团冲突的永恒结构之一部分。定义的选择或规则的解释对案件当事人来说可能不重要,但因为该规则在许多其他案件中再现,这些案件的集团冲突内容不同但结构类似,所以值得集团为之一搏。

三、意识形态是集团利益的普世化

我们什么时候称界定法律规则中的冲突是“意识形态”冲突呢?首先,它得牵涉诉讼人之外许多人的利益,至少在这些人的代表们看来如此。其次,这些集团必须用普世的术语表述其利益,把他们表述得不那么“自私”的样子。其主张必定是,其他集团在规则界定的问题上“应当”让步。最后,必定有某些东西可承认为一个“思想体”、话语、一连串文本,它们可以被重复“应用”或运用以提出一些主张来支持对己方有益的规则界定。这就是知识阶层。构成该阶层的人操控着意识形态,发展它,应用它并随着时间的推移有时彻底地改变它。

依此理解，意识形态独立于那些“被联想”到一起的利益，虽然没有独立到截然二分的程度。依赖性与独立性既在思想层面上也在社会层面上起作用。在思想层面上看，整套思想即脉路传统一旦形成便有“其自己的生命”，因为使用它的人们感觉它能反对利益甚至能重塑利益。赋予意识形态独特特征的正是一种张力，即集团承诺——有各种因素，如心理认同、共享的情感与需求、自觉的团结——与文本上这些要求、指导或建议之间的张力。

在社会层面上，意识形态丰富的集团即知识阶层总是与更大的利益集团保持模棱两可的关系。它有其自己的小利益，这些小利益同意识形态推进者的立场相关，并且可能与集团的一般利益相冲突。这些知识阶层小利益本身可能会被意识形态化（知识阶层会把这个阶层看作是忠诚于“真理”，这完全独立于对集团利益的忠诚，旁观者都知道）。

再举些典型的例子，其中也会见到“私”利，例如知识阶层依靠其对普世化方案的垄断地位而在集团内部获得权力，又如社会以牺牲他人为代价确保知识分子拥有的特别待遇，这些他人包括那些有共同的意识形态承诺或系争的集团利益的人。

根据上述界定，一个意识形态就是一个“方案”。它不只是把利益转换成另一个东西。相反，它调停于利益与普世主张之间。人们对其自己利益的理解在普世化为意识形态的语境下形成，反之亦然，所以意识形态也能形塑利益，反之亦然。意识形态不是反映“有物质基础”或完全“既定”利益的上层建筑，它也不是一个“纯粹”的思想领域。

依此理解，某人可以是一个意识形态论者但不刻板或教条，即不用科学家们的那套方式把意识形态理解成“正确的理论”，更不狂热。某人是意识形态论者既因为他许下一个承诺即其工作恪守一杂堆文本、话语以及与此承诺优先性所必然伴生的特定限制，又因为恪守文本意味着效忠于一个或相互冲突的多个集团，当然效忠之余也时有冲突。

四、意识形态冲突的"无穷"性

意识形态现实中不仅与集团利益相关联,还与其他意识形态相关联。意识形态的一个明显特征就是它"有争议"。也就是说,所争议的内容不只是针对一项具体利益的冲突结果,也不只是一个焦点性的分歧,分歧中的当事各方非常清楚什么东西受到威胁及如何着手证实一项诉求的真与假。在意识形态冲突中常常听到这样的东西,如"我不同意你所说的一切;我不同意你的整个分析"。通常,双方会提出不同的真相与谎言的标准,或证实的标准,因此很难明白其中一方如何能够使对方信服。

由于诸意识形态的论战在此意义上是"深层的",所以我们感觉它不可穷尽,至少我们认为假如反对者们会以十足的诚信而继续无限期地论战下去则如此。每一个角逐者都有充足而丰富的资源,使得他们总能通过重述来修正一个已被攻破的立场。如果支持者们满怀激情地投入争辩,他们就永远不必承认终局的失败,尽管其他人会判断说他们已被完全驳倒了。在纯粹意识形态与迷信或宗派之间的界限很模糊,就像在纯粹的意识形态与纯粹地追求知识之间一样无法界定。

诸意识形态话语上的无穷冲突,被实践中追求各自利益的诸集团之间无穷冲突推波助澜。我们这里感兴趣的一种意识形态冲突是针对法律规则之界定的。不管讨论平台(the forum)是一个管理主体、立法机构还是上诉审法院,目的就是要得出结果——具体的规则定义——而此结果是一个"桩"。

针对各种桩的冲突已被"制度化了",因为所有参与者都期望会有一个无限延长的此类系列冲突。竞技者会大体保持不变(对峙的知识分子们,而不是作为个体的诉讼当事人们),过往的争辩与结果关系到未来的争辩,而当条件改变时,知识分子们会修正其立场以便回应,而不必全然放弃其方案。知识阶层是纽拉斯式(Neurathian)的"重建海上之船的船员",或处于列维—斯特劳斯式(Lévi-Straussian)的"拼合"情景中。除了有几只船,同时出行在海上……

五、意识形态冲突 VS. 对话与议价

针对规则界定之桩长期的意识形态冲突因此需要明显不同的其他两类题外情形。它不同于苏格拉底的对话(dialogue)概念也不同于“独立平等”(arms-length)议价概念。在对话中,我们想象着各当事方仅仅关注决定某个问题的真相。在议价中,我们每一方当事人关注对所争标的物达成可能的最有利的两愿分割,但只是为了避免达不成一致。

长期的意识形态冲突中,针对桩(法律规则)的冲突类似于对话,即各当事方有普世化方案而非仅仅粗暴地要求满足其利益。每一方都认为他方应当同意其所提议的规则界定,理由在于其定义根据一套共享的、更高次序的规范得出因而是正确的。不同之处在于在对哪一方关于事情真相的观点更好这一问题达成合意之前,双方都期望能作出个决断——以这样那样的方式布桩或界定出规则。从实践层面即具体冲突中系争之桩看,在作出决断之前每一方都相信本集团的利益应得到保护,无论是否可能就真相达成合意。

由于这些桩可能在未经各利害关系人同意时就布设了下来,因此在寻求真相的人看来,有意识形态的参与者们就承担了一种纯粹“策略性的”利益。他们带着诚意开展对话,力图说服对方或随时被对方说服,但他们不得不一直记住:他们对其所代表的集团的具体利益负责。即便在不能说服对方时他们也需要赢,而非把赢界定为说服。

意识形态冲突与议价有一共同点,即必须设法决定,当事方能否对何为正确或公正这一问题达成合意,因此对“策略”(相对于对话)因素达成合意。不过与平等议价相比,意识形态冲突的关键是,无论在选举团、立法机构、行政机关、陪审团还是司法专家组(judicial panel)中都有中立方与潜在皈依者。意识形态论者断定,方案的成与败最终依据其影响这些“摇摆不定”者的能力。在平等议价中,我们想当然地认为你知道你需要什么并且我知道我的利益何在;在意识形态冲突中,每一方都力图说服其他方中的一些人(“越多越好”),让他们相信所牵涉的事都是一种误会而不是“真正的”利益冲突。

恰恰是意识形态知识分子们的普世化有一个预设,即在纯粹“摆平”

(settlement)之外还有某种东西也是冲突的一个可能结果。但它显然甚至没预设合意的可能性。事实上,在现代社会中最为常见的意识形态冲突结构似乎是,每一方内部由不同成分组成(其成员的范围从“完全不会被对方说服”到“实际上根本没有意识形态忠诚”的人),另外在大多数冲突中存在一个重要的“核心”,它把自己限定为意识形态中立的(当然,这本身也是一个意识形态)。意识形态冲突预设了说服的可能性,而且经常预设下述可能性,即当说服进行到一定阶段时,对规则的定义或事实层面上社会的整个形态作出判断会违背社会中很大一部分参与者的意志。

六、美国社会中,意识形态集团针对规则界定发生冲突的话题

上诉审法院中一系列的意识形态集团冲突之桩,就是以普世的术语提出的一系列集团主张,集团努力使这些主张在法院得到对己有利的解决。没有哪些事务(issues)就其本质而言是意识形态的或法律的。下面暂列一些以这种方式加以理解与论证的事项,它们是美国社会与美国法律具体历史的产物。尽管我已把它组织成一个类型,但我并不是说它已详尽无遗;相反,它更可能是抛砖引玉,引出“每一个人”对美国政治的思考。

1. 集团及其活动的法律待遇

(1)身份族群是一个集团,它在法律上的形式特征就是不同的、次等的待遇,或其先前的身份认同(identification)被看作是构成了民间歧视。此事项事关形式法律平等的范围界限。它不得不采用前自由社会的等级制组织方式,还要用前自由模式来构造新的身份族群。

在旧秩序中,有些身份族群就是妇女、妻子、儿子、家仆、精神病人、穷人、奴隶、黑人、土著居民、外侨、同性恋者、学生与合同工。在形式等级关系上的劣势集团代表反对“歧视”。他们得到的回答是一些术语如“保护”、证成不同待遇的集团中的“差别”或歧视者自治。

(2)宽容问题(文化多元论)不必涉及集团的法律待遇,但得处理重要的(有时对有些集团来说是决定性的,但不为其他集团所承认的)实践、思想或行为的法律地位问题。举一些例子,如摩门教的多重配偶制、学校中的德国人、双语论、崇拜育儿活动、同性恋行为、色情言论、堕胎与共产

主义言论。论证的词汇有言论自由与宗教信仰自由,集会结社自由,隐私权以及有时称财产权,反对警察权力,国家安全,生育利于国家,等等。

2. 第二类针对规则界定的意识形态集团冲突涉及市场的设计、官僚政治(公共的与私人的)与家庭制度,以及规则对集团相关议价能力的影响,当中有一些旧秩序残余痕迹。

(1)资本家对劳工,男人对女人,黑人对白人,残障者对能力健全者。

(2)消费者对销售者(包括地主/佃农,医疗纠纷,以及诸股东间的合作冲突、出资与管理利益冲突)。

(3)环境保护。

3. 第三类关系到两种进路的选择,即威权主义进路或参与/诊疗型进路,目的在于把合法权威机构的活动限定在上述范畴业已确立的一切框架之中。

(1)针对身体的强力:死刑、虐待妻儿、学校里的体罚、强制劳动、强制绝育、输血与剖腹产、搜身。

(2)正当程序规则支配着政府与市民之间的互动(比如在有权要求听证之时),用体现平等精神的规则治理民事官僚现象,比如任意雇用、任意租赁、父母对子女的纪律、劳工对管理决策的参与。

(3)在两种规训进路间作出选择:报复/威慑法与复原法,这些方法存在于所有社会情境中,从学校到公司,再从家庭法到刑法。

4. 最后,第四组冲突牵涉在公共与私人生活中界定集体决策程序的规则

此问题是权力在程序上的正统性而不是权力在运用中的威权或参与/诊疗模式。这些议项会大量产生于选举权、联邦主义与司法审查中;产生于公司、工会或车间治理中;或在微观层面上的强制性条款中,如城郊分部联席章程、共管协议或家庭财产安排中。

七、自由主义与保守主义

在一般的政治争论中,人们常把自由主义与保守主义界定为赞同"政府"功能更大化或是更小化。此定义并不能很好地帮助我们理解在上诉法院中的那些意识形态,因为上诉法院相对来说几乎不涉及立法机构十

分关心的政府大小问题,而且此问题(法院确实牵涉)诱发了一系列极其复杂的自由主义与保守主义的立场。

美国法院中的自由主义大体可界定为一种废除身份本位不平等的方案,不仅表现在正式的法律待遇方面,而且在民间的市场待遇中;促进文化多元主义(宽容);设法推进下述法律规则,它能重视工人、其他弱势群体、消费者及环保人士,减损企业主利益;推动为合法权威的活动架构参与/诊疗模式;提升参与式民主观。保守主义意味着主张保留前自由(preliberal)的身份区分,抵制各种越格行为,维持或提高企业主在应对工人、消费者、环保人士事务中的相对重要性,捍卫威权式地使用权威,并抵制参与式民主观以维护现有制度。

自由主义与保守主义都是意识形态,因为集团冲突中这些非常具体的立场依托于多少有点复杂的普世化方案,这就让倡导者有机会说每一项较具体的立场都是正确应用一般原则的实例。一般理论大体可以归为依赖权利、道德与社会福利三类,而最令人惊讶的是,自由主义与保守主义都全盘同意那些原则的内容。双方都赞同多数决规则、个人权利与法律之治;都信奉犹太—基督教道德准则;都赞同安全之网监管下的市场经济。

此二意识形态都在这些模型中引入了同样的一些标准化观点,但各自应用不同。第三章第一节介绍这些"有弹性的"观点的法律版。

在自由主义与保守主义立场中的每一个实质领域,都有人们熟悉的对称张力:

(1)自由派赞同身份的形式平等,而保守派认为形式平等忽视了实际差异;不过就种族、性别与经济问题上看,自由派赞成"补偿性的"身份差异对待,目的在于促进实质的平等,而保守派注视形式平等。

(2)自由派憎恶用家长主义为身份不平等与压制越格行为找借口,但他们赞同家长主义的经济管制;保守派则恰恰相反,在社会问题上赞同家长主义而在市场领域里倡导个体主义。

(3)自由派在评价强势方的行为时趋于赞成法条主义、技术性(technicality)与形式性,而在面对"弱势方"时赞同家长主义、非形式性、放任姑息与一般的参与/诊疗方法。保守派则相反,趋于强调权威者工作的困难,需要严格管制在他们看来离经叛道的人。

(4)自由派调用一种平民论、多数主义、参与性修辞来对抗各种"壁垒保护下的"利益,而保守派捍卫特权;不过,除了对私有财产外,自由派对个人权利也调用一种反多数主义的修辞,而保守派赞同"共同体的权利"反对离经叛道,不过私有财产除外。

这当中有一个塔锥结构:

(1)在具体冲突层面上,双方是对立的。

(2)在中间层,二者都调用各种主张来赞成或反对平等、家长主义、参与/诊疗方法与多数主义。他们把这些主张阐述成实质上一样的形式;不过,在有些问题上,两派所调用的主张恰是一个钱币的正反两面,而在另一些问题上自由派就是正面、保守派就是反面。

(3)在最抽象的层面上看,自由派与保守派都信奉同样的抽象权利、道德与社会福利这些逻辑前提。

塔锥结构的关键部位是中间项(term)。在对"什么规则最好"的争论中,少到令人惊讶的一小撮主张构成了整个语汇,并且这些主张被(1)重述后使用于一个又一个情境中,且(2)在自由派与保守派之间来回地转换。很明显,每一个具体规则的冲突是不同的。大量的话语正力图指出这种具体性究竟应当如何改变老套式观点产生的途径。不过,这些非常详细且本身又不可穷尽的冲突,遵循着一个极其稳定、简洁、宏大的意识形态框架。[3]

八、知识型、范式、系争概念与观念

尽管冲突没有尽头,但我认为把自由主义与保守主义之间的冲突描述为一种"知识型"[4](epistemic)或"范式"[5]并无益处,原因只在于两派之间共享着很多东西。共享之点有:首先,都承认多数决规则、权利与法律之治等抽象前提;其次,对哪种具体的规则定义是最好的都采用权利、道德、社会福利等论证项。在知识型冲突(或"范式"冲突)中,人们自说自话,因为他们基于不同的"心理意识",每一方都"体验到一个不同的世界",甚至都没有进入对方的世界。这不只是他们没有达成合意——他们其实没有"用同样的语言"。

在自由派/保守派冲突中，有时莫名其妙地把对话者体验为“他人”，而知识型、范式与心理意识等这些语言可能有助于捕获这种体验。但这不是只做文字上的处理，因为“进入”对手的世界、把握其立场的“逻辑”等是可能的（并且一直在发生）。事实上，较常见的做法是要根据其意识形态陈述来准确地推知“他们将来会说什么”，并且有人认为还要知道他们为什么那么说。

以这种方式来看意识形态冲突所带来的另一个问题是，它完全把重心放在冲突的认知维度上，忽视体验集体承诺、集团成员资格与共同目的，而这些被忽略的却正是萨特通过方案与“融合集团”（fused group）等概念所力图阐明的。自由主义与保守主义确实“看事物的角度不同”，但他们“感受”的事物以及“想要”的事物也不同。这些“表征着”现实与假想中的不同集团。我得补充一点，我不是暗指：情感、需求与社会连带等领域因为极不理性就说它们与认知分属不同类别。

其实，有人把知识型与范式的普及说成人类冲突的缘由，我认为这种解释源自他们的一种期望，即我们能够避免把别人当做在情感、需求与社会连带等层面上不同的人。把别人看作是在认知方式上不同还是比较容易的，然而把别人看作是完全没有理性甚或无法用语言勾通则不那么容易了。如果你相信认知是绝对理性的而其他物事都是专断的，那么完全异在的**他者**就是一种威胁，因为此他者绝对邪恶（而非某个“只是没理解它的”人），故在有分歧的时候除了武力便无法处理。

我认为自由主义与保守主义不是知识型或范式，因为它们有需要、情感与社会连带之维。不过这些也是话语，并且在另一方面看，大量的意识形态集团冲突就包括对需求、情感与社会连带的诉求。

我们也能通过下述方法捕获这种体验中的某些东西，即加莉（W. B. Gallie）的“系争概念”（contested concept），而德沃金将之重述成概念的一个“观念”（conception）。[6]这些概念包括多数决规则、权利、法律之治、机会平等、犹太—基督教道德以及受安全之网监管的市场。话语中很大一部分易于被解释为冲突，即针对如何解释这些抽象概念所引发的冲突，而非针对一开始要采用何种规范性的前提。

但“系争概念”与“观念”都不足以描述自由主义与保守主义理解的

意识形态。首先,它们遗漏了一些被体验为对话者的差异性(otherness)的东西——这正是通过知识型或范式概念所把握到的东西。其次,它们在把握冲突中的非认知维度方面远不如知识型或范式。其实,加莉及其追随者们(包括德沃金)似乎经常沉迷于一个说法即系争概念,原因在于它允许我们把意识形态冲突理解为一种哲学探讨(表现为对话而非议价的方式),没有理解为某种其他类型的冲突。不过这种理解是错的。

九、自由主义与保守主义的本体论

方案,这个可塑的概念可能比过于精细的术语如范式、知识型或观念更为可取,但它有其困境。我的看法是,一个步入美国政治生活的人会发现这种生活被松散地组织成了若干意识形态知识圈,这些知识圈是自觉的集团并有其独特的利益,同时还宣扬独特的规范性抽象论式,这些知识圈历史上还曾效力于对一些所谓的既反映利益也反映普遍规范事项采取特定的立场。如此构思而成的意识形态方案不可化约为其成分中的任何一个:它不只是抽象的承诺,不只是一些立场,不只是曾经称自己为自由主义者或保守主义者的一系列人,也不只是那些被普世化了的集团根本利益。

拒绝这些还原论的理由就是,作为一种共同看法或通常我们所指的意识形态问题,下述情况不存在严密的、有说服力的逻辑关联:"下行关系"(downward)中,在从抽象规范到具体立场再到集团利益中没有;同样"上行关系"(upward)中,从利益到立场再到规范也没有。在社会层面上,对"是"一个自由主义者或保守主义者究竟意味着什么没有一个可公度的定义,根据所坚持的原则或立场呢,还是根据集团的承诺来界定。我这里只关注这些面向中的一个,即抽象规范立场与所谓由之产生的若干实践立场二者之间的融贯性问题。

作为一套套话语的诸意识形态,与那些提出意识形态用以满足层出不穷的新问题的人,都面临一种批判即内在不连贯或有矛盾。尽管在每一个方案中都有持续的动力来调和矛盾并提出一些使得或应当使得意识形态内在连贯的理论,但关于如何去这样做以及是否已经达致融贯等没有一致意见。

基于此,有必要追问是什么“决定着”自由主义或保守主义者在新问题上(如,校园里的仇恨言论)的立场。如果每一个意识形态都采用同样的抽象原理(权利、多数决规则、法治、犹太—基督教道德、受安全之网管制的市场),并且每一个都在一小组次级别的观点(比如,赞成或反对家长主义)之间来回游移,那么当新情况出现的时候我们如何应用意识形态也就成了一个悬而未决的问题。

不幸的是,这小瞧了我们在决定什么“是”自由主义或保守主义中面临的困难。自由主义与保守主义双方不仅来回游移,比如对不同议题(如,卧室 VS 会议室)游移于赞同形式平等或实质平等之间,还都各自保证不“过于”偏向左或偏向右。[7] 自由派把他们的承诺即实质上的经济平等与形式性的身份平等只落实到一定程度,正是在这一程度上,他们以适度(moderation)为名陡然地“迎合”对手并投怀送抱。

举例来说,他们一开始谈小孩,用一种家长主义或富有情感的修辞而不是权利取向的或平等主义的,还谈 “均衡”或“阶级冲突”甚至纯粹的经济政策中的“再分配”所带来的危险。就此而言,自由派似乎又是保守主义的,尽管他们“划界限”时更接近于左倾。在对立面的保守主义也一样:在某种程度上,只要自由主义所认为的安全之网不被废弃,保守派就从绝境边缘撤回并采纳恰恰一直被他们抨击为秘密共产主义的修辞即福利国家。

结果是,两类潜在的不融贯(incoherence)持续地威胁各自阵营:(1)调和不同领域(就保守派而言,他们反家长主义经济问题修辞与他们家长主义的社会问题修辞)中的立场问题;以及(2) 解说问题,即解说为什么他们在既定领域中划一个特殊的界限而不“采纳在逻辑上对立的立场”(对自由派而言,比如为什么他们不赞同财富的彻底再分配)。

对于观察者/理论家(我)来说,会用自由主义与保守主义作为解释工具来试图解说“判决如何起作用”及“判断有何影响”,但两大意识形态来指控不融贯就显得力度不够,这正提出了一个典型的方法论问题。现代/后现代主义(MPM)有一个含义就是偏好一种解决方法更胜于另一种。

在分析法官“客观的”或“非个人的”修辞“背后的”东西时所用的自

由主义与保守主义中,我怀疑是否有所谓“真正的”、融贯的版本。尽管自由论者与保守论者们总有可能会找到(或早已找到,只是我不知道)抽象的论式,这些论式或许能让我们把意识形态说成在具体事项上“要求”这样或那样的立场,但这对我来说看起来极为不可能。故此,如果我自己的观点认为自由主义与保守主义(若被看作是一种“哲学”)是各有其内在矛盾的大杂烩,那么我又如何使用它们作为理解判决的元素或概念工具呢?

我同样怀疑“从外部”对自由主义与保守主义能否下一些融贯又可操作的定义,即用外部因素,比如所谓具体集团的客观利益或所谓具体(融贯)前提的合理内涵。这种定义允许外在观察者依其自己的目的(可能是意识形态的,也可能不是)而对动机与行为作归类,不必参照饱受争议的内在融贯性维度。但就我们的目的而言,一个外部定义不可能有用的,因为我们感兴趣的恰恰是自我意识现象(比如否认),这是外部定义所竭力回避的。

把意识形态当作是方案,就是承认或肯定其理论构成的不融贯,但还希望我们能够就我们具体的目的来区分开自由主义与保守主义,因为除了内在融贯之外还有其他一些因素“稳固”它们。用“稳固因素”这个词,我是指这样一种因素,它促成我们意识到自己的谈话是有意义的,比如谈某人“是”一个自由主义者,或说某个立场“是”自由主义的,或说“自由主义而非保守主义者们,在一个具体事项上面临着艰难选择”。基本想法是,方案是一个足够稳定、有助分析的实存体(entity),因为它不只是一套理论:它还是自觉的集团活动,有其历史与实践之维。

有些稳定因素允许我们认为,当我们谈论自由主义与保守主义是下列情况时,我们知道我们在谈什么。

(1)自觉的共识:对新问题提出独特方法是自由的,如果自由主义者说它是一个自由的问题而保守主义者也说它是自由的话,我们就没有顾虑了。

(2)历史:如果自称是自由主义者的人们,在过去某个时候认为,它承载着自由主义的诸前提并把它植入进了他们的纲领中,那么就此而论它就是一种自由主义的立场。

(3)结构论相对于选择论:如果它定位于定界清楚的保守立场与同样清楚的共产主义或无政府主义立场之间,那么它是自由主义的;如果它处于定界清楚的自由立场与法西斯或超自由市场(ultra-free market)立场之间,它就是保守主义的。

(4)局部融贯:如果它非常接近于许多类似且定界清楚的自由主义立场以至于如果走其他道路(不管这条道路是多么地接近)就会变得怪异,它就是自由主义的。

我希望,我的"意识形态"、"自由主义"与"保守主义"用法中,显然不存在任何依稀"科学的"或"客观的"东西。在小心翼翼地应用这些我所列出的检测标准之后,仍有许多地方会有分歧,如任一具体的人或立场究竟是自由主义的抑或保守主义的。但我确实想说,方案作为一般概念以及我所细分的具体元素,契合于这三个术语在当前美国政治文化中的通常用法。

更为重要的是,当自由的与保守的意识形态知识阶层成员们出于不同的目的精解他们的共同承诺即法律之治时,他们惯常地把"合法律性"(作为决策的一个动因)同"意识形态"作比照。当他们如此比照时,我认为他们心中所想的意识形态是我这里一直在讲的那层意思。换言之,我的主张是对有文化价值的术语之典型用法给出一种人类学的描述。

最后,我认为自由主义与保守主义如此界定后,是非常有效的分析工具,值得我采用它们来努力理解我们特定的社会秩序是如何运转的。学习语词在地方性文化中的使用方法,这不只是一个人类学家的问题。作一个参与者,一个有意识形态的人,虽然不是自由主义或保守主义者,我基于下述一些预知(predictions)来指引我实际的、有计划的活动:自由主义会这么做,保守主义会那么做。就社会理论的目的而言,我认为在书中努力指出判决制度如何对如此界定的意识形态地带发挥作用,这种努力是有用的。

十、意识形态偏好

自由或保守的意识形态偏好是一种倾向性,即倾向于选择与自由主义或保守主义有关联的法律规则。一个偏好可能明显也可能难以辨明,它也许被承认或否认,它也许是意识到的、潜意识的或半意识的。偏好,在通常的用法中不只是一个实际的模型(尽管经济学家有时在这个极其有限的层面上使用它)。当我们归责于偏好时,我们假定了我们是在对模式化的行为给出一个解说或解释,即将之归因于行为人的一种心理素质。

当我们从心理层面上来探究偏好是否存在时,我们会考虑过去在可供选择的诸法律规则中所作的选择,并且我们还使用这样一些证据,即法官在可资利用的、有意识形态内涵的申策论与修辞转义词语中所作的选择。正如我将在第三章第一节中所主张的,有一些法律主张直接地或通过类比把一般政治转换成法律话语。自力更生这种修辞是保守的;而均分(sharing)这种修辞则是自由的。自我实现这种修辞是自由的;而自治体的权威这种修辞则是保守的。这些是标记,从中我们推导出意识形态偏好。

如果我们相信法官有意识形态偏好(如自由或保守的规则选择),我们就经常谈及一些具体判决结果的"意识形态动机"与"意识形态影响"。我用这些表述时有一些疑虑,因为它们在两个方面是模糊的。第一,它们指出,一个行为人在选择与一种意识形态有关的结果时带有偏好或倾向,但它们没指明一个内在承诺即意识形态就是一种方案。第二,"动机"与"影响"只能通过解释程序得以明确,而非通过更为实证的方法论加以证明或证实。

如果我们对自由主义有一个充分严格的定义,那么一种自由主义结果就能得到"证明",但我们所归责的偏好、素质或"同情心"就无法证明。不过就这一独特的研究目的而言,这种证明也没必要。人们一直把"意识形态动机"理解为偏好而归责给行为人。事实上,"对猜疑的解释"或司法意见中隐秘动机(这些动机把自己呈现为技术的、演绎的、非个人的或中立的)的审察,数百年来已成了美国人关于判决争论的最重要特征。

在法律话语中,若承认有意图(intent),则上述用以归责的证据就几乎从来不是"确切的证据"。在司法意见中,法官总是"否认"(用的是该词的通常意义)他们的行为出于意识形态的动机。也就是说,他们明确主张他们遵循了非个人的、排除个人意识形态影响的解释程序得出判决结果,即他们在选择法律问题的某一具体解答、某一法律规则而非彼者时处理了许多法律之桩。这显然是一个约定俗成现象且没有向我揭示事情“真正的”过程。

大多数情况下,支持归责于偏好、动机或影响的唯一根据是“解释性的”,意思是说,如果我们把意见解释为受意识形态促动的而不是我们从表面上看到的样子,那么意见就更容易理解。但你无法“证明”这样意见更容易理解;你只能通过下述办法证明你的解释,即表明:意见从其本意上说是矛盾的或非结论性的,用意识形态偏好之类的术语理解虽不那么有说服力但看起来至少是明白易懂的。我无意于用直接证据来表明法官在想什么。它不是一个证明的问题而是一个“解读”的是否有理的问题。

意识形态动机概念中另一个模糊点是关于该术语所隐含的信奉程度(the degree of commitment)。我肯定,许多年前布莱克斯通爵士(William Blackstone)在描述英国法律制度时有一个“辩护的动机”。有些读者曾经推测说我在主张一种阴谋论,自由主义与保守主义理论家经常在马克思主义者对资本主义制度的解说中见到这种阴谋论。我只是在主张法律话语是一个蓄意的骗局,用中立的术语来掩盖资本主义意识形态安排,目的是在事实真相方面误导群众。[8]

但是根据对意识形态有一个内心承诺并把它看作是某种可推进或抗辩其反对者的东西,人们能够识别意识形态偏好、动机或影响而不必断言行为人同意系争的意识形态是一个方案。偏好,从其促动或影响的行为中推知,只是在具体案件中作选择时的一个倾向性。具体行为人要精确地描述出来就不只是说在选择中有倾向性——他或还是一个真正的信徒,一个“空想家”或是某种“政治立场正确”的人——但这会要求大量其他的证据,还要求各种的而非一个模式的结果,并借用意识形态上可辨识的申策论。

第三章第三节,我解说一下司法行为并提议,最好把司法行为中意识形态偏好理解为是半意识的或用萨特的话说“背信的”(bad faith)。重申一遍,我认为半意识的倾向性这一说法——依照弗洛依德(Anna Freud)的理解,它是被法官对其自己“否定”的东西,而非彻底“被压制住”的或蓄意阴谋——适合美国政治话语的常识用法。我们谈法官的自由或保守的意识形态“偏见”,就是指这种半意识的心理定位。并且我们认为,除了通过上述解释技巧而外，不必然能“证实”这些归责。[9]

十一、大自由主义

大自由主义（即一个包括自由主义与保守主义在内的更大的单元）之抽象的规范部分，是由自由主义与保守主义者们共有的理论承诺所构成的，包括：权利、多数决规则、法律之治、犹太—基督教道德与受安全之网监管的市场经济。但大自由主义核心人物还通过与其“对立者”作符号学比较来界定它，如左派的共产主义与无政府主义、右派的法西斯与自由贸易主义。

我们能够并将看到判决制度（司法造法的处境是对意识形态在此过程中的作用仍有争议）对自由主义与保守主义之间政治冲突的影响。但如此受争议的判决制度至少还对下列冲突有不可否认的影响：自由主义/保守主义“中心”与整个边缘范围之间的冲突，前者指**大自由主义**或当代西方的“温和派”，后者中较激进的是左派与右派的意识形态。

我将用“意识形态”这个词来描述**大自由主义**，因为我想保留它来支持更为细化的普世化方案——自由主义、保守主义、共产主义、无政府主义、法西斯、自由贸易主义、女权主义、民族国家主义——在美国文化中，人们经常用这个词来标示它们。我将首先主张，在美国判决理论的核心问题是其司法与意识形态的关系问题（在第二章）；然后，对上述问题作一个具体回应（第三章）。把**大自由主义**说成一种意识形态，这弄不好就会搅乱这种讨论，既因为美国政治话语并不把**大自由主义**当做意识形态（其实，它经常被看成是一种意识形态的对立面），且因为**大自由主义**的意识形态分析在非常不同的新马克思主义理论化中有着重要作用（见第四章第三节）。

十二、“意识形态之外”有批判立场吗

当然没有。我从我自己的左派/现代/后现代主义意识形态视角着手研究此问题，当然此立场也伴有若干局限。这不会阻断我同那些立场不同的人之间进行沟通，因为正如我一直在说的，意识形态冲突有对话的元素，这种冲突不是知识型问题而且也不预设某对话者是不可救药的造物，

比如阶级立场的造物。

十三、上诉审中意识形态知识圈之桩

在本节剩余部分，我的目的是区分出意识形态知识界在判决中洞察到的各种桩，并证成他们醉心于司法造法而反对各种对其重要性的怀疑论。

他们关注具体规则，既因为规则既禁止又要求行为有内在意识形态价值，也因为这些规则作为“游戏规则”在对生活中好东西的生产与分配方面既合作又冲突。[10] 他们还关注作为一个讨论组的审判专家组(judiciary)，组员们通过努力说服法官去成为自由主义者或保守主义者来推进其推论方案，同时希望通过他们成功地说服了法官进而影响一般公众更认同自由主义或保守主义。我认为值得把这些区别点拆解细分。

十四、在法律规则的内容中，固有的意识形态利益 VS. 工具的意识形态利益

首先，法律的规则——法律制度的形式内容——影响着各种行为，包括善的与恶的，对的、错的与冷漠的，公平与不公平的，所有这些都依照人的意识形态立场。自由主义者或保守主义者以此方式看待各种法律，如罢工的、堕胎的、政府对艺术的支持以及其他若干事项的法律。如果在上诉审中法律之桩包括在一条法律规则的不同定义间作选择，而选择规则牵涉应对谁的价值观有意识形态分歧，那么法律之桩也是意识形态之桩。我称这些桩是规则中的“固有”利益。

其次，法律规则多渠道地影响着行为，继而间接影响好东西的分配，绝不是遵从或不遵从系争规则的问题，这些东西的分配是一个意识形态冲突问题。学术界把规则(比如，管制州际公路上的卡车载重量)看得很重要，因为规则影响着不同产业、消费者与纳税人间的关系。我们关注这些规则，与其说是作为“行为的规范”，不如说是作为经济、性别、种族或宗教冲突中的“游戏规则”。规则影响着结果(意识形态学术界对结果很关注)，影响方式就是改变集团间力量的分布，改变他们多少是为其自己利益而介入下述关系的能力，即在每一项物事(从钢到家庭生活)的生产中

存在的冲突与合作关系。我称这一系列的事物是规则中的“工具”利益。[11]

这两种看规则的方法并不相互排斥。人们可以从罢工的道德性与反道德性视角来分析罢工法,或从劳资双方就盈余分配引发的罢工之合法化的效果这一视角来分析。人们常常根据规则“是”这种或那种的而对之进行分类——因而有些犯罪本身就是恶而有些因法律禁止而为恶,有些规则以自然权利为基础而有些则以布莱克斯通所说的“市民社会的便利”与今天可称为“政策”的东西为基础,有些规则旨在无条件遵守(刑事制裁与禁令制裁)有些则纯粹把法定的价码附加到行为上(损害)。我不是在谈规则的分类,而是在谈具体规则中逐利的意识形态动机之门类。

有时,规则制定者的真实动机显然是一种类型的而非其他类的。国会议员要求人们周五吃鱼来促进养鱼业,而间接地支持英国的海事力量,这并非因为他们相信在那个特定的日子吃肉就本质上不对。在游戏规则的极端情形中,规则的定义绝对没有什么内在的道德、权利或实用价值:比如球场上篮网的高度,卒子是否可以斜走。在另一个极端情形中,我们不可能赞同允许谋杀,即便假如有人证明这不会改变谋杀率并且可能在财富分配的平等方面将会有一个不小的、可欲的增进。

这种在各动机间的区分,不符合在实用主义与作为规范标准的权利或道德之间所作的区分。有人会关注一条被视为行为规范的规则,因为他根据实用主义伦理学判断此规则是恶的,而有人会反对一条被视为“游戏规则”的规则所带来的分配上的后果,原因比如是它导致其无家可归,这侵犯了人们居有定所的权利,或在其他方面是不道德的社会政策。[12]

当我们从本质上看法律规则时,很自然会问有关服从(compliance)的问题,并把得到更多人服从的规范看作是比其他的“更成功”。当我们把法律规则看作是游戏规则或工具性规则时,我们追问这种规则定义(与一些变体相反)可能会如何影响好东西在下述人群中的分配:受害者与侵权人之间,所有会受到行为变化之影响的人之间。我们追问的问题如同下问,即解除管制会如何影响航空价值与服务质量?提出服从问题,不是要衡量规则的成功而是作为考评效果的一部分。一项反对乱扔垃圾的禁令显著减少了垃圾乱扔现象——即便人们显然一直继续扔且个别乱扔者并不认为法律禁令可能会适用到他头上——这就可以说是巨大成功。

十五、反对规则怀疑论

规则中的两种利益依赖于两个重要的预设。首先,我们假定,我们有可能知道法律规则是什么,这表现在两个层面,一是识别规则,二是理解规则在适用过程中会如何影响行为。其次,我们假定,法律规则事实上确实影响行为,有两个途径:通过"国家强制力"影响即改变行为的"价码";通过"正统化"(legitimation)影响,即不是通过修正国家强加的行为价码来改变人们的行为,而是诱导人们在行为评价中作出改变,让他们意识到其先前认为好的或正确的事儿其实是恶的或错误的,抑或反之。

我认为,两个预设几乎正确无误,并且作为一个观察者/能动者,我把它们用到了我自己的政治评价中。这意味着,如果法律现实主义的规则怀疑论(想当然地)被解释成意指规则的意义在实践中必然是不确定的以至于行为人或观察者根本不可能准确预测它们是什么及它们会如何被应用到具体案件中,我就觉得此论就无法令人信服了。就像其他致力于法律推理内在批判的评论家们一样,我一直主张,法律规则能够被放心地认为"有效"且放心地应用于大量案件之中。[13]其实,我们一开始就已作了一个更为夸张的主张。对下述行为展开预测常常是可能的,至少准确率还行:选择此一规则而非彼一规则的可能性如何影响大量民众的行为与利益,包括那些从未有机会遵守或不遵守它的人们。[14]

正因为规则是可知的(我们能够识别出哪些是"有效的"),因为我们自己通常会以我们期望别人应用规则的同样方式来应用它们,因为我们能够预测规则对各种利益冲突的后果,所以我们把规则看作是在清除法律的意识形态之桩。同时,批判的整个要点在于主张,在许多意识形态之桩高耸的案件中,法律行为人已在具体规则的两项(或更多)解释或界定中作了选择,并且该选择有消除意识形态之桩的效果。

此时可以对选择作如下定义,即一个博学的观察者(在事实面前)把一种实质可能性关联到两种意识形态对立的替代性规则定义中的任一个上,或者说,尽管每一个定义都赋予了某一规则以高度可能性能优于另一规则,但它们在确定该是哪一个规则时出现分歧。我说"此时",是因为第三章还要讲述这种情况的主观或现象学方面。由于意识形态学术界认为这些结果(规则定义)在此有限层面上是不确定性的,所以他们耗费大量的才智来努力影响这些结果,并且对我这样的人来说,似乎值得去努力指出法官事实上是如何判案的。

十六、规则,不是规则适用

出于谨慎,我重申一下我所讨论的是在诸多法律规则之间所作的选择与这些选择对意识形态集团冲突的影响。很容易混淆两种选择,即在诸规则之间的选择与在诸“结果”(在惯常意义上即诉讼当事人中“谁赢了”)之间的选择。自由主义与保守主义意识形态学术界有时关注谁赢了官司,因为官司本身即最终判决会布下意识形态之桩。比如,判决停止核工厂的建设就可能在意识形态上非常重要,即便支持停建的理由对具体案件的事实来说极其古怪难忍以至于案中设定的任何规则都对未来任何环境冲突不会有什么影响。

不过,我这里是从规则影响集团利益的角度来对待意识形态利益的。从这一视角看,谁赢官司可能不重要,即便当事人无疑是系争集团的成员,且即便讼案把这些重要的桩当作是当事人之间的重大利害关系加以处理。就我的分析而言,讼案只有在其重要性超过了当事人的利益的情况下才有其价值,因为在此过程中法官作出的判决确立了一个规则,可以预知此规则会影响到将来的意识形态集团冲突。

在规则与规则适用之间作区分,这大体不会错,我讲“适用”是指判断规则中触发制裁的事实谓词项是否真实发生过。被告打了原告了呢,还是被告当时身在外地?当适用意味着直接查明事实时,它只会在下述情况中才有意识形态意义:知识分子们预想的事实查明是一个选择的事情,故而开放于意识形态“偏见”。这在“法律问题与事实问题胶合着的”案件中更有其可能(如被告是疏忽大意吗?)。在强奸案审判中,陪审团在断定是否有“暴力”或“同意”时,会对大量案件趋向于沿着高度可预测的意识形态路线展开推理。

本书不通过应用这一类有效的、有空缺结构的标准来尝试消除意识形态之桩。本书讨论的是,受意识形态促动的在不同标准之间的选择,或受意识形态促动的选择力图修正一个结构开放的标准(如“同意”)以期改变意识形态集团冲突中的结果,比如除非有确定的迹象表明确系同意否则就推定为暴力。换言之,本书讨论的是法律诸问题中的判决,以上诉审法院的最终权威为背景。

若存在许多可能的法律规则可资法院用以解决具体案件中法律所暴露出来的不确定性,就不止一个规则会导致该特定的被告败诉。从被告的视角看,这些规则中哪一个会对未来案件有效对他来说无所谓。但从学术界的观点看,这种选择如此重要以至于自由主义者们在一定意义上“获胜”了,尽管代表他们利益的诉讼人败诉。例如,法院会把一次特定的警方搜查界定为是经由双方同意的并承认了该证据,同时宣布了一项标准(比如,要求披露他们的动机),这比本可能采用的二选一方法更有利于被告。

十七、有效性与预测

我担心读者会认为,研究法律中的意识形态之桩的这一进路依赖于一个有争议的“法律”定义。我认为不是这样的。我希望我的判决中的意识形态理论(在第三章中讲)会有激烈争论但能有实效,部分原因在于它由寻常的合理元素构成。为达此目的,请让我重申我对“有效性”(validity)的定义。我讲“法律规则”是指这样一种规则,其有效性仅在极有限的层面上即所有人同意它有强制力,意即其生效是只在这样一个有限的意义上讲的:律师向有最高管辖权的法院主张了一项法律规则时,几乎每一个人都期盼该法院在判决中适用它。我很确信存在这样的规则,比如在马萨诸塞州就规定十八岁前不可参加选举(一个简易例子),还有,过期的约因一般不能使一项承诺有约束力(比较难的例子)。这就是我使用“法律规则”所“意指的内容”,它是对一个研究范围的限定而不是尝试解决一个法律哲学问题。

我的看法是,如果我们把自己严格限定于依此看来显然有效的规则之中,我们就会有一个很大的舞台,后果很多且要做的事情也很多,更不用说那些尚不清楚什么规则在其中有效力的情境——除非我们努力指出新规则在这些情境中如何获得法律上的效力(被创制)。当我们研究此问题时,我们将放弃预测说,理由很清楚,即法官不会通过预测他们将来裁决这些规则是什么来裁断现在的规则是什么。[15]

十八、规则对行为的影响

关于有效法律规则对行为的影响,我认为它是一个经验问题,因为一个规则显然是有效的只是未予执行,甚至因为可能存在一些(对行为)非常有影响的规则,它们恰恰对立于那些试图处理系争情况的法律规则。尽管如此,我们还是可以概述一下有效的法律规则如何影响真实发生的事情。选择一项法律规则会影响行为,即把这样那样的"成本"、"好处"设为具体行为的后果。社会自由主体(social actor)似乎有时把对法院事实上将会做什么所作的预测作为依据来修正其行为。并且他们还可能是"坏人",意即他们只在下述范围内遵守规则:以短期的、个人主义与非道德计算的方式看,遵守规则所预期的成本与好处超过不守规则之情形。

十九、规范效应

不过,社会自由主体也似乎以另一种方式应对法律条款与有效性。他们遭受"规范效应"(normative effects)。首先,似乎有理由认为,如果他们相信它是"法律",一些民众尽管不同意此规则或守之会让他付出些代价,但他们更可能会遵守此既定的规则,而不会在如果知道其所面临的实际制裁完全相同的情况下去遵守法外标准。很多人相信,一个人"应当"遵守法律,即便遵守它会非常确定地对己不利,或即便不同意该法律。因此我认为,他们有时确实放开自己的利益或不顾分歧地遵守法律,此时他们可能不会遵守一个他们认为不是作为法律而制定出来的规范。这就是有效性的"服从效应"(obedience effect)。

其次,似乎有理由认为,美国法官们造法时,人们趋于使自己对规则的看法服从于法官所宣布的规则。至少有些人相信,如果法律要求某事,那它本身就是同意此要求的理由。依此观点,一个有效的司法宣判有两个极其不同的政治效果:它激活了规范效应即服从法律,它还诱导受众改变对做还是不做何者"正确"这一问题的看法——它有"皈依效应"(conversion effect)。

这些效应事实上存在吗？它们已经或可能得到经验证明吗？这些问题都是开放的，第四章第三节将着力讨论。但我相信，此前争论参与者想当然地（可能是错误地[16]）以为这些效应（若非真实存在的）至少是充分似真的，所以判决理论争论中利害攸关的不只是预测"坏人"。我们不必去回答一个事实层面上的问题即这些效应之实在性，有助益的做法或许是充实这些关于其存在的假说，从而使下述观点更值得称道：它们已是讨论中的重大因素，尽管只是隐含着的。

对于有些受众而言，依照通常的理解，这些效应与在证成法律结论时所说的任何东西都不搭边。它们只是源自对一纸判决的阅读，而对法院如何证成对法律是什么所作的宣称则全然不知。一个著名的历史事件可用来例示服从效应。1895 年的美国普尔曼铁路工人大罢工，在紧张的对立与潜在的暴力氛围中，铁路资本家获得了初等法院的一项强制禁令，实质上反对工人所开展的所有统一行动。工人们服从了此禁令，丝毫不了解其法律推理的根据（技术上高度可质疑的），并且让保守派们感到惊讶与高兴的是，工人们"直接回家了"。

对部分受众来说，有效性的皈依效应被认为是同样"盲然不为人所知"地在发挥作用式地运作，即人们开始深信一个规则的道德、政治或社会正当性只是因为它已被作为法律颁布出来了，而不考虑所提供的理由。但皈依效应没有服从效应那样"全有或全无"。你要么服从要么不服从，但你能不服从且仍然接受皈依效应。即便讨论中的人心里很清楚新规则是错误的，但它仍可能通过削弱上述正当性之信念而"起作用"。该效应会削弱信念，途径就是表明看起来明白无疑的东西实际上充满争议（最高法院不同意我的看法），或通过使信念更为脆弱（如果最高法院不同意我的看法，我可能就是错的），或通过打开一条通向未来变革的道路（现在我明白它们意指什么），如此等等。注意，我所界定的服从效应与皈依效应与法官在解说其规则选择中所说的东西无关。

二十、概述规则之桩

意识形态知识分子关注上诉审判决，因为上诉审法官在下述情形下定义规则：(1)根据专业法律知识，我们无法确定地提前预知他们的决判；

与(2)规则的选择会布下明显的意识形态之桩。规则布下意识形态之桩要么是固有地要么是工具性地。不管哪种情形,桩的性质与大小都依赖于我们关于系争规则会影响行为的假说。规则影响行为,既通过影响价码,也通过规范效应,前者根据法律预测论对坏人起作用,后者通过对有效规则之正当性盲目服从效应或盲目规范皈依效应来诱导行为的改变。

上诉审判决有着意识形态冲突之"论坛"的功能,在对其中的意识形态之桩展开讨论前,我想把这一颇具实证色彩的理论部分与"冲突—解决"的法律社会学进路作个比较。这对证明我为什么关注上诉审判决似乎很有必要——我是说证成而不是认错——因为美国的法律社会学传统所引以为豪的是,降低其影响以利于初等法院、陪审团、律师与私当事人作为合法行为人行事。[17]

二十一、规则之桩 VS. 冲突解决

卡尔·卢埃林如是说:

> 那么,法律事务是关于什么的呢?它是关于一个事实,即我们社会满布着冲突。冲突有现实的也有潜在的:待解决的冲突与要预防的冲突;二者都诉诸法律,都构成法律事务。但显然最需要关注的是现实冲突,并且我们的第一关注必定指向它们。现实冲突需要某些人对它们采取某些行动。首先,如此才会有和平,对冲突方来说如此,对其他受到冲突方影响的人亦然。其次,如此冲突才真正被平息,也就是说,才会构思出一种解决方案,它至少大体上对冲突方来说是可忍受的并且旁观者不觉得恶心。这种对冲突事务的处理即理性地处理它,就是法律的事儿。主管这些处理事务的人,不管是法官、县司法官、书记员、监狱看守或律师,都是法律上的官员。在我看来,这些官员对冲突所做的一切就是法律本身。[18]

冲突—解决思想中谦抑的版本是,"冲突发生"后法律制度至少有时"发挥作用"解决冲突。该版本还说,如果它们不是通过某些像法律制度的东西得到解决的,各种恶果会随之而来,比如私人暴力。但这种观点与

下论相比更为抽象——它就“是”一个解决冲突的社会功能且“一切社会”都有这类机制,而冲突解决就“是”法律制度作用的结果;发挥此作用因此是一件“好事”,也是对实践活动的一个好的解释。我不去批判社会学功能论或作为法律制度“特定”(the)功能的冲突解决方法之选择。[19]我这里要做的就是把这一进路区分于我将讨论的“分配”(distributive)进路。

社会学进路起于一个事实,即社会“密布”着个人之间的冲突,它假设解决冲突的功能之实在性并探讨如何实现此功能。分配进路起于意识形态集团冲突这一事实,并探讨它如何受到法律制度之影响。此二方法会导致迥然不同的研究焦点。

研究美国社会如何实现冲突处理办法之普世功能的社会学家,很可能决定忽略掉上诉审程序。毕竟上诉审法院确实只考量极小比例的冲突,这些冲突被概念化为“合乎法律的”。当他们思考冲突时,并不那么容易地看明白他们如何“解决”冲突,用卢埃林的话就是达到当事方都“可忍受”的“平息”并且“旁观者不觉得恶心”。当然,上诉审判决书也未以任何方式告诉我们它们是否引向冲突方都可忍受并且让旁观者都不恶心的平息。

似乎有理由相信,如果完全废除上诉法院,则初等法院的判决就成了终审,那么从社会学层面看冲突的数量与现状相比可能既不会增多也不会减少。有人说如果上述纠纷解决办法得到支持则会减损抽象价值即和平,我认为此说法没什么道理,并且更没道理的是说因为此功能没“得到发挥”所以社会就可能分裂为私民暴力。如果有人关注冲突处理办法发挥作用的真实表现,更值得一做的事情就是像梅莉(Sally Merry)与昂弗森(Barbara Yngvesson)那样去做,[20]并思考卢埃林研究的关于服务于同一共同体的地方法院系统(包括其中各种部门)的问题。

我选择关注上诉审判决,这当然反映了我自己作为一名法律原理教师的专业特长。但这一活动本身是思考下述问题的产物,而不是一个纯粹偶然之举:从社会角度看法律有什么重要之处。我有重点地探讨各种法律冲突的解决制度,发现有两个理由支持这些制度的重要性,每一理由都引向研究上诉审过程。第一,至少在普通法国家中(后面细论),法律上的各项冲突解决制度通过提出规则来影响意识形态集团冲突,这些规则支配那些并未参加冲突的人的行为。

换句话说,这些制度主要通过上诉审程序发挥“功能”,这非常不同于社会理论为它们定位的功能即出示正式法律。法官创制的正式法律与经立法机构、行政机关或公民投票所制定的法律一样有意义。似乎有理由认为,正式法律通过我所描述过的机制影响着意识形态集团冲突:它处理掉意识形态之桩,包括规范内容中的内在之桩与规则分配效应中的工具性之桩。其有意义还有另外一个原因:恰恰因为它是不同于立法,尤其表现为法官在忠于法律素材的义务下开展工作,而在不诚信中创制法律(权力让渡的假说)。

美国最高法院对布朗诉教育委员会案的判决终究对一个分配主义者来说是有益的,因为它是利用联邦政府来废止学校种族隔离的一次尝试。显然,案中冲突一定程度上得到了“解决”。不过更重要的是,规则创制活动即否认其政治角色的所谓冲突—解决制度,带来了一整代人值得去争辩的问题(现在还在继续),即关于顺应规则的变化与关于隔离意指什么。尤为重要的是,从这一系列冲突中产生了许多关于“歧视”的新的行为规范,并对生活中好东西在种族集团之间与及其内部的分配有相当大的间接影响。

第二,冲突—解决机构之所以重要,因为它们有一部分责任去执行形式法律——就是说,有责任确保法律设定的价码能真正落实,而法律为行为选择设定价码,目的是影响坏人的预测并由此影响他们的行为。“较低的”基层负责实际执行,故而分配进路关注它们如何把形式法律转化为行动中的法,用 Robert Mnookin 与 Lewis Kornhauser 的说法就是,在初等法院层面尤其“法律下的议价”层面上。[21]但这是关注服从问题(compliance issues)的一个具体子项:有意识形态之桩的那些。

如果我们会从分配视角关注冲突—解决机构,那么要考虑的就不是制度是否成功或不成功地“平息了”具体当事人间的冲突,或它们是否“合理地”定分,甚或它们是否通过意识形态上可争辩的谨慎用法达到止争。有一事确实要考虑,即它们在多大范围内产生意识形态促成的不服从(尤其被大量从未碰过官司的人不服从),这种不服从不同于影响集团间的分配与若得到服从所可能出现的结果。[22]我们感兴趣的是“拒绝执行问题”或“贯彻问题”。另一个重要的问题是在上诉审层面的规则适用中,在何种程度上讲意识形态促成的规则适用布下了一些重要的桩,这些桩无法通过规则选择而有效地处理掉(如疏忽大意,强奸案中的同意)。

举例来说,格兰特(Marc Galanter)的经典作品“富人为何抢得先机”一文指出,[23]“有效”的程序规则与初等法院和上诉法院的非正式制度实践如何引向一个系统性的偏见,此偏见利于来自一些集团的诉讼人(大机构,“权贵”层)而不利于来自其他弱势群体的人(即无产者)。隐含的比照是这样一种制度,即有着同样“实质性”规则,规定了民间社会里谁能够对谁做什么,但有一套强制执行系统使得不同集团的人能更平等地利用。该文有力地指出,从工具的而非内在的角度看,这些程序规则把一些重要的桩布进了意识形态集团冲突之中(一般代表自由主义的集团与那些一般代表保守主义的集团之间的冲突)。

不过要理解基层的冲突处理机构如何布下意识形态之桩,就需要大量地理解上诉审。比如,今天早上 Boston Globe 报头版刊载了一则故事,标题为“法律游戏中获胜的女运动员”,附标题是:“做了若干年的二等公民后,妇女代表队运动员们在一系列成功的诉讼之推动下,正沿着平等的大道阔步前进。”[24]

根据这个故事,学校目前正增加对妇女运动的资源投入,但运动员与支持者们说他们将“不得不继续承受压迫,因为政府执法不力,即使她们会取得完全平等也没用”(限指 1972 年赋予教育平等权的法律,其中第四项下的诸要求),并“因为在男运动员中有持续增强的反抗”。在此案得到妥善处理之前,一项**上诉法院**的判决“支持了政府出台的对参与之平等性的三项检测”,这已“激起了全国的大学采取行动”。[25]

若要理解一小部分自由主义知识分子们在此中如何成功实现其目的(编织进普世化的语言如“平等”或反对“二等公民”),就要去理解上诉法院在下述事件中的作用,即突然向教育“平等”这个历时 21 年的立法命令赋予了一个在意识形态上无疑有争议的意义(三项检测)。当然,还需要理解圈外支持者、律师、行政机构与初等法院的作用。

我坦然承认,一个关注意识形态集团冲突的人会有许多理由去研究冲突—解决制度而不只是上诉审法院，并且承认我们若不理解执行而仅通过正式法律就无法理解桩的布设。不过我确实认为奇怪的是，法律社会学家们认定他们能够理解作为整体的冲突解决现象而不必考虑法制中的形式规则是如何形成的。

二十二、作为意识形态论坛的判决

意识形态学术界可能会“关注”上诉审判决，即便法官通过掷钱币的方式来创制规则也一样，原因很简单，这些掷钱币法会消除明显的桩。他们还可能关注下述情况，即法官一旦辨识出什么地方看似是裂隙、冲突或模糊点，就应用一种“客观的”（即可论证或可计算法的）方法来创制规则。不过，此二者的关注点有不同的特征。基于常识的理解，恰恰它们表达的这些意识形态立场真实地或潜在地存在于判决过程之中，只是被否认了。判决是意识形态的一个论坛（而不是原则的“专用”论坛，这一点我们将会明白）。

下文核心思想就是，司法意见与由之而来的法律人的主张是有意识形态色彩的记录或文本，既因为其内容，也因为由他们创制的规则所布下了意识形态之桩。自由主义与保守主义者以及其他，都关注上诉审判决，原因在于它是他们角逐其各自方案的场所之一，这些方案改装得足够中立并尽量少损害对手以图他们自己的计划能被制定成法律。它还是他们努力使其意识形态立场“掌握霸权”的场所之一。

“他们”是法律知识阶层成员，即一般的自由派与保守派意识形态知识分子：律师、法官与法律学者，他们参与了解释规则的法律对话。法官、拥护者与学人为自由主义规则作自由主义论证，而其对手则为保守主义规则作保守主义论证。中立派与骑墙派法官努力在自由与保守派主张之间作出决断。两派一直把自己放置在面对法律与政治二分的位置上，也就是，面对扭曲的惯常看法，认为他们在法律中展现出来的意识形态立场不是意识形态的。

意识形态冲突是一个长期的、持续的扭曲过程，此过程独立于在具体冲突中的除桩过程，并且它有“对话”的元素。立场顺应“外部”事件而变化，也顺应其他派的“变动”。我们可以问，并且这些派本身也在持续追问，他们（被视为不同辩方）在说服法官成为（比如）自由的或保守派法官过程中做得怎么样。我们可以问，自由与保守派法官们在说服平民大众成为自由主义或保守主义分子中做得怎么样。

在美国，大量的意识形态对话与这种演化发生在判决的论坛上，尤其在州上诉法院与联邦级法院，且最为明显的就是在美国最高法院。它似乎对形式法律的内容——对法官创制的法律规则——有巨大而持久的影响并因而成为解明法官如何布下意识形态之桩的一个重要因素。通过皈依效应——法官有能力使规则具有法律效力不只是因为创制了规则，还因为引导人们对这些规则的规范观点或态度发生改变——它不无争议地影响着文化，且与只设定游戏规则的环节相比更为悄然，更具渗透性。

分配的意义（distributive significance）加上（被否认的）意识形态扭曲的内容，看起来显然更可用以解释知识阶层在上诉判决中的浓厚利益，比之于抛硬币假说或法官通过可论证的或可计算的“客观”方法判决疑难案件的说法更可取。在这个方面，“认真对待意识形态”与当代美国法律理论主流是矛盾的，后者有一个重大预设即法官尽管无疑是法律创制者但他不是或应当不是有意识形态的行为人，这一点在最后一章还会谈。下面两节就是对这一预设提供一种历史的/政治的解释。

第二章　司法立法问题

第一节　美国批判法条主义的悖论

本节有两个目标：首先，推进比较法事业，即区分开我所讲的“美国批判法条主义”（它是对法律全然信任与全然不信任的一种奇怪组合）与西欧学界的态度；其次，解说其不同，方法是辨识美国法律思想中意识形态—批判的“病毒”链（“viral”strain），这一链条与思想“主干”的关系是这一整本书的主题。

在欧洲，其一般意识形态冲突中的桩一直比美国的突出，直至最近才有所改观。自由主义者（社会民主党人）与保守主义者们都在力主反对共产主义左倾与法西斯或威权论右倾，后二者事实上一直不断扬言要夺取政权。在美国，共产主义或法西斯主义立场也都没有淡出讨论。在另一方面，美国司法造法之桩已比欧洲更为突出，因为无论就私法还是宪法而言，法院在一般政治生活中都有重大影响。自由与保守主义都已通过法院来落实重大的造法方案。整个法典有相当一部分没有直接的立法根据，且这种法律相当一部分显然带有自由主义与保守主义议项的明显痕迹。

这种美国折中稳健主义政治（centrist politics）脉路

与司法的重要地位,其第一个后果就是,在两种政治文化中关于法律之治的争论已有所不同。在欧洲,法律之治已成为自由/保守中心与共产主义和法西斯两极端之间争论的重要元素,这比美国更明显。稳健派已肯定法治是其核心纲领,伴之以人权以及基于自由选举的代议制民主。法治经由政治/法律、客观/主观、民主政治/职业责任的区分而把立法/判决二元论发展成为强有力的规范立场。

极端的左倾与右倾主义也已趋于认可法治、人权与自由选举,但只是原理上认可而实践中公然漠视它们。稳健派与两个极端派斗争,既颂扬抽象的合法律性之维,又颂扬其在西方民主社会中真实的实现(虽然有时须经妥协)。这种看待它的方式在美国政治中有时也重要,美国极端左倾与右倾就像想象中的替罪羊在中央内部冲突不断。但除了19世纪90年代、20世纪30年代与60年代后期这些简短片断外,人们认为对法治(人权与多数决规则)的威胁系来自外围因素。

实质上,在这场因法院系统中自由派与保守派交替占位所引起的持续不断的争论中,法治已显然成了他们在中央实现其各自方案的工具。美国的权力分立制度已意味着自由派控制了立法机构而保守派控制法院,这种状况时日已久且反之亦然。当这种各占山头的局面出现时,立法上占支配地位的保守派就攻击自由派法官们司法立法,而自由派法学家们就辩解他们的所作所为只是忠诚于法。当角色互转时,自由主义又批判保守派法院在私下立法,而保守派开始辩解。

面对美国批判法学运动对法治的批判,欧洲人会借助美国人的历史清白来解释它,而不是条件反射式地把它比作早期的马克思主义批判。因为美国没有经历过法西斯也没真实存在过社会主义,故美国的这些评论家们只是一厢情愿地玩火,质疑起现代人文政治的一个中心支柱即野蛮主义(barbarism)。[1]我认为这种看法并不荒诞,尽管它显然不能为任何具体的实质性主张而辩护。稳固的稳健主义(起先是边缘性的后来成为至尊,但在欧陆人嘴里就剥离了美国的政治文化)为奇异的知识变种提供了加拉帕哥斯群岛式的飞地。

但清白命题没有说清楚,美国法律文化的主流不仅热情地献身于抽象的法治理想并作为政治偶像,还献身于某些在欧洲人看来十分危险的类似司法统治(rule by judiciary)的东西。人们常常认为这种美国趋势,即把政治问题转换为法律问题,得通过政治文化或阶级文化的缺失来解释,而后这种文化稳定成为可能。

换言之,美国人不得不以法官为中心(judge-centric),因为如果他们没有一个共同的全民法律信仰,他们的异质性社会就可能分崩离析。远非无知到只会玩火冒险的程度,真实美国人走上法条主义之路是因为对历史的恐惧,此恐惧感虽不同于欧洲的但也不乏强烈。在美国,左派/现代/后现代主义者对法律的批判近乎疯狂,不是因为它无视"历史的教训"或不质疑引向共产主义或法西斯主义的根基性元素,而是因为它似乎放弃了普世的自由主义与保守主义宏愿即通过司法至上来实现统治,并惧怕司法至上缺位的情况下国内失序。

尽管左派/现代/后现代主义批判在这方面是失常的,但它在另一方面有代表性。它是一种强烈前见的延续,即认为美国法律文化有对实体法律体制以及使之合理化的司法意见批判的技能。这里再次看到,与欧洲的比照十分鲜明,人们也广泛接受这样的比较,但他们用以解说这种比较的要素错综复杂。毫无疑问,批判被说成案例式法律教育的根基,它在法律学术界被制度化为传统上可接受的任何学术活动中的一个基本部分。

问题是,为什么美国人认为法律与(解说并证成法律的)司法意见的实质内容问题百出,尽管他们在文化上坚定地信奉规则(这些规则有法律给出的也有法官创制的)。换个问法就是,为什么德沃金是现代美国法理学家的典型?联想到其先导们如卡多佐、卢埃林、富勒、亨利·哈特与萨克斯,德沃金立场的实质就是,法官即便在"最难的"案件中也能够信守法律之治。但尽管法官不必非得立法,他也不能指望其意见能被人们当做客观的、显而易见的或无争议的东西而接受,即便在欧洲人看来只是融贯方法之例行应用的情形下也不行。与欧洲情况相比,德沃金理想中的美国法官似乎有无限的权力与责任但实践中根本没有什么权威,如果我们把权威看作是一种文化上的理解即法官所立规则因与政治无关而推定有效的话。

一、欧陆法 VS. 普通法

对于这种奇异组合的批判性一面，欧洲人的第一反应是，批判的兴起是由于实体法相对来说具有不合理性（irrational），即事实上实体内容不融贯、逻辑上不发达且受控于制度化的司法裁量权。有一个欧洲大陆学者作出“最没脑子的”解释，他比较欧陆法与普通法时指出普通法中有这些讨论。

正式的欧陆法理论是，法官只在严格限制了的层面上造法，即不得不为案件构想出一个规则，他们从不刻意想制作一个判决用以作为未来案件的法律渊源。下一个法官有可能不理会前案所发生的一切，而他在解释法典时如有必要就会对类似的案件作出完全不同的判决。但他绝不期盼其判决会对未来案件有影响。比之于普通法系，欧陆法系较少可能有法律冲突，因为其法律少得多。

同时，人们认为其比之于普通法国家的法律，其中的更多问题已经通过民主选举的最高立法机构解决了。此外，这种法律的创制经过一个过程，此过程能推动融贯的成文法体制而非专断的决策与不融贯的妥协，后二者在美国的立法过程与判例法过程中都存在。

依此粗浅看法，欧洲的立法得益于二事：政党制度的意识形态（不管有多“主观”但政治上融贯）基础与高水平的欧洲司法技能。基本民事法典反映了19世纪**大自由主义**的意识形态，它是由杰出的教授们而不是立法委员会提出来的。[2]现代社会立法可能在概念上排斥这些基本原理，但它同样表达了一种符合经典**大自由主义**的融贯社会民主论，它是由一些不太知名的、有温和左派信仰的教授提出来的。

这意味着，不得不通过融贯方法解释法律的法官有许多待处理的融贯问题。她也许有一天得处理有19世纪古典自由主义意识形态色彩的事情，第二天又得处理有社会民主主义色彩的工作，但不时还有成文法素材要求她得同时处理此二者，她将会遵循法律的约束而不会诉诸她个人的政治哲学（更不用说她个人的意识形态观点了）。

在我看来，美国比较主义者与不寻常的欧洲人已非常成功地揭穿了这种对两种法系之不同点的基础主义理解。看起来没必要再去重温自耶林[3]以来的研究,就美国而言始自约翰·道森(John Dawson)[4]继而有萨迪克·比拉伊德(Sadok Belaid)[5]与米切尔·拉瑟(Mitchel Lasser)[6]等人的研究。就我的目的而言只需指出,与法国或德国相比,在英国这个普通法的母源国中司法统治与批判已没那么流行了。我们可能会把英国的实证主义法律概念"用尽"归因于普通法的无常性,但只字不提英国法律文化似乎既非法官中心的亦非批判的而只是形式主义的。法典与普通法间的区分也许只是我们比较的起点,但它显然不能成为美国式悖论的唯一解读。

二、英国法 VS. 美国法

当然,有一种英国式解读,它自命不凡但其实天真无知。它认为,正是司法审查权的篡夺"使美国法院漂浮在大量充满争议的价值判断上,并且很清楚,法院使用其广泛的权力不仅监督立法的形式与例行手续,还监督其内容,在此过程中法院做了一些极不同于所有欧陆法律思想构想的标准司法功能的事情:把确定的现存法律规则公正不偏地适用到解决冲突之中"。[7]

司法审查产生了美国"噩梦般的"判决观,即常常或总是期望法官会是一位"客观、公正、博学且经验老道的法律宣布者"。作者自己之"讥讽的看法"是"如果你们的宪法已使其他的法律成为政治性的,它这样做就冒着政治化你们法院的危险"。[8]H. L. A. 哈特接着讲解了法律现实主义与我所称的美国版融贯论(此版中的法官从来不必成为一个英国强意义上的立法者),认为它符合美国最高法院法官的原罪,即"利用习惯上对司法过程的迷信来骗卖他们个人的政治与经济的不干涉主义理论"并继而导致数代人之后开始了自由主义的"隐形立法",就像堕胎判决那样。[9]

哈特不看好现实主义的噩梦版与一种抗衡性的努力,即建构融贯理论从而至少可以使我们想象到法官能够避免立法。我将捍卫噩梦观的MPM版本。对于这种捍卫很重要的是,美国批判法条主义不只是司法审查的产物,它还是美国法律文化大量其他特征的产物。因此美国法学家很难想象,如果大法官马歇尔(Marshall)当初更多地迎合"所有国家的传统法律思维"就好了,我们就可能不会有麻烦。其实,美国例外论者

(exceptionalist)对哈特的回应是,这些不寻常的文化因素连同不寻常的司法审查实践,导致了法律思维的突破,也引向了哈特所谓的虚无主义与浪漫主义死胡同。[10]

为有助于讲解美国情况,我们可以把美国的联邦制经验算进普通法(对立于欧陆法)。在欧共体及其复杂的法律和谐化方案出现之前,只有一小撮欧洲比较论者(比如 Rodolfo Sacco[11])担忧法官创制的若干规则相互冲突,它们在不同的司法辖区中派生自完全相同的法典条款。但每一个美国州最高法院将至少看一眼其他州的解决方法,而法律学人若想要写一些法律话题就不得不作比较,至少在"衡量哪个更权威"时如此。

联邦制第二个结果是,联邦法院应相关请求而裁断州/联邦冲突时必须得决定扮演何种角色。弄明白哈特的看法是何等狭窄很重要:即便美国最高法院已婉言拒绝废黜违反联邦宪法的联邦成文法,它也得决定如何处理其明确的司法管辖权以便审判州作为当事人的案件,还得决定如何处理州法律与联邦法律间的冲突。这种公法上的司法管辖权就像欧洲法院时下的情形一样,牵涉的问题都充满政治色彩,不存在任何关于法官被要求适用"上位阶"法以克服其立法偏好的问题。

冲突与选择是普遍的且不可避免,这也大量归因于历史境况,美国诸司法管辖区在 19 世纪早期,当时处于一个强调广义"自由主义"特征的美国社会意识形态背景之中,经过与相对"封建"与"技术化的"英国政体相比较,从英格兰引进其法律。这种外引经验通过一些新州的建立至今仍在沿用,这些新州有地方司法管辖权而无普通法,就像欧洲人初来美洲定居时一样。

另一个区分美国与西欧(哈特所谓的"所有国家")的因素是,早在 19 世纪起美国的法律职业包括司法系统就比欧洲有多得多的社会与政治的杂合。当托克维尔(Alexis de Tocqueville)把律师说成贵族时,他指的是他们的社会地位与权力而不是说他们是欧洲人讲的"遗产"(estate),亦即准世袭资格与界定何为合法或不合法的强大内部规范。美国律师与法官对法律持相对实验性与工具性的态度,部分因为他们中许多人是新贵,不论是白手起家的反改革派还是标新立异的平民论者。他们一开始就认为,由谁当法官在政治上是重要的。

对哈特来说，“最高法院最著名的判决是那么的重要和有争议性，同时又那么不同于普通法院在断案中的做法，以至于没有哪种严肃的法理学或法律哲学能够不去追问：这种司法权力与何种法之本质的一般理解相一致”。[12]他暗含的答案是：没有。不过当然，不是这些判决之重要与有争议而是因为它们“不同于普通法院的做法”才引起了问题。与英国情况相比，美国的背景是联邦主义、外引接受以及法官与律师的社会和政治多相性，故“何谓普通”就远非那么清晰了。

三、大街上的噩梦

美国人法律意识中兼有的批判与“相信”色彩，即怀疑论与信仰论之悖论式组合，在很大程度上归因于历史上三个因素的偶然并置。司法造法中的意识形态之桩已很突出，在宪法与普通法律案件中，在州与联邦两个层面上都有；法律传统资源在新问题出现时显得更为贫瘠；法官的政治同情感也已随着时间而戏剧性地转变，而没有稳守保守主义。因为这些原因，无论我们是把它看做原罪还是看做洞见的理由，一些重要的但在法律上有问题的司法意见在美国法律文化中随处可见。

突出的桩、微薄的传统与如水不定的司法人员已经意味着，具体判决与审判趋势的意识形态反对者们强烈地关注并盼望贬抑那些支持其所讨厌的判决结论的司法推理。这种攻击始于共和国历史早期，那时联邦最高法院法官针对来自杰斐逊城与杰克逊城律师们的反抗，提出最终司法审查原则本身，还有一部增强国家在联邦体制中权力的法律。这一时段末期，出现了戏剧性的立场转换，原来亲奴隶制力量竟反过来倡导用联邦权力去强制执行《逃奴法案》。那时，联邦最高法院对国家政治中亲奴力量作了重大干涉，废止了《密苏里协约》，表现为斯格特（Dred Scott）法官的判决。

南北战争后，州与联邦法院既在发展劳工关系（相对）亲雇主（pro-employer）的普通法中，又在为社会立法设定宪法界限方面发挥了重大作用。在20世纪30年代，美国最高法院废除了很大一部分早期的“新政”。

“二战”之后，局势的政治结构再次逆转，相对自由主义的最高法院在许多问题上与比较保守的州与联邦立法多数相对抗。法院废黜了一些制裁美国共产党成员的立法，然后打击立法区划方面的执行活动与一些关于刑事被告权利、种族隔离与堕胎的成文法。

在私法领域，州最高法院普遍“彻底变革”侵权法尤其是地主/佃农法与消费者法，没有废黜太多的成文法但不等于没招致商界利益集团及其法学界的支持者们的巨大反抗。当保守派在20世纪七八十年代重获法院控制权时，自由派“无耻地”再次转变立场，成为遵循先例的热捧者并攻击法官（如Robert Bork与Antonin Scalia）是司法立法者，骂他们披着严格解释与原旨主义的羊皮。

绝大部分对具体司法判决与相应法院的攻击都基于这样一个想法，即存在一个正确的、支持批判者政治立场的法律结果。对马歇尔早期商业条款司法意见的批判者们就主张，正确的宪法解释必然得出一项保护州权利（a states' rights）的判决。对布朗诉教委案，法学界批评家们主张，法律的变革不能用“中立的原则”来证成。既然最高法院得出一个法律上不正确的判决，它就是在司法立法。此为司法立法主要是因为法院将其“价值判断”或意识形态强加给了大众而这正违反了法律之治的内在要求。

诚然，每一次有争议的司法干涉都有其支持者与诋毁者。在自由主义者看来，布朗诉教委案是正确的，不是因为法官除了立法外别无选择所以不管他们作出什么判决都不可避免有政治色彩即“自然的立法偏好”，而是因为它是合乎法律的正确结论。我们依然身处于一个熟悉的道德剧里，剧中的问题是，法官的个人意识形态还是“党派政治”会击溃他们的誓言：释法而不废法。

四、在高桩语境下的判决之批判

美国法律文化中最突出的不是法院判决在受到政治指控的案件中提出这些关于法律“实际上”要求什么的热诚主张。恰恰是，争辩的语境也已带来一种具体的、独具本国特色法律推理之内部学术批判，在这一点上，哈特基本是对的。无论自由派还是保守派，捍卫独特判决过程反对指控司法立场的人已不得不作出回应，不仅要解释判决在合法性话语范围内是合法正确的，还要解释判决在抽象层面或在具体案件中是如何能够做到不同于立法的,尽管它是阐释而非法律规则的纯粹应用。

世纪之交,美国历经了长期的保守派司法与自由派立法的控制,这看起来好像会永远继续下去。大多数自由主义者依然主张:保守派每一个具体的司法判决就是司法立法,因为存在一个正确的合法答案而法院视而不见却支持法院自己主观的意识形态偏好。不过有些自由主义者"不再那么认为"并开始认为,问题在于这些难题没有什么合乎法律的正解。这正是美国转型的关键时期,即"病毒滋生"的日子。

这些自由主义者把德国、法国的"自由法"(free-law)理论立场与下述英国实证主义立场杂合起来,即法律"用尽"时司法立法就不可避免。在政治上有争议的案件中,法官以一种公然保守派的风格断案时,法律极有可能被用尽。根据这种新型杂合式批判,无论法官们说他们在做什么,他们在这些案件中都做了选择。事实上,认为存在正确答案这一信念误导了法官自己,致使他们的偏见被"无意识地"表达出来。[13]

本书尝试着发展并延续这种美国式的内在批判。在我看来,主要通过内在批判方案而不是通过哲学或政治理论使得美国知识分子们参与进了一个更大的、世界范围的长期方案即左倾/现代/后现代主义批判。美国法理学是半自治的领地之一,就像西方马克思主义、现象学与解释学以及现在的文学理论那样,这一方案在这里已得到发展,就像萨特讲的"动物心脏中的蠕虫"。

五、司法判决中意识形态批判的简明系谱

批判法学运动有一个方案,即恢复"一战"前法律进步思想与法律现实主义中的批判线索,从而我们可以主张一个传统来支持我们在国内法律学术争议中饱受争议的立场,与此同时在更大的脉络中找到一个位置。我这里的目标不是让这一往事"重现"其不可还原的历史特质,但我确实想澄清现状,方法是为现代合成体中的众具体元素确认一个系谱。我只是认为,像霍姆斯、霍菲尔德、特里(Henry Terry)、科宾(Arthur Corbin)、库克(Walter Wheeler Cook)、科恩(Felix Cohen)、赫尔(Robert Hale)与卢埃林等论者们为今天的实践创造了一些基本技术与基准命题。

他们对这些创造性做法的态度即他们把这些创造放置到更为一般的

法律、政治和文化中的做法是多种多样的。大体上看，其中没有哪一个完全类似于我们这些自称是其后裔的态度。特别是，其中没有一个有我们所称的批判方案（立于批判实践）。他们经常创造一些批判手法作为他们创造性行动之一部分，支持他们的“重建”事业，即他们对下述问题的看法：法官若没有相当理性的司法方法又如何能够摆脱政治中心主义困境。时至今日，他们的后继者中有一批学人对以前理性化某一领域的企图展开详尽的批判，然后提出其自己的替代性方案。这种替代方案如泥牛入海，但这种批判不仅有效地消灭了其批判的对象，而且作为一个未来解构思维的雏形而幸存下来。[14]

对现实主义的承继有两个部分：对私法领域融贯性的批判，如合同法、财产法与侵权法；对疑难案件司法判决中所谓的意识形态之中立性的批判。对私法原理即融贯论的批判是在令状制度失败后，加上受到十分精细的欧洲思维启发，试图对普通法进行理性化的结果。它有两条线索，我们可以称为“虚无主义”与“矛盾论”。特里对虚无主义有很好的归纳，他是19世纪晚期最杰出的侵权法学家，终生努力勾勒这一新法律领域的融贯性。他这一课题的最后研究成果发表于1903年，它为所有后继者提出了一条箴规（更不用说亨利·哈特从其第三届霍姆斯讲座的著名撤退的预兆了）：

没有什么一般的规则用以确定什么法律义务存在、什么行为是法律要求或禁止的。人们已花费大量劳动与才智试图找到某种一般标准来衡量法律上的对与错，寻找法律责任的某种一般基础。但都徒劳；一个没有。各式各样的行为因不同理由而被要求或禁止，一般都因为便利性；时空不同则理由也不同。在这方面，法律呈现出一种完全专断与实证的色彩，且存在任何具体法律体系中的义务必定只有单独地加以理解。[15]

不过，“一般规则”的缺失不是讲述的目的。对融贯论学说批判的矛盾论立场则起于一个隐含在我刚才界定的虚无主义中的命题：欧洲法典论者是错误的，他们的批评家是对的。无论是欧洲的还是美国的公法或私法，事实上都不可能描述为个体主义（或古典**自由主义**）。更强的批判是,在法律中应用个人主义不可能产生出一个融贯的法律体制。下一场运动似乎从未在欧洲发生过,尽管这种印象可能是错的,而运动的路线事实上早已定好,但被复兴的正统观念与我上面描述的政治恐惧所粉碎。

此运动本该会指出没有办法解决现存体制中具体的裂隙、冲突与模糊点,除非诉诸“政策”即在具体的情境中选择,在相互矛盾的个体主义诸理想与“相互依存”(或“集体主义”、“利他主义”)之间作出选择;在个体主义范围内,则在私人自治理念与国家保护理念之间选择,反对欺诈、胁迫;一如我将在第三章第二节中所要讲的,“政策”结果成了工具,用以解决有意识或潜意识的各式意识形态间冲突,比如自由主义与保守主义冲突。第一代改革派比较温和的立场是:在不同政策间的选择是“立法”。

所以特里断称“法律呈现出一种完全专断与实证的色彩,且存在任何具体法律体系中的义务必定只有单独地加以理解”时,他错了。人们不必逐条逐个地了解规则,因为在矛盾论看来它们是高度有机的而非纯粹随心所欲。这恰恰是因为他们持有一种二元论而非一元论逻辑。举一个经典的例子:

包含在合同法律之中的伦理学问题,我认为,起源于四个基本思想:

(1)侵权思想,即一个人应当为其对别人的伤害而受到惩罚。应用于承诺就是,一个人应当赔偿别人因信赖其承诺而蒙受的损失。

(2)议价思想,即一个人通过承诺支持合意的价格而得到任何有价之物,都应当向卖家支付双方合意的价格。

(3)允诺思想,即承诺天然地有其约束力并应当无条件信守。

(4)准合约思想,即任何人从他方获得有价之物,都应当支付对价,除非该物系自愿的赠品。

这些思想,初看起来是老生常谈且整体和谐一致,事实上有深层的冲突。(1)和(4)出自下述前提:正义事后才可得知,还有,纠正人们之间自愿交往中的不正当后果是法院的事。(2)和(3)出自此前提:正义在自愿达成的交易中可事前得知,还有,解决自愿交易中的公正与不公正自始就是当事人的事。这两种立场间的冲突持续存在;通过合同法的历史就可以看到此冲突并在新近每一个受争议的合同法问题中都可看到;没有理由认为冲突可以永远消除或假定目前对事项的妥协会比此前其他的妥协更为持久。[16]

从我们的文化角度看,对通过纯粹演绎也无法解决的案件所作的司法意见展开独特的意识形态批判,系源自对融贯论的批判:

(1)法官自己对法律问题所作的选择之解释并不奏效,正因为它不能确证规则之解释是素材的要求,或是最适合法律素材的解释,或其他。

(2)不过显然,在两个规则之间作的选择对意识形态集团冲突的结果有重要影响。

(3)判决唯一的合理基础似乎是考虑并评价那些对意识形态集团冲突形成的影响,并在目前两大意识形态阵营的主张间作出选择。判决"不可避免"是"政策"问题。

(4)由于选择不能充分地得到司法意见的解释,且因对其影响的理性考量不可避免地牵涉政策,又因政策问题开放于意识形态争议,所以似乎有理由相信,法官在审案中所做的就是对其意识形态议题立法(不要混淆于"个人性的"事宜如冰激凌口味或偏爱穿蓝衬衫的人)。

我的看法是,存在一个真实的、激动人心的历史时刻,那时批判策略第一次得到系统表述。这就发生在1894年,时年霍姆斯发表其文章《特权、恶意与意图》。[17]在讨论近期英美劳工与普通法反托拉斯案时,他写道:"判决的根由确实归结为一个政策命题即细心考虑被告自己意欲的具体利益之利弊,并暗示着怀疑法官是否因其不同的经济同情感而可能在直面问题时作出不同的判断。"[18]随后得到不断发展。

这种批判的(1)部分诉诸"普世"标准即所谓的对每个人都有说服力连贯性,而不管情境与承诺是什么。它是对具体意见的内在文本批判,通过废弃其非常特殊的主张即必然性以揭露推理链条有内在瑕疵。这不是说已确认了文本中有"确凿证据"证明法官有"偏见"。其实,对假称完全脱离了意识形态话语的司法意见来说,这种办法是最管用的。

例如,霍姆斯批判那些依赖法律格言"sic utere tuo ut alienum non

laedas”(使用自己财产时不得损害他人财产)所作出的司法意见,说它们很有问题。[19]要判断的问题是,两造中的哪一方该被允许伤害他人利益而无须赔偿。霍菲尔德批判一组关于劳资冲突的具体司法意见,说它们错误地认为一种权利必然伴有另一种不同的权利。[20]

科恩在1935年对两代人这种分析结论作了小结:

在法律任一域中,我们……发现若干奇异的概念,对它们的界定既未用经验事实的术语,也未用伦理学术语,但它们却被用以回答经验与伦理之类的问题,这就阻碍了通向对社会事实与社会政策开展理性调查的道路。公司实体、财产权利、公正价值与正当程序就是这类概念。同样还有资格、合同、通谋、恶意、近因等,以及传统法理学中所有其他奇异的“求解语词”(solving words)。以这些语词表达的法律论证必然是循环论证,因为这些词本身是法律的造物,并且,这些论证向我们的知识中所添加的东西,恰恰与莫里哀医生发现鸦片令人困乏一样,因为它含有一种麻醉性原则。[21]

本段中可笑的自信掩盖了其真实存在的缺点。我们将会看到,把符合科恩要求的用事实或伦理语词来定义的概念与不用此要求所界定的那些概念区分开来并非易事。而我这里要强调的是,尽管这些批判遍用于所有法律,但它表现为我所讲的“最小”模式。它最小是因为它小心地回避了两个特别强但对立的批判主张:(1)它不断言司法意见从未使我们相信判决结论是法律使然,或法律“就其本质”从来不能决定判决结论,或由于存在“社会建构”所以法律“不可避免”是一种意识形态建构,或此类之说。(2)反过来,它也不断言法律推理产生一种在材料等约束下的必然结果来支持法官所否弃的法律问题。这绝非主张法官(无论故意或非故意地)违犯了解释上的忠诚义务。

论证的第二步有不同特点。它包括指出判决中的散布的桩与其对意识形态集团冲突的影响。换言之,一旦确知法官没有一个充分的法律理由动用国家权力,我们就得调查,为何呢?一旦粗略的经验分析已经表明技术处理背后真实存在的桩是什么,我们就要诉诸常识。这里也有一个

突破,罗伯特·赫尔有两句话作了归纳:

财物或劳务的市场价值只是一个人议价能力之强度的衡量尺度,他得到此物或给付彼物,遵照法律赋予他的特定法律权利与强加给他人的法律限制。仅仅因为每一方不多也不少地获得其所卖之物的市场价值,就要在经济上证成不平等的议价能力,这简直是自找麻烦。[22]

赫尔打开了分析的一整块领域,揭明财产、合同与侵权看似无问题的基础规则"实际上"是复杂的管制干预,国家据此调控着经济冲突的结果。[23]根据矛盾论的假说,既然这套规则没有"逻辑"就不能从一套融贯的经济个体主义理论中推演出来,就得以这些分配结果为目的在若干可能的解释中选择。同科恩一样,这存在一个缺点:缺乏一个对不平等议价能力的定义。

第三步是肯定具体案件中(非每一件案)的事宜"不可避免地是一个政策性问题"。这意味着,法律素材与法律推理就可能无法解决问题,即不能约束法官在作出判决时不去参照意识形态系争的主张。

这一步骤的可资凭证就是上述(1),即通过诉诸广泛共享的纯理性标准(standards of rationality)来论证司法意见无法确立任何形式的法律必然性(它用了一个错的论证点)。但内在批判当然无法证明法官在具体案件中所写的司法意见不会产生争论结束感或从实际效果看产生约束力。

第四步只是一断言:鉴于法官没提供令人信服的法律说明,且判决的合理理由本该考虑到规则对意识形态集团冲突的影响,那么,去思考意识形态发挥的作用难道没有意义吗?意识形态在此语境中的意义可能是平俗又直白的——亲劳工的法官会作亲劳工的判决——或更具体。批评家可能会谴责法官带着某种意识形态承诺判案,或只是有我所讲的意识形态"偏好",比如就像霍姆斯说的"经济同情感"。

处于世纪之交的评论家们正在努力说服其受众相信大量有争议的、保守的法官造法就是司法立法,且它们是错的。他们趋于赞同与立法大多数不同的司法态度,并坦然面对法官在普通法中司法造法时不可避免的"立法"因素。但他们与流行的法律现实主义学术观点不同,他们不把立法因素等同于政治因素。他们对具体案件的分析揭明了法律推理过程中的瑕疵并强烈表明意识形态与其他“主观”因素的影响,但他们提出了某种“政治分析”作为替代方案。他们不断称判决是意识形态的且不可救药。[24]即便像弗兰克(Jerome Frank)[25]、阿诺德(Thurman Arnold)[26]、哈切森(Joseph Hutcheson)[27]与拉丁(Max Radin)[28]等“坏家伙们”也是如此,所有这班人是“确定性神话”的主要揭幕人。

这一立场可以与自由主义评论家们联合,后者相信时下热点法律问题存在正确的自由主义答案,不过认为保守主义法官们无望得出此种答案。过去的数年中,两派评论家们中的一些人支持这样一些提议如废止司法审查、开展大面积编典、在司法控制范围外建立管理机构、选举短任期制法官并彻底简化修宪程序。

但无论这种变革是否出现,判决的批判之成功本身已有可能造成深层的后果。至少从这些有争议的情况看,如果法官造法必然建立在立法性考量因素之上,那么它无疑无效,因为它是立法即本该遵循多数决规则与民主负责制的立法。如果所有人都把自由与保守派法官在政治上有重要意义的案中创制的法律看作是推定无效,那么此结论有可能改变我们的政治文化。

美国的转型即判决的内在批判的出现因此显然是个危险的事实。自由派与保守派都关注一般的法律权威,这种法律权威是自由/保守主义一般承诺即法律之治的一部分。他们还对法律权威有各自不同的特殊兴趣,用以支持他们在控制司法系统时通过判决所追求的特定法律议程。

我认为大可以把美国20世纪的法律思想史看作是一种持久的争论,即如何处理内在批判的“病毒”趋势,对此立场各异譬如直接拒弃、妥协与直接认可。在争论过程中,司法意见的写法、为立法造法的辩护与批判本身都历经了许多转型与精练。

争论的过程已受到其环境的很大影响,此环境已成为一般层面上的左派与右派之争的独特部分。这场批判已成为左翼攻击具体规则与一般法官权力的一部分,其本身在逻辑上与左倾主义不相干。

第一点是历史的:批判的发起人与推进者已一次又一次地用它反对具体的保守派在法院中的胜利并普遍地反对司法统治。他们已自然地做了很多的选择来使批判的演化亦即其辩护与发展适应其左翼方案。几乎所有的经典例子,有内在批判的,有断言“政策”之不可避免的,有意识形态非难的,都被自由主义或激进派指向反对保守派的规则与法官。

但有一个完整的左翼法律文化,它拒绝该批判所提出的策略而采纳最大化主义立场,即法官之错在于他们得出错误的法律结论。据此立场,宪法、成文法与普通法有时让左派获胜,但法官通过似是而非的法律论证剥夺此胜机。[29]还有一小部分保守派法律文化拥护该批判。[30]我认为这并不意味着他们“错误地理解”了在他们一般意识形态立场的真正意涵(后面再细论)。此时我只是说,关于该批判,没有什么是天生自由或保守的。

我们现在扩展开来说。现实主义及其批判法学运动后继者们把意见—批判扩展并超出证明存在意识形态瑕疵问题。甚至一个完全没有这些明显的形式主义错误的司法意见,也可能让人无法相信它能说明法官约束问题。尤其,许多意见无法令人信服是因为尽管内在逻辑上完美无瑕,但它们没有直面人们对其观点所作出的回应。

卢埃林在其《荆棘丛》[31]与其名篇《成文法的若干准则》[32]中提出了这种观点用以扩大与缩小先例与成文法,方法是我所讲的对申论与策论的“结构主义”的形式化。他总结了其先例理论,这段文字若能如随着病毒的升级而作必要修正即可应用到其成文法解释理论与批判法学的政策论证(policy argument)理论。

关于先例原则,我希望你一定要知道它是双头的。它是双面人。它不是单个或单线性的原则而是双面性原则,并且两面在同时应用于同一先例时互相矛盾。有一面原则支持去除那些指定有问题的先例,而有另一面原则赞同使用看起来有用的先例。这两面原则并肩存在。而认为同样的律师有同样的信仰或同样的法官有同样的意见,这可能是在用一个原则(技术上限制了的)来驳倒他处理的一半旧案例,并用另一个原则(宽松的一个)支持建设另一半。[33]

我现在立刻指出,卢埃林是一个矛盾论者而非虚无主义者(他相信会唱歌的理性之治),并且他不将其在先例与成文法观点中确认的申策论(argument-bites)与那个时代的自由主义与保守主义联系到一块。卢埃林不是一个批评家。此外,我只是介绍卢埃林的结论,一个显然有争议的结论,甚至若从权威主张扩展到一般政策主张时则更有争议。这种扩展是第三章第一、二节讨论的内容。我此时的看法是,当司法意见采用老套的申策论而认识不到同样可取的一套对立观点(counterbites)也能支持它时,其失败之处就会类似于逻辑上有瑕疵的司法意见。

但这只是一个类比。与"纯粹的"内在批判不同,下述主张不能依赖于普遍或广泛接受了的纯理性标准:司法意见不令人信服是因为他们蓄意否认其观点中有我所谓的"符号学"色彩。法律话语是否可以认为有这种老套的组织结构,这是可以讨论的,并且就任何既定的司法意见而言不存在大家一致同意的"说服力"(convincingness)标准。

如果这对最小主义纲领是正确的,那么这种形式的主张就绝不会说:一切意见必定必然有说服力,原因只在于它是用合法的文体写出来的。同样也不会说:法官是一个罪人,因为他或她背叛了解释的忠诚并得出"错误的结论"。这种主张的形式就是:此意见似乎随时遭遇对它的否定,不是通过内在批判,而是让它面对其另一面的镜像。假定法律之内没有明显的基准用以在意见与镜像中作选择,假定两类司法意见代表在集团冲突问题上的两种对立意识形态立场,那么认为意识形态影响了法官的选择就不无道理。

机体激战病毒。关于具体的法律机体之融贯性问题与疑难案件的司法方法问题,"重建"工作一直持续进行着。最小主义批判的回应是要对每一次重建随同展开内在批判。目的是揭明:对"法官如何能做到中立"所作的这种特殊解说是行不通的。这种解说为意识形态留有空间,或它强加了一些自相矛盾的要求,或其他原因。批判的方案已久经考验,既通过粉碎某些重建的具体示例,也通过增加可重复的批判程式。而今大一的学生都能够学会并使用霍姆斯对"使用己财物不伤害他人"(sic utere tuo)的独特批判与霍菲尔德对从特权中延伸出来的主张之批判。

在此基础上,对于一些具体的法律规则(劳动法、种族法、地方政府法、反托拉斯、职业责任、国际法),[34]批判者与捍卫者之间展开了持久的意识形态争辩。批判者通过把司法意见与相关解说性的学术作品问题化从而把规则问题化;捍卫者努力提出新的、更好的解说。关于这些批判是否成功地问题化了司法中立性思想,有一个极其独特的争论。哪一方都不可能"完胜"。就像在其他意识形态论战中一样,恰恰是桩与结论的定义饱受争议。

现存的理论不足以结束目前意识形态上关于下述方法的冲突,即对法官如何能够及应当保持中立性强加一种共识。其实,现行众多相互矛盾的中立性理论似乎很有力地反驳了所有这些理论,尽管显然不是结论性地驳倒。我很欣赏他们相互批判的研究。我赞同德沃金对波斯纳的批判,[35]以及阿尔特曼(Andrew Altman)对德沃金、[36]费什对阿尔特曼的批判无疑的推进、波斯纳对费什的批判(如果有批判),刚好形成一个轮回。这不是抢座位游戏但比较像"潘妮洛普"(Penelope)游戏,戏中的每一个论者在编织着自己研究的同时又在拆解着别人的研究。[37]

我对此情况作如下归纳。一方面,美国法律文化逐步积累了许多非常独特的批判程式,这意味着对手们能够对意识形态集团冲突情境中的司法造法施以可怕的消解正统性(delegitimation)手法。若反对法官所选规则的人决定采用此手法时,法官就很难写一个令人信服的司法意见,即产生法律上的约束感的意见。经由判决的司法造法有带有变相的意识形态的重大嫌疑。[38]

另一方面,如果法律必然性方案是一个**金饭碗**,那么尚无人发现那些让我们轻轻一击即可碎之的致命缺陷。成功的批判是"局部的",即便局部性是指整个司法中立性理论时。尽管是局部地,确定性之不断重现,与其在批判中不断消解一样,是我们经验的一部分。

六、欧陆 VS. 美国

欧陆法律理论对一个美国人来说是奇异的"它者"(other),可能因为在我们的法律文化中差不多每一样东西都出现在他们那里,经常一字不差移来但似乎没有一个字意思相同。当然,法律理论中有一个欧陆批判传统。这里讨论一下类型,这无疑是严重变形了的,因为我对意大利思想比之于其他欧洲国家思想则更为熟悉。

外在批判。外在批判接受法律是一个整体或法律某部分是融贯的这一思想,但批判它,或因为其可疑的来源,或因它有坏影响。这种观点表明融贯性并非源自有正统作用的外在因素,比如公众意志或抽象的正义概念,而是源自有去正统作用的因素。两个最流行的去正统的外因是自由个体主义意识形态与资本主义产品关系。以效果为取向的外在批判承认(或肯定)融贯性继而对坏的社会后果展开分析,这些后果实际上源自规则。外在批判既可能来自左派,也可能来自右派。当然,人们可以同时对来源进行意识形态的与唯物主义的外在批判,并把二者与影响的批判合并起来,就像经典马克思主义那样。[39]

整体内在批判。人们能够区分出两类整体内在批判:分析的与社会的。分析的批判是对规则形式的批判,最好的例证可能是凯尔森,他坚持认为每一项规则适用都是创建新规范,还有其他的例证,如维特根斯坦、德里达等人的应用,这在后文会提到。社会批判是欧洲左派纲领之理论部分,是针对有计划的市场、混合式经济与福利国家的。它一直与法律的"形式"进路争战,支持反形式的法律改革、反形式的解释理论,归根结底支持法律理论的一种替代性认识论。

形式论 VS. 社会论。形式论(the formal)与社会论(the social)在许多层面上相互对峙:

形式论	社会论
私法与市场	公法与行政机关
(财产、合同与侵权法,隐含着保守)	(劳动与管制法、隐含着自由)
自由与个人权利	需求与社会权利
法律规则	法律标准
抽象与演绎(一个美丽的教条)	语境与事实(最好的经验研究)
规范的金字塔式逻辑	社会组织的整体主义逻辑
司法权力与立法权力的严格分离	权力要适应情境(如劳动法庭)
法律实证主义与法律科学	科学实证主义与社会学
传统	现代
确定性与停滞	灵活性与进化
等等	等等

评论:第一,形式论与社会论都反对法西斯主义与列宁主义无产阶级专政理论,它们共有着一些信条,如权利、多数决规则与法律之治。社会论的倡导者们,与形式论(在意大利,他们诉诸 1948 年宪法的一般条款,确认人权与国家的保护)相比并不少信守解释上的忠诚。第二,各方都认为对方的存在是一种不完美——都认为当代法律的不融贯、其形式因素与社会因素的拼凑组合能够也应当通过消灭对方而彻底消除。期盼达到融贯,虽然现状并不融贯。阿尔诺(André-Jean Arnaud)的精彩名著《让法学家直面社会》就是法国法律科学中扼制社会论的一曲挽歌,而非对二元论的批判。[40]第三,一如我上面提到的,只要有可能把每一个具体问题定位到理论的子范畴中,该理论根据某种模式来说是融贯的,那么法官的角色就毋庸置疑了。第四,在形式论与社会论的争战中,大多数参与者是政治党派的知识分子(意大利有例外),这些党派力图通过立法(而非法官造法)与法律学人(而非法官)来推行这样那样的未来图景。

在欧陆的社会论思潮与美国自由法条主义之间有很强的相似性。首先,它们在政治上同盟且能够有效地互通学理与制度上的创新。其次,在每一种情形下,因为期盼通过证明在法律上正确而赢得意识形态战争的胜利,参与者都认真对待法律。最后,它们共享一些思想如语境、事实并普遍相信社会科学有助于进步,这表现在沃伦(Earl Warren)借助克拉克(Kenneth Clark)对黑人小学生的研究来反驳一个说法即种族隔离可以是平等的。

最大的不同在于,社会论思潮比美国自由法条主义既多些批判又少些批判。社会论思潮持续争战的对象不只是保守主义,还有看待法律的完全保守方法即自觉的形式论。形式论在美国并不存在(除了作为一种回应),因为法律现实主义消灭了它并促成了一个杂合,即把政策主张包含进来作为对演绎推理的一个补充,这种杂合同时存在于自由与保守派的上诉审司法意见中。

因此,欧洲左派会认为社会论在许多层面上而非只是学理层面与形式论相敌对,而美国自由派与保守派们则在其法律著述与理论中混合并配对了同样的社会与形式因素(沃伦及其自由主义后继者经常诉诸民权解放运动的形式主义)。自由法条主义与保守主义的差异只在于其偏好的结果与其难懂的超法律“良好社会观”,这种社会的根基更多的是“同情怜悯”而更少些“自力更生”,如此等等。

但欧陆法学家不做这种内在批判,也不希望重建在美国批判法条主义中占据基础地位的司法意见。结果,他们没有发展出有美国法律文化特色的、一代一代人通过案例式与苏格拉底式问答教育法传承下来的独特实践与技巧。他们也不用反对现实主义与批判法学的方案,即以有病毒的形式一般化且彻底化那些技巧。[41]

彻底化的后果就是,大约每隔一代就深层地挑战融贯性的可能性甚或可欲性,而欧陆人仍以为这种融贯性就在形式论范围内与社会论范围内。和一些曾经参与过这些时期挑战的人一样,我认为欧陆社会论思潮有时还不如美国保守的法条主义有批判精神,因为它从来不必面对与适应于本土的最小主义内在批判运动的成果。此一运动可能会迫使欧陆批判理论家们去捍卫社会论,不只要反对形式论与马克思主义外在批判,还要反对一种像这样看待事物的内在批判。

首先,两个模式都互相涵括,因此若结果看起来是源于采用某一模式,那可能是因为某人错误地高估了此模式的确定性。是否任何事物都遵从把自己置身于形式论模式中而与社会论模式作对,抑或反之,这个问题牵涉我在上面讨论的现实主义者批判判决时所引入的法律理论中的一切复杂问题。

其次,各模式中相互冲突的元素也体现在我们每个人身上,所以我们是在处理我们自己诸种观点之间的矛盾,而不是诸集团之间的对抗。[42]社会论的倡导者们并不比形式论者们少热爱一种理性思想(an Idea of Reason),此种思想并不像他们想象的那样能解决掉问题,但它确实可用以增强其信徒们的社会力量。

我不敢断言这种分析就是正确的,即用形式/社会的二元论术语就可以有效地分析欧陆批判法学思想。[43]但我非常相信,我刚才尝试的这种分析的类型,结合了最小主义内在批判、虚无主义与矛盾论,在美国批判法学中很典型但在欧洲不常见。

七、不列颠 VS. 美利坚

我们现在得讨论,为什么美国主流(以德沃金为典型)拒弃了英国式解决方式,即“坦率地”承认法官在法律“用尽”时不论接受与否就是一个立法者。在我看来答案很明显,鉴于美国法律思想中存在有病毒的脉路,如果承认之就可能威胁到“太多”的美国法律,使其失去正统性——“太多”是指牵涉太多的原理,因为每一个法律领域都有司法造法的批判。“太多”还指非常重要,因为法官在疑难案件中的判决解决了那么多的、包含着自由主义与保守主义重要桩的意识形态集团冲突。换言之,关于司法方法之争中的桩都源出于法官造法权力中自由主义与保守主义之桩,这场方法论之争大体介于现实主义及其后继者与美国历代重建论者们之间,从卡多佐到卢埃林和富勒,经由亨利·哈特与萨克斯再到德沃金。

第二节　政策与融贯性

本节把美国的融贯理论解释为针对下述问题的一种回应:这些问题是由美国后现实主义法律文化广泛而自觉地使用政策主张而引发的,它被用在律师的辩护、法官的意见与学人的作品中。本节第一部分,我力图弄清“政策”一词究竟意指什么,即其用法与演绎推理相反甚或常与“法律”相反时的含义。这是一项在人类学范围内的法律观思考,前提是我自己以观察者的身份参与其中,而不是探求法学家们对此事项思考了什么。然后我提出,政策主张不管如何被确证为一项正统的法律实践,都通常被理解为一种意识形态之潜在的“特洛伊木马”。

在第二部分,我描述不对称的诸桩,自由派与保守派意识形态知识分子们设法表述判决时把这些桩看做与意识形态无涉,而全然不顾出现政策主张。我认为自由主义不同于保守主义,它面对着两难困境:要调和他们历史上反形式主义的承诺与他们同样一直以来坚持的自由主义改革,这种改革通过司法系统来实现。第三部分,我将概述并简要批判三种美国融贯理论,作为对此困境的回应。

一、演绎模式 VS. 政策模式

美国法律人区分出两种方式来论证一个法律问题:一种是演绎模式

（有时称为从权威或完全“合乎法律的”主张展开的论证）；另一种是政策模式。传统看法是，即便判决判定了意识形态集团的冲突，它也与意识形态无涉，因为它（从强立场上讲）是客观的或（从弱立场上讲）是“非个人的”。依此看法，演绎显然是非意识形态的；有争议的是受政策支配的那部分。根据法律现实主义的病毒批判说法，当一个案件“真正地归结到一个政策命题时”，它“暗示着一种怀疑，即有不同经济同情的法官是否”能作出相同的判决。[1]法理学对客观性的争论，以及近期对不确定性的争论，都寄附于法律/政策二分法。

演绎模式的前提是，法律人回答法律问题的方法是界定权威、“有效的”判例或成文法的含义，或确定被判例或成文法赋予了合法力量的私人表达（合同、交易、公司章程）的含义。此模式有一个预设，即存在单个可适用的、意义尚未确定的规范（判例的把握、成文法语词、合法有效的私人意图之表达）。通过演绎（或“逻辑的”、“分析的”、“语义的”）推理过程可辨明规则语词之定义或作为整体的规则之“意义”，以此消解不确定性。[2]如果初看起来好像有不止一个规则或根本没有可适用的规则，那么法律人的逻辑、分析或演绎的努力就要证明事实上只有一项规则可用，或证明只要我们透过语词看其定义与意义，一个初看起来不可用的规则事实上可用。

在演绎模式中，法官总是从抽象或一般推向具体与特殊。有效规范中的语词引出法律问题，因为它们在既定案件中可以有很多种解释。解决的办法就是选择，即选择一个能有效地消除疑问而不会挑战规则权威性的明细含义。假如是成文法与判例法，可能会产生此前从未有人表达过的新规则，但它是一条亚规则（subrule），即一直隐含在有效规则之中。[3]

演绎模式排除法官的意识形态，因为除了在揭开规则语词的意义时所出现的逻辑上必然置换外，法官选择的亚规则与较抽象的有效权威规则别无二致。法官可能同意或不同意他们通过演绎所解释的有效规则，但他们仍然会演绎下去，且其他法官有能力判定其演绎过程是否正确。存在一个强式的“正解”：普遍有效或至少被广泛接受的真理标准已得到应用。

政策论证不同于演绎论证,表现在三个关键方面。其一,它预设了要么(1)从有效规范作演绎不能解决法律问题,要么(2)适用于案子的有效规范要求法官考虑非演绎理由来支持选择这样那样的亚规则。

在(1)情形下法律"用尽",故我们遇到一个"破天荒案件"或"疑难案件",或支持政策论证胜过演绎,即赞同否决先例。在(2)情形下,存在许多可能性。①法律之治就是说反对永世所有权的规则(the rule against perpetuities)应当被"冷冰冰地应用",除非有"公共政策理由"支持可不把它应用于某类系争利益。[4] ②"依照衡平法",有效的规则规定着判决结果,此中的确定性要求作政策论证(比如见《侵权法重述》中论法官在决定是否同意一项禁令时要考虑的内容)。[5] ③"有些标准"(过失、诚信、正当理由)当我们将之应用于具体事实或在我们用来选择亚规则时必然对之作政策主张,这些亚规则赋予此标准一个更为精确的意义(违反成文法本身是过失)。[6]

其二,政策主张的内容——当我们不通过从有效规则之演绎来论证时我们所做的——就是根据某套社会价值或法律制度的价值证明亚规则之可欲性。社会价值无外乎各式效用、律外权利或道德性。法律制度价值要多些其他考量,一些典型的例子如司法职权(司法能动主义 VS. 司法被动主义)、可操作性(清晰规则 VS. 衡平标准)与联邦制(集权化利弊 VS. 地方分权利弊)的考量因素。用现实主义的话来说,这种讨论是"立法性的",因为立法者在考虑是否通过一部成文法(不牵出宪法事项)时会互致此类主张。

其三,政策主张预设判决过程有个"力场"模式。该力场模式的组成因素有以下四点。

(1)应用于一个法律问题的政策会不止一项,且诸政策长期(虽非必然)相互冲突。在实用主义看来,在利益冲突的不同当事人之间有得也有失;在权利论证中,有权利相冲突;在道德论证中,有相冲突的道德原则。

(2)规则(亚规则)代表诸冲突政策的妥协,即"画一条线"来为每一个利害关系人多多少少"给"些利益、权利或原则。

(3)就任何既定政策问题而言,将有无限多的可能规则,这些规则又各自程度不同地符合各项政策。

(4)在有望解决法律问题的可能规则中进行选择时,法官得“权衡”这些相矛盾的政策。

相比之下,在演绎论证中,我们预设(1)只有一个有效的规则可资应用而没有那么多相矛盾的政策;(2)所选亚规则“一样”是个有效规则但不是冲突的裁断者;(3)它不是在一组可能的折中办法中只展现其中一个,而是对金字塔结构中的一个抽象概念进行具体化(concretization);以及(4)法官只作定义并推理但不作权衡。

二、演绎与政策的各自作用

演绎论证与政策论证间的关系似乎源自它们在更大的自由主义理论(多数决规则、权利与法治)中的地位。如果可用规则明确指向政策,或要求一种确定的衡平,或表现为一个标准,那么法官忠诚于法律的义务要求他使用政策而非演绎。

如果没有哪个可用规则要求政策论证,且存在一个法律素材的解释可以从那些素材中演绎得来,那么它可能就是合乎法律的正确解释。这似乎源自一种观念即演绎就是一个同一性问题,还源自一种假定即法律前提之民主有效性。疑难案件可能是指案中的规则体系有缝隙、冲突与模糊点,以致既不能通过演绎得出合理答案也不能引入政策主张适用到材料当中。在此情形下,如果立法机构已解决了问题则会遵从立法机构(或其他民主产生的正统机构,比如行政机关),否则法官会自己作政策分析。

但这太简单了,因为在普通法系中法官通过解释先例来创制规则,这些先例又依次基于更早的先例,在立法机构制定的法典中找不到终极的根基。法官造的普通法从民主角度看是正统的,因为立法机构如果愿意可以改变它,而非因它是对立法者意愿的解释。也就是说,在两种解释理论之间存在持久的冲突。

在第一种解释理论中,从对判例的理解把握中做演绎是合法有效的,且政策只有在无法展开演绎推理或有效规则要求它时才适合使用。法官仅在各种判例理解之间或判例之间有矛盾故而必定有地方出错时才能够打破有效的判例理解,或整个否决判例。在第二种解释理论中,我们认为法官在冲突的政策间作裁断时一直在创制规则,因此对他们来说借助政策而拒弃演绎得来的判决结果是合法的,这些政策是开创性地采用规则的理由。依此理论,政策主张能够在普通法判例中击败演绎(虽非在成文法解释中)。[7]

法律人有一个隐含的本体论即法律问题与政策问题对立,它在这两种先例理论中都存在,其实也渗透整个美国的法律文化。用"隐含的本体论",我是指一个从未表达出来的话语预设,它有关在观察者世界之外究竟存在什么。隐含的预设就是,把法律问题类型化是可能的,因为有一些存在(being)"就其本性"既适于演绎也适于政策解决,而有些存在"就其本性"则在既定的法律素材状况下只适于诉诸政策解决。

应用演绎还是政策应当取决于问题的性质——依赖法官之外的某种东西。当用演绎法去解决一个政策问题时,此人必定犯错,因为鉴于问题的性质这完全不可能得出一个从演绎角度看正确的答案。这就是短语"它不可避免是个政策问题"的意思。反过来,如果一个既可以演绎处理又可以政策处理的问题经诉诸政策而解决,法官就犯了戒律,因为此时他应当采用演绎推理,除非他能提出一种理论支持法官合法的非演绎角色(比如卡多佐的理论,即法官应当发展法律以满足已变了的社会境况)。

三、两种演绎推理

相当一部分法律推理是演绎的,表现为两种演绎中任一种。首先,法律推理是演绎的,因为规则写明了适用于某种法律后果的事实谓项(factual predicate),而法官应用规则时即陈述规则中语词的定义得符合具体案中的事实。"若你被指控为杀人犯,你将被判处终生监禁。现在你已被指控为杀人犯。因此我判你终生监禁。"因为事实已经查明,法律后果自然得出。

依凯尔森看,法官表达出了一个新规范(你被判处终生监禁)。但起始于有效规则的演绎推理当中不产生亚规则;它"纯粹是应用"。此例只是规则"逻辑"的示例,而非支持"解释"规则的理由。这种演绎推理的模式是普遍的但对我们来说没有多大兴趣。不过它是推理,是演绎推理,且它能被极端复杂化。

一个典型的例子就是针对永世所有权的规则。在一项生前信托中，人们常常提出一些复杂的推理链条，一是从规则语词的定义中（信托若要有效，得给付利益，且得从利益创建之日起至有效期届满期间不超过21年）；二是从具体事实中（A就其膝下孩子与腹中胎儿向B立信托，要求在达到25岁时把财产分给每个孩子）。那种不支持在信托合同建立后出生的孩子们利益的规则适用方法，在我看来就是演绎的。

另一个经典的例子是约因原理，一度化约成一个标准表达式（一项承诺没有约束力，除非有某种“被议价的东西且已经给付并作为承诺的对价”）。我叔叔承诺给我汇一笔钱去欧洲旅游，“考虑因素”是他“珍爱”我；他不知道我准备买一套西装；他知道后就食言了。我需要用承诺禁反言原理，因为他的承诺没有约因。

在这两个案例中，我们把处理步骤理解为强式演绎：事实是“数据”，被输送进范畴系统中，继而“生产出”答案。在每一步，定义发挥着作用。没必要细述亚规则，它解决了一个问题即解释此规则将如何应用到一类情形，否则其中规则的含义就可能不清楚。我们接近于规则的大陆法系应用模式，即我们不需要先例，因为规则的适应不是一个解释问题——它牵扯不到那些“现实中的”开放的选择（制造逻辑错误的选择不是选择），并且我们不需要把它存为先例，因为如果我们以后有同样的案子我们有信心会做同样的处理，即便我们记不清规则之第一次应用的情形。

第二个演绎推理的模式更为重要但更为模糊。法律人对一个确定“有效的”规则提出两种不同的解释。这两种解释若机械地应用于具体案件事实，会像永世所有权或约因原理那样会产生正好相反的结果。解释说起来与原初“有效的”规则不同，它不那么抽象且可清晰地适用于未来大量案件（其中有些可能是疑难案件），也适用于手头案件。

尽人皆知，记录下对法官选择所作的解释其实很重要，它本身会成为一个“有效”规则，因为否则以后的法院就可能采用不同的解释或可能误解此解释。解释不是对权威规则中的定义如何应用于本案事实作一个解说，而是对权威但抽象的陈述作更具体理解，它可以重复应用于新的事实。

法官会决定一种解释正确而另一解释错误，因为前者只是更趋具体地重述了规则,后者在从一般推向具体时出现了逻辑错误。举个例子,期待利益损害(expectation damages)这一规则演绎自一种合约的定义,即合约是法律上可执行的当事人意愿。信赖利益损害当然是可能的替代方案,但有一种说法认为,采用这一观点就有可能犯逻辑上的错误。[8]

选择期待利益(expectancy)作为损害的尺度,有人认为这是排斥以信赖作为尺度。它是作为当事人意愿的法律保护这一合同定义与具体案件事实之间的中间站。诉案中很可能要在两个规则之间做选择,但这个问题是"一个法律问题",非因法官不让陪审团来决定它,而是因为我们面对的是规则的定义。一旦法官选择了期待利益作为演绎推理的必然亚规则他就会应用它,而不会应用更抽象的有效规则即合同法保护当事人意愿。

我选这个例子是因为有一篇十分著名的法律现实主义论文,即富勒与帕迪尤(William Perdue)的"合同损害中的信赖利益",[9]文中主张期待利益的演绎是错误的,是一个典型的循环推理。其实根据此文,伤害之尺度的选择是一个政策问题。他提出,在家庭成员间的冲突中,信赖利益的衡量尤其依赖于政策原因而非基于期待利益,没有"逻辑上的"理由不采用它。[10]

由于在许多具体领域里类似的对演绎推理的现实主义批判,也由于现实主义的经典概括如霍姆斯的著名格言"一般命题不判定具体案件",[11]所以人们常常就相信演绎是"形式主义的",一种站不住脚、声誉不好的判决方法,故而我们今天拒弃它并赞同政策。我觉得这不对。受到富勒批判的法官与论者作了一种错误的演绎,但这并不意味着我们今天就不能使用他们的方法。

比如,对于大多数现代合同法学者来说,合同价格减去市场价格是衡量自由竞争市场商业合同中期待利益的正确方法,此说就采信了期待利益标准。对这种期待利益的界定就是要努力"把受害者放置到一个合同若得执行所应得到的好状态中"。信赖利益损害恢复了合同执行前的状态。似乎"隐含在"这些定义中的是,合同价减去市场价就是另一形式的期待利益,而归还原物外加为合同准备而支出的费用则不应该是。

四、受政策"指导"的演绎

在美国司法意见与学术作品中,最常见的模式既非演绎亦非政策,而是一种中间模式,即演绎论证受政策主张补充或“指导”。[12]这种论证有一个演绎框架,但参与者清楚此框架不产生任何诸如“必然”或“逻辑蕴涵”之类的东西。在每个关键点上,法官或学者会诉诸权利、道德、效用或制度原因等非演绎得来的因素,用政策主张来补足明显无力或错误的演绎处理法。

政策主张本身表现为一种松散的或假的演绎形式:(1)我们都同意应当拒弃那些打开争讼闸门的规则;(2)这条规则打开了争讼闸门;(3)因此我们应当拒弃此规则。普罗索(William Prosser)[13]与范史沃斯(E. Allen Farnsworth)[14]等论者通过这种组合把整个政策领域通盘理性化,使这些规则复合体看起来颇为合理。他们的“申策论”(argument-bite)政策主张在修辞效果上极类似于引证判例,但它全然忽略了反策论(counterbites)。

比如,假如现在的问题是专业学位或执照是否是夫妻间“财产”,是否必须得在婚姻法框架下“公平分配”,法院会详述财产定义的“含义”,同时考虑配偶间“动机”、“信任”等对相关规则的影响,以及夫妻双方对他们事业所得有法权之外的“权利”。法官们争辩法外调解的可欲性,即根据法律不确定性、公平灵活性等来评估专业学位。[15]

类比在这种论证中发挥重要作用,表现有二。有时它支持演绎论证即表明一个逻辑前提的含义在另一个类似案件采用过——例如,有许多不可让渡的利益被视为财产,故而这样处理专业学位就没什么不正常。有时,类比的作用就是要表明,此案中各政策之间的冲突已经在另一个案件中以类似于本案中所提议的解决方法得到解决——最重要的是,抚养费法令尽管也有不确定性问题但仍服从于公平校正,那么为什么我们不可以也基于学位的预估价值而对裁定额进行校正呢?[16]

五、何为形式主义

既然我们在法律推理中仍然一直使用演绎法,那么什么是形式主义?从耶林的“法律概念的天国”[17]起,继而有庞德写的“机械法理学”,[18]终于科恩的“形而上的胡话”,[19]19世纪晚期批判家们以两种极其不同,但现在已经混同的方法把演绎说成形式主义。一种用法是,形式主义是一种"法律理论",尽管是由其辩论对手们而非那些知名的美国支持者们创造的。在此意义上的形式主义是一种理论,即一切法律问题都能通过演绎加以解决而不必诉诸政策,除非问题对应的那些规则明确要求政策主张。〔20〕

他们对此意义的形式主义展开批判,认为政策从来没有必要的说法站不住脚。他们认为,如果仅仅通过演绎来解决法律问题则不可能实现具体案件具体分析。他们批判的不是抽象的演绎而是具体的情境中演绎,目的在于证明形式主义作为一般理论是错误的。在美国法律思想中,他们的批判与实用主义对具体情境、实践与"事实"之独特性的强调相一致。〔21〕不过在较具体层面上比如界定期待利益,他们采用演绎法的频繁与自信肯定不亚于别人。〔22〕

在美国,他们的批判取得较大成功:我此前从未见过美国法理学家或法律工作者称自己是一个形式主义者,除了是开玩笑,直至最近才有所改观。〔23〕自由派与保守派一致认为政策有时是必要的。然而形式主义绝非是个枯死话题,对形式主义的指控是法理学术与原理争辩的源泉。其原因在于对形式主义的指控有另一层含义。在这第二层含义中,它指控对手要么是错误地认为一个特定的抽象法律规范能够产生一个特定的亚规则,要么有一个普遍趋势,即高估了一般规范通过演绎能产生亚规则的能力。

从这个角度看,有理由谴责大法官伦奎斯特(William H. Rehnquist)与斯卡利(Scalia)在具体案例与审委会中采用形式主义,尽管二者都陆续明确承认他们有时不得不诉诸权衡利益或其他形式的政策主张。〔24〕有个朋友最近悲叹说,在死刑案件中向南非宪法法院提交的案情摘要都成了"形式主义",因为他们反正只参照南非宪法的"生命权"(right to life)一类语词来力图回答制度问题,根本不去参考种族隔离历史。

社会法学与现实主义指控19世纪晚期法律思想同时在上述两个层面有形式主义。他们的说法就是:存在一种整体趋势,即高估十分抽象的法律秩序诸规范能够产生具体案件审判所需要的较具体规范的限度。他们力图表明,支配性抽象式(abstractions)缺乏形式主义寄予它们的操作能力。他们弘扬一种态度:"不相信抽象式"。他们经常在宪法案件中作此主张,因为演绎无法解决宪法问题因而它必然是个政策问题,最高法院应当尊重有立法效果的判决。但在私法案中他们只坚持一个明显而非隐秘地考量即“确实”有待解决的立法问题。[25]

简言之,形式主义在第二层面上是一种描述,贬损式地描述你的对手们高估了演绎的力量,要么是在抽象层面要么是在具体案件中。无论第一层面还是第二层面,形式主义都是一种方法,与演绎没什么不同。它能被作为一种法律理论而废掉,但它不会作为一种方法而废止或抛弃,因为这是对一个有时有效的方法作了错误的使用,而非方法本身有错。

六、使演绎问题与政策问题间的界限相对化

对形式主义有指控,就意味着在具体案件中关于两类问题的界限经常有分歧,一类是“就其本性”只能通过诉诸政策加以解决;另一类是只能通过演绎来解决。但这不是说在既定的某个时刻,有些人认为一个既定的法律问题可通过演绎来解决而其他人认为这种主张是形式主义。久而久之,整个法律文化能够在隐含的本体论范围内转变其对各类问题划界的一般态度,当然,不同文化在转变程度上会有所不同。

我刚才提到,现实主义训诫我们“不要相信抽象概念”。我是想说他们有一个一般看法,法律规范定义中的概念越抽象,想通过演绎法细化并产生可能解决具体案件的亚规则便越不可能。于是,“合同保护当事人的意愿”与“规则采用期待利益损害”相比,产生一个有效的而非纯粹形式主义的演绎结果之可能性要小得多。

有一种看待美国法律思想史的方法是参照在抽象式层面上的历次转变,在这个层面上似乎有理由相信法律概念有通过演绎产生有效亚规则的“操作”能力。国内战争前,非演绎的主张被广泛用来解决那些在战后都通过演绎法解决了的问题,这些问题然后又被社会法学与现实主义再次列到政策领域中。[26]

正如我已多次指出的,一般美国律师有可能发现,欧洲人因为高估了演绎的力量因而对经典法律问题的解法公然是形式主义的,还会基于同样的原因发现欧洲法律文化也是形式主义的。当欧洲人力辩他们无人认为(甚至从未认为)演绎法能够解决一切法律问题时,美国律师可能认为

他们的话是在避重就轻,因为这牵涉到对抽象概念的态度而非法学层面上的法律理论问题。

赞同开展历史与比较研究的人对其打破本土偏见的能力极为乐观。但现在美国人意识到,法律与政策间的界限是“客观的”而非文化上的造物,并认为只要我们摆脱低层次的抽象概念那么政策作为“事实”就开始发挥作用,这种意识显然未经历史与比较研究的揭露。美国法律思想史的编写人几乎清一色是现实主义者及其后继人。他们由衷信守下述思想:有一个被误导的形式主义时期,欧洲法律思想一般是前现实主义的(prerealist)。演绎问题与政策问题的本体论未受撼动,因为其他时期与其他地方的思想看起来完全错误。

“二战”后,演绎在美国司法意见与学术中局部复活可能是又一个支持下述思想的素材:何为政策问题与何为演绎问题二者都不是事实问题。但我们这个时代的新现实主义通常要么是民权自由主义,要么是保守主义。这两种情形中,他们把自己的实践活动解释为只是重新确立初始原则(first principles)的力量。由于两大集团似乎很乐意忽略曾灭杀他们早期思想的现实主义批判,所以他们在老一辈实用主义者眼里表现得就像弱智而不是创造性重建。

总之,法律人对各种问题隐含的本体论确实完好存在。对形式主义的批判(即批判其高估了抽象式的力量)已强化了它而非破坏它。

七、政策主张的法律特征

政策概念引入美国法律思想是在英国法“继受”期间,作为法官在决定采用何规则时能够并应当使用的两个因素之一,尤其是在有一条英国法规则可能合适或可能不合适的情况下。习惯上对法律问题有一个“自由进路”与“技术进路”之分。自由进路的特征在于对自由意志的考量,诸如解释过程中的正统因素如规则的目的、当事人意图与公平解决。

在自由主义模式中,政策(便利、实用)起先反对道德。法律精英根据基督教新教伦理来思考道德,即完全的利他主义、分享与自我牺牲等义务。政策是为限制法律义务与合法借口而发挥均力作用的谨慎主张,以便普遍地促进商贸与实体经济,而相应的主张是家庭生活去法律化。[27]

到19世纪为止,随着美国法律的普遍形式化,“政策”开始时而被用作涵括所有非演绎因素的词,时而被用来指称一套工具性的(对立于内在的)理由来支持选择一条规则,不管它提高了还是降低了义务标准。在此用法中,它有时对立于“正义”,有时对立于道德与权利。我在这里用它是用其广义,包括一切非演绎的因素。

极为重要的是,时至今日,政策已成为美国法律人日常交谈中的标准范畴。这不只是说所有律师与法官在例行性的法律工作中至少有时作政策主张。同时,他们这样做已成了普遍承认与接受了的事实。在这方面美国似乎非常不同于英国与欧陆,尽管有人说一种虽未理性化但功能差不多的实践做法在那里普遍存在。[28]

在法国,“政策”一词用于法律文本中时应当如何翻译至今仍是个问题——“politique” 是一个新词,对大多数法律人来说无法理解,因为它使人想起要么是政治要么是行政管理政策,比如“收入政策”。在英格兰,有“公共政策”是一匹“难驾驭的马”之说,这表达了一种观念:它是判决的一个例外基准,极像美国合同法中的显失公平,而不只是一个表达司法过程中例行出现的“立法”因素的语词。

同样重要的是,政策在经美国律师们对欧陆理解的争辩之后而占有一席之地,这一点不同于占统治地位的演绎。

八、作为调停者与特洛伊木马的政策

政策在美国法律中很稳固,但稳固性不如“法律”、演绎、公理性基准、先例或成文法权威。稳固性差些是因为人们把它定位在对权威的合法诉求与对“政治”或意识形态的超法律或非法律的诉求两大经典范型之间。它是一个中间词汇,分享着两极典范中的一些因素。此外,它是一个“橡皮泥语词”,意味着允许我们巧妙避开一种问题:如果我们更精确地说出我们想说的东西,这种问题就该很清楚。

由于政策主张无疑合乎法律,因为作政策主张不是要求法官通过篡夺立法职责而违背其角色约束。不过它远非只是一个法律谱系问题。政策主张者们认为它不同于纯粹政治或意识形态,因为它诉诸普遍的而非具体的利益。[29]结果主义论证诉诸“社会福祉”、“效率”或“经济增长”概

念。道德论证采用周知的一般格言,如“人不应当从其错误行为中得益”、“己所不欲勿施于人”、“要通情达理”,等等。权利论证(后文有细述)假定权利的普遍性与实真性——每个人都有言论自由权、处理财产权、防范欺诈威胁的权利,等等。

因为政策论证采用人们习惯上认为的与在诸规范中作选择相关的全部“社会价值”,所以它允许法官解决诉讼人提出的任何规则界定问题。政策因此是界定司法角色中下述矛盾的“调停者”:要求法官只根据法律判案,还要求法官对其所辖的任何案件予以审判。我们将会看到,这等于说政策在常规理解中所起的作用,与融贯论在现代分析法学中发挥着作用一样。

然而有一个严肃的问题,这是美国法律文化中“每个人”都强烈意识到的。即尽管政策论证形式上排除了意识形态,但它是“柔性的”故而在实际运作中总有让意识形态秘密潜入的嫌疑。形式上排除意识形态只是意味着,若用明显个殊性的、宗教的或“党派性的”术语来表述一项政策主张,这是“不允许的”或说是法律上的“大失策”。每个人都关注社会福利、奉行传统道德、保护其拥有的权利。但人们对下述问题分歧显著:是否重新分配财富、把社会权力从男人手中转给女人或从白人转给黑人、促进天主教发展,等等。

即便每个人都知道一项具体权利主张会影响到某些再分派(如平权行动或废止租金管制法),但并不允许把再分配作为理由来支持改变系争规则。分配的结果必须被表述为权利保护的“副效应”,或能提高效率的做法之副效应,或个人或集团坚持道德行为的副效应。“符合语法规则的”政策主张从不宣称自己只是“自由主义”或“保守主义”的,更加不会宣称是法西斯或共产主义,因为那样法官可能会显得有派系之心。

对判决与立法的区分,传统的普通自由主义的理解依赖于法律应用与法律创制之截然二分思想。这种区分依赖于客观上可确定的问题(即事实问题或逻辑问题)与“主观性”问题(如关于公正与正义之类的问题)的二分,后者没有客观上可确定的答案。法律人把政策视为主观的且政策问题是没有确定答案的。政策是不可缺的,但也是潜在的特洛伊木马,会把意识形态引入法律。

九、政策主张是尚未理性化的实践

对于为什么政策不同于意识形态，美国法律文化并未提供一套广为接受的解释。它未解释政策如何能够解决而非只是敷衍司法角色界定中的矛盾。律师与法科学生把法官与教授描述成多少有些“政策倾向”的人，可以听取他们对政策取向一般而言是一种德性还是邪恶的不同意见。这些意见曾经趋于赞同自由/保守主义意识形态图谱，包括自由主义一定程度上对政策的赞同与保守主义一定程度上对权威的赞同。[30]法律中政策的作用似乎存在一种自由主义的理论，该理论类似于欧洲现有的左翼“社会”理论与保守的“形式”法理论。

不过正如我们已经看到的，时下有一些保守派法官与教授，他们有法律与经济信条，通过财富最大化作为前提展开高度演绎式的政策论证来改装这场争论，他们几乎或根本不需要权威。相比之下，自由主义拒弃政策论证，在大量已重新概念化为权利包括宪法权利（言论自由、隐私权）在内的事项上赞同进行演绎。他们喜欢以《权利法案》与一长串的推理结论为权威，不太喜欢在许多可能性中选择规则，即不喜欢基于对事实作情境化分析来权衡各利益间的冲突。

当然，政策论证本身包括许多申策论，它们把整个政策思想当做质疑对象（想起了一则报道，说自由派的最高法院司法官们谴责他们保守派同僚们有个“激进的”企图，即主张“政策不是法律”）。[31]其修辞目标就是要把政策与主观的、政治的、意识形态的东西联系起来，且把政策驱逐出法律而只留下权威。而策论则谴责“法条主义”、“刻板”、“无情”、“机械式”或“武断”的演绎进路，并强调政策的“不可避免性”及其“进步性”与“实用主义”色彩。他们的目标就是驯服演绎并使之臣服于政策。

十、法律理论中的政策

这些形式下政策主张的社会实践是美国法律话语的基础，其中有的形式声称自己与法律不可区分，而有的将之同化成纯粹的政治或意识形态主张。所涉及的修辞比喻先在于而不是后随于美国法理学家们关于判决“是”什么的法学争论。关于判决本质的表达式，凡否认政策主张是一个事实或断言我们应当把它作为一个规范问题而排除的，都不可取。法律理论争论的目标，自现实主义以来，就是要摆脱法律人"坚实根基"用法中混乱而又矛盾的状态。

大多数现实主义者们不批判法律人对法律问题与政策问题二分的隐含本体论。他们想要证明的是，英国人的下述看法低估了问题的严重性：法官能够在大多数情况下进行演绎法推理但必定偶有立法性之举。许许多多法官声称已通过演绎解决的问题其实是政策问题。演绎的失败不只出现在制度的空白处而是贯穿制度全部。鉴于法官明显的造法功能，就不可能承认立法式裁判只是偶尔之需且与演绎保持良好关系，因为那样可能会使大量的法律要么不正统要么无根基。

美国法律理论的目前状况，许多可通过现实主义者的下述努力来解释，他们试图把法律的规则落根于一种组合即精细的政策分析与若干融贯理论二合一。我们可以说这项工作首先必然要求舍弃他们自己方案中危急的或感染病毒的一脉；其次，它只能部分地实现。

现实主义的批判方案流产了，因为他们从未将其批判演绎、先例与成文法解释所取得的成功经验拓展到政策论证本身中去。在我看来，批判法学做到了这一点。就美国法律文化作为一个整体来看，现实主义的重建方案只取得局部成功，因为它产生了上述自相矛盾的窘境。他们证成了政策主张的正统性但使它与演绎并存，而从未有力证明过二者各自的角色，也未说明政策主张与自由主义法治理论所声称的判决没有意识形态性色彩二者之间的连贯性。

自"二战"以来，美国法理学家已沉迷于完成这一现实主义方案的重构部分。在此事业中重要的是，自由主义与保守主义二者对于批判的传统保持非对称关系。

十一、自由法条主义的两难困境

大体说来，自由主义困境如下："二战"以来美国自由主义改革的主要工具是司法系统（judiciary），而司法系统除20世纪60年代中期外就一直在推行改革以反对（而非合作）州与联邦的立法多数（legislative majorities）。所以自由主义（不是大自由主义）法律理论方案就是要揭明，司法对私法与公法内容的这一贡献从民主角度看是正统的,因为它促进了法治而非只是司法上立法。

但正如皮勒(Gary Peller)与艾思克里奇(William Eskridge)所说,自由主义对保守派法律形式主义的批判,从霍姆斯经由法律现实主义再被批判法学运动拓展,已经大大破坏了疑难案件中司法中立之可能性的学术信仰。[32] 其实后"二战"的(post-World War Ⅱ)自由主义方案是一个完全对立的自由主义方案之直系后裔:它表明保守派司法官对于战前法制之形成的大量努力从民主角度看是不正统的。自由主义两难困境的出路只能是这样一种判决理论,它进退维谷,得回避形式主义(因为过度依赖演绎)与虚无主义。每一面都有政治风险。反形式主义是自由主义法律特征的核心因素,因为它反映了这一学术领域内普遍存在的对刚性、纯理论与威权的抵制,这一切都是19世纪保守主义的思维与存在方式的特征。反形式主义是自由主义法律教育的经验传统,是新政管理体制的智识基础。

但判决之虚无主义所带来的威胁并不亚于形式主义。实际上,热衷于具体的司法改革尤其是种族与女权领域改革的自由主义者们,偏信这些判决是合法的,且在政策上与道德上正确。如果法官"本不应当"或"本不能合法地"做这些事,如果判决可能是司法立法,那么我们"本可能"一直在继续着种族隔离制度直至各州立法机构应大多数白人的同情而决定废弃它。

从工具层面看,一个成功的自由法条主义判决理论必须回避虚无主义从而不减损未来自由主义者这样的改革机会:他们通过打破服从效应与皈依效应来反对多数决。联邦与州法院至少看起来已经是主要行动者,他们引起美国政治文化的深层的、长期的、有争议的、妥协的、未竟的但历史性的变革。过去并不知道它们的介入会有这种效果。看起来在整个极端能动主义时期法官可能因民众与政府的反对意见而改变行动路线,否则他们的改革会被后来的有时立场不同于自由派法院的总统或州长所指派的保守派法官改回去。

那些怀疑服从与皈依效应的人不得不应对下述事实:许多人尽管不同意但他们会服从司法干预,司法干预似乎有过广泛影响,长远来看不仅仅对大多数美国白人在种族、女权与消费者事项上的实质看法有影响。在催生散布于美国社会的随时发生冲突的“权利意识”中，法院扮演着重要角色，这种“权利意识”成了公共与私人领域少数几个牵制官僚权力滥用的有效手段之一。它还降低了20世纪30年代及“二战”期间美国国家与社会的“现代化”中残存下来的所有前自由的、父权的、食客的或直接腐败政体与社会安排的合法性(legitimacy)。

自由主义法理学家对这些杂乱的层面已有过一两次清理。整个“二战”期间，这些人大多数是法官(霍姆斯、布兰迪斯、卡多佐、汉德、弗兰克、弗兰克福特)、法律教授、实用主义哲学家或制度经济学家。他们中许多人曾一度在国家政治中发挥“智囊团”作用。从那以后，他们已大部分成为公法教授或法理学教授，基本在专业的法律刊物上写些东西，有些还希望成为法官。在近来，法律理论已从众多课程类别中凸显出来而提供法科共同本质。

重要的是，近期参与者既不是传统政治的竞选者(相比之下，欧洲政党经常让公法教授竞选国家官职)，也不只是在抽象层面上关注判决的“纯学者”。他们通过法律教育影响着那些身为政治阶层成员的法官与精英律师。他们中有一些渴求通过在自由民主政府中任职或受命担任法官直接影响法律发展。他们认为自己大体上属于一般知识阶层，能够把专业技术或理论洞见全部转化为文化，通过比如New York Times Book Review、New York Review与New Republic等刊物，通过电视转播的最高法院举证证实听证会，或在National Public Radio中偶有“露脸”。根据专技与学术声望同“入选机会”兼备，他们认为自己是竞选者，但只是长远的和间接的。[33]

我推断，自由派法学家经由法院成为现在的和潜在统治者，他们显然休戚相关于法院的下述能力，即要求人们服从判决并引起道德情感上的变化。为什么沃伦法庭(Warren Court)做了一件正事即接受了一种强式的现实主义与后现实主义对司法立法的批判，对此所做的任何解说都让百姓看似上了法律守护神的当，守护神只是个幌子，目的在施行自由主义意识形态议程。这样的解释并不是好解释，因为它消解了这种自由派政治力量在未来的正统性，同时单方面废除了司法中立要求，而这是管束当今保守派法官与左翼活跃分子的一个手段。

自由派反形式主义中的工具之桩(the instrumental stakes)与反虚无主义中的相比则没那么显而易见。他们得面对同样的斗争,一方面是自由主义与复苏的保守主义,另一方面是自由主义与权利取向的激进主义(不是共产主义)。自由派法院与保守派立法机构的两极对垒在20世纪70年代和80年代渐淡,因为保守派总统们会依他自己的设想来部分改造联邦司法系统。至今没出现过另一种倒置,即像约从1870年到1940年期间那样让自由派立法机构与保守派法官抗争。保守派法官没有展开大规模的反多数决行动(没必要)。但他们并未放弃其管理公共生活的重要作用,例如美国最高法院持续打击平权行动计划。

为此目的,他们不断地重复采用所有形式主义的(即不合情理演绎的)、曾被用以阻止自由主义社会立法的法律话题。现实主义的批判天性在持有异议的司法意见中依然存在,这些意见揭开了多数派的三段论推理中内在矛盾或非结论色彩,因而让路于来路不同的自由派政策分析(经典例子是Brennan法官在DeShaney诉Winnebago县案中的异议[34]与Blackmun法官对Lucas诉南卡罗莱纳州海岸管委会案的处理[35])。

与此同时,现代保守派的法律与经济学家们声称,效率(efficiency)目标是司法造法在政治上唯一正统的基础且对几乎任何法律法规问题都足够确定地给出一个正解。他们敦促法官采纳他们的这一解决方法,经常一定程度上"放任"市场对经济上处于弱势的当事人的损害,多少有点置普通法先例与先前成文法解释于不顾。从自由主义视角看,这一进路把判决的虚无主义与经济的形式主义结合起来,并引入了内在批判即效率标准以图为"正义的"关怀提供可能。

尽管没有马克思主义者的反抗,但一直存在对自由主义左派的强大压力。此压力之一部分来自律师与法学人,他们受到判决批判史的影响并永远铭记着前辈自由主义者成功地使法院施行他们的纲领来反立法大多数。他们的策略就是主张宪法在一个抽象层面上要求施行一个符合完全多元文化纲领的权利体制,此纲领系根据自由主义左派反省民权、反战与女权运动而提出来的。

这一脉左派律师与学人不断提出新的法律理论,用以推动法院支持那些没机会被自由派立法集团(更别提立法大多数了)采用的纲领。解雇是违宪剥夺工人财产。精神病人制度化本身就是不合宪法的。法院应当确保政府福利接受者最低限度的衣食生存,确保体面的住房权,禁止美国对尼加拉瓜的干涉,要求美国补偿萨尔瓦多右翼恐怖活动受害者,禁止《北美自由贸易协定》的执行,等等。

虽然任何自由主义者都可能同意每年书面提交给法院的大量提案中的相当一部分,但显然他们有"一些限度"。在每个案件中,外部规范系统——人权或某种形式的社会主义——似乎令人信服且非常重要以至于支持者/拥护者心甘情愿地不同程度上忘掉了一个说法:法官会诚实地解释现有的法律素材。这是对判决的内在批判这一问题的真正解法或回应——它接受批判并打算回答法官应当如何行事,即向他们提供一套假定很确定的系统,该系统在法律之外并能完全贯彻执行。

就像法律与经济学那样,这种回应是形式主义的也是虚无主义的。它对待宪法的方式就像废奴主义者对待《独立宣言》一样,把它当做胜过一切实在法(包括判例法对宪法的解释)的更高级的法律宪章,并要求作为完全通行的最高政治哲学以便法院推行一种激进的社会重建。阻力包括两方面,一是捍卫合法律性,二是对左派权利修辞的内在批判,为"权衡"冲突中权利寻找"折中"的解决方法打开空间。

十二、对困境的回应

现在开始讲在我们看来自由主义法律理论的核心方案得以实现的复杂条件。自由主义需要一套判决理论来确认他们对判决中意识形态展开历史批判的基本要点,作为抵制保守主义的倒退与激进派的揠苗助长的工具,而同时肯定自由派近年来以一种不破坏服从与皈依效应的方法展开的司法造法历史。

这引起了司法角色的替代方案激增,始于现实主义的方案,变到当今德沃金的方案,当中经过了共和主义、共产主义、新实用主义、女权主义与"新公法"理论。在法理学中,法律的"确定性"与客观性问题,伴随着大量人文学科研究生涌入法学院,已激起一种全新的文风,即几乎把每一种古今哲学旨趣应用到该问题上。

我们能够识别出三代美国融贯论者，每一代都以不同的方式回应了现实主义中的病毒链。第一代是现实主义者本身的回应；第二代是“二战”之后冷战期间一代人的回应；第三代是民权与越战（20 世纪 60 年代）一代人的回应。这三代都捍卫政策主张，反对把政策主张指为必然是意识形态的特洛伊木马，他们通过诉诸比喻（metaphors）来试图表明如何限定它的范围即如何把赤裸裸的政治排除在外。

现实主义在其重建模式中正寻找一种判决的方法，它要能够（1）在演绎方法行不通时提供一种非意识形态的做法；且（2）有时证成法官拒弃演绎法所得出的结论并支持一种更具社会进步作用的解法。在此模式中，他们提出一种方法来同时处理两类问题，一是现在开放的这些问题，这些问题在他们批判演绎之前一直易受到演绎处理法影响；二是推论的问题，这类问题有合理的大前提但还似乎要求法官发挥逆推作用。

受德法两国自由法理学家的影响，最常见的现实主义处理法是这样一种社会观，即社会是一种有其需要和功能的进化有机体。司法的功能就是发展这些规则以满足这种需要。像卡多佐之类的论者们认为此功能是演绎法之替代方法的基础。处事正直的法官就不会有偏私，尽管他得承认“主观”因素决定着他对进步的理解。这种方法不只是要在演绎“失灵”时回答问题，还要批判从演绎法看无可置疑的正确答案，并不时以进化为由拒绝这些答案。[36] 问题显然在于需要、功能与进化等概念的模糊性，它们看起来强化了而非克服了木马危险。

判决的“过程”诸模式（富勒[37]、亨利·哈特与萨克斯[38]）有同样的结构，但这里的国家被构想为一个功能良好的官僚组织，它建基于劳动分工之上并且旨在“满足人的有效需求”而非利润“最大化”。[39] 我的看法是，不同的法律创制机关（包括私法当事人、行政机关、立法机构以及州和联邦的法院）在这个整体框架中都有显而易见的“各自职能”。看起来显然可欲的是，每一机关专司其擅长的业务。任何其他解法都可能招致组织混乱与工作成果质量的下降，因为有机关会做那些本该由其他机关做会做得更好的工作。

法官的职责远非演绎。过程论者区分出了“多种”政策问题，即易受“理性推敲”（reasoned elaboration）影响的问题与不易受之影响的问题

（即用融贯法而不带意识形态色彩的处理）。这一模式中有两个对称的蠢事：在法官应当考虑政策时却忽略政策（如“香瓜被损坏案”）[40]，而对应由“其他途径”解决的问题却应用了政策分析（布朗诉教委案，Herbert Wechsler 就这么认为的）。[41]

在追寻社会正统目的整个事业中，“制度能力”（institutional competence）这个概念解决了司法立法问题，即允许法官采用政策主张，甚至允许在有些情况下基于政策理由排除演绎处理，同时在政策可能成为木马的情况下坚定排除纯粹个人的或意识形态的处理。正如我在第一章第一节中指出的，当问题不适合“理性推敲”时，原告就会因一个完全合乎法律的理由而败诉（即融贯的分权框架），而非要么通过否认正义要么通过司法立法。

问题就在如何决定哪个问题有何种“本质”，还有，当一个运转良好的官僚体制当中分工设计显然不现实时怎么办。[42]制度能力概念有助于追溯 20 世纪 50 年代自由派分析保守派司法在迎合新政时的不自量力。但它证明对于其发明者（虽非对于其目前的复兴者[43]）而言极端困难的事是，去调和它与“二战”后自由派的州及联邦法院的能动作用。哈特与威茨勒（Wechsler）之类以反对司法能动论[44]为其职业生涯起点的自由主义论者们出乎意料地发现，自己在反对司法托管下的种族融合时和保守派成了学术盟友。[45]

十三、德沃金版本的融贯论

我将把德沃金的学术研究[46]作为当今回应自由主义困境的典范，但不因其理论之成功而无视一个事实，即很少有自由主义者同意它。[47]其好处在于它是公认的、相当完整的，且在我看来是目前为止许多人很敏感于该方案必须克服的内在张力——大多数法律现实主义者。

德沃金版的融贯论明确地把“社群”予以“拟人化”并要求我们设想这个人（this person）是一切有效法律素材的创造者。于是我们有望设想此人会遵照德沃金所设想的一套放心的人际伦理规范即一个人应当行为连贯有始有终，同时努力达到公正、正义与正当程序等经典政策目标。[48]法官有望选择能“适合”素材的规则，这些素材被想象成这一公共人

(communal person)所企划的产物。如果法官努力让自己在行事中如同这个公共人,他自己关于公正、正义与正当程序的潜在意识形态承诺就会受规训于一种需要,即保持与该公共人早期决定相一致的需要。[49]

德沃金的解法同卡多佐的、哈特与萨克斯的一样,因为它允许法官在各案中"依法"审判(不曾需要诉诸意识形态,它与"政治理论"相反对),同时又允许(其实是内在要求)非演绎推理。但德沃金不同于其20世纪50年代的前辈,他区分了两类主张而非两类问题。一切法律问题都有正解,但只有法官区分开权利主张(即权利拥有者面对多数派的法宝)与他所谓的政策主张时才能达到正解。依此用法,政策主张预设了牺牲个体以维护集体利益的合法性——它们对应于一个子集,我称之为功利主义的或社会福利的政策主张。[50]总之,所有三种理论通过捍卫一个中间术语即政策主张(德沃金则限定到权利主张)来调解司法角色限制中明显的矛盾,此主张一方面对立于演绎,另一方面对立于意识形态主张。他们这样做的方法是,否认政策(对德沃金来说是权利)必定只是一个掩盖主观的和意识形态偏好的假面。他们的问题是,法官何以能够中立?他们的答案是,法官能有两种方法做到中立:当演绎合适的时候用演绎,而当政策主张合适的时候就以政策主张为据,并把政策主张寄根于他身外的一种喻像——要么是作为有机体的社会(即社会作为一个官僚体制通过分工达到最大化),要么是一个假想的人(他是一切法律的创造者)。

十四、德沃金的左与右

尽管德沃金的作品(与一般而言的20世纪60年代后美国法理学)与其前辈之间有惊人的相似,它与卡多佐、卢埃林、富勒或哈特与萨克斯相比则还表现得更担忧且更加敏感于批判。我将此归因于三个因素:需要向融贯理论引入对沃伦法庭的司法能动主义的某种态度,由英国思想家哈特、[51]拉兹[52]与麦考米克[53]等对美国融贯理论展开的批判,在批判法学运动中病毒的重生。下面是对德沃金作为一个同时代人进行批判的、左派/现代/后现代主义解读。

首先,德沃金对判决的历史主义批判作了实质性的妥协,他肯定了法律解释的政治本性。在其早期作品中,这种正统的、与"个人的"或"党派的”政治形成鲜明对照的政治因素一直是对权利的信仰,以对立于各式功利主义。换言之,尽管法官必然有一套政治理论,但该理论完全不同于“意识形态”。此理论约束着他,因为它说明了在何为政治之善的一般哲学命题与诸具体事件之间存在关联;把自己看作是规则功利论者的法官,如果不喜欢一个具体结论,就不可能特意转而关注一个权利主张。[54]

在《原则问题》中,德沃金开始提出自己的自由主义观即为这样一类型的政治理论,[55]将它同保守主义政治理论相比较,并非常唐突地肯定道,关于宪法的解释“我们应当期望清楚地找到自由的、激进的或保守的意见”,并且“此自由主义观正是我们要找的。”[56]在《法律帝国》中德沃金承认了分析宪法判决制作通常做法就是利用现行的意识形态透视法,并且承认即便他理想的法官也完全可以用这些术语来描述(假定我们对其立场有足够的了解)。[57]换言之,自由主义与保守主义已经跨出党派的或纯粹个人的领域界线而进入了“理论”的王国。正如我们看到的,在诸理论间作的选择会决定司法造法的内容但不能说成是无争议的、确然无误的或客观的。

至此,很容易明白德沃金如何能够达到这个要求,即自由主义法律理论得提供一个基础以便攻击保守派的司法造法与左派能动主义提议的司法立法。其实,德沃金看起来既继承又发展了法律现实主义传统,他攻击了法律的语义学观点、[58]原旨主义[59]与消极主义。[60]但难以理解他如何能够避免英国实证主义观点即法官在疑难案件中必然是一个立法者,并如何避免一个必然的推论即沃伦法庭的自由能动论与其所超越的保守能动论一样不正统。

他玩了个小伎俩,即把他政治化了的判决观描述得仍然非常不同于立法。第一,正如我们早已看到的,判决实际上是对相关法律素材的解释,即用一种视角去理解材料要求什么,如果我们把它们想象为表达某公共人的若干观点的话。这使法官不同于下述立法者:如果他认为自己可以做得更好,他就会随意地忽略掉材料所要求的解法。德沃金徜徉在20世纪80年代的大潮中,那时法律理论的潮流与解释学潮流汇聚一起。[61]

不过在德沃金理解的解释学转向中,忠实于素材不只是描述有助于我们理解法官行为的典型态度。忠实要求一种承诺,即在每个案件中找到"正确"解释,而正确性(rightness)就像法官的个人政治理论一样被视为可能有争议且无论如何都无法明证。[62] 由于我们集体寻找正解并认为我们已找到它,这证明了有争议的、不可明证的正确解释确实存在。如果法官坚信找到了(并且如果总存在一个)正解,那么法律就永远不会"用尽"。法官将不会像英国实证主义设想的那样,即无论他可能多么偏爱纯粹的解释都不得不立法。[63]

第二,德沃金的解释理论要求解决方法"适合"法律素材整体,即要求融贯,这经常使案件不留下争议,且法官会显然不同于立法者。[64] 不过若事非如此,且法官必须在相互竞合的各种融贯处理法间作选择时,法官只能够在另外两个不适用于立法者的约束下调用其个人的政治理论。法官得能够捍卫其政治理论并说明它为法律素材提供了最为融贯的解说。[65] 人们推测他会将其政治理论用于手头案件。总之,这三个约束因素使得法官是遵循原则的而非结果取向的。

立法者能够在抛弃这几个约束因素的同时而正统地立法。他能够选择一条规则,公然与其所属的更大体制不一致。他能够选择它来强化其特殊的政治哲学,即便这种哲学在用以解说作为一个整体的法律制度来说完全不合情理。他还能够选择一个特定的处理法而不管该方法与其在其他类似案件中所应用的政治哲学不一致。他能够投票支持一个异类的"无政府主义者"(自由的法律体制除外),尽管他本人是个保守派,因为若不如此他的选民们会把他选下台,或因为他的"直觉"告诉他这是唯一公正的做法。

第三,德沃金法律解释理论要求法官而非立法者得在其法律推理中把权利莫名其妙地优先于其他种类的政策(虽然在普通法、成文法与宪法判决中的处理方法有一定程度的不同)。对立法行为的最终司法审查意味着,当法官认为成文法违犯了宪法权利时,就不管它所服务的政策何等重要都会将之推翻。不过就此来看,法官与立法者之不同恰恰在于他们高于立法者:立法者不能否决这类成文法。权利/政策二分法把法官与立法者区分开来,这在普通法与成文法创制语境下则更为清楚。[66]

德沃金假定道德权利的"实在性"(不是"客观性")方面存在一般的社会共识,道德权利即指不管在法律上是否可执行但在道德上"有效"或

"有约束力"的权利。[67]要力图确认这些权利的特征,即要想搞明白它们在实证法得到部分承认的后果,这非常不同于力图判别何种法律规则最能推进集体目标(国家安全、经济增长)。政策的实现程度只能"粗略"地衡量,不会要求哪个个人应当得到何种具体形式的对待,而德沃金也认为政策显然不讲原则,因为它不关注类似案件类似处理的问题。[68]

这种理论上的区分有明显作用:权利的道德实在性经由融贯方法外加政治理论来支撑着司法造法。正如我们一致认同的,对文本能够得出正确解释,尽管这种解释有争议且"不可明证",所以我们也赞同权利真实地"存在",即便在具体案件中权利的内容可能有争议且不可明证。德沃金大约是这么想的。判决事实上且应当关注权利问题的正确答案,从正统性上讲它只涉及法官政治理论观点中的某一部分——他的权利观。

相比之下,立法者被假想为对待权利很认真,且在没有权利根基的政策冲突中会动用其信条(commitments)。这种功能定位是适当的,因为组建立法机构的目的就是要统合大家的利益(政策至关重要),就是要公正即民主地决定分配结果。司法部门如果侵入此领域就是犯错,即便是在普通的案件中亦然,同时还有辱其保护个人不受多数人苛待的历史使命。在这一点上,德沃金得感谢亨利·哈特与萨克斯,虽然他没怎么承认。

基于这三点关于判决的主张,德沃金可以辩护说自由派的司法造法从民主角度看是正统的,不是司法立法甚至不是司法能动主义,尽管一如他承认的,这种辩护得逐案式或"零售"式地展开。

能动主义是法律实用主义的一个致命形式。一个能动论法官会忽略宪法内容、宪法制定过程、最高法院解释它的先前判决与我们政治文化的长期传统。他会忽略这一切,目的要对其他政府部门推行其自己的正义观。作为整体的法谴责能动主义,并谴责任何类似于它的宪法判决活动……替代被动论的办法不只是粗陋的能动论再套上法官的正义感,而是一个更为精练且有区别对待的判断,逐案不同,与早期能动主义或被动主义不同,它给许多政治德性留有空间并彻底排除专政。[69]

就个案而言,问题在于法官是否得出素材的正确解释即尊重融贯性要求的解释,这是原则取向的而非结果取向,并且避免依赖法官个人的政策观。即便你同意法官的规则创制这样被约束住了,你同样会认为判决结果不对,尤其在你与法官的政治理论不同时。但你可能会天真地期盼其他什么东西,并对疑难案件傻傻地偏爱着立法式处理。使法律值得如此尊重、使服从与皈依效应在民主社会中可以接受的因素是判决,因为判决“确保了大多数根本的政治道德事宜作为原则问题而非只是政治强权最终将得以提出并讨论,这种转换在立法机构本身范围内无法完成,至少无法全部实现。”[70]

十五、对德沃金回应当代自由法条主义之困境的总结批判

德沃金的理论要想回应我前面所称的“自由法条主义困境”,必须满足两个不寻常的条件。第一,德沃金基于下述一般理论断称法官不应当从政策作推理,即法官应当遵从现实判断活动的最佳解释。[71]所以他得说服我们相信排除政策主张事实上是符合美国司法实践的。第二,法官得说服我们相信完全不同于政策论证的权利论证有排除司法意识形态之功效,所以它所产生的规则可归因于“原则而不是单纯的政治强权。”

对于第二点,德沃金居然讲得很少,这无法让我们相信权利推理比之于政策推理而言内部结构更好或更有约束力。在第五章里,我详细论证,至少对许多参与进美国法律文化的人来说,权利推理比之于显然更为开放的道德或工具性论证来说似乎更没有可能排除意识形态影响。

本节的主旨是,从德沃金或更广的层面(包括竞合的权利间与竞合的道德原则间作非演绎式地权衡)上看,政策普遍存在于美国司法实践之中,而问题是如何使之合理化。至少可以说,对判决的一种解释,如果把结果论或社会福利取向的政策主张全部从正统司法行为的指令系统中简单排除出去就说能“适合”于实践,这似乎并不合情理。我认为,德沃金不那么令人信服的原因在于,事实上美国法官们不断采用的那些主张看起来却极像德沃金说的法官们一般会回避的主张。

格林纳沃特(Kent Greenawalt)在1977年对德沃金关于美国司法实践的说明作了这种反驳。[72]德沃金本人对此作了如下归纳。

格林纳沃特把我的下述主张作为其主要靶子,即在普通案件中法官通常通过我所谓的原则主张(arguments of principle)而非政策主张证成他

们的判决。……他反对(这种)描述性主张并提供了几个反例。这些反例是用以表明至少美国的法官们经常基于政策主张在疑难案件中作出判决。他担心我会试图回避这些反例而用“自创的”主张来表明那些在这些案件中表面看似政策的主张如果理解正确的话实际上是原则主张。但他警告我,如果我此种辩护成功,那么我将付出的代价是抹掉两类主张的区分或以某种方式使我的主要观点变得无足轻重。[73]

据我理解,德沃金的回应(此处不必归纳)恰恰掉进了格林纳沃特所警告的陷阱。[74]事实上,作为知道过去和现在美国司法意见的人,这些似乎太清楚了以至不值得作扩展论证,其实,法官们为了支持或反对某一既定规则的选择,会不断审视规则对包括当事人在内的其他人的全面影响,并根据社会的一般目标来评价这些影响。此外,这种做法被许多名列美国司法名流的法官们明确地理论化了,故而起码可以说时至如今还重新把它定义为帝国的叛徒,就显得不合情理。我刚好谈一个我的例子。

在1842年判的一桩著名难案中,马萨诸塞最高上诉法院首席法官肖尔(Lemuel Shaw)认为,工人法威尔(Farwell)不能从其雇主那里获得损害赔偿以弥补由其“同主雇员”之疏忽大意而造成的伤害。他的意见清楚表明了他那个时代对政策在法律推理中的作用之一般理解:

如果我们把目光从正义的考量转到政策考量,它们会强有力地指向同样的结论。在考虑具体关系中出现的权利与义务时,法院有权决定关注政策考量与一般便利,并从中提炼出下类规则:在应用于实践中时,它们能最好地推进相关各方的安全与保障。这实际上就是隐含的承诺得以提出来的基础,这些承诺就是义务,它们是依法从下述考量中推演出来的:在既定条件下,最好采用什么来增进所有相关人的利益。

……我们建议把这些考量因素应用于系争案件。当几个人受雇来执行一个共同的事业或行动,且各自的安全很大程度上取决于各自适当履行其义务所需的注意与技巧时,如果共同雇主不采取此类预防措施,那么每个人都是其他人行为的监察者,能够对任何错误行为、丧失工作能力或玩忽职守提出警告,可以离职不干,并可以雇用这样的人作为整个当事方所要求的安全员。由工人各自的疏忽大意造成损失时,使用这些办法比要求共同雇主去补偿来说更能有效地保障工人利益。[75]

我料想,可以说肖尔本人理解为一种政策论证的东西可以重塑成作为一种原则问题的论证,法威尔无权因其同雇主工友的疏忽而要求铁路局赔偿其损失。但我同意格林纳沃特讲的,这种自创性的变革会使得权利主张与政策主张的二分法不仅"无足轻重"而且根本无助于下述目的:捍卫自由派别司法改革的努力而不落入形式主义或虚无主义。

当然,德沃金还有许多其他论题,事实上不只有回应沃伦法庭与越战时期美国自由法条主义的困境。尽管他可能认为这种比较看起来不爽,但他早期作品确实在许多方面模仿了布莱克斯通爵士的研究,布氏的《英国法释义》从事着"赫克力士"的任务,即揭明18世纪末的英国普通法最好理解成详细勾画在"光荣革命"中确立的英国人权利之合法性。[76]此项未竟之志有一个回应,即德沃金对其导师亨利·哈特批判"高贵之梦"的回应,语气很温和:"我希望说服法律人把整个(实证主义的)现有法律图景搁置起来,赞同这样一种法律理论:它把关于法律权利的问题当作是关于政治权利的特别问题,这样人们可以认为原告有某种合法权利而不必假定某种早已'存在'的规则或原则提供了该权利。"[77]与威廉法官一样,调和权利、多数决规则与法治的更广义的自由主义方案出现在十分具体的政治背景中,对德沃金来说此背景就是自由主义/保守主义意识形态冲突。

十六、德沃金的赫克力士是左派自由法条主义者

德沃金解释完为什么布朗诉教委案对合乎法律的种族隔离给出"正"解但本该要求得比"十分审慎的速度"更好些,并解释了为什么种族配额制是合宪的之后,他问他理想中的法官赫克力士是"太保守"还是"太自由"了。他没有回答说赫克力士与其说是保守的或自由的,莫不如说是能动或被动的。相反他说:"你还没法说,因为你的判断本该取决于你的信念在多大程度上符合赫克力士的信念,他的信念种类多范围广,是宪法解释活动所信守的。"[78]

这种回答让我觉得可笑。在其职业生涯中,德沃金不仅毫不犹豫地支持布朗与种族配额,认为它是合法律的"正解",他还赞同温和抵抗、[79]不起诉征兵卡焚烧人、[80]明确考虑分配后果而非依赖效率、[81]任命决定的司法审查、[82]罪犯权利广泛的制度保护、[83]同性恋者从事立法上被禁止的活动之权利制度保护、[84]生产与消费情色作品的权利[85]以及堕胎权。[86]

赫克力士不只是个自由主义者;他是从布朗至今的自由主义司法能动论的系统捍卫者。他其实是个左派自由主义者,正如你从结果来看他是一个激进主义者一样。就像一个优秀的自由主义者应该做的那样,他已表明他有能力在某个地方划出界限,但旨在保护彻底的和平论者,他们参与了捍卫格林汉姆公地或德国反导类行动,[87]比较极端的要求有出版自由[88]和麦金农(Catharine MacKinnon)的对赞同异性性行为及色情作品的反自由主义批判。[89]

显然,自由主义司法能动论的每一项辩护都是零散进行的,根据案情并依照一些约束因素:寻找解释性问题的"正解"、原则和司法上权利优于政策。这同样适用于每一项保守派能动主义批判与每一例对左翼过度行为的抵制。例如,赫克力士不该加入洛克纳多数派(Lochner majority),原因在于他本该拒绝最高法院在那个案中引证的自由原则,因为它显然与美国实践不相符而且怎么说都是错的,另外他本该拒绝复核纽约立法机构对那时存在的政策事项的判决。[90]

赫克力士只是尽其本职——全面施展其"十分清醒的判断",包括其"有责任决定什么时候他得依赖其自己对民族性格的信念。"[91]如果你不同意这些"信念",即不同意德沃金提出的与其判决理论相媲美的平等主义版本的自由主义意识形态,那么请用下述思想慰藉自己:若你是法官,你受诱惑(其实是主动乐意)把自己保守的(但非马克思主义、无政府主义或古怪宗教的)意识形态强加到痛苦的定罪量刑上,就成了一个法律帝国的"叛徒"。[92]在这一点上,你也会被冠以服从与皈依效应,我们希望未受虚无主义伤害。

德沃金如果竞选参议院,我肯定会投他一票且支持他担任法官,只要在每一种情况下都没有全新的替代方案。但他的(相关的)政治端正还不是事实的全部。在文化层面上，他不是一个左派自由主义者而是一个保守主义者，他的目标就是阻止“不断侵蚀”或有病毒的批判方案前进。

阻止病毒并不意味着把时针调回到1900年；其实，我们几乎搞不懂那样做究竟有什么用。德沃金省略掉一些二元论，这些二元论原初解释并证成了专司判决的法院这一专业机构。法官应用并创制法律；他们的造法是政治的；它们没有得到客观性的验证。重建的工具是解释的正解、原则概念、权利与政策二分。由此，德沃金开始正式重构原初的二分式：不是法律适用而是解释之正当性；不是客观性而是原则；不是法律 vs. 政治而是权利 vs. 政策。

美国批判法条主义的标志是，自由主义法学家们攻击这些尝试，即重建、努力表明并在我看来已成功证明没有人可幸免于内在批判。[93]同样有特色的是，他们相继这么做的依据是他们自己对相同的重建方案的理解。比如有些人把我们带回折中的英国版本，其中法律形式主义全面限制那些其实无法消除的司法立法机会；其他人让我们回到客观性，尽管以某种妥协的形式；也许道德推理倒是有法律推理已然失去的所有特质；有一些实用主义者还在粗制滥造着德沃金残留下来的二分法。

我的目标是摆脱这种泥淖，去看看如果人们认真对待的不是权利也不是批判而是他们的互动，那会发生什么。如果依现行法理学把德沃金与批判法学看作是“对立的”——他认为总存在一个正确答案，我们认为从来没有——那就大错特错了，因为德沃金比批判他的那些批评家们更会认真对待批判，而批评家们却有时一个比一个更热爱确定性。虽然现在就否弃所有的重建方案是一种解脱，但在我看来这些方案都有一个直接基础，即让知识关注权力并让权力服务于这些知识的持有者。

几点免责声明。我说自由主义法律方案得要捍卫过去50年自由派司法造法的合法律性，同时还要维护自由主义对的司法立法的批判，这不是要归罪，尽管有一些实有的背信也会归罪于法官。对照德沃金的建议，即有些批判家“可能想要……走向一种新的神秘化以服务于隐在的政治目的。”[94]我也不是说“纯粹”法理学乐于指出判决“真相”就是脱离实际。远非此意。比如，说德沃金的理论研究如果脱离其个人政治上效忠于沃伦法庭改革这一背景是不可理解的，这不等于说他不诚实或不是一个“真正的"学者或他的结论"不可信"而那些更"无私的"理论家就可信。

然而,自由主义方案改变并扭曲法学研究,因为它影响着可能的选择,影响着在同样合乎情理的各种解释之选择,而尤为重要的是,影响着对具体问题的时间与精力的投入。故而用于捍卫正当性、原则与权利的时间就无法再用于左派/现代/后现代主义方案来解决那些相同的思想。

在一个被意识形态分割了的社会中,通过判决造法何以改变判决结果,使结果不同于本该在更透明过程中得出的那样?假定某个理论家确实能够成功地回答法官何以能够中立这一问题,上述问题仍然会被看成:我们现实中的法官面对着一些结论比如立法至上,是否像这样努力保持中立,他们是否做到了中立,他们的立场选择如何扭转规则创制。

自由主义法学家们对正当理由(Reason)的研究结果有时是一些在该方案外有用的知识,这些知识对保守主义或激进主义者们来说就像它们对其自由主义求知者一样有许多"真理价值"。但这些知识对现在这些问题却用处不大。我们可以把此方案界定为一种特殊的策略,目的是支持正确性、原则与权利,故而没必要回答它们。总之,对审判中意识形态取向的策略行为之批判,也适用于法理学,我将在下面三节中讨论。

我认为,只要我们主要关注的问题是如何捍卫司法中立之可能性,那么我的左派/现代/后现代主义方面的问题都是边缘性的,而核心的问题是,我们不是要追问法官如何保持中立而是法官如何会有意识形态。

第三章 判决中的意识形态

第一节 政策与意识形态

本节目标是充实我们一项直觉，即政策是意识形态的一个潜在木马。我先提出一个一般的法律话语简式，此式的基础是法律规范与采纳法律规范的理由二分法。设计此式非为“解说”法律话语而是提供一个描述性词汇来论证三点内容。

首先，法律话语与意识形态话语重叠或互渗，这使得人们难以区分开意识形态主张与“中立的”或“客观的”或“非个人的”主张。其次，通过法律从事意识形态方案随着时间的推移已“沉淀”或架构了法律话语，表现为它把判决制作者“引向”用熟悉的自由主义或保守主义意识形态可选方法来构想规则选择问题。最后，即便是一位没有自己意识形态方案的法官或律师也会发现她稀里糊涂地成了意识形态执行者，因为她得用法律文体写其司法意见。法律文体中可资利用的语言单元承载了意识形态的内容。

探究这些尚待证实的现象，我用的方法论非常不同于上一节里的方法，上一节只是试图明确陈述“标准”的美国法律话语或法律文化中的一些预设。本节在模仿上节只依赖资讯的“共同知识”的同时，它还采用“结构主义”但更具技术性。它吸收了索绪尔（Ferdinand de Saussure）、[1]列维—斯特劳斯、[2]皮亚杰[3]的理论（尽管以一种拆换或“拼装”的方式而非其理论简单“应用”），认为法官既是自由又是受约束的，因为她的职责要求她讲或在论证中采用一种独特的语言。法律话语之独特性不只因它是“关于法律的”而且因为它是一种“语言”（langue）或有声语言（language），法官从中引造出“言语”（parole）或言论（speech）即一项具体的主张来支持可以解决法律问题的一项规则选择。

说法官用法律的“语言”做论证，就是在表达一个独特的主张，即解释这种社会实践的办法是把它类比于更为一般的语言现象，我是指英语语言。这就是要主张熟悉的英语结构，如音节或单词与句子的区分、句法与语法的区分，在“法律言谈”（law talk）中有类似点。显然，英语法律言谈是由英文架构起来的；这里的想法是法律言谈有二阶结构——它是一种语言域中的一种细分语言，且二阶语言有另外一套结构，此结构类似于作为其背景的英语结构。[4]

语言（如英语）在既定时点，有一个（共时态）结构的同时还有一个现时（历时态）维度。我们可以研究一种语言的词汇或辞典历时而变的过程，它遭遇其他语言的影响，如同技术革新一样顺应“材料”的发展，或被一些言说者故意改变（黑奴、黑色人种还是美籍非裔？空中小姐还是空乘人员？），他们把语言看作是展现各种竞合的社会方案的场所。如果类比成立，它同样适用于法律话语。

本节中，我的目标是确认法律话语的一些特征，这些特征能够让判决的知情观察者（informed observers）知道意识形态是主要影响因素。前提就是，我们不清楚法官对中立性问题的真实意识状态是什么。换言之，我的主张是，法律话语有些面向暗示着意识形态的影响，即便在该人论证时没有任何迹象表现出意识形态偏好或意向。

本节中的外在视点取自 MPM 理论思潮，它强调语言的两个方面。第一，在言说者与言论之间存在断档，因而投机取巧抑或语言的策略性使用总是可能的；第二，言论从未被言说者完全控制（言说者在某种意义上被其语言“所说”），因而言论“超越”言说者，独立于“原初意图”而繁殖其含义。

随后两节沿用一种非常不同的MPM方法论，它基本源于现象学。这两节试图“从内部”重建审判，即设想在若干角色约束下工作的法官会是什么样子，这些约束似乎既禁止又要求他将其意识形态承诺带入其法律创制当中。我认为逐次采用这些不同的方法是不矛盾的。我的想法是要处理一种实践，即与意识形态割据现象相关联的政策主张。这些方法应当累积使用，目的在于弄明白法官如何能够成为意识形态行动者，途径在于证明两点：他得处理什么，他如何处理。

一、规则 vs. 支持规则的理由

在我提议的法律话语分析中，第一个因素是法律规则与采用规则的理由之间截然二分。用“法律规则”，我是指“有效的法律规范”、“法律原则”或“学说原理”。“要立约，必须有一个报价、接受与约因”，“任何对他人不动产的主动粗暴侵入就是侵犯他人领地”，这些表述都是十分不完善的。根据你要把这些表述应用于什么事实之上而定，你得知道更多关于什么算作报价、什么算是“防御”侵入等方面的细节性规则。

法律规则不能自证其成立，但有许多例外待一会儿再讨论。规则告知我们官员在不同情况下有望如何作出回应。在我看来这显然不会使我们无法遵从规则行事，只要它们的意义明白易懂。不过在我看来同样清楚的是，大多数规则表面上看并未解释它们为什么被采用。它们的背后有“权威”即成文法的颁布，或宣布为坚持判例，或权威的条约起草者。有服从权威的一些理由，但它们与支持采用原初规则的理由不是一回事。

我将把支持规则的理由划分为两类，对应于上节中提出的演绎主张与政策主张概念。支持一条规则的演绎性理由是这样一种主张，即认为存在更抽象有效的法律规范，它把系争规则当做其或强或弱的演绎之结果。支持规则的政策理由是这样一个主张，即规则是许多可能性之一，这些可能性对应于以“力场”模式运转的竞合的诸价值（权利、道德、社会福利等）之间的最佳平衡。

我提议的该模式使用规则—证成二分法并作为共同构成法律话语的两类结构的基准。第一个是法律规则的结构，或原理的结构。第二个是非演绎的法律证成结构，或政策的结构。这些结构发挥作用的方法极其不同，且以一种复杂而又明了的方式互锁。

二、法律规则或原则的结构

规则结构或原则结构的构成要素是成千上万的陈述，有着这样的形式："如果这些事实被查明，那么法官应当这样处理。"说原理有其结构就等于说它不只是一个随机排序的列表。下面罗列原理结构若干要素中的几个。

1. 人—事结构

(1) 我们根据主题来组织规则。一些人法—事法划分如合同、侵权、程序、分权、联邦制、证据。

(2) 在一个主题内，我们谈论一个法律领域的结构，在既定领域中判例、成文法与规则的模式，比如区分开两个领域，即设计良好且完全"成型法律"领域与杂乱或不成熟领域。

2. 水平结构

(1) 规则—例外结构。如果你研究所有的规则，你可以通过把它们安排进规则—例外结构中而得出成千上万的子系统。规则与例外的逻辑状态是复杂而有争议的，但清楚的是，我们倾向于以此方法来组织这些规则。"必然的特权"看起来就是侵权原理的例外。

(2) 规则—反规则结构。这不同于规则—例外结构，因为在两个构成要素间没有明确的等级。《第一修正案》是抗辩规则（counterrule）而不是例外，它把侵权原理贯穿于购物中心言论或罢工纠察案例中。

3. 垂直结构

(1) 规则—实例结构。此处要点是，人们通常认为具体事物是从一般事物中演绎而来。如果非法入侵是自愿粗暴侵入不动产，我们就可能把"在邻居家树林中打猎"看做以暴力侵害"我们所指的东西"。

(2) 规则—细则结构。此之不同是因为与其他地方相比，这里的具体更为明显地派生于一般。细化规则是更深层规则，它填补更一般的规则中看似明了却又不明了的裂隙、冲突与模糊点。如果你被人持枪胁迫或被强行带入邻居家的地盘，你的入侵是非自愿的吗？该事项已经解决，办法是通过政策主张向入侵原理加上了一条亚规则。

4. 规则—标准结构。这是一种规则类型，区分这些规则的依据是它们在什么范围使用相对具体化了的、“客观的”指标，比如年龄（在决定法律上的行为能力）或更模糊的词如“成熟”（用处同上），用作引发官方行动或界定官方行动诱因。[5]

三、法律证成的结构

法律话语中的二阶规则是证成类规则。[6]我不是指若干规则或有效法律规范的合集，而是一些理由的合集，提出这些理由是要支持在诸规则间的选择，支持在对规则之缝隙、冲突或模糊点的若干解释间的选择。这里，第一个区分是人们熟知的演绎性理由与政策理由的区分。有讽刺意味的是，在我们的法律文化中，演绎证成与政策证成相比其方式更具偶然性与直觉色彩。由于我们讨论的是一种直觉知识即政策是意识形态的木马，所以将忽略演绎理由。但如果有人对从规则到亚规则的演绎展开话语的结构分析，并表明它并不比政策话语更能免受意识形态影响，那我也不觉得惊讶，其实，这是一种典型的后现实主义谈病毒的话题。把规则看成若干单元并构成一个结构，这并不难，但要在政策话语中看出类似属性却非常难。首先，论证单元是申策论，即对一项法律选择的若干构成理由所做的简要陈述。看看下列四例申策论。

所提议的规则将易于执行；

人们有受此规则保障的这类行动自由的权利；

所提议的解法缺乏衡平的灵活性；

人们有权防范此规则所允许的行为。

假定问题是，某人的财物挡住了邻人的光线，我们是否即便如此仍采用一条规则来为其财物建篱笆并认定该损害不予认可（即没有法律上过错的伤害故而不可诉）。如果我们思考这些申策论可能的采用方式，就显然发现在它们之间有一种结构性关系。当篱笆建立者主张“所提议规则将易于执行”时，邻居将会回击道，“所提议规则缺乏衡平的灵活性。”

(1)政策结构的首要维度是横向的,且由配双成对的申策论对立组合构成,如上例。[7]

(2)次要因素是策论(bites)的垂直构成,即纳入一个基本的策论与支撑系统中,用支撑系统我是指存在一些约定俗成的方法可通过进一步证成来支撑一个申策论的主要内容。比如,对为什么说选择一项易于执行的规则是好事就有实用主义的解说,也有权利本位的理由("控制司法自由裁量对于保护权利至关重要")。[8]

(3)主题结构

①申策论对子及其支撑系统被联合并提炼成簇来应对循环出现的法律事务。例如合法手续、强制条件、司法审查标准、严格责任 vs. 疏忽大意、在规则与标准间选择(这些可能都内在于具体规则主题领域或横贯各种领域)。策论簇是指如果(申论)辩护人说案件涉及"典型的"规则选择之一,他或她将为各方提出一个预制好的范本主张。

②我们能够区分不同领域中的不同簇结构。有些领域,很少提出策论—反策论对子或支撑系统;另一些领域,正反主张设计地非常好以至于它们就像一种咒语。支持与反对例行手续,支持与反对司法审查等主张都设计得很好;允许土地使用限制"随地流转"的支持与反对主张就非常粗糙。[9]

(4)第四个要素是两类价值的有机组合,一方面是我划分的权利、效用与道德这类宣称的价值,另一方面是形式可实现性与制度的能力之类的体系价值。

四、使两类结构的区分相对化

尽管我认为两类结构(规则与支持规则的理由)的划分是有用的,但这种划分并非死板不变,下面的例子可以说明。首先,一些标准与权利是有效法律规范体系或原理体系中的组成部分,且确实提供了它们自己的证成理由。其次,我们有时证明选择一项规则,既不是通过政策主张也不是通过从更抽象规则中演绎,而是参照另一个规则,即解释规则。

有一些标准是直接诉诸我们文化中的某个道德期盼,比如"诚信"、"合理"、"显失公平"、"不公平交易"。(其他标准参照一般描述性的范畴,这些范畴在未被细化前视为没有什么内涵,如"可预见性"或"贸易管制”。与前面提到的不同,这些范畴不提供理由来证明为什么采用,而通过政策话语得到说明与解释。)

抽象但显然法律化了的权利也违背我作的规则与支持规则的理由之二分法。比如,宪法禁止国会“制订任何剥夺言论自由的法律”,并指出“公民在其住宅、文书、财产中的权利得到法律保护”。成文法与司法意见也宣布了一些权利(隐私权已被宣布为一种准宪法权利,是成文法的要求,是普通法的规则)。

权利可以两种方式既在规则结构中又在支持规则的理由结构中起作用。其一,权威在高度抽象层面上宣布的诸权利,如果我们把它们当做实证化的自然权利则成了规则结构中自明要素,尽管不常常为它们提供非权利本位的理由(“言论自由利于寻求真理”)。其二,标准的做法是援引像《第一修正案》之类的有效法律规范作为非演绎的政策理由来支持断案,有些表述方法如“《第一修正案》侧重关注这一点”(不同于“《第一修正案》要求……”)。[10]

规则的解释也是有规则的,比如成文法解释中的规则与用以确定判例内容的规则。这些既是规则又是支持规则的理由,它们构成“权威的潜在话语”(subdiscourse of authority)。当看起来有缝隙、冲突与模糊点时,首先诉诸的对象就是它们。同体系中的其他规则一样,它们会产生一种直感即法律的公认性(legal obviousness),这只有经过持久的法律研究才能被动摇。因此它们可以有效地排除诉诸政策的需要,或完全延缓它。

当我们从它们中作选择并解释它们以使之可应用于“基本”规则方面的具体问题时,我们会通过政策主张(“此案若用‘明示其一就排除其他规则’这一格言,就可能引起极糟糕的混乱”)来证成我们的决定。这个关于如何应用解释规则的二阶政策主张类似于关于采用什么规则的一阶政策主张。这些单元有内在结构,就像基本规则与政策申策论。比如在前面提到的一些名篇中,[11]卢埃林分析了成文法解释中使用的格言和证成具体判例中选择“广义”与“狭义”内容的格言,把它们析分成一组规则与反规则,这完全可以说成是申论与策论。

五、模式的动力:运作

至此,我们谈了一种静态的类型学。但规则结构是动态的,因为它包含产生新规则的规则,或运作(operations)。[12]而论证结构是一个符号学体系,即若干符号组成的系统,人们用该体系来从尚未结构化的一组要素中提炼新含义。[13]

六、潜在规则的范围

我们在规则结构上展现的两种运作"构成一个场域"并"不断扩大与缩小"。构建场域是指决定一个具体的规则—例外或规则—反规则结构中哪一个可用以审判手头案件。当罢工的公交车司机们躺在车前时,若我们判定"问题"就在于他们的行为究竟属于"对物主财产的无端干涉"还是属于"言论自由权的合法使用"二者间界线的哪一边时,那么我们即在构建场域。

一个既定的争议,通常都会有大量不同的构建场域方式。《第一修正案》是一种对抗物主财产权的方法,但另外一种方法也许是主张工人们所做的事是妨害公共安宁,所以没有哪个私人行动不产生"特定的"损害,这一点物主在此没有表明。然而第三种方法也许会提出,工人们只是在行使受《国家劳动关系法案》保护的自主活动权。我的观点不是说所有这些进路都同等可能地产生有利于原告或被告的讨论终结感,而是存在一个相对形式化了的步骤或一种"运作",即思考各种反物主规则或亲工人规则以期在本案中提供一个基准以支持亲工人的主张。

扩大与缩小是这样一类运作:我们进行此运作的方式是重述一个规则—反规则或规则—例外结构,从而使当初看起来好像显然属于一个具体规则范围内的行为现在看起来却属于一个例外或反规则的了。假定一方,即假定一项判决要支持原告或被告,就会有多种可能的规则陈述来确证当事方的立场。这里我们讨论的不是场域中的替代构成(在《第一修正案》与《国家劳动关系法案》主张之间作选择),而是在一个构成性场域中"划界线的若干位置"之间作选择。这是个度的问题,即或多或少的程度问题。

我们在此运作中通过"瓦解"规则与例外、规则与反规则的既定表达式所涵盖的情形,从而产生多种替代品。规则就像是一个由若干抽象概念组成的程式,其中每个抽象概念都涵盖了多种多样的具体“现实生活”情况。目的是要重述以使有些情况不再属于规则抽象概念范围,或使它们现在囊括进先前似乎不可应用的情况(扩大作用)。

这种场域构成与扩大/缩小的运作产生一组替代性的规则表达式,达到双赢。

七、产生新主张

从任何支持一项具体规则解释的既定申策论出发,都存在一组相对形式化了的、用以产生策论的程序,该策论会支持一种替代性的规则解释。这些是形式层面的运作,即它们机械地产生新的策论却不确保它们在任何语境中都能令人信服。一个极端的例子就是通过向句中加入“不”这个词来实现句式转换。下面谈一组运作过程,起端于“被告有我讲的规则保障下的这类行动自由权”(如,躺在汽车前面的权利)。

(1)否绝:“不存在这样的权利”。

(2)霍菲尔德式反对:“原告有一项保障权利,它可能会被所提议的规则否掉。”

(3)调解:“基于衡平,在此情形下原告的权利胜过被告的权利。”

(4)重新检视被告的行为:“被告有这样的一项权利,但因错误的行为而丧失了它。”

(5)转换:“原告同类型的行动自由权利可能会被此规则否掉。”

此列表是示例性的。不存在完整的运作步骤目录;无法保证任何运作永远能产生一个令人信服的主张;如果有运作,常常难以确定已执行完的是哪个运作步骤。这样一种结构式分析提供一个解释基准(比如解释司法意见),而非一套理论即“是什么决定了它”。

八、规则运作与主张运作之间的关系

主张运作总是有一个语境即在两个规则之间作选择。假定存在一个现存规则支配着本案,如果适用它则我的当事人就要败诉。通过场域建构与扩大/缩小的运作,我想出一个替代性的潜在规则,用之则可能我方胜诉。于是我看着这些支持“公认的”规则的主张。鉴于我已选择的反规则与例外,有些可资利用的转换性运作将产生合乎情理的主张来支持我的潜在规则或反驳公认规则。

比如,如果公认规则的实现方式高度形式化而我的替代方案是一个标准(a standard),那么我就能够试用申策论,即“你的规则过于严苛以致在许多具体案件中,包括本案中会产生不公平的结果。”不过,如果我的规则与你的一样也像规则,这个策论就需作进一步加工并改变这一初始外观,它才是一个合适的策论。如果我选的潜在规则比公认规则在形式上更易实现,我会选相反的申策论:“你的规则过于模糊以致它会在这类型的案件中产生武断结论。”

这个“适配”(fitting)过程从两个方向展开。因为我探讨的主张有利于我的规则,故我可以修正我的规则以适合我正在阐述的主张。对申策论与支持系统的阐明工作指引着会产生规则的运作,而规则的选择为提出主张的运作过程提供了语境。这个相互调适的过程在我达到一种心理平衡时就停了下来,也就是说,规则中作任何改变都会使规则难以维系,而主张中的作任何改变似乎使规则更不合情理而非反之。

九、一个例子

早晨,我起来思考如何开笔写这一段,刚好读了一则新闻。

纽约大学牙科诊所的责任弃权书被判禁

Ronald Sullivan

上诉法院上周宣判,纽约大学牙科中心要求病人在以打折价接受医科学生治疗前签署的责任弃权书是“违反公共政策”,因而不得执行。

弃权书,类似于其他大学附属医院采用的那些东西,试图让医院免受医疗失当的诉讼主张。

在一份全体一致同意的判决中,该法院……谴责使用弃权书,一般来说,这在医院、门诊与私人医生与牙医都不使用。

"我们发现,试图在牙科诊所与患者之间执行的免责协议牵涉到国家在市民健康与福利方面利益的同时,还涉及具体的医患关系,若支持这种协议就可能会违背公共政策,"法院于星期四在其裁定中写道。

"显然,国家在保护全体市民(不因其经济状况而变)的福利中,其实质利益扩展到保障他们得到安全又专业的医疗保健,"法院说……

患者 Arthur Ash 是一个已退休的销售员,1986 年其牙医 Charles Lennon 叫他去该诊所故而他可以半价享受原价值 6000 美元的牙齿保健服务。作为减免半价的交换,牙科中心就要求 Ash 先生签字放弃任何追究责任的主张。

法庭调查证明,当 Ash 于 1986 年 10 月 15 日在该中心接受 Lennon 医生及其学生们的医疗服务时,两只金牙套滑入他的喉咙并沉在右肺,因此必要动手术取出……

法庭注意到牙科中心向贫穷患者提供的服务,但认为这种服务"不能作为一个基本理由,让服务提供者免于遵从国家认为适合确立的最低限度的职业护理标准。"

法院认为,贫困患者"不能被看作是为了省钱而自愿议价接受次级标准的医疗服务。"

如果牙科中心被赦免任何责任,法院认为这可能会创立一项"招人反感的"制度,致使"不太富裕的人所接受的服务被准予在治疗标准与水平上略次于社会其他有钱人所接受的标准。"

如果消费者得到充分的选择机会,如果在所涉当事人之间存在"一臂"距离(就像物主与停车场老主顾的案子中那样),如果协议专是关于双方所处理的事务,那么他签署协议同意放弃起诉要求损害赔偿的权利,一般而言,法院都已支持。

牙科中心所聘律师 Howard R. Cohen 认为,该判决会伤害贫困患者,因它要求医方为了支付得起医疗失当的保险金就得对其服务收取更多的费用。他说,中心尚未决定是否上诉或自己来出庭抗辩 Ash 之诉。[14]

规则结构显然很复杂。有规则(标准),即"违背公共政策"的合同条件无效;有反规则,即消费者"一般"自由地放弃追究对方责任;有反例以及非常具体的规则,如停车场主人可以声言放弃追究责任。"规范的"医疗保健机构不会拒认责任,但不清楚是否这是他们的自愿行为还是法官判决或监管所要求的结果。(文中总结的规则是不完全的,且在许多细节方面面临挑战)

一旦律师与法官以前已构建过一个的场域,本案因包括这些规则、例外与反规则而属于此场域,那么他们不得不想出一个新的具体规则之表达式才能够裁判本案。从外面上看,法官们选了一项规则,大意是大学教学医院的降价(及完全免费?)服务与正规市场上的医疗服务一样,服从于同样的责任制度。这是一个相对狭窄的选择。我们不知道另一方提议的是什么。但很可能会是,大学作为其教学课程之一部分而经营的降价或免费医疗服务有可能是医疗责任一般制度的一个例外。

这些所谈到的决定都排除了其他许多可能的规则,比如只有主要向低收入民众提供大幅降价或免费医疗服务的非营利性专科医院才能执行责任弃权书,诸如此类。医院方律师会主张说医院即便在对牙科学生的监督中存在重大过失也应当能够声明免责吗?这些选择反映全部关于这种免责(the ease)的判断,有了这些判断就有可能重述规则、案件事实与政策主张以使之适合于候选的解释。

一旦这个场域已然构建成形且扩大/缩小运作已完成,案件就会引出一整簇形式化了的政策主张来支持或反对这两个提议的规则。这就是被我称为"强制条件"的簇。这些支持或反对成簇强制条件的主张是高度概括的,故而它们实践中能被用于数以百计的不同情境。

但由于簇是一个形式,即一套程式化了的矛盾交锋,且因为它用之不竭,所以若说簇"决定了结果"就可能不对了。我们所能说的是两方律师与法官一旦他们构成场域并做了某些扩大与缩小,他们就形成了详尽明细的一些主张,从这些主张中谱写他们所偏好的解决方法及具体辩护理由。

例如,就强制条件而言,人们都知道它们的目的是保护消费者,所以法院能够通过诉诸国家利益来证成其规则,即国家"保障他们享有安全而专业的医疗保健服务。"对于任何强制条件,一个绝对标准化的回应是该条件"会伤害贫困(消费者),因为(卖方)为了支付保险金……就得从其服务中收取更多的钱。"因为簇中申策论对立是高度形式化了的,因而经常有可能从一方所说的内容中推导出另一方几乎肯定要说的用以对抗的话。在这里奇怪的是，“贫困者（消费者）……不能被看作是为了省钱而自愿议价接受次级标准的医疗服务”这一陈述被引出是因为另一方说类似于“有行为能力的消费者在未受暴力威胁或欺诈的情况下，有权达成任何他或她想要的协议。”

本文讲述的案件有一个有趣的方面，即法官两次提出地位问题（国家的保护义务“与身份地位无关”，且若创立一个“惹人厌的”制度即向“不富裕的人”提供次质量的医疗服务就会很糟糕）。这是一个被称为“令人讨厌的”运作的双面例子，它证明了，一项共识性的逻辑前提的常用含义存在着反义。

在这群强制条件主张范围内，创建特殊法律地位的邪恶行为经常被用来反对强制条件，理由在于会否认工人、妇女或贫困消费者作为成年人有依据同样的条件自由立约的权利，这种否认就是把他们当作无民事行为能力人对待。这是极具“侮辱性的”，就像是在延续前自由体制中他们“地位低下”一样。[15]这种地位主张因而打翻了传统主张，即强制条件会衡平买方与卖方。本案中，法官及时纠偏，即展开了反地位的主张（antistatus argument）来表明立约自由本该为贫困消费者创立一种特殊的地位，因为富人消费者不被要求签署这样的弃权书。

这则报道几乎完全限定在法官所采用的一些醒目的申策论中，但司法意见毫无疑问至少包含了那些策论的基本支持系统。比如，说监管干预会伤害到它本想帮助的民众，此说得到一个标准的经济学观点支持，即一项复杂事物被人为剪裁以适合于各种境况，造成穷人们更重视增强保护而不重视保护的代价，否则他们本可能会要求并为之支付对价而不必法律干预。

另一方面，穷人需要这种保护的说法会受到下述观点支持，即如果疏忽大意不要承担责任，那么医院就没有足够的动因去采取预防措施来避免对患者的伤害。如此等等。完全行为能力人有权订立其所欲的一切合同而无需家长主义的国家监管，这一说法可以得到一份基本人权报告的支持，或一些论消费者至上主权有经济益处的专论支持，也可以得到单个策论的支持，如“消费者比法院更有机会知道什么是他或她的最大利益。”

如果意见很短，它可能会比细化版的看起来更具习惯上认为的“合乎法律”色彩。若它简短，法官会把他们限定于一个基原性的场域构成中，然后声称规则以一种特殊的方式适用，即只用比我们在上述报道中略多些的申策论且只用最低限度的支持系统来支持那些策论。意见中所讲的一切都支持此结论，不会认真地尝试着去陈述（更别提回答）支持败诉方的观点。意见看起来合乎法律是因为看起来仿佛法官知道应当适用什么规则并随后适用了它。

不过，像这样的短意见也会令一些精于法律说理的人不信服，因为它对我们能提出的利于院方的全部错综复杂的观点没有提供答案，根本不了解任何案情细节。在这个简短意见中，支持法院结论的申策论被当做是决定性的，而在我们看来事情远非如此，看看现有的许多形式化的回应就知道了。

一篇较长即“较好的”司法意见会面临场域建构与缩小/扩大中牵涉到的选择，从而让读者有一种可能的规则解释之范围意识。它还采用更为丰富的申策论汇集并为各个申策论提供支持系统。有两个最为熟悉的形式，一种像针对一方的案情概述，一种仔细考虑每一方的主张然后用权衡原则（a balancing test）来分块解决。

十、法律话语与意识形态话语的互渗

正如我刚才所做的模式化分析那样，我们可以识别法律话语的许多特征，这些特征支持一项直觉：法律话语是开放于意识形态偏好的，或是它的一个潜在的运送意识形态偏好的工具。特征中有两个与其形式有关，有三个与其现实的现代内容有关。

十一、政策论证的形式

由于它的结构是配对的矛盾申策论，所以法律修辞这一层级的理论（比如为什么司法能动主张是恶的）是人为操控的，这不仅表现在整体上同样表现在细节中。政策主张不包含强大的后设理论即不告诉我们什么时候可控性的长处会胜过灵活性的。由于政策话语的“符号化”，即它还原成一套经常可以看到的矛盾的口号标语，因此本身从来没有什么说服力，所以法官总有机会在选择策论的时候“别有用心”。

在现实主义者看来，走出这种困境的“正确”道路是要确认相互冲突的诸政策然后"权衡"它们，而非假称只涉及一项政策。从单边的演绎走向权衡，这保留了处理方法的"合理性"（rationality），但在美国法律文化中它被视为是一种弱式的合理性。这一图式是个高度客观的过程（二者适度均衡，暗示着既科学又正义）。德沃金赋之以一个虚妄的牛顿螺旋，即用"地心引力"来指称相互冲突的诸原则。

但正如20世纪50年代现实主义者们自己指出的（当时他们中很多人已成法官并不得不在《第一修正案》肯定的权利与国家安全之间作"权衡"），这个过程显然有意无意地受到意识形态操控，至少相比于演绎范式是这样。其实，权衡、地心力等比喻都含义模糊。与其科学主义泛音相悖的是这样一个提议，即所论问题是一个度的问题，即划线问题。存在一种普遍的文化上理解，即这类问题的解决不能像概念层面或事实层面问题的解决那样是"客观的"或"必然的"或"独立于观察者或决策者"。[16]

显然，鉴于产生的结果被普遍感觉为是必然结果，权衡就可能是高度客观的，尽管不是演绎得来的。有人质疑权衡是否有能力排除意识形态，此质疑只部分基于其形式；它还基于现今法院美国律师与法官事实上在政策主张中使用的那些论点之具体内容与历史。

十二、政策是意识形态的一种转化

首先，政策主张所诉诸的社会价值——权利、道德、效用——恰恰成了意识形态知识界的普世化方案的活儿。其次，制度价值（比如司法角色考量、联邦制）常被理解为是意识形态集团利益的替身或代理，他们以一种特殊的方式在应用政策中得益。最后，存在独特的法律政策争论，它们不简单地步一般意识形态争论"后尘"，而是对那些处于专门的合法律性文化争论进行功能对应。

意识形态普世化方案（自由主义、保守主义）把诸集团的各利益重述为对整个社会的主张，即把这些主张装入权利、道德或效用等语言之中。具体规则群或具体规则主张有其历史与意识形态谱系。因而几代自由主义者都向法院主张支持强制条件，从工资最小化而劳动时间最大化的法律，经由劳动者补偿金、产品责任与保证适合居住，再到今天的案件即关于非营利性大学牙科诊所的医疗失当的免责声明之有效性问题。同样几代的保守主义者们却站在另一个立场上。他们所调用的政策主张是意识形态主张。

保守派政策主张是合同自由、反对家长主义、自由市场的效率以及保护消费者的趋势,防止伤害到本想要帮助的人们。自由主义者通常的反对观点是不平等的议价能力、对具体个人或一个消费者阶层来说在结果上的实质不平等、他们缺乏明智选择的能力以及生产者将其经营的社会成本内在化是否可欲。

政策主张常常假定与演绎不相关,经常细述所有人同意的东西都是一个"社会问题",然后提出全部三项规范性标准(效用、权利与道德)与一些衍生出的主张,比如关于合同自由与不平等议价能力等,而不需要任何托辞(说有一种整合它们的算法)来证成一项特别综合的法律解决结论。法官的意见读起来与下述国会委员会报告没有太大的不同:建议对党派界限划分的议题进行立法。(比如 Wright 法官对 Javins 案的司法意见,[17] Traynor 法官在 Escola 案中的意见[18])。这种陈述就模糊了判决与立法的界线。

如果我们设想法官在两个规则之间做选择时得严格以意识形态极端化了的政策主张为基准(这些主张是标准的法律话语),我们就难以搞懂法官的选择如何能够不受意识形态影响。我们用"一个自由主义者"是指这样一种人,他赞同强制条件的基准是一些酷似这些司法意见中的那些主张。当然,法官可能根据某种基准而非其个人偏好在自由与保守立场之间作出选择,但如果法官认为其一是"对的"即如果她是一个自由主义者或保守主义者,她几乎不可能背叛她在解释上的忠诚义务。

问题还没那么简单。政策话语预设了力场模式,其中的政策主张即自由主义或保守主义的政策主张没有一个是完全"正确"的。在力场模式中,政策在这样或那样的事实情况之间大力摇摆,且不同的规则通过权衡即通过找到均衡点"划清了界线"。注意,我们用"一个自由主义者"或"一个保守主义者"是指用这样或那样的方式在诸判例案件间作权衡的人。意识形态不是成套的演绎结论而是彼此互为条件所界定的倾向性:在一个地方划界限的某人若是自由主义者,恰恰是因为保守主义者划的界限更靠右。

当然,在随后的情形中,自由主义意识形态学术界的法律代表们会

"做得过了头",而上一回合满心认可他们观点的那些法官将会转变立场。法官的意见会看似保守,因为他削减产品责任以避免"抬高物价"的"骂名"。不过这恰恰是美国意识形态争辩中标准修辞结构的另一个示例,其中,自由主义与保守主义得共享若干大前提,并在中间层次的观点间划界限时同样摇摆不定。

十三、政策是一个意识形态工具

制度主张(institutional arguments),比如关于联邦制或司法能动论 vs. 司法约束论,都不会像基本主张(primary arguments)那样被公然地意识形态化。但它们也有故事。每个人都知道自由主义者在联邦政府中比在州政府中更得势时就赞成联邦权力,并调用与之相关的全套政策主张,反之亦然。保守派在控制一些法院时就赞成司法能动,而在他们失去法院而刚好能控制立法机构的时候就会调用整个支持司法消极论的老套主张。(不过,有些自由派与保守派人士对有些独立于其意识形态的制度事项有实质性的承诺,例如费利克斯·弗兰克福特在自由主义于"二战"后失去了州立法会控制地位之后就坚持司法消极论。)

政策被意识形态明显的工具化时,没有什么东西是"必然的"或"先天固有的"。可能是这种情况,联邦制 vs. 州权利是"实实在在的"问题,而自由主义 vs. 保守主义只是其影子。理解党派操控这些主张,要以美国具体的政策争辩史为源头,例如联邦法院自 1937 年后从保守派的转为自由派的天下,甚或那些废奴主义者在《逃亡奴隶法案》通过后成了州权利拥护者的立场临时大逆转。当然,没有办法从经验层面上"证明"工具化。

十四、政策并行于意识形态发展

政策与意识形态的第三种解释模式更为复杂。有些法律论战仅仅"类似于"一般的意识形态争辩,因为主题在立法领域中显得太小或不重要而在法律论说中被充分发掘。在"私法判决中的形式与内容"一文中我提出,[19]关于是否把规范打造成规则或标准而展开的有始无终的政策争论,以及关于法律程式化(如要求在合同上亲笔签字、要求"明确性"等)的好与坏之争,都有此特征。

政策主张的一个层面由配对的策论构成：规则失去确定性，标准促进灵活性；规则是刚性的，标准是主观的。但原策论（cursory bites）与反策论（counterbites）受整套更复杂的主张支持，这种主张引起正相反对的自由主义或保守主义文化观念：规则倡导者支持规则，他们的主张在结构上类似于支持自由市场的主张；倡导标准的人所做的主张在结构上类似于那些支持政府监管的。在更高层次的抽象概念中，人们发现一种本体论或认识论争论，比如通过有机论来支持标准，而通过原子社会观来支持规则。

此外，私法中有一场次级争论，虽未作一般理论化但也不难梳理，此即最大义务论与最大免责论之争、最小义务论与最小免责论之争（利他主义 VS 个体论）。这种观点组合配对正显示一种强结构，它类似于程式论 VS 非程式论的结构。一如对形式的争论那样，在柔性立场与刚性立场、自由主义与保守主义之间显然存在亲和性。然而没有哪个主张可以放心地当作自由主义与保守主义的转化式，因为自由派与保守派习惯上工具化这些主张以服务于其立法目的。

比如对于经济问题，自由主义者主张劳工的行动自由，即最小化义务，但不支持要求企业把成本内化给工人、消费者与环境；保守派则道不同。再如对于社会问题，自由主义者一般反对非正常成本内在化，保守派则不同；不过存在大量的逆转现象，比如自由派坚持对殴打妻子施行救济，而保守派磨洋工。纵然面对民间或官方的反对，各方也都赞同刚性规则来贯彻其立法上的成就，但当标准允许其党徒破坏或削弱体现对方目标的政治体制时，又会赞同用标准。[20]

尽管这种用法已受到很多批判，但我认为依然合适的是，把这些争论描述为反映现代主义法律意识的内在矛盾，这种矛盾恰恰在现代自由主义与保守主义中得到明证。[21]但就目前目的来看，我只想说，政策主张的这些结构可以一直为法律知识界的诸意识形态方案服务。伴随着意识形态争论直接转化成法律争论，以及联邦制与制度能力争论的工具化，他们维持一种美国特色的态度，即政策主张既是合乎法律的同时又是不合乎法律的。

十五、法律中的意识形态动力

随着时间的流逝，意识形态化了的诸利益之争一直转变着法律话语，即植进去一些文本(有一些答案与对应于这些答案的深化发展),这些文本被分解并在新案件中重复使用。故而尽管法律话语的动力在某种意义上讲是被意识形态化的诸利益之根本对抗,但它也反作用于意识形态与利益并改变它们。在整个自由主义意识形态范围内,现代民权法律话语既是民权思维的原因也是民权思维的结果。

此外,意识形态集团利益在法律话语中的出现总是伴随着特定的知识阶层利益及甚至更为具体的律师与法官们法律界的知识层利益。尽管他们输入的思想一直可以识别为自由主义或保守主义,但它不是直接的换位移项,而是一种转化且是一种经过妥协后的转化,转化成一个极为不同的搭不上边的介质了。然而,这个关于规则定义的意识形态冲突长期过程深刻影响着律师述案与法官判案的方式。

十六、意识形态史告诉你它是何种案件

参与者们把新的法律冲突组织进了现存的、他们在先前意识形态争战中已经使用过了的法律图式与结构中。当遇到新案件,他们就做一种心理清单来看看它是否适合于他们熟知的被意识形态化了的某一类利益冲突。

若新案件确实找到配型,就可能把它理解成两大集团或利益间系列冲突之一,即便各当事方认为它不是那样。这将是在若干案件大类中最为简单的一种,这些大类案件涉及解决一个规则体系中相对小的缝隙、冲突与模糊点,该规则体系的目前状态是早期意识形态冲突的结果。

在这些案件中,各方可能认为这些问题包含同样你争我夺的、决定一般规则内容的集团利益,对此类规则的解释是我们文中讨论的重点。在最初的那个争论中,我们得决定在产品瑕疵案中本该用严格责任还是过失责任;决定支持严格责任开放出另外一个问题,即生产者是否可用一种“风险假定”来抗辩。当这个问题出现时,就会毫不犹豫地组织案例以便我们现在又有了一个意识形态冲突的实例,即完全严格责任与过失因素之间的冲突,这些过失因素是在决定初始问题时埋下的。

除了在这种“冲突中的冲突”解决方法中有“网罗”(nesting)动力外,先前意识形态工作初看起来提供了类似的动力。让我们看看几代自由主

义者们，他们把自己想象成被压迫集团的知识阶层，他们提出了大量所谓的强制条件用于许多所谓经济不平等的诸种场合。他们有时向立法机构有时又向法院主张其思想。用强制条件来解决问题是一个常见的自由主义经济策略。

现在看来，在这个一般的强制条件方案中已有50个判例，都是“关于”销售者要求购买者签署的免责声明书的有效性问题，这些判例表现为各种事情如从停车场到法律服务等，但从未有一个判例是关于医疗服务的。此案涉及一个提供减价服务的大学牙科教学诊所伤害了患者并签署了免责声明。律师与法官可能会注意到免责声明的存在，并与其他强制条件的案件作类比来组织其主张，就像在消费者福利中合同自由VS公共利益中所涉及的那样。

简言之，规则有其历史。如果该历史被参与者理解为一般意识形态冲突之一部分，于是当一个案子不仅涉及免责声明还有其他许多潜在的重要事实时，那么就存在一个现成的、早经意识形态组织过的强制条件解释可资利用。一个判例可能不会被不同的学术史背景所意识形态化，但可能因为参与者的解读以及对大量其他免责声明判例的研究而被意识形态化。

它有时不这样运行。没有人想把判例装入其可能的意识形态冲突解释中，或双方与法官也都有理由宁愿喜欢另一个方案而故意忽略这一个。不过长远来看，支持诸意识形态方案的法律工作会针对现实冲突与可能适用于这些冲突的规则创建大量熟知的潜在意识形态含义。这些含义作为形式被利用，人们向这些形式中注入对案件初始印象的解释。这并不意味着任何案例都可以被注进任何形式。而只是说你会看到可资利用的形式影响着实际所做的解释。

至此，我们一直讨论意识形态作用于规则结构的方式，此方式影响了对明显可适用的诸规则之解释，也影响着在更开放的状况下对可利用的类似规则之选择。但当一个法官一开始体会到一个法律案情显然受既定规则支配时，他经常设法（虽然要经过努力）摆脱那些初始表象。具体规则的意识形态发展在这种情况下提供了材料。如果自由主义者已沿着不可免除的严格责任这一方向设法改变产品责任，那么何不对有瑕疵的不动产造成租户损害案作同样处理呢？尽管事实上存在许多判例坚持认为不存在一般的注意义务，更别提不可免除的严格责任了。

十七、意识形态史提供了现成的政策主张

一旦案件定位到在意识形态上受争议的规则结构部分，法律人就会把这些老套的申策论与支持系统用于这一簇案例。这些观点集也是长期意识形态工作的产物。自由派律师与法官花了多年证成他们偏爱的规则处理法，他们的用语是权利、福利与道德，保守派亦然。

要把案子解释为在受大量申策论支持的规则与有明确意识形态史的支持系统之间作选择，会显然对一方利益极为不利。该方就不那样主张它。但如果这样解释有利于其他方，那么前面一方当事人将不得不作出回应。两方可能会考虑到最佳的处理办法是把申策论与支持系统保持在一个绝对最低限度并把案件直接付诸纯粹地规则适用。不过尽管如此，法官（或其法律书记员）经常有其自己的理由来支持提供有意识形态的解释，而后者是法律人努力回避的。

所以具体的申策论与支持系统如同规则一样有其历史，并且我们会根据这些文本的脉路回溯其历史。在关于强制条件的判例中，我们可以追溯平等主义管理主张的发展，从关于八小时工作日、出租屋管制、最低限工资、公司员工福利社、产品责任、保险制度等判例，再到今天的关于大学牙科诊所的责任判例。我们同样可以追溯一个观点，即强制条件是不合宪法的、经济上反生产的且不符合普通法。

包含在司法意见内的所有主张对于冲突中的双方来说都可以利用。随便说一下，保守主义者们一直在忙于丰富一些观点如强奸行为立法、学校储物柜搜查、经男女双方同意的堕胎等，在“家庭价值观”领域也采用同样的家长主义主张，而他们对经济领域中的这类家长主义主张却深恶痛绝。

十八、法官就是个意识形态执行者

自由派与保守派律师与法官们留在答辩状或司法意见中的工作成果会引偏或扭曲其随后的法律工作，因为走老路容易而踏新路难。基于过去的工作，法官只用极少的工作量就能够解释事实，即把案情对应到自由

主义与保守主义意识形态冲突领域中,或其他普世化了集团对立的诸利益之冲突中。

如果他或她接受了这些意识形态场域构成中的一个,就会为每一方配以一套现成的政策主张。一套主张支持的规则解释能一定程度实现一方利益,而另一套主张支持的规则解释会不同程度推进对方利益。他或她只须把这些程式作情境化以适配于具体案件中的事实。(我不是要暗示说这是个简单活儿。)

由于材料的组织染上了意识形态,对法官来说最易做的就是把案件配型到一个规则—冲突形式中,然后从辨明的形式中提出观点。如果他或她偏爱一种可分出双方不同立场的规则,则很容易用一套主张来证成判决结果的某些方面有利于原告方而用另一套主张来证成其他方面利于被告方。

如果法官想在此外再做些其他事情,他或她得着手处理语言方面的某些东西,而非只是说说而已。他或她得极具创造性,想办法找机会编造新主张,即有机组织体系之外的主张。法官几乎从未那样做。他们更可能做的是提出些老套的观点,在某个方面超越其先前的陈述开拓创新,从而持续改变策论的储量,或在情境化环节中做稍纵即逝的创新。

确实,着手改变所论术语的法官们很可能发现他或她的贡献被立刻植入进了现有的意识形态冲突体系,但被当事人为了其自己融有意识形态的目的而拆分掉,或很可能被完全忽视掉了。被拆分就是改变话语,虽然不是现在讨论的术语(漠视恰恰是对那些等着看你笑话的人的一种警告)。

中立法官也是意识形态执行者,因为:他或她提出一种方法处理法律问题,然后用法律语言来证成它而此语言同时也是意识形态语言。判决结果(虽非一直但也时常)会被视为支持了意识形态上界定的一“方”。所提供的解说会成为供将来意识形态冲突中胜“方”与败“方”利用的一部分材料。尝试跳出此魔盒有时成功了,但更通常是被拆分或忽略了,且即便成功时也会导致意识形态对抗体系的真正分裂或重构。

第二节 意识形态取向下的法律工作

我一直在追问的问题是,法官何以会有意识形态?法官何以会有意识形态,更为明确地说,如果他认同他必定是忠诚的法律解释者,就笃定在“法律的约束”与其意识形态偏好冲突时遵守前者吗?在上一节,我问过为什么一个内行观察者可能怀疑这一主张,即法律话语尤其法律政策主张是远离意识形态话语的自治区。本节中,我试图从内在方面重建法官的处境,亦即追问当法官对一项具体的规则选择有其意识形态偏好时,他如何体会并回应所有的法律材料。

上述问题的提出并不预设一切融贯论就不对或必定错误。但它会认为下述几项不正常:首先,这些理论中没有哪个暗示所有的或大部分美国法官依据他们的箴规行事;其次,法官接受了融贯论但将经常拿不准如何适用它。即便其中有一理论正确地描述了法官在受意识形态主控的案件中如何行事或应当如何推导出结果,鉴于法官与律师对法律理解能力的真实情况,法官也极有可能不断感觉自己必须得作出策略性选择。

本节所谈的策略性选择(strategic choice)是指,决定如何调用其才智用于法律调查与推理。法律能动主体,无论是辩护人还是法官都能通过法律工作影响法律“是”什么。一般来讲,法律实践者没有且感觉不到需要下列问题的强式理论,即法律如何要求一个人去就此工作选择一个“方向”。如果他们是律师,他们会赞同采用其才智来形塑法律以证明其当事人合法。这种策略性行为在选择什么方向及多大精力用于钻研法律解释时是常有的事;它并不违背对法律的忠诚义务,因为这是其所效忠之法的一个构成部分。

我们经常那么说好像事情到了司法判决过程中就本该整个地不同了。法官若说对她而言忠诚于法只有在她已创制出某种让她效忠的法律时才管用,那就不对了。不过显然,鉴于规则的选择听命于法官,法律文员写下的意见是“结果取向的”(result-oriented),且他们的职责就是尽其所能地出示最好的判例来支持它。而法官们在司裁时会发现自己不得不尽其所能拿出最好的论点来支持下述规则的选择:它明显不同于他们看来最符合解释上忠诚义务的那个规则。

这里我们讨论的正是有些人所讲的“核心案例”,案中的判决被假定为无策略——动机方面只有解释上的忠诚义务——且只有一个法官决定法律问题。正如一篇十分重要的社会科学文献所讲的,人们通常相信法官在此情况下常常会且确实努力创制法律以符合“正义”或其他“正统”理想,且在其意识形态偏好的影响下指导该工作。[1]但同样也相信这项工作受法律材料的约束。我这里目的是描述此复杂现象,即有情境约束的策略自由(strategic freedom)。[2]下一节我将描述元策略(metastrategy)即否认,在我看来法官可以据之来维持其自己的内心信念,以及他们受众的信念,让人们相信他们在践履着解释上的忠诚义务,尽管事实上他们的策略性选择在这样那样的意识形态方向上“塑造”或“改变”了法律。

一、在介质中工作

我的理论非常不同于其他两个理论——其实处于二者中间。第一,我们本可以在一个很强的意义上把法官想象成一个意识形态的行动者。面对规则定义的问题,他会像一个立法者一样一直选他可能赞同的规则,然后若他是一位初级法院的法官他可能直接施行该规则,并提出一套有严格因果的法律证成理由。如果他是上诉法庭法官,他通过与同道法官们探讨,竭力通过专家组政治信仰得出尽可能与其偏好相接近的规则。

我们不必认为这样一个法官有意或无意地违背了其誓言。我们可能认为所涉人员包括法官本人都体验到他这样做唯一指引就是从有效法律材料中作正确法律推理。然而该义务对判决结果没什么影响,因为法律材料与法律推理是充分可塑的,即它们能够对法官所偏爱的任何结论提供一个事后理性证成(rationalization),而法官就是惯常的理性证成者。

第二即另一端是这样一个模式,其中存在一种方法即忠实解释,法官可以依此方法开展工作以至于无论其意识形态是什么但判决结果相同,或至少不受意识形态影响。我们不必为了方法不受意识形态影响而设想每一个规则界定问题只有唯一确定的正解。这种方法没有意识形态影响就可能无法确定,只要我们相信即便在人们无法提前确知不确定性将如何出现时,他们也知道这种不确定性无须诉诸意识形态也会得到解决。

在此模式中,法律着重考虑意识形态集团冲突,因为经常有一些大桩得依赖于法官的规则选择来解决。但它考虑方式某种程度上就像一次军事行动中考虑天气一样。每一方都有大量的东西依赖天气将会怎样,因为一种天气利于一方而另一种天气利于对方。天气影响着一切但它并不“明确立场”。我们可能没有能力确知明天天气如何,但不管明天如何,我们并不说它对我们有偏见。或以古代社会中的占卜为例。在一种模式中,卜卦人参与进了政治事件,他们对鸟儿飞翔或内脏排列的解释会强烈影响到这些事件。他们要么是“支持特洛伊战争”要么是反战,即便他们或其他所有人都相信他们只是在解释上帝的意志。在另一种模式中,他们有一种不论如何都会遵循的“中立的”占卦方法,占卜的结果是把一个完全外在的因素纳入希腊人用以决定是否扬帆征战特洛伊的决策过程中。从派系斗争的视点看,冲突是随机决定的,因为其决断非经复杂的对话或议价过程,这是个意识形态决断。

这两个模式都不能很好地说明法官的所作所为。相反我提议,我们应当把有意识形态方案的法官看作是“在介质中工作”,即在法律中工作,目的是提出他或她认为公正的规则选择。这种法官有时发现无法拿出一个好的法律主张来支持他们偏爱的规则选择,且发现自己同时“受约束于”内在力量与外在压力,前者是他们宣誓的解释要忠实,后者指适用若他们是立法者就可能会否决掉的规则。有时他们感觉到能够加工这些材料以便他们只支持那些他们若是立法者本该赞同的规则。有时他们能够“改变”规则以便有一个好的论点支持一个规则,该规则比看似合理的替代规则要好,但又比他们若作为立法者则本会赞同的规则要差。

二、约束的模式

有两种情况中似乎可以把法官描述为受约束于法律。它们对应于两种极为不同的审判经历。其一可称为“无意识地服从规则”,其二是“文本的约束”。在无意识地服从规则中,法官心想的是眼前的事实与一条简单规则。她关注的问题是发生了什么,有两个显然相互矛盾的答案。如果一种答案是“真实地”发生了,那么似乎显然被告违反了相关规则;若没发生,那么被告就没有违反规则。在此情况下,无人思考替代性的规则解释。当事实已最终确定,法官则以演绎的方式无意识地适用规则。一旦法官已决定如何描述事实,如果我们是受众,我们就不会把注意力从现已发生什么转移到可能会发生其他什么上。在此情况下,法官对规则的一切看法就不存在什么问题。她可能认为规则彻底错了故立法机构应当改掉它。但她在本案中仍然只适用它。

一个把法律材料简单地体验为只指向一个结果的法官,当他应用规则于这些事实继而宣称其结论源自规则应用时,他是受"约束的"(该词内涵丰富)。人们常常感觉指令有唯一明确的含义。若再说这些指令有一种不同的含义或有许多可能的含义,这就不守信、不顺从或是故意找碴儿了。若你叫我关门,我一般认为自己不必作一种不同的解释。我不必考虑就明白你说的是什么。若我关了窗子,你毫不犹豫说我没关门。

约束性的另一对立模式中,事实清楚且系争的规则得到妥当解释。法官不喜欢公认的规则解释所本当产生的结果,他做了大量的工作想提出一个好的观点来支持一个不同的解释,但失败了。在第一种情况中,法律徒劳地"指导"着法官的行动;在第二种中,它是一种"约束",即阻碍法官以其喜欢的可能方式去断案。第一种情况中,没有人思考造法。第二种中,法官尽其所能地努力创制某些"新的"(即"非公认的")规则,但这样做无法不违犯对材料的忠诚义务。

三、外在约束 VS. 内在约束

我们至此所讨论的约束是法官体会到的约束即做"法律要求之事",因为他或她完全信守解释上的忠诚。但从经验层面即从合理的社会事实层面看,法官也受约束于他们期盼的受众反应。换言之,法官实是凡俗之人却面对着自己的誓言,总想表现得像是在"遵循"而非"制造"法律。具体法官将如何处理案件,这在取决于她本人对案件的思考外,还取决于她认为的在其他人心里将"飞出来"的"好的法律主张"。

法官作为解释共同体的一员而展开解释,这个共同体多多少少在其心目中占有一席位置,而此事实是约束力的渊源之一,就像论者费斯(Owen Fiss)说的那样。[3]不过这是一种特殊的约束,因为法官是参与者且能影响共同体对系争解释的回应,而非机械地将之作为不可更改的外在事实寄存心中。“内在”约束感假定了法官在寻找在她看来是好的法律主张。“外在”约束假定法官在寻找在其受众看来是好的法律主张。我们从研究解释工作带来主观约束感的方式转到研究解释工作产生必然性效应的方式,即对于这些解释的受众而言的法律强制感。

四、意识形态指导下的法律工作之典例

我认为(若得到注意,我会很高兴)“法律”可被理解为这样一种司法活动,即在无意识的规则服从与受制于文本这两例情况中“作决定”。“法律”如此是因为服从解释上忠诚规则的法官做着如果他们是立法者就本不会去做的事。我还肯定法官受约束于其心目中的受众对他们的看法。

但我们如此理解后能有多少法律现实性(legal reality),这有一个限制。我前面说过而且现在差不多每个人都认同,简朴的法治论看法无法充分解明法官的作用。在许多法律问题中,所有或大多数或有些观察者,甚至法官他们自己都可能会说案中提出的规则某种意义上是法官能动作用的产物而非守法意愿的产物。在此情况下,法官的活动即法官的法律工作影响着结果即规则的选择,故而似乎合乎情理的是,不同法官或不同法官群体有可能该提出不同的规则。

一种现象学的解释看起来或许是这样。我们从有意识形态偏好的个体法官开始。[4]他面对一个由案中辩护人提出的法律问题。他意识到意识形态集团冲突中有桩,只有通过选择之规则予以解决。有一个“公认的”规则看起来可施用于一些事实,因为它们已经在过去审判中出现过并化为诉求。规则如此公认是因为,权威发出的主张与政策主张的某种组合似乎约束他去将此规则应用于这些事实。法官的意识形态提示他支持此一“公认”规则之外的另一规则。

法官身处于其所在时代的法律文化,他知道他对所有权威材料与所有可能用以解决案件的演绎论证与政策论证的模式了解得不完整。我是说,解决案件的方式本该实现其解释上的忠诚义务与一种效果需要,即让解释共同体成员感觉到这是一种必然。他还知道,他会有充分的时间去调查但只能调查这一迷失的可能世界之一个部分,如果他决定他的工作

不只是简单接受并再现这个“公认的”法律观点来支持他认为并不恰当的规则。换言之,法官知道自己不是德沃金式的赫克力士,因为赫大法官被赋予了无限的时间与无限的法律技能。除了看似公认的约束规则外,他还感觉到有责任做其他某些法律工作,并且他知道解释共同体期望他这么做。美国法官并不把自己看作是在主持一场辩护人的选美大赛,就像在模拟法庭里那样。他们一般提出的司法意见同其信仰有极弱的关联,与其口头表达的观点关联甚弱,他们会使用案情记录中甚至未被辩护律师提到的一些事实。法官及他们的书记员认为自己有义务尽心尽职拿出解决当事人间冲突的最佳结果,同时还要拿出他们能够调用的最佳法律观点来支持他们决定应当适用的规则。

我相信在这些情况下,许多法官意识到一种可能方法即着手调研法律世界,有一个清醒的策略目标就是动摇公认的处理方法。他们还有一个目标就是取而代之以利于“公正”规则的处理法,工作终了提出的法律观点会支持此处理法,它会比看似公认的规则要“更好”。“更好”的意思是,支持非公认的公正规则新主张对法官来说更符合其宣誓且更令解释共同体信服。

法官也意识到,从法律之治的视点以及其实从他解释上忠信的誓言看,这种为支持自己意识形态偏好的规则选择而策略性地寻找一个强制性的法律主张是有问题的。原因在于,策略性搜寻是一种“结果取向的”搜查,即根据规则选择而非何方胜诉来理解。这是一种策略,因为这比之于那种随机搜寻来说使得他更有可能“找到”他所需要的结果,而不是因为证实了他认为公认规则不公正。

当然,他所寻找的法律主张在法律“之中”,因为它是一个替代性主张,比之于将要取代掉的那个主张更忠于材料。他先前对材料的了解指引着其搜寻工作——他不会去他预想不到的地方寻找。诚然,这种搜寻从法官意识形态偏好的视点看也可能最终一无所用,故而强化了他最初的约束体验即那些材料在不公正规则指引下约束着他。在此情况下,法官信守其宣誓而应用那个规则。

秉诚行事的法官是一个意识形态论者,他也得面对一种可能性即这个搜寻过程会改变他原初对何为公正的看法。若真如此,他将有权选择即重新定位其工作,通过推翻其所探究的那些对立观点来强化公认的、先前不公正的规则。

声明自愿服从最终搜寻到的任何法律,并声明接受法律权威是自己意识形态化了正义感的反向平衡力量,这可以舒缓法官的道德危机感。但规则结果取向(rule-result-orientation)仍有问题。

其有可能把对可用规则及其解释方面的确定性之初始体验理解为一种"法律"(它就是指先前的法律制定者)与法官之间的沟通。我认为,不可能把试图打破原初确定性的努力理解为是以独特的方式反映了材料。法官所了解的材料在开始其法律工作前已经有其定论。它们早已揭示被告所做的一切都不合法。现在的问题是,法官是否可以改变其意思。

只是说有问题,不是说"行不通",只因为有个很好的理由,即他有义务策略性地寻找比公认规则更好的规则,还有个理由,即如果他的正义感具有其社会意识形态派系的部分特性,他就不可能毫无意识形态色彩地这么做。遗憾的是,这些理由轮番遭到反驳,致使法官从解释共同体中得不到任何清晰的指导。

下一节中,我将描述一些典型的用以处理司法策略问题的司法策略行为。本节后面还提出些范例的变体,并把意识形态促动下的策略性搜查活动之本体论即演绎问题 VS 政策问题、确定性 VS 不确定性联系起来,这一切都以规则选择的意识形态之桩为背景。

五、演绎工作

我们倾向于认为一个法律问题的演绎式解决是约束力、确定性或法律必然性的一个范例,完全无关于问题百出的策略行为。法律必然性的这种图景,其根基在遵循演绎主张的做法中而不在一个判决或重构的做法中。批判常常复杂而耗时,它并不基于当下感知即系争演绎法何以有错。批判是可能的,这是个初始直观,这就要求设法尝试着证明可能有若干另类前提可资利用,且无须解释在这些前提之间所做的选择。我们早已明白现实主义的做法,它把内在批判与下述揭密结合起来,即法官建构而非"找到"了判例的核心主张(holdings)。

提出一个演绎观点来替代起初看起来公认的观点,这涉及同样麻烦且耗时的反向运作。它涉及搜寻替代前提,途径包括研究即便只有微弱关联的判例法、寻找看起来对手头案件有权威意义的一个路子的判例,这些都只有在核心主张得到重述之后。它涉及发展核心主张中语词的定义以便它们为所眼前事实提供不同的含义,而不只是原初的含义。它涉及重述手头案件事实来突出那些若适用公认规则时会看似毫不相关的因素,它还涉及重述先例的事实以图有所区别地展现其他先例。所有这些方面,演绎工作与政策工作几无不同,更非对立。

六、政策工作

在当事人与法官一开始认为规则的界定问题是个"第一印象"问题,且他们投身的法律工作也不排斥这种感觉之时,政策工作的范例出现了。当法官初次阅读案情摘要,知道她将不得不通过选择一个规则来"力求权衡时,她可能感觉自己非常拘谨,因为鉴于她对政策主张之形成的独特理解即其融贯理论使她没有选择余地。但她知道还有权提出这样或那样的主张,或努力使它在各种环境中合乎情理。

假定法官认为倡导自由主义立场的人,即倡导作出一些属于自由主义方案之一部分(比如普世化的消费者利益)的政策主张的人,在许多方面做得比保守派漂亮。法官根据眼前的一切,她可能不得不说在这一类案件中天平倾向于一种强制条件。假定她是个保守派且其直觉(即她基于以前的法官工作而得来的印象)告诉她自由主义法律主张比保守派主张"确实"弱得多。假定保守派拥护者未提到或明白下述主张的重要性,即强制条件有可能使消费者处境更为恶劣而非改善。

这样的法官可能认为自己有一种道德义务独立工作以期探究发展保守主义法律立场的可能性,同时认为若做了这种工作她或许"有可能"或"感觉到有责任"出面赞同合同自由。她将要做的这种工作有先天的政策性。不管怎么说,她得去辨识出可以在各种环境中应用的规则之范围。然后她得让这些政策申策论可用于具体事实与具体规则。

政策问题在"公认"规则的语境中总是存在的。意识形态取向的工作不是用以改变整个法律体系。它是该体系内的工作。你得选择用什么方式去界定政策问题、什么须保留不变与什么要改变。这是个下文将要讨论的一类策略问题。

七、疑难案件与简易案件

法律人习惯上区分出疑难案件与简易案件。我们可以用此区分来细解法律工作范式。首先,习惯上认为的简易案件在意识形态策略家的眼中就是一个疑难案件。鉴于演绎主张与政策主张有某种明的或暗的组合,我们用"简易"是指存在一个规则可直接应用于事实。一个意识形态偏好支持公认规则的人看,该案是简易的;而一个认为公认规则不公正的人看,这是个疑难案,因为它很难处理既要花很大精力,且取代这个公认处理或许不太可能。

法官完全可以把简易但不公正的案件转入疑难案件,对此他会尽其所能地提供最佳处理,这影射着他复杂的思想斗争。但显然更好的办法是把它转换成利于自己立场的简易案,即证明他所偏好的规则与政策一样既是演绎之内在要求也是可选择的。

根据法律人的类型学,疑难案件对意识形态战略家来说是一个简易案,因为在疑难案中存在两个合乎情理的规则选择而非仅一个公认规则。从定义上看疑难案件是这样的案件,案中偏好一个特定规则选择的法官将不必面对一种初始概率,即无法作出一个合乎情理的法律主张来支持它——使之变得疑难的是有最低限度工作量或乍看显然没有明确答案。

如果法官把案件定位为疑难案,只要他能够使自己及其受众确信其解释上的忠诚支持其偏好的结果,只要他能排除其对手们想让受众们相信该案事实上没有看去那么难且方向上出错,那就行了。当然,他的目标是要让难案看起来简易,即依据他所偏好的规则选择就很容易解决它。

八、法律工作的经济学

意识形态取向的法律工作存在几个经济维度。法官得在诸多案件中分派其时间,这些案件此时为他提供机会处理意识形态之桩。他得根据确信的主张预测可能的回报并根据意识形态价值计算可能的回报。如果一个根据意识形态之桩判断明显疑难的案件(就意识形态工作量来说是简易案件)回报很低就会让人难以抉择,而一个明显简易又显然不公的案件回报很高但可能要求工作量很大且绝不能保证成功破案(为了克服在初始理解的迫使下“做错事”)。

另一个经济考量存在于既定案件中,一个因素是“距离”,即法官能够在一个既定方向推进法律的“距离”,距离越大工作量越大,而另一个因素是回报,即距离越大回报越多。“简练的”法律策略是,它完成了规则改变并通过很小量的工作即略改法律就可处理明显的法律之桩。

工作策略这个概念还隐含着又一个经济考量。为了一项策略,你“投入”时间进行特定方向的调研,比如在演绎处理与政策处理之间作选择,并且当你这么做时若你改变策略就得付出代价。这意味着你被迫延续此工作路线,尽管事已表明回报可能很低,因为回到起点再重新开始会花费更多的时间。

所有这些经济考量都得需要内在视点:法官致力于解释上的忠诚,关于工作他还得决定哪一种工作策略用以达到内在约束感并在其所偏好的意识形态方向上是最佳的。不过法律工作也有一个外在经济考量。

一般的修辞学家与具体案件中的法官知道,“作者身份”在说服过程中并非不重要,简单地说一个具体论者即特定法官多少得有点信服力,这不仅根据具体的司法意见,还根据先前意见的地位或威望,又根据独立于意见的个人声誉。我们可以称这种威望因素是法官的魔力、个人魅力或其他之类的“储备”。关键问题是,个人魅力储备一旦形成,就会助长提升法官运用一些特定的、我们用以产生必然性效果的修辞工具之影响力。换言之,不同法官写下的各具个性的意见对受众来说会有不同程度的信服力(convincingness)。

把信服力构思为一种能力,即把受众对规则的正确解释的一种确信与另一种确信之间的“距离”予以“移除”,这对我们或许是有助益的。比如,“公认性鸿沟”(obviousness gap)或许是法官赞同的解释与解释共同体中大多数成员公认的解释之间有一种距离。基于此,一种机械的但有启发性的个人魅力型经济模式可能看起来就像这样。

法官想最大化其个人魅力值。魅力产生于过去对民众的说服,同时又对目前的主张增加了说服力。由具体行为引发的魅力值变化依赖于法官已向其中的投入,并依赖于向魅力值中的“回馈”(return),它是法官同受众间的尽量缩小距离感与案件之重要性、突出性或可见性二者的共同作用结果。

基于这种机械模式，法官不得不在个案中沿着下述方向进行计算：(1)公认性鸿沟是 x。(2)以魅力值为 0 的法官为基准，我的主张将让我与 x 间缩小一半距离。(3)加上我的魅力有 y% 的机会克服公认性鸿沟，这可能使我获得 q 个魅力增加值。(4)但存在一个 100 - y% 或 z% 的可能减少或失去 p 个魅力值。所以该案有个魅力“值”即 yq-zp。

当然，这些都是持续不断的作用而不是开/关式选择。此外，并非所有法官都想最大化其个人魅力，因为产生必然性效应的能力独立于其主张的价值。不过我坚持认为这种类型的某种经济学显然影响一些法官对如何应用其法律才智的决策。

九、场域构造的类型

法律工作者拒绝在事前作下列习惯上的本体论区分，即演绎式解决的案件与无法演绎解决的案件二分，尽管她可能在事后认可这种区分说明了其策略情况。在事实面前，没有花样繁多的问题只有各种各样的主张。那些看似演绎式、使案件变得简易且所用规则也明了的解决方法，经过实际工作的检验可能证明是一种错误的演绎。煞费苦心地证明了一个演绎错误，这打开了一条路，指向思考一种替代性的演绎解决法，或指向一种政策主张，抑或二者。事后，如果你已抛弃另一面的演绎主张而没有得出一个你自己有说服力的主张，那么你就会说这个问题“不可避免”是一个政策问题。

描述规则选择问题，不要根据它“在本质上是”一项政策还是一个演绎问题，而根据其所处在的“场域”条件即事实情况、先例与政策，这似乎更准确。简易案件出现在“浓缩”场域中，即有许多先例在其事实方面凭直觉判断明显接近于手头的案件，有一个法律规则已被审慎重复应用到各种略有不同的事实情况，并且此规则代表不同政策间明显合乎情理的妥协，部分是因为替代规则似乎很不道德，违犯有些人业已确立的权利、不确定、严苛或其他原因。

但这个场域可能具有“不合理性”甚至其实“矛盾重重”。在第一例中有许多已判案件,但它们可能基于一种不足信的演绎模式(比如,“隐含的意图”)或不再合乎情理的政策(增强民兵军力)。这样一个场域迫切需要一种“强”意见来为案件产生新的支点,基于对案件事实的新陈述与政策权衡新评估,并需要一个新规则应用于手头案件。矛盾的场域也迫切需要一种强意见,只因为存在许多案件,它们虽事实相近但似乎判决结果相反,基于两个相互忽略对方的不同路线的政策主张。[5]

十、法律工作与确定性及不确定性本体论

在无意识的规则适用与受文本约束的规则适用二者中,如果我们认为从行为人视点来看没有牵涉他或她本人的欲望,就有理由说法律决定了结果。但我们不能说无论何时法官以此方式描述所发生的一切,法律问题都有一个确定的答案。理由在于它只是一种体验且可能已被其他以不同方式处理的结果所修正。

由于法律工作有“经济”维度,法官不明白若他或她“失败”,那么这种失败是时间、知识、偏见、技巧、策略的产物,还是法律场域的“固有属性”。法官是“受约束的”这一说法表面上可以接受。但它并未表述可直接衡量的内在属性方面。这个法律问题对于遵循这些约束的法官来说有一个确定的答案。但它本可能没有确定答案,或对其他天资不同且遵循的策略也不同的法官来说可能有不同的答案。

问“这一法律问题有确定答案吗?”因此是无意义的,如果该问题是关于法律问题的而非关于一种互动,即具体的、特定历史情境下的行为人与处于这个特定场域中的这一具体法律问题之间的互动。由于确定性是努力工作与事实、材料的一种复杂作用,即一种互动的作用,故而去预测问题的确定性或不确定性,好像该问题的存在完全独立于正力图回答它的具体行为人似的,这种预测完全没有意义。

当然,人们可能完全假定“事实上”总存在或不存在一个确定的答案,并把法官的工作看做提出证据证明答案为何。人们可能要求法官一直工作直至她“合理地确信”(reasonably certain)她已有了“这个”确定答案或根本没有确定答案。合理的确信可意指有一种较低的可能性而进一步工作可能会改变结果。

我不怀疑人们事实上确实有时依此方式行事。但他们所做的不能证明确定答案的存在或不存在,这独立于他们投入其中用以寻找答案的努力。假定确定性与不确定性的体验是外在现实即独立于他们本人努力的事物真相之"反应",这种假定经下述事实而不再那么合乎情理,即该问题有时似乎并不值得投入更多的时间以期努力改变法律现状。

人们常常把法律约束力现象归因于"解释共同体"或"惯习"之类的事物上。这在我们谈及规则的无意识应用中判决的"指导"作用时能讲得通。这意味着有时事实上所有关注一种解释的人感觉它很明了,它也就这样成了公认的了。

我们都知道,如果存在分歧并且双方都展开法律论证工作,那么原初素朴的看法也许以"在法律上是错误的"而寿终正寝。根据规则完全"推知"原告胜诉的看法,如果事已证明无法回避一个观点即一项规则解释支持被告是合法正确的,则可能会被此后提出来的约束因素的看法所取代。每个人无意识地采用一个观点或无人反对它,这从任何我们关注的角度看都不能证明结论就是确定的。[6]

法律问题有时看起来显然自相矛盾,首次提出时是"天性政治的"或"本质上是意识形态的"。比如,焚烧国旗案。有时,法官思考这样一个问题时会很乐意或不情愿得出下述结论:法律问题总之不是真正意识形态的,法律论证工作已产生一种讨论终结感。但若事非如此且问题仍然迫切需要作有争议的选择时,事后这也不能证明问题天生就不确定。或许本该再多努力一点,或者一开始就从另外一个路径入手工作,终究会带来体验过的确定性。

如果在无意识的规则适用或受文本约束的规则应用中都无法保证既定问题有或没有一个确定的答案,那么我们总会另觅他途。我不是要说其他地方没有答案。在我看来显然有。看一看法律社会学中的博士候选人思想实验,建立他或她对确定性的经验研究。什么是据以测量司法反应行为的客观指标,即用以"控制"法官的控制面板?用什么来确保他们的答案之正确性?如此等等。

我下面的办法既非回答也非拒绝,而是让步或同等考虑一个问题即在开放或讨论终结感背后的(在法律材料"之中"的)因素是什么,如果存在这种因素的话。我认为完全可以在不回答这个较终极性问题的情况下讨论司法造法。我们可以探究"表层"而不尝试洞穿深层。

我打算转换研究的思路,从"法官'确实'总是受约束的吗?如果是,频率如何?"这类问题转向"从法官经常体验到自己受约束这个事实中会得出什么?"这个问题。深入探讨判决的后果(consequences of adjudication)问题可以继续下去,因为我们能够合乎情理地描述影响行为的约束感——通过引导法官真实地做他感到必须要做的事,即便他本该会做别的事情。

我们追问下述现象对政治制度会有什么后果:如果法官有时体会到可接触的表面是有结构的并决定一项结果,然后他要么依无意识的规则服从模式要么是受约束的模式提出该结果。我们追问下述现象对政治制度又会有什么后果:如果法官经常体会到这些问题是开放的且以这样那样的方式努力结束它们,还会经常感觉到这些问题是闭合的且努力开放它们,他们有时成功又时有不成功。

十一、法律问题允许意识形态取向工作的频率吗

一旦我们放弃本体论即确定性或不确定性问题,我们也就不得不放弃诸如"法律中有多大程度的确定性"之类的问题。这个问题经常被视为对法律中的意识形态分析至关重要,亦即如果法律的大多数问题不管谁来回答都在法律上有正解,那么就没有司法官意识形态影响的余地了。反过来讲,如果法律"内在地"或"普遍深入地"就不确定,且由于不确定性是"内在于"语言或规则的本性,那么意识形态影响余地就很大了。

当我们依据实际工作来构思约束力时,我们显然就不能以这样的回答意识形态影响问题了。信奉自由主义的审判人员会改变许多信奉保守主义的司法人员本会保留不动的法律,反之亦然。我们无法事前说出他们会改变"多少"。我们可以列出一栏"因素",以助于预测它们会"走多远",包括个人因素如精力、时间、技巧与"外在"因素如意识形态敏感领域中的典型场域构造。我们可以说,一个有信念的法官会在矛盾场合(如管制性法或允诺禁反言)比之于在较为"刻板的"场合更有可能成功,但经验表明很多泛论(generalizations)是极其危险的。

我们还可能会作广泛的历史或文化泛论。司法有许多不同阶段,有的阶段有创造性而有的阶段没有,有的阶段里许多或大多数法官受激发去做意识形态工作而有的阶段不会。特定时期的某法律文化或可用普遍的司法经验来描画,这就没有意识形态取向的工作余地,而另一种文化有明显大量类似的形式法,却会鼓励法官寻找藏在丛林背后的每一个机会。在我看来,这意味着法律中的意识形态研究得从细节上研究,一如德沃金所说的,而不能泛泛而论。

十二、法律限制意识形态冲突场域的说法

另一个常见的说法是麦考米克提出来的:

> 当我们关注法律中的一些根本问题如解释、融贯或价值时,若将这些关注褪化为一个主张即主流法律教义的政治品质与/或意识形态品质,那么批判法学立场比之于宏大的纲领式表述(the grander programmatic presentations)来说更少些激进甚或是反主流的(至少从一个英国人的立场来判断会是那样)。有一个说法人们并不太陌生,即哪怕划分得最好的法律或界线也会留下可疑的边缘地带,这就要求运用部分政治自由裁量来解决疑虑;它正是现代法律实证主义的通用观点……
>
> ……但关键问题是人们不应当错过或低估前面讨论过的划界线或决定(determinatio)的重要性。法律确实会也确实能通过定位规则(fixing rules)来解决原则之间的优先性问题,即便出现解释规则的问题时,这些问题仍集中关注限定得较窄的一些问题点,而不像作为一个纯粹原则时可能出现的那样泛泛化。定位规则既可以通过立法也可以先例设定;在现代制度中最常见的是二者并用。法律对文明的贡献之一是它能把实践问题归并于关注点更为集中的一些主张形式,比那些未严格限制的实践理性可资利用的主张形式要窄得多。[7]

没错,“法律”也“的确”通过“定位”规则来解决具体的“优先性问题”。我认为这只意味着法官在回答法律问题时,他们以不同的演绎主张与政策主张为支撑在替代性的诸规则表达式中作选择。当他作出一项规

则选择时，在普通法国家中它就成为大的法律原理结构中的一部分；它成了一个有效的规范，以后的法官可以据之推理，当然会遇到卢埃林的先例问题式(problematics of precedent)。在一套发达的制度中，所有法律问题以这种浓缩的金字塔式规则结构出现。有意识形态偏好的法官必须把诸权威的结构当做一种介质，从中他努力架构法律问题即规则选择问题，然后提出主张，该主张会对他所赞同的一方产生内在与外在的约束感。[8]

但下述说法根本不对：连续的司法规则选择的历史进程有天生的性向，即法律工作有可能随着时间推移不断减少意识形态取向。首先，对于司法规则选择中的意识形态之桩来说不存在任何倾向会变为像法官那样从“较宽泛的”解释问题移向“较狭窄的”解释问题。其次，对于“各种主张”而言不存在任何倾向在“小”案件中比在依据“纯粹原则”处理的“大”案中更狭窄。这些要点截然不同，且每一个都需要精解。

十三、“小”问题中的大桩

“美国宪法授权联邦司法审查州的成文法了吗?”这个问题显然“较大”、较抽象或不比下述问题狭窄，如“联邦地方法院能禁止一州管理机构不得执行铁路运输农产品价格一览表吗，该价目表系一个有效的、要求费率‘合理’的州立法机构所颁布?”[9]对司法审查的“原初”抉择与后续一连串针对更窄的次级问题(narrower subquestions)的定位规则判例都显然是“有价值的”，但它们本身并不解决这个再次一级问题(sub-subquestion)。然而小问题中的意识形态之桩被看作是大桩，显然比那些在许多地方性选择中的桩要大，因为人们期待州监管机构会以一种极不同于联邦法院的方式决定合理性(reasonableness)问题。

这是大桩的一个例子，因为从长期意识形态冲突来看，“细节(经常)决定成败”。一个小问题有时包含着大桩，因为在讼案中将要处理的财富与资源的规模很大，尽管法律问题即规则选择问题不可能在以后的案件中永远重要。在“采邑”制度下的纽约州北部佃农诉案，事关地主设计的土地使用权形式(涉及一个被称为“租用”的可承继无形财产)是否因为限制转让而无效。[10]佃农们获胜时，他们无条件地获得许多土地。规则选择除了对手头的案件外没有任何意义，但意识形态之桩却意义重大。

不过,如果我给你留下的印象是,我们只是在谈法律之桩与意识形态之桩间的一处断痕,那就大打折扣了。案中的法律之桩"是"什么,这取决于辩护人与法官的努力。在美国历史上,法律工作已经常(十分经常)搅乱以金字塔式摆布的诸规则:如 Brown 诉 Board of Eduation、[11] Reynolds 诉 Sims、[12] Miranda 诉 Arizona、[13] Dred Scott 诉 Sandford、[14] Lohcner 诉 New York、[15] Escola 诉 Coca-Cola、[16] Javins 诉 First National Realty。[17] 一旦我们拒弃了确定性与不确定性的本体论而赞同一个观念即约束力是法律工作的一种功能,那么法律中的意识形态工作的可选策略是关注小问题还是关注大问题也就成了一个事实层面的问题,只有通过试错的方式加以解决。一个律师,如果把抽象概念之金字塔中的规则地位等同于出庭辩护中规则的可变性程度,那么他就不称职。

十四、罗网

当法官努力创造并解决裂隙、冲突与模糊点来细化规则的结构时,他们改变了"论证的形式"并据之解决亚问题与次亚问题,这或许就是法律对文明的贡献。由于问题变得"更小",这些问题就可能变得易于得到正确的合法解决,即通过较窄因而较少意识形态嫌疑的论证形式。但事非如此。问题变得越来越窄(意识形态之桩可能变得越来越大),但论证的形式依然惊人地相同。这就是常说的"罗网"(nesting)现象。[18]

我不想高估我说的情况。假定我们确定一项规则解释,即通过非演绎或非常弱的演绎论证选定一条亚规则。此亚规则很可能在以后案件的次亚规则之选择中有暗指含义并可能影响结果,故而会不同于如果唯一相关的权威是原初规则(original rule)时其所可能的情况。亚规则或许是各种演绎结论名副其实的源泉,而原初规则不是。我想要说的是,亚规则并不能有力地约束次亚规则的选择,这才是事实且此情况有明显的意识形态之桩。因此这种论证在形式上意识形态色彩并不少于从规则中导出亚规则的论证。

假定问题是,如果 A 误认为在自卫中杀死了 B 而 B 确实是在帮助他,那么会发生什么。如果第一反应是侵权赔偿问题,那么当事人会向法官提出一组极具可预知性的政策主张(依据权利、道德、效用以及可控性)。假定法官认可了误杀这一辩由,但问题出来了,即被告的误认是否得依据“合理”(reasonable)的客观标准还仅仅只是依据诚恳意向(good faith)。当事人会论证此问题,用与前面问题所依据的几乎完全一样的权利、道德、效用与可控性申策论。

原告会说,误认这一辩由不应得到认可:“由于在两个无辜者之间,谁致损谁就应赔偿”;我们必须保护人身安全权;我们需要震慑住粗心大意;一种无辩护规则会易于施行。假定法官决定同意误认是一项辩护理由。至于被告行为无论是否合理或纯粹只需诚恳意向,原告都会同样主张:客观标准,即因为“事出两个无辜者之间”,我们必须保护人身安全权,我们需要震慑住粗心大意,一项客观的标准易于施行。通常会出现的情况是,这一次法院支持原告方并推行一种观察标准。若法院这么做,它就拒弃了被告的政策主张,即法院在处理是否应当用误认来辩护这一问题时所认可的完全相同的政策申策论:无过错则无责任,自我防卫权,鼓励自助,解决方法应当对具体事实很敏感。

德沃金在“规则的模式”中指出,原则不是规则,因为它们能在一案中得到证成而另案中又被拒绝,且不会丧失其法律地位。[19]相比之下,规则得到服从否则就不是规则。他的原则是更大的一组政策的策论与反策论的一员。并非只是它们能在一案被接受为重要理由而在另一案中被拒并赞同与它们对立的那些原则,而是同样的法官会下到规则金字塔之底去解决很“狭窄”的问题,同时在诸策论之间来回转换。

记住,申策论的符号学结构至少在三个方面与意识形态方案相关联。有时一套策论(比如在强制条件中那样),实质上无法区分于站在自由或保守派立场上对议题展开一般立法争辩时所使用的那套策论。策论系统有时被工具化,意即它们看起来只不过是被自由主义或保守主义者们根据他们在具体案件中所支持的那一方(司法官角色,联邦制)而临时采用的托辞。法律政策争辩有时类似于一般意识形态争辩但尽管如此还经常被工具化(个体主义 VS 利他主义,规则 VS 标准)。

这些意识形态化的政策主张模式在每一个抽象表达层面上反复出现。关于严格产品责任是否应当有风险假定的抗辩理由的讨论,与一开始讨论的是否有严格产品责任一样有着同样的意识形态结构。随后,在产品责任案中若原告行为对被告来说极具可预见性且本可以采取安全预防措施阻止危险发生，那么风险假定原理是否应当有例外，此讨论依然有同样的意识形态结构。政策主张永远有意识形态色彩，且就像意识形态争辩一样简直不可穷尽。

十五、有多激进

我前面所陈述的仅仅是在说"即便划得最好的法律或界线也会留下可疑的边缘地带，故此要求运用部分政治自由裁量来解决疑虑"吗？而我觉得确实不是这样。（天啊，我其实就是一个哈特论者吗？）首先，那段话回答了一个问题即"法官如何能够中立？"答案是他做不到，因为"即便划得最好的界线……"我的观点是，法官会有意识形态，不仅因为"划得最好的界线……"还因为僵死的法律材料是要由有意识形态倾向的法官来处理的。倘若法官在其他方向上的努力可能会产生一种意识形态上相反的结论，则法官"在介质中工作"有时会产生令人信服的主张支持其意识形态偏好的结论。

法官有时所能做的不只是"在可疑的边缘"中"运用其部分政治色彩的自由裁量权"。有时他能质疑核心含义；有时场域构造诱使他去清理明显的意识形态之桩，不是清理边缘地带的疑点而是清理遍布原理领域之中的狂乱矛盾；有时场域被非理性化且他可能意图想说，其精义是要约与承诺中的自由意志论。这既非噩梦（法官完全贯彻意识形态），亦非高贵的梦（有一条通向正解的道路），但我希望，很希望它不只是布里茨（Brits）一直所说的那样。

如果人们如此看法律，它会整体上看似相互冲突的各工作方案的僵化记录。它不只是一堆规则，而每一个规则中都有让一些"部分政治性的"自由裁量得以运用的边缘地带。规则本身有新意——它们不只是最高权威的命令，或在我们应用承认规则时所得到的东西，规则还是一个参差不齐、走了样儿的界壕，它是千万次突围与反突围的结果。（或可能是赛场中你争我夺的争球线……）

特定辖区施用的宣誓证据规则看似一种特殊的工作方法，它出自形式主义与反形式主义观点之间的大规模冲突，即直白含义 VS 新批判主义。随后,再次一级问题即誓证规则看似一场持久冲突的最新事件,并且,如果细节决定成败,此或彼阵营会赢得重大胜利,尽管它在前面几战中失利。如果细节决定成败,那么对雇工歧视案中举证责任承担问题来说,重述誓证规则的含义以转变从表面上证据确凿的案件中所得出的工作方法,就会"摧毁成文法"。

我意识到了一种套式刻板的英国式反应,我认为首先是由哈特以非常高傲的态度提出的,他声称能够"通过从远处简单扫一眼"[20]就瞥见过去在本地看不到的东西,不必飞过去看。他这样概述了现实主义:

> 这一切相当于什么呢?远观之,在许多英国法学家们看来,它没有大大推进法律理论,也没有增加什么有价值的法学思想。但现实主义运动的优点与有益影响四处可见……其主要影响就是使许多法官与律师、实务界与学术界都确信两件事:一、他们应当一直怀疑(尽管最终并不一直拒绝)任何声称现有规则或先例都是约束因素,声称它们十分强大而完美以致无需其他法外考量就足以决定法院的判决应当是什么;二、法官不应试图悄悄地向法律中盗卖他自己所理解的法律的目的、正义、社会政策或其他判决所要求的法外因素,而应公开地确认并讨论它们。[21]

在苏格兰人眼里,批判法学运动看起来与现实主义类似:

> 不过作为一个启发工具,下述观点对学人与实务者们来说当然是个好建议,即他们应当随时准备打破任何问题并弄明白是否未用上场的原则就不能用来创建一个完全可论争的策论来挑战最初所持有的论点。法律教义学中纯粹教条主义的危险来自未能认真对待一种可能性,即另一种观点可能会像自己原初的观点一样也得到证成(提醒你,这可能对那些一开始倾向政治左派观点的人,与对那些一开始持政治右派观点的人来说一样的适用;没有哪一方垄断了教条主义)。这种启发法的使用表现在许多优秀且有洞见的批判法学作品中,即具体学理层面的作品而非一般纲领层面的。[22]

所有中庸研究(现实主义与批判法学之类的)都可能已例证了自由派人文精神的长处,即怀疑权威主张、崇尚正直、反对教条主义,但它们也声称在做一些非常不同的事情。他们还声称要证明学理争论的现实结果(即一套法官选择的规则)更为纯概念性的(插入大写的德语),只要你同时拒绝哈特式与美国高贵梦式看法,并采用不是噩梦而是适当推敲过了的意识形态——批判。

简言之,他们把原理的现实内容表述为争论的结果,即纯概念性诸竞争方案或看法之间的争论,这些争论考虑的是大桩问题,而不表述为要么是努力"使法律变得纯粹",要么是在边缘地带中发挥作用的"纯粹个人偏好"。这种欲图证明现行方案的设想,其可靠性并不取决于像哈特说的那样对语言的"固有"限度展开全面内在批判。它取决于主流理论尝试的最小内在批判的可靠性,这要证明场域的融贯;取决于把场域重述为矛盾之场的可靠性;取决于下述表述的可靠性,即把相互冲突的各部分隐含着意识形态的法律主张是对各式案件的产生原因之说明。[23]

与可靠性相反,方案的重要性取决于一个经验命题:作为一个事实而非必然性问题,在这种受意识形态取向的工作影响的案件中,巨大的意识形态之桩已通过规则选择被去除了。这是美国法律人与政治评论家对美国法律/政治的常识。

这可能对英格兰人与苏格兰人来说有些诡异,他们觉得即便有"设计良好的规则",法官也在"边缘地带"进行"部分政治色彩的自由裁量",因为事实上英国法官并不通过意识形态取向的工作消除大的意识形态之桩。而对大陆法系来说,这似乎完全是精神失常,因为他们的法官比英国法官处理更少的桩,英国法官不得不处理判例方法中烦人的不确定性。

我有些疑虑。但此处不适合长篇累牍地谈。下一节讨论元策略(metastrategies),美国法官们采用它们来处理批判法条主义文化中的焦虑,即成为策略论者。

第三节 策划解释中的策略行为

在法律现实主义对保守主义司法判决的经典批判中,最后一步就会建议,鉴于演绎链中有瑕疵、用于意识形态集团冲突的高桩以及政策的不可避免性,合乎情理的看法是,法官的意识形态“同情”影响着判决结果。在上一节我试图表明,对某一种判决结果有意识形态偏好的法官如何能够努力以使此判决结果成为法律。本节中,我提出法官采纳的三个典型样板,他们清醒意识到从事意识形态策略行为之可能性。这些样板就是有限制的能动论者、折中者与双极性法官。

我的初始主张只是有些知情观察者如此刻画一些法官。然后我检验了这一主张的可靠性,反对下述观点:无论观察者会想什么,自由主义与保守主义范畴都太过晦涩以至于它无法作为判决牢靠的解释根基。在肯定它们会发挥其用之后,我开始讨论,有限制的能动论、折中与双极性法官如何依照下述规范以正其行:经由判决的规则选择应当根据一种法律推理的方法逐步展开,这种方法如果不是客观的,至少与当时意识形态争战无关。

我的答案是,他们以及受其影响的受众“否认”(在心理学层面上使用该词)有意识形态的影响。他们搞了一堆理由,其中最重要的是他们若不这么做就可能不得不面对诸角色约束因素间的矛盾,这些因素是法官行事中所遵循的。承认从融贯论讲不能要求法官对意识形态“只是说不”,这反过来威胁到了一般层面上的**自由**法条主义之可靠性,尤其自由派与保守派等所宠爱的“法律上正确的”结果之可靠性。

一、关于策略行为的主张之相对性

上节讨论中隐含一个观点,即法官常常有可能对材料采取一种策略性态度,即可能力图使材料含义超出其原初含义,或赋予它们一个含义来排除其他原初可能的含义。但他从来就没有必要这样去做,也从来没把握他能一试就成功。总之,人们并不总有可能知道一个具体的判决是否由来不同,即是否是法官采用了一个独特的工作策略之结果,是否不同于法官若采用其他策略时之可能的来由。

法官总有可能作策略性行为,因为他力图使一项具体的规则解释看起来妥当。没有哪个法律之治的定义能够阻止法官作此努力,并且法律之治要求法官作此努力也是合乎情理的,至少有时如此。

一个面对材料会习惯性采用策略行为的法官,可能对意识形态影响不敏感或努力从其意识中驱除它们。她可能有一议程,我们本该描述为个人的或特异的而非意识形态的。这样一位法官得展开谈话并听取观点,尽管一定程度上并不了解其他人是怎么做的,但像这样的事情一直有。

根本没必要依策略行事。许多法官似乎带着一种信念处理材料即这些材料一定有点儿什么意思,且许多法官似乎对法律工作没什么天资或意愿。他们可能在一个看似随机搜寻的过程结束时感觉到停止,只是抓住那瞬间触及的感觉。他们可能抑制或从未习得策划能力。

依我们看,这些法官对司法造法的增量毫无价值(尽管我们可能会辩证思考他们的非策略行为在同作为政治行动者的法官之行为的关系中将如何定位)。把这种意识形态上的随机行为,同无意识的规则服从与受文本内容约束区分开来,这很重要。它不是无意识的规则服从,因为法官知道存在一个法律问题并努力寻找答案。它不是文本的约束,因为约束意味着不得试图赋予材料以某种别具一格的含义。

即便你总能策略性地行为,这也不意味着你总能依据你起初所认为的规则之应然来修改规则,或你总能应对一个看似开放的问题并证明自由主义立场就显然正确,或其他。你总能钻营操控,但你可能会无法达到你的目标。

策略行为有可能没有“现实的”机会。法官或许事实上确实有时采用策略态度。但无论什么时候他们这样做,他们要么可能在现实情况方面受蒙蔽,因为法律在其背后指引他们并压着他们最终得到正确答案,否则可能背信弃义,即强烈违背了角色约束即解释上忠诚。

我认为无法反驳这种可能性,除了诉诸批判与重建的历史。这段历史在我看来恰恰证明了下述观点合乎情理:意识形态笼罩下的工作不断改变材料的含义——策略行为的成功示例时有发生。法官经常对法律材料提出一个有说服力的含义,它不同于另一个有相反工作议程的法官所可能提出的一样令人信服的含义(或事实上提出的异议)。下面,我努力通过描述法官在策略上执行的三种议项来补强这一假说。我将先引见三个典型样板人物所可能被描述的样子,描述者只关注预测此类法官们的行为,他们使用的一般概念是我前面讲过的意识形态"偏好"。

二、(有限制的)能动论法官

有些法官,律师分析时称其为有限制的能动主义者,意思是说他们(律师们)有一个关于法官如何行事的图景,他们依此图景来预测这些法官将如何办案。下面谈谈我对律师们此图景的理解。假定法官初次接触到案子时就清醒地意识到可适用的普通法规则是什么以及如何解释它。不过假定如果她是一个立法者她可能会不希望这一规则适用于此类案件并会通过增加例外来改变它(要么前瞻性地,要么回溯性地)。

再假定,如果要求法官解释其对"该法律"的不满意以及她可能朝什么方向改变该法,她可能会对该规则提出一个政策批判并为其提议的例外提供政策证成,你可能认为这是"保守主义意识形态"。最后,假定该法官对其他许多规则有类似的保守主义政策批判,且她从未或几乎不以一种使她看似一个自由主义者的方式来批判规则。

该法官并不想不服从法律。使她成为一个有限制的能动论者的是她投入了大量的时间与精力思考出一种法律解释,一个不同于起初看似最佳的那个解释。在每一个在她看来法律"过于自由主义"的案件中她都这么做。有成也有败。当她失败时,她情愿选择一个不同于其立法偏好的规则。换言之,无论哪条规则被她最终选定以用于案件,它都将代表她所有找到的用于材料的最佳法律解释。她写下意见,这些意见形式上"合乎法律"且反映其真诚的信仰,即法律"规定了"她作出的判决结果。

我称此法官为"能动主义者"是因为她有一种"越法"(extrajuridical)动机,即想达致一个公正结果,且因她在大量判例中偏好某个结论而不喜欢另一个,还努力使该结论成为法律。注意,这种能动主义指向法律规则。法官有一个规则,即她偏向她认为可能必须适用的那个规则,而非她希望一方当事人赢。

在其工作过程中,法官本着忠诚于材料的精神,游走于支持其新法律解释的判例与反对它的最佳判例之间。但她这样做有一个目标:证明她所偏好的立法解决是正确的法律解决。为此目标,她在使用其才智时绝非中立。她花费大量时间寻找策略,翻阅资料,随时关注随机出现的、可能对构建其主张有助益的东西。

在提出最佳主张反对其立场过程中,她的动机已是防御性的。即她已竭力思考,一个决意要支持第一印象的人(此第一印象中的最佳规则却是她要推翻的),可能对她的替代方案会说些什么。当她很满意自己有一个好答案应对其所能想到的异议时,她会停止深思并继续积极地补强其自己的立场,构想另一个需要批驳的异议。

确实,她在此过程中会有被说服而走向相反立场的风险。她真真切切地使自己意识到,每一个主张她初看起来都有可能正确,并且如果她回答不了就决定勉强接受它。不过事实仍然是,她有一个可辨识的"方案",亦即她所致力的方向(要把不公正规则改成公正规则)。从她的立场看,如果她在不公正规则中找不到一条出路(事实经常这样),那就很失败。

现在我觉得能动论者对何为最佳有一种立法意识,但在解释过程的一开始就期望从忠实于材料的内在视点看不存在明显的最佳答案。她不停地寻找解释策略,通过证明忠实感要求她基于立法理由所选择的保守结论来克服第一印象结论。

如果她得出的结论是法律规定的"错误"解释,她将批斗此结论,但如果她不能从相反的方面提出一个好的合法主张,她就得服从它。如果她最后才意识到替代性解释的证明就是要足够均衡地在诸解释间作平衡,因而在二者之间做决定时存在一个选择因素,那么她会根据其此情形下的公正感(可以预见是保守的)来作出判决并写下意见,竭力使判决看似法律之必然要求。

我这里的主张是:首先,许多法官是有限制的能动者,他们通过判决做了大量的法律创制工作。其次,保守派有限制的能动论法官提出的结论,不同于由自由派法官以同样的进路得出的结论。你如何在替代性的两种工作策略中配置你的才智以回应你对材料的最初反应,这非常重要。

一些自由派法官会相当努力找到好的,甚至(对他们来说)显然结论性的理由来支持一些解释问题的自由主义解决。保守派法官会表现出另一种样子。最后,如果保守派法官通过努力成功地使保守判决看似法律所必然要求的,我们可能说她改变了法律的规则,使之不再是原来的样子。这种改变须是材料所允许的,因为法官否则在此过程的最后就不可能在诚信解释的约束下行事了。但它不是受法官授权或要求的。法律确实一开始好像让法官知道,从其自身力量中貌似产生一种确定感即法律所要求的是什么。但"它"并未告诉法官去改变它或把它改成什么。

三、折中论法官

法院先例的逻辑说明,(要求陪审员的)无因回避应当彻底废止,因为参与陪审团进行投票的权利是一项基本的政治权利。但欧康纳法官(O'Connor)一度想折中解决(split the difference),她在一份调和意见中提出,被告与民事诉讼人(不含检察官)应当能够继续以性别为由歧视陪审员。

> 欧康纳法官是一位极具才智的法律人,有敏锐的政治直觉……她似乎相信通过拒弃个案中的极端保守与自由立场并努力标示出一种明智的妥协,她就成了坚持原则的中庸论代言人。[1]

从外部观察者视角看,折中论法官的姿态比有限制的能动论同事更为消极。他清楚地意识到各集团展开意识形态冲突的方法是通过司法中的规则创制。他与其他参与者以完全相同的方式面对判决的这一层面。但他运用这种理解去思考什么是"理念论者"(即受限能动论同事们)眼中最佳的自由与保守的规则解释,然后选出一种介乎其间的折中解释。这样做是可以的,因为材料的意识形态结构是个连续统。自由派规则与保守派规则是对极性的,在二者之间存在一系列"中庸"立场。

这同判决的"要么/要么"、"开/关"或二元性不一致。确实只有一方胜诉,但一般会有几个规则解释支持原告胜诉同时有另外几个支持被告胜诉。折中的法官关注规则结构而非具体当事人。我用"折中"是指选择一个从意识形态观点看"中庸的"规则表达式,即一种解释而非一方当事人。

从一个力图预测其行为的观察者视点看,折中者受控于意识形态,尽管是其他人的意识形态,尽管他有意避开任何意识形态承诺。原因在于,他可预知的折中对象就是其他人不同意识形态立场之间的差别。他被意识形态盲从者间接地决定了,即先确立一种选择然后通过选择中间态而否弃这一选择。

四、双极性法官

双极性法官从其他二者中合并一些特征。他有时像一个有限制的能动论法官,努力想就一事项提出一个强有力的自由派观点。但在下一个案件中,他恰恰强力支持一种保守立场,也像一个有限制的能动者只是有不同的信条。外部观察者认为他有个计划即整合司法工作从而折中差别,而非只有针对个案的司法意见。

在既定案件中,他的意见与同样立场上的有限制能动法官所可能提出的意见几无差别,有一点除外即它并不期望通过若干判例来推进自由或保守派方案。(不过双极性法官很可能决意坚守整个法律场域中某一方面,并且对那个场域中的长期战略之清醒程度不亚于其合作共事的能动论者。)

称其为双极性法官,系因他有一种持续的倾向性,即在诸意识形态之间与时而变。通俗地讲,假定你是一名执业律师,带着一个受指控有意识形态的案子见此法官,此时他已连续好几次表现为一个自由主义者。与如果该案在他一连串保守意见的结尾之际提交给他的情况相比,他对本案将选择一种保守的规则解释的概率要远远高于前一情形。

案件有许多你能预测到的具体层面将会诉诸法官独特的裁判风格或他先前在两边之间转换的模式。但他的裁判风格也确有一个独立于这些具体层面的一般结构:他是双极性的。他事实上不属于哪一个意识形态阵营。但就像折中者一样,我们根据自己对其他人意识形态制作的了解来预测其行为。其他人的制作限定了其选择空间,他在其中来回变换。

不同于折中论者,他“随心所欲”,他积极参与构思的意识形态立场恰恰是与他“不相干的”。他的自由主义意见影响了自由派“一方”的演化,而其保守性意见又影响保守派。但虽已跳进来,他还会退回去。其独立精神似乎是另一形式的妥协。

五、解释策略行为

只要此类事情可能发生,我们当然就会作出回应即指出什么是真正的解释,此解释不同于有限制的能动者、折中者或双极性法官采用的策略办法所得出的解释。换句话说,我们可能会问,规则选择何以不同于如果法官“只是解释”法律材料的情况下它本该所是的样子。

我在上一节提出,用“只是解释”来分析,这在方法论上不融贯且实践中也不可能,除非某人具备我们所不具有的关于法律正确性的某种其他判准,而不只是合理采用法律文化为法官提供的各种论证工具以图产生法律必然性效应。若没有独立判准,我认为再作如此追问是无意义的:这些法官的选择结果如何不同于如果法官“只是解释”法律的情况下它本该所是的样子。

我的三种模式法官是意识形态策划者,我想把这三种模式用做一种差别论的构成因素,即下述现象对自由/保守派冲突所造成的差别:我们大量的法律是通过判决过程创制的,人们假定自由主义与保守主义意识形态在此过程中不起什么作用。我的意图是对照现状,不是与假想情况即法官“只是解释”相比照,而是同一种同样假想的情形即立法至上相比照。

鉴于此,本节后面讨论我对司法策略之描述中两个问题较多的方面。第一个问题是意识形态思想(如自由主义或保守主义)是否能够起到解释法官行为的作用,第二个是在不诉诸有意欺骗或彻底无意识等概念的情况下,是否还有可能解释有限制的能动者、折中与双极性能动者。

六、对作为一种解说性概念的意识形态之批判

我在表述有限制的能动者、折中者与双极性法官时所用的一种意识形态概念显然是有问题的。保守主义与自由主义学界意识形态诸方案在

我的讨论中算作是一种“后在”(behind),即当我们发现法律推理之灵活性时才“得以揭示”出来的“后在”。[2]但仅仅用意识形态替代法律推理来作为对结果的解说,这会面临一种批判,即意识形态并不比它所替代的法律推理更有确定性。

换个说法,我的进路似乎要求我们相信,把法律结果理解为应用中立的判决方法之结果,与将之理解为遵循意识形态方案的结果之间有着重大不同。策略似乎是要暴露话语表层不确定性以达到“实在”层面即意识形态。

但意识形态本身只表现为“文本”,每一个法官在他或她能确定其预设的政治承诺所“要求”的内容之前,必须对此文本进行解释。说法官是一个自由派有限制能动者,这并未揭明自由主义在任何具体案件中所“要求”的是什么,因为在意识形态解释过程中可能出现策略行为。

经与保守主义相比,法官将参阅那些支撑或反映自由主义的“原则”与“价值”,然后在行动中参阅原则与价值的一些典例。问题是,两大意识形态有两个不同方面内在不连贯。各自调用大体相同的抽象第一原则,及同样的一套矛盾的中间原则,却在许多领域中产生完全不同的结果。各自都面临一种指责,即游移于诸多相矛盾的中间主张之间,就像我们从一处走向另一处(卧室走向会议室)而没有任何融贯的更大模型。面临的指责还有,在既定领域中,对为什么意识形态论者不把他们的原则推向其“逻辑极端”(完全解除对一切事物的限制 VS 完全把一切事物社会化)没有任何融贯的解说。

司法政策主张与这些一般意识形态立场有复杂的关联,有时表现为一般政治争论主张的直接转化,有时似乎只是追求意识形态议项的工具,有时表现为是一种对等物虽然它们之间的形式不相同。此外,法学圈中有一些特别专业的议项,它们能割断或反驳行为人自由主义或保守主义承诺。

这一切意味着选择一种合乎其本人意识形态的解释的策略行为,这种机会至少与选择一种合乎法律材料的解释的机会同样多。例如大学出台规章管制校园内的仇视性言论。对民权运动与种族正义有自由主义的承诺。一直有自由主义者捍卫共产主义言论(不管“有多可恶”),有自由主义者倡导强硬规则来抵制工作场所的种族歧视与性骚扰。

假定自由派有限制的能动法官在初步检视中认为其自己的自由主义意识形态“必然推导出”无效。如果她“不喜欢”这个结果,她会继续努力来重述自由主义原则与价值并改装自由主义先例,从而改变结果。她或许会提不出一个令人信服的自由主义判例来反对管制,故会最终感觉到“受制于”意识形态而得出一个她不喜欢的结论。但艰难的意识形态工作可能会带来一种感觉,即对自由主义者来说两种事态皆可,或另一种感觉即任何好的自由主义者必会支持管制。

当然,我们可能说自由主义意识形态“其实”要求要么此结果要么彼结果。法官可能认为自由主义要求管制仇视性言论,但她或许错了,因为自由主义禁止言论管制。如果我们肯定这些意识形态在得到正确适用时有这种策论,我们就可能用一个概念即意识形态方案解说司法结果,尽管我们本该得承认法官有时也犯错。

对意识形态方案概念的此种用法之内在批判可能无法“证明这不可能做到”。但她会不断提醒,现有理论在证明自由或保守主义原则在实践中如何应用时全带有一些内在瑕疵。故而完全存在这样的情形,即所谓确定的自由主义推理并不符合自由主义的可选论(alternative versions),后者显然同样主张正统性。

在意识形态“阵营”里有多种立场不同的小集团,甚至有不同的“亚意识形态”。我们时常说这一点是依据这些意识形态划分出的基本共同体。英国新教徒的美国绅士中有些自由共和主义者,他们怀着进步主义的民权与社会问题观以及亲商、反对管制的情感,非常不同于自由意志论者(libertarians)、犹太教新保守主义、白人中美国社会问题的原教旨主义与黑人保守派。举几个例子来说,女权主义、彩虹联盟主义、民权自由主义、自由联盟运动以及环保主义等共存于自由主义阵营之中。

我对意识形态方案的定义允许在理论前提中存在冲突与不融贯,允许在实践中以及实践与理论之间存在不连贯性。它还允许方案中有易变的“成员”,允许对包括什么与排除什么持不同意见。这一切都符合讨论终结感,但它肯定不认同下述主张:自由主义或保守主义意识形态会产生一种比法律的中立解释更牢靠的结果解释。

其实在意识形态与合法律性之间并联就暗示着一种追问,即人们的错误信仰即自己意识形态立场有确定性,如何影响着民主政治的进程。于是我们会透过意识形态去追问法官如何审判案子,比如他们"不喜欢"反对管制校园仇视言论,尽管初看起来他们的自由主义要求反对之。

比如,我们可能仿效弗兰克(Jerome Frank)[3]并诉诸一种根据"法官性情"的解释。继而我们会根据儿时经历来解释其性情。但每个层面,从合法律性到意识形态再到性情都要求"主体"去解释,且允许基于后一层面的解释策略。(尽管每一层面也有讨论终结感,即文本约束感)在每个层面上,想说服我们所发生的一切是由文本所引发和要求的,这一企图将遭到下述反对,即同样的文本可能会产生相反的结果,即便假如行为人贯彻不同的解释策略。

有可能一开始会觉得,解释的无限递归恰恰依次使每个"背后"失效,所以"解释是不可能的"。我觉得此说不对。事实上,意识形态方案的内涵有时得到下列因素的"稳固",如自觉地对一个立场的政治特征达成的共识、意识形态冲突中一个立场的历史、其与相反立场的"符号学上的"关系以及其与紧密相关的自由或保守立场的"局部融贯"。意识形态争论的法律版有时以同样的方式得到稳固。如果问题是,是否要对劳动或消费合同强加一个保护性的强制条件,那么一般很容易认为两个对立的法律主张就是不同的意识形态。

对于遵循批判社会理论方案的观察者来说,需要解说的是事件(法官选择一项规则),且事件"背后的"每个层面的文本(textuality)都有益。作为挑剔的观察者,我们有时感觉自己"知道正在发生什么",以解释的讨论终结为限,办法是累加据以理解法官行为的层层面面。只要我们对解释的努力除了这些讨论终结感外不再指望太多,无限递归为更丰富的描述与更机智的回应提供更丰富的机会,而非一种方法论的灾难。[4]

在我看来,这种批判威胁到的不是抽象的解说而是具体的通过意识形态的解说,这种意识形态是左派根据左派的理由想要植入到批判社会理论中的。我认为对我使用的意识形态概念的攻击,正是 MPM 对这一左派意图的持续攻击中的最新事件。我的理论旨在抵抗这种攻击,表现在最后一段。

换个说法,我认为下面两节描述的中庸、授权与正统化效应可能是判决的合理效应,即便承认自由主义与保守主义作为对结果(规则选择)的解说没有法律之治那么确定,即便我们通过退归另一个层面也不会做得更好。这种对判决的意识形态解释所产生的解释上的讨论终结感是临时性的,但我觉得它是追求左派方案时做事的可靠基础,纵然事实上自由主义与保守主义经常对更宏大的解释目的来说是无用的。

七、策略行为的一种心理

我们可以把我对典型法官的描述当做关于结果之模式的经验假说。我们可能会努力证实它们,即使用我们自己对自由派与保守派结果的"外部"定义,逐案测定我们认为的解释上的忠诚所强加的约束力"事实上"是什么,然后把法官识别为有限制的能动者、折中者与双极性法官,根本无需参照其判案时的心智状态。为什么上述办法在我看来不是一个好路子呢,这应当很清楚了。首先,自由主义与保守主义的外部定义难以得出。其次,我认为不可能查明解释上的忠诚所强加的约束力"事实上"是什么。

作为选择,我们可能会把法官所为看作是有意识的策略,或确实不意识地追求着的策略即被压抑的策略。我认为这些可选办法有时是有用的。但我已选择第四条路。在我的描述中,法官是半意识的。这是一个独特的姿态即通过否决或"背信"(bad faith)来调处冲突。这种描述在我看来比之于意识与潜意识而言事实上更现实,但此策略选择,与无限迷人的问题即他们认为他们在做什么相比,有更多的风险。

另外一个坚持此否决或背信心理的理由就是,如果法官们能坦然行事而不必公开面对其问题百出的角色特点,那么就更有理由说这世上没有其他人会面对此问题了。意识形态因素是一种秘密,就像一个家族秘史——祖父与母亲的奸情——一样影响几代人,它是某种既有人知道却又被否认的东西。这是一个群体性的社会心理现象,有政治上的后果(中庸、授权与正统化效应)。即便法官是有意识的意识形态操控者并在欺骗一群想被欺骗的公众,这种现象也可能会发生,不过那样它会使涉及千万人的共谋变得不稳定,并不得不通过吸收新的**大判官**不断地刷新自身。

我考察它的进路起于单个法官的否决心理,然后提出机理,通过这些机理,行为人在事中的心理被受众采纳施于行动。法官们坚守秘密,甚至在他们圈内也不泄露,部分因为法律文化与一般政治文化的参与者们希望他们这样做。每个人都希望法官真的有可能而且经常能不带意识形态地判案。但每个人都清楚这种批判,且都知道天真的法律之治学说是一个神话故事,而那些内幕知情者们担心当代法学老于世故的诸说法也好不到哪里去。

八、否认:不只是埃及的一条河

说法官"会否认"是什么意思呢?除了大家熟知的言语动作,即当被问及意识形态是否影响其表现时,他会回答"不会"之外,还得涉及其他更多的内容。我们关注的否认是以一种特殊的方式被激发起来的。我们检讨否认,是要,亦即我们对这种行为选择作一种心理学解释。正如最初把一种"意识形态动机"归于法官一样,没有办法"证明"或"证实"法官在否认。

这种用法源自心理分析理论,比如西蒙·弗洛伊德(Sigmund Freud)对忌妒的解释,[5]但安娜·弗洛伊德给了它一个全新的理解,[6]它已逐渐变为美国时下脱口秀与十二步互助节目的流行话语("他就是否认他喝酒多年","她就是否认她撒谎多年")。我的观点采自这两个来源,以及相关的背信与认知失调理论,它们符合我现在的具体意图。这种司法官心理的解释有一种法律现实主义的基因。[7]

我们用"否认"一词解释下述情形中的一段行为,即我们对我们所说与所想的看法一致并想指出其"背后"的东西。我们感觉有必要深入"背后"因为我们(解释者与受众就解释内容)在两方面意见一致:

(1)我们一致同意,行为人所说的是其本人欲望、情绪、意见或意图的不实陈述,或是对其境遇方面外部事实的虚述,但在这样一个特殊的意义上即"拒绝承认属实"、"拒绝承认正当"、"拒绝接受"。否认必然带来诸如"拒绝"之类的,因为它预设有证据证明被否的事物,或预设有人证成了它。当我说法官"否认"其判决中意识形态影响时,我暗指意识形态事实上确实起了作用——否认者错了。

(2)我们一致同意不实陈述有如下情况:

①它不单单是习惯性的,就像你会问不时生病的病人"身体好吗",他会回答说,"很好,你还好吗?"当法官用法律上的必然这类语言写下意见时,这就只是一个习惯;而当我们说他们在否认时,就是说他们至少有些相信该习惯。

②它不是一个有意识的、故意的、策略性的虚述,不是一个用以欺骗受众的谎言,因为说者并非全然不信其真(法官并非有意识地就判决中的意识形态在竭力欺骗我们)。

③它不是认知失灵或随机错误。举例来说,如"他粗着脖子叫喊着,'我没疯'",我们会听出些言外之意。或,在"摒弃"在受众看来"一般"会帮助他纠正虚述的反馈信息或新讯息后——新讯息表现为比如对判决的毁灭性批判,言说者重复这种虚述。

如果这些条件得到满足,那么一般做法就是寻找一种"心理上的"解释,我是指一种把对虚述的坚持归因于言说者的需要或欲望。这种需要或欲望既具体又复杂。我们称它为否认,当我们想到如果言说者承认外部事实之真实性,或其自己的欲望、情绪、意见或意图的真实性,他就会体会到痛苦的焦虑。否认的动机就是要阻止或排除这种焦虑。

还有另外一个层面即另一个"背后":引起焦虑的或一旦不作否认就可能会引起焦虑的,是一种内心的"冲突",即一种令人痛苦的选择。它可能是相矛盾的诸欲望间的冲突,或良知与欲望的冲突,或欲念与害怕依欲念而为之的后果之间冲突,或只是对现实相互矛盾的不同理解且所作选择有重要的影响情形中的冲突,如此等等。

按照通常用法,否认是一种具体想法之外部行为表现,这种臆想就是期盼那些会引发焦虑的矛盾消失掉,而受众认为这个矛盾是"实在的"。言说者解决冲突并排除虚伪,方法是"不诚实地"排除掉两个冲突因素中的一个,比如否认在不该愤怒时表现出的愤怒,再比如因为承认喝酒就可能要求他决定是否戒酒,他就否认有喝酒的冲动。

九、三类法官都是否认者

下面是对我设想的三种作为否认者的法官形象进行重构。这是一种解释,根据是对司法意见作其历史语境下的解读,另外花点儿时间调研司法会议(judicial conferences)。我不是说所有法官都否认意识形态影响,或那些否认的就一直否认,更不是说所有法官都受意识形态影响。正如我上面所说的,有些法官最好理解为没有主心骨,或是专注于那些根本不是我所讲的那种意识形态的事项;而有些法官最好理解为随机任意型,或是依据那些极为复杂且捉摸不透的潜意识动机行事。在许多许多情况下,法官感觉自己受限于文本,所以他们自由或保守、折中或双极性的策略倾向等就与结果不相关,至少他们自己认为是这样。

只要我们假定相当多的法官是有限制的能动者、折中者与双极性法官,且他们已创制了大量的、根据其意识形态立场可以得到最佳说明的法律,这种分析就应该是有意义的。即便你认为总存在一个与"个人的"意识形态立场无关的合法律的正解,这也应是很意义的,只要你还认为有些法官有时以上述方式行事。

有限制的能动者接受解释上的忠诚之约束。但当她认为此义务将导致她得出一个不公正的结果时,或当她看到空缺结构,她就会沿着我们所讲的其意识形态方向努力改变材料的意义。她写意见时会遵循惯例,这要求她把判决结果表述成完全由材料与其推理所决定的。对于法律之治意味着审判中无意识形态的指控,她的回答是这样一种意见,即否认意识形态与结果之间存在任何关系。她对意识形态策略在其工作进程中的作用只字不提。

比方说,我已"私下地"与三位有限制的能动法官、两位自由主义法官与一位保守派法官进行了交谈。两个自由派法官以卡多佐的方式否认意识形态在其判决中有任何作用,尽管他们由衷地同意技术推理常常是不确定的,同意政策有持续的影响,同意他们被视为司法自由主义且常常带有"党派意识",同意自由主义者而非保守派已支持他们最重要的司法创新方案。

两位法官都说他们曾努力形塑法律"以适应社会发展"。他们认为自由主义对社会—法律问题的对策,比如产品责任或房东/房客,比保守派的那些对策更适合于社会"需要",他们因此选择那些对策,同时谦虚地承认他们也可能会错。这在我看来并不证明他们是意识形态行动者,因为他们依然是自由主体,根据其是非来决定每一个政策问题,不必忠诚或信守其一直贯彻着的意识形态。保守派法官尤其"愤青"。他将其自由派同胞视为不自省的或伪善的,并对其与他们的争辩加以冷嘲热讽还作些令人不快的描述,强调他自己的能动性是完全防御性的。

自由主义有限制能动者在我看来是在否认或背信,因为他们对其如何独立于意识形态的解释是回避而非回应了批判。自由与保守主义者,和能动论法官一样,都形式上承诺落实那些在他们各自看来符合社会演进、满足社会需求的规则。意识形态上能区分他们的是,他们对"社会"、"演进"与"需求"有截然不同的解释。我们毫不犹豫地称其人是自由主义者或保守主义者,只需根据他们采用此或彼一阵营历时演化出来的解释作为共享的一般原则(权利、多数决规则与法律之治,犹太—基督伦理,有安全之网管制的市场经济)应用到每一个具体的、牵涉社会需求与发展的问题。

其实,这些法官在一种更强的意义上看可能是有意识形态的。他们可能"信仰"自由主义或保守主义并作为信条,决意努力改进它们并确保它们在现实世界实践中获胜。他们有理由否认他们在这种强意义上有意识形态或党派性。但判决的批判不是说法官委身于意识形态,而只是说意识形态影响着判决。

如果法官承认,随着时间推移,她不断地发现自由主义解决手段比保守主义的公正并由此选择它们以制定为法律,那么她已承认很多了,足以认可本批判之有效。当某人的投票极可预知时,这种一味地坚持申明独立于意识形态就十足是不诚信的表现。

有两种类型的折中者。一种是意识形态上温和且折中处理分歧的,如有限制的(中央集权主义者)能动者。这种法官的立法偏好符合他通过判决所得出的结论,就其声称他所做的一切只是"述其所见"而非效忠于任一阵营而言,他是一个否认者且不诚信。再次提醒,我们所讲的判决中意识形态影响是始终指向一套结果,而非指向党派性或真信徒主义。

更有意思的一种折中者已内化了一个强规范反对任何类型的能动行为。他对其角色的想法是,它禁止像那些"不经思考的保守派"同事以及集权主义同事那样做事。他在各种理论中只信奉其中一种角色理论,即排除法律推理工作中的意识形态动机,尽管存在约束因素。他可能是个哈特与萨克斯过程学派思想的理性深化者,或德沃金式的,或一个实证主义者,或女权主义的实用主义者,他或会拥护一个能动主义观点,即法官应当使法律不断演化以适应“社会需要”。

他的做法其实确实代表一种中立性,因为其“个人的”或立法政治(可能是自由的、保守的或集权主义的)并不影响他如何得出结论。即便在他认为其结论不合情理且知道如果他是立法者就可能不会赞成它时,他仍会折中差别。意识形态对其行为没有内在的、作为基本信条式的影响。意识形态构成影响只是因为他允许其他人意识形态立场通过设定他所要折中的差别而影响了他。

但甚至最具修正精神的法治倡导者理论也不是说法官应当不断选择意识形态中庸之道,在必要的时候背叛他们的正义感,而是他们应当在某种意义上是不带意识形态的。从批判的视点看,意识形态如果只是从后门潜进来比如通过建构他的替代方案进来,它依旧构成一种影响。

双极性法官,就像折中者那样也有两种变体类型。根据个人的或立法的信条,他可能是能动论者,或此或彼。在此情况下的他用心理学流行术语讲是一种“精神分裂”。他面临的批判是他背信于其分裂人格中的每一面,因为在每一面看,他都是能动论者。或者他可能最好被理解为依照一种隐含的但站不住脚的司法中立说行事,即只要他不持续地作为一个自由主义者或保守派,他就不是意识形态的。

与其他两种法官一样,他希望其所为被看做只是在述其所见,不带有意识形态色彩。他免于受到信守中庸的指控,因为在任何既定案件中他能够一直配伍自由派或保守派。他判案的路子就是要尽可能地广开言路,耐心听取双方观点,自始至终把自己看做不是自由主义、保守主义或中庸派,而是一个“自由主体”。

他的问题是:他已信守自己是个自由主体,但他如果发现自己过于频繁地支持一方或另一方,他就会怀疑自己的这一信条。由于他自豪于自己的独立并认为其他人认同其独立精神,故为了维护自由主体的形象,在决定究竟需要何种比例的自由主义与保守主义关系时,他会不仅受到自己的看法影响,而且受到他所认为的其受众看法的影响。

这种双极性法官不同于有限制的能动论者，因为他并不一开始就追问如果他是个立法者，那么他是否可能会赞同公认解释。他根本不是那样看待自己的角色的。他所做的就是听取建议或其他法官所提出的一些经意识形态组织了的供选观点，并努力指出哪一个最“适合”整个材料。他这次采纳这个观点而下次会采纳另一个。总之，他只信守自己的判断。但为了保持他的独立性，这一信条时间一长就有了意识形态模样。

非能动论的折中者，如我上面所述是一个意识形态中庸者，他相信中庸不是意识形态。非能动论双极性法官自称述其所见，但事实上其“见”有一约束因素，即他必须一直表现得既不自由主义也不保守派，不管他在没有约束的情况下对此表现的利益作何反应。

此二者都是典型的背信者，因为他们对自己也对别人否认某些他们显然正在发生的一些东西。他们不可能实现其花式繁多的策略干预，除非其思想中的某个部分即浅层某部分一直在整理“思想每一次变动”的意识形态含义。但他们与有限制的能动者相比，对其有意识形态的指控作了更为狡猾又极具诡辩的回应。他们指向其差别折中或长远看来是双极性的意见，并要求我们相信他们确实不牵涉意识形态。

十、心理研究 VS. 对话

我们只有已经确定继续探究他们观点之是非曲直是没有意义的(至少对现在讨论无意义)，后面才能谈到正题即对美国法官进行心理分析，因为他们的看法是错误的。当然还有个原因，事实上依照他们自己的条件来进一步同其展开对话也无意义，原因在于就目前来看假定他们所说的不对，则指出他们为什么会那么说比深入探究其所说的是否不对要更有意义。如果你认为自己坚持认为你的看法有理有据，那么作这样的处理即依照“现实原则”作剪裁，可能会令你大为愤怒。

但仅仅采用心理分析立场并未堵死一种可能性，即我们将要作心理剖析的观点是正确的，并无虚述。我们可以坦然地保持一种开放的立场，在心理分析时弄明白我们知道什么，并在下一次法官或法学家描述一项决定或一般的判决并声称排除了意识形态因素时，根据是非曲直参与质辩。我现在的态度是：我不是说我已证明我们不可能排除意识形态，也不是说意识形态永远在场。但我不相信这些说明,即说要么它一直在场要么就不在场。所以现在看来值得做心理学分析。

当然,做相反方向的心理分析也很容易。激进派坚信,判决中永远有意识形态且难以戒绝。在我看来,坚持认为法律随时随地都有意识形态、"彻头彻尾地社会建构",等等,这与其相反的立场都同样有否认(机械地否认)。我认为我在这里代表了现实原则,表现在我的理论中,即既反对完全批判法律客观性,无论是从过去的马克思主义还是后现代角度,又反对说法官总能够是且事实上经常是中立的。

十一、作否认是潜意识的吗

当你说"我没疯"或"我的意识形态与它无关",而其他人认为你在否认而非出于礼貌、撒谎或不小心犯个错时,那就难以判断如何定位你与真正事实(真意或真情)之间的关系。

当我们不经意地即没有动机地错判了事实时,我们说"没意识到"真正事实。在撒谎时我们就"意识到了"事实情况。在安娜·弗洛伊德所讲的压抑下,被压抑的冲动其实"消失了":"但通过压抑法解决其冲突的孩子,尽管有无法控制的后续问题,但其自我是平静的。"[8]否认是辩护的一种较平和形式,它花费的精力很少,就像其他非压抑式的防卫机制一样"每当有本能的能量介入时就得再次发挥作用。"[9]每次有人主张或有证据表明法官有意识形态影响时,他就得否认一下;他无法通过简单的压制行为而一劳永逸地排除之。

但把形容词"潜意识的"用于我所界定过的否认,似乎怪异。你用大量精力"克制住而不去了解"一个事实或内心状态,而说你未意识到它,这就有问题了。当我们说我们在处理受动机触发的错误或受意愿激发的想法时,我们其实表达了心理中有某个部分提示一种可能性即有令人不快的真相,而后鼓动自己不要去了解它。我们用否认一词在心理学层面上所意指的是,所牵涉的物事远超过纯粹的言语行为,而我们把这个"超出的部分"解释为一种用以应对带来焦虑的冲突的策略。这预设了事中的"策划者"知道的不只是愚钝的行为人之言语否认行为。萨特如是说:

其实,一个行为奸诈的人是在掩盖一个令其不悦的真相或将一个令人愉悦的假象表述为真。奸诈于是看起来有了结构即虚假性(falsehood)。但改变一切的是这样一个事实,即我不诚实地在对自己掩藏真相。故而骗子与被骗的二元关系在这里不存在。相反,背信实质上暗指向个人意识的统一。

……首先,谎言告知者与被告知者是一个人且为同一个人,也就是说我作为骗子得尽我能力知道真相,而此真相被尽我所能地加以隐瞒,自己也就成了欺骗者。不过好在我必须知道真相,恰恰是为了更仔细地掩盖它——这一切不是发生在两个不同时刻,这在必要时可能会允许我们重建一个二元假象——但处于一个单一方案的统一结构之中。故而如果压制了影响谎言的二元性,则谎言如何能够得以维续?

……我们在这里看到一个瞬息即逝的现象,它只存在于且贯穿其自己的变异分型中。其实,这些现象常有,我们将会明白事实上不诚信有其"短暂性",即表现为持续摇摆于善信与怀疑论之间:即便背信的存在是非常不确定,且尽管它属于那种我们可称之为亚稳定的心理结构,然而它代表一种自主或持久的形式。它甚至可以说是相当多的人的生活的规范方面。一个人可以生活在背信中,这并不等于他对怀疑论或善信没有偶然的意识,但它意味着一种持续又独特的生活方式。我们的尴尬于是达到极致,因为我们既不能拒弃也不能包容背信。[10]

萨特建议的二难困境出路在我看来行不通。但就我们的目的而言似乎足可以说否认者是半意识的,或同时是意识的与潜意识的,或自我希望它对某些东西不意识,因此它必定在一定意义知道。

十二、否认是一个集体现象

既定法律文化中的法律行为人能够在法律制度的真实本质方面进行集体否认,这一看法在法律史与社会学史中由来已久。这个问题的典型是对"法律虚构"的解释。梅因(Henry Maine)在其《古代法》中有一段对罗马法中的否认现象的描写:

故而可以肯定共和国早期，人们认为所有主张成员资格的群团(groups)都以共同的血统为纽带。凡适用于家族时正确的，首先适用于家室，然后部落，最后国家。然而我们发现在此信念(如果可用此词的话)或理论之外，每一个共同体保留着其谱系与传统，这就明显表明上述基本假定是错误的。……单独谈罗马，我们看到最基本群体即家族由于收养行为被不断地杂交去纯，而下述故事似乎一直流传：某个原始部落有外族血统，或某个早期国王要求一些家族增添族外成员。国家的构成被一致假定为是自然的，但其实有很大程度的人为性。在信念或理论与臭名昭著的事实之间的矛盾初看起来十分复杂；但它真正要说明的是效率，因追求效率而使法律虚构在社会幼年期发挥作用。最早且最广泛采用的法律虚构是允许家庭关系可以人为创建，我认为这是人类最深受其惠的一大创举。[11]

对否认的心理学解释有两个不同部分。其一，决定把言语行为解释成既非纯粹习惯的又非纯粹谎言或随机错误的一种虚述。这就是梅因讲的“在信念或理论与臭名昭著的事实之间的矛盾”。其二，选择一个具体矛盾或若干矛盾是焦虑的原由，在具体情况下的否认正是要排除这些焦虑。在判决中，判定其中对意识形态因素的否认属于这种虚述是一回事，而成功把否认解释为特定冲突的产物则是另一回事。梅因在上述引文中没有认真解释第二层面的问题，相反，其诉诸“社会幼年期”虚构的“效率”。

可能促动罗马时代学人或法官及其公众否认的那些矛盾并不是被高度个殊化的变化不定的本能，这些本能有时似乎有助于解释神经官能症甚或疑难杂症病理学。不过，现代对防卫机制的通俗心理分析并不以这种方式联系其个人生活经历。在我看来，使安娜·弗洛伊德能成功综合其父的作品，并使之成为一位重要的创新者的因素是，首先，她直接区分开了压抑与较温和的防御；其次，防卫机制规范化为心理生活的一个因素；最后，她坚持一长串不同种类的矛盾，而我们抵御这些矛盾。[12]

这三项改进使我们对防御的通俗心理分析成为可能，这没有多少“弗洛伊德色彩”。在这种自我心理分析中，就像在萨特及认知失调理论中的一样，防御不再紧密联系于一般的性欲或具体的俄狄浦斯情结。防御是一种自我保护的技术且同时是主体据以建构一种“真相”的手法。它们在理解个体或集体现象中的用法完全符合后结构主义在一种被具相化的潜意识或“现实原则”方面的认识论与本体论上的怀疑论。[13]

如果许多法官否认在其判决过程中有意识形态影响（有些是在说谎），那么似乎合理的做法是寻找他们境况中产生矛盾的某种共同的东西，而非大量带有个人癖好的俄狄浦斯情结翻版。

十三、否认是对角色冲突的一种回应

人们通常认定，如果法官在事实上有意识形态却还否认在判决过程中有意识形态，那是因为他们违犯了一种角色限制并且不想承认它。这种描述为有限制能动论者、折中者与双极性法官的行为找到了共同模式，即意志脆弱或欺骗，这些是我们所有人一直否认的东西。

我不是说我要否认法官有时感觉受文本约束并继而决定不受之约束，即违背其忠诚于法律材料的誓言。极有可能（谁知道？），意识形态对司法造法的主要影响就是通过这类行为带来的。事若如此，研究意识形态对司法造法活动这一政治过程的影响就是研究司法偏常行为即违背规范如何在我前面提到的折中、授权与正统化效应中收场。

但在我看来，否认判决中的意识形态不只是要掩盖行为偏差，还有其他意图。看起来有限能动者、折中者与双极性法官显然对约束作出了反应。而事实上许多人指责他们口无遮拦，理由是他们本该对意识形态“直接说没影响”。依此看来，他们在审判中受立法偏好（其个人的意识形态）影响的那一瞬间，他们出格了。

即便他们接受法律之治作为约束，我们也应当谴责他们，因为他们寻找具体规则解释的源头无法质辩，他们宣称此解释就是法律，尽管他们知道从立法上看这是错误的。即便存在开放结构，他们也不强推其作为立法问题时所偏爱的规则解释，除非他们能令人信服地论证这种解释作为解决方法已得到最可靠的法律主张支持。

此说法听起来还不错，但在传统观点看来还不够：他们应当无条件地排除意识形态偏好并“忠信于法律”或“只是解释法律”。依此观点看，法律之治不是个约束因素而是指引行为的渊源。问题是法官是否接受指引,不管多么不容易去搞清楚它是什么,或相反,法官直接接受其他东西指引。

替代性的观点在历史上与英国的实证主义相关联并在法律现实主义与批判法学中被彻底化,它就是:法官面对的不是其角色与其不正统欲望间的冲突问题,而是一个纯正的"角色冲突"。在那些有可能指引其行为的诸规范之间存在着矛盾。依此观点看,否认的动机之罪责不在行为偏差,而在不管他多么地努力都无法做出正确的事情这一困境而引发的焦虑,因为你被要求同时做两件完全相反的事情。否认意识形态影响会消解角色冲突,使之看起来显得是融贯的而不矛盾。

再次提醒,我不是主张所有法官的判决都是意识形态的,而我认为有可能有些法官不否认什么。这些法官并未感觉我说的那三种法官所体验到的冲突。我这谨慎限定了的主张就是,有理由相信有限制的能动者、折中者与双极性法官感觉到了角色冲突,正是这一冲突促动其矢口否认,他们同时还感觉到了其他冲突,如他们追求意识形态力量的意志与其角色间的冲突。

说他们感觉到了角色冲突就等于说对他们来说排除意识形态可能是有问题的,因为在他们理解的法官角色中有某种东西似乎敦促他们将之包括进来。我认为法官以及类似职位上的行为人事实上确实常常体验到这种冲突——大体上介于建议给他们的总体性的一般目标(或标准)与诸具体规则之间,后者据说能深化目标但有时似乎与目标相冲突。对法官来说,目标是"法律下的正义",冲突存在于上述理想与决判过程中无条件排除"个人色彩"之间,即排除意识形态。

对于我构想的三类法官,法律下的正义似乎不可能只意味着适用法律。首先,他们很清楚其任务是决断"法律的问题"即规则界定问题,而这些问题是解释问题而非将规则应用于系争事实的问题。其次,他们很清楚,"法律"在审判过程终了时表现为一种功能(a function),即他们处理法律材料的工作所带来的结果,并且不同的工作策略可能产生不同的法律——不同的规则——不存在内在于法律的标准可用以指明哪种工作策略是正确的。

我认为这些法官,当法律看似要取决于其将贯彻何种工作策略时清楚地感觉到,他们应该做的亦即其角色要求他们做的事就是参考他们的正义观(可能具体化为权利、价值或需要了)。但我认为,他们还感觉到他们无法做到让正义观念施用于冲突且又杜绝意识形态进入决断过程。他们不想它进入并希望它无法进入;他们可能甚至相信只要他们能找到意识形态介入渠道,他们就能排除它。但正如他们所体验到的,你在开始谈及正义的那一瞬间,你就用了一个受争议的概念,而这种争议是大家熟知的,它起于自由主义与保守主义对公正社会秩序亦即公正的法律规则之不同理解。

这些法官进退维谷。他们的正义感不可避免是意识形态的,因为一个外部观察者会很容易把法官们归类为要么自由派要么保守派的,归类依据是他或她对一些情况下正义要求什么之回答。如果策略行为有其可能,则对有意识形态的司法之唯一替代办法似乎就是随机判决。法官可能会想,随机判案比之于在意识形态影子下从事司法则更为严重地违背了"法律下的正义"所界定的角色。

我的上述描述目的是要表明,是什么在事实上可能促动法官否认判决中的意识形态,而非"只是说不"从而直接排除它。它可能是对某些法官之体验的精确描述,即便我们肯定事实上存在一种无意识形态的方法来决断法律问题。如果此方法存在,法官应当采用它但他们会忽略它或不能自如地应用于具体案件。

在我看来,体验到角色限制的法官是"对的",因为确实有一种矛盾深植于其角色之中,因此她唯一替代否认的办法就是承认若她依照人们所期望的方法就无法尽其职责。我认为矛盾是"现实的",因为现在理论都未解释清楚,假定法官的正义感与一个现有的意识形态相叠合,一旦法官认识到解释中有可能有策略行为,那么她能如何以一种排除意识形态的方法断案。

举例说吧,德沃金对法官说了两件事:除法律论争之外,没有标准可用以确定规则选择之正当性[14],且法官应当调用其自己的"政治哲学"(这可能是自由主义或保守主义的)[15]用于分析通过适配(fit)所展开的法律确定性研究,还用于抹平那些不顾法官们的努力而持续存在的裂缝、冲突与模糊点。[16]尽管他使用“正解”一语，但德沃金根本没有解决下述这些人的不安：他们提出通过让法官对意识形态“直接说不”的办法来抹平法官的角色冲突。

从这个角度看，法官对意识形态因素的否认有其极为特别的内容，萨特称其为背信，因为虚述本身就是个工具，即机械地而非策略式地解释。背信在此意义上揭示了真相（根据萨特说法），即人的主体性既是一个仿真陈述（factoid），一如现世中的事物，同时也是超验的，在运动中超越其表面稳固性即是自由的。所以，法官虚述自己是仿真的或机械的，这在他看来似乎会完全顺应其角色要求，尽管他时常感觉到文本约束的存在，又时常感到这种约束在法律工作中被莫名地溶解。

十四、公众否认审判中意识形态的动机

至此，我们知道否认是一种逃避角色冲突的方法。但为什么法官不这样回应：“我的角色有一内在矛盾，故它需要重新设计”？为什么学术批判不帮助法官摆脱困境，揭明我们在强迫她虚伪？一个深入分析的办法就是追问此角色之外的公众有什么理由否认审判中的意识形态，有什么理由表现得与法官的否认并存共依。答案不能是这些圈外人的角色冲突，因为他们不承担此角色。[17]但他们仍然能投身于非冲突的角色，即可能影响到不带有意识形态的判决过程。

在无意识形态审判概念中，人们赋予了两种寄托：(1)人们可能想要坚信它，因为基于政治体制中法官中心性，不坚信它就可能会引起焦虑，和(2)人们可能想坚信它，因为相信它可以满足对现实世界中若干可能性的幻想如去除社会差距，这种幻想令人愉悦。

十五、惧怕后果

相信法律之治是一种指引而不是一种限制，这其中有一种辩解的动机。如果有人相信排除意识形态是可能的，且即便有人坚信我们的制度是“基本上”好的（尽管需要改革），即如果该人是自由主义者或是保守派，那么就很容易处理下述观点，即法官经常允许意识形态介入而非只是对之说不。这种洞见仅要求我们改革司法系统，即让法官服从那些被“每

个人"认为有效的角色限制。公开谴责司法系统的专制可能是自由主义与保守主义政客们共同的任务,但无论如何都未挑战"体制"。

但如果我们的批判是对的,那么它就是场皮影戏,不管这样多么令人满足,因为没有融贯地说明那些正义感被意识形态化的法官们在假定不受意识形态影响的前提下如何能够做到其角色对他们所要求的职责的。且因我们难以想象我们如何能够排除那些有这种"堕落了的"正义感的人进入司法系统(尤其如果我们自己"已堕落"),所以"体制"看起来存在极为根本的瑕疵,而非只是归于不可避免的法官之错亦即行为偏差。

简言之,病毒批判引起焦虑,部分因为它消解正统性。它颠覆广义的**自由派**之共识,不仅关于社会应然地如何组织,而且关于这个病毒滋生的社会如何更好地组织,即根据个体权利、大多数规则与法律之治这些原则来组织。这表明尽管看起来相反,但它事实上并不是那样组织的,而且将来即便改革司法系统之后也不会。它也不可能是那样,因为现实的情况是解释中有策略行为且难以想象有什么办法能将之消除。

另一个动机或心理寄托,即第二种对法治是指引而非纯粹约束这一观念的投入,源自自由主义与保守主义对多样而具体的法官所造之法的承诺。在无意识形态色彩判决中的自由主义之桩可通过下述问题加以归结:"难道你不认为布朗诉教委案在法律上与意识形态上都是正确的吗?"自由主义与保守主义有许多此类的承诺,尤其相信对其有利的重要司法判决之法律上的正确性。有报道说布朗案只是个自由主义意识形态的显证,因为它与普莱西诉弗格森案(Plessy v. Ferguson)相比并没有多少合法律性(与合道德性相对),这种报道对自由派来说是个坏消息,否认它的动机也就很明显了。

不过另一个否认病毒批判的原因是惧怕,即害怕如果批判是有效的,且若法官们完全理解它,那么法官们可能会专政我们,这样就比以前的做法糟糕多了。换言之,相信法律之治是一种指引而非单纯的约束,这种信念是一个有益的憧憬,一个有良好社会后果的神话。我认为斯科特·阿尔特曼(Scott Altman)在其鼓吹这种恐惧的文章中错误地认为,即便法官迷信此神话,他也能下意识地"遵循法律",理由前面讲过。但我认为这种批判并不能够否认下述情况,即更高超的司法水平(judicial sophistication)有可能(1)增加策略行为而牺牲意识形态的随机行为,和(2)减少一些法官的“欺骗”,我是说无视他们所体验到的文本约束。[18]

我努力考问审判除魅所可能带来的这些危险在多大程度上有其现实性,我不是要以此来套词玩儿。我的直观看法是,坚信权利与法治的人,以及坚信废除种族隔离之正义的自由主义者,即便在接受了对审判的批判之后仍会继续相信之,并且我相信,法官更高超的水平可能对法官所造之法的内容几无影响。不过谁知道呢,我只是认为,惧怕后果是否认病毒批判的动因。

十六、克服自相矛盾

从我独特的意识形态立场出发,即左翼的现代/后现代主义出发,发现一个更为滑稽的否认动机,即我们的冲动与理想之间的自相矛盾性。这种矛盾体验之“根本性”的说法是现代主义及其后遗症的确定症状之一,此论类似于一个逻辑前提,就像期盼融贯性成为人类生活中的一个自治力量一样。人们至少有时会纯粹为融贯而融贯,因为它是一种快乐,是对一种恐惧的释放。我不主张此立场,我将通过两个引证再现它,一是引自西蒙·弗洛伊德《精神分析引论》第一章,二是引自安娜·弗洛伊德《自我与防卫机制》第二章。

精神生活是相互对立的诸目的之竞技场或战场,静态的表述就是它由一些对立矛盾与成对的反例(contraries)构成,这是个事实,对之及时反思确很重要。证明一个具体目的之存在,这不等于反对另一个相反目的之存在:有二者并存的空间。它只是这些反例相互间的态度问题,就是各自会产生什么影响的问题。[19]

对这三个强有力的支持防御本能的动机(超自我焦虑,客观性焦虑,归于本能力量的焦虑),我们得加上那些在后来生活中因一种自我需要而产生的动机,即自我的合成需要。成人的自我要求在各种冲动之间达致某种和谐,故而引起一系列冲突,这一点亚历山大(Alexander)已详细阐释过。它们是对反的性向之间的冲突,比如同性恋对异性恋、被动与能动,等等。[20]

这种思想在诸欲望或冲动融贯的层面上广为人知：同时想得到或想成为两个矛盾的东西，这会带来不快。学术上表现为一种认识，即同时相信或同时坚持两个矛盾的理想，这会令人很不自在，尤其是在一些具体情况下其所要做的就是以一种非理性的方式在它们之间作出选择。

我们可能把一种社会建构即把法官形象解释成一个平台，在此平台上我们可以非常清楚地提出一堆幻想，即克服无尽的内心疑虑与矛盾感，萨特将之表述为一组吊诡语即“是其所不是”又“不是其所是”。在“法律下的正义”中，正义是超验的故不可捉摸，而法律有实在性（facticity），有历史的沉淀、文本的约束。我认为大多数美国人希望大法官像萨特笔下的法国咖啡馆侍者，他拼命地工作，把自己搞成类似或仿真于一种纯粹的法律必然性的传送带。同时，他们又希望相信法律就是正义，即大法官释放第六感的产物且在两个因素之间没有矛盾。

我们认为，至少有些现实中的法官也想这样，但他们有一个问题，此问题带来（他们及其公众的）背信。他们“知道”法律的实真性（有时）消融于法律工作之中，并且他们自己的正义感比其“应然”情况少些超验、少些自由、少些自己的东西，而多些仿真性、多些刻板的意识形态。背信行为是，一方面夸大其作为法律适用者被法律限定的程度（仿真陈述，类似事物），另一方面又低估他们施展所谓的（超验的）“独立”判断力时作为纯粹空论家（ideologues）的范围。换言之，否认意识形态因素又痴迷于审判剧场、谴责对法律之不忠，这正符合下述要求：一般层面上角色承担者应当“尽到”（be）其职责，而具体层面上法官过度地“发挥了”其职责。[21]

尽管在我看来法官的角色冲突是这一具体实存的复合体的一个实例或构成表现之一，但没有理由把它化约为这个单一的复合体。比如，把法官视为代表他们的公众而否认下述问题可能是有助益的，即我们无法得到一个融贯的正义观念，只有一种对某种我们无法确定的东西之宏愿，而我们对正义的践行永远是矛盾的。换个说法就是法官角色的整个意义就是要确认摆脱意识形态情境的可能性。

自由与保守主义共享一些一般原则，并发现它们同样在实践中相互矛盾，尽管服务于不同的结果。这些原则通过矛盾的对立主张为介质被用以影响规则之选择，被自由主义与保守主义者们以相反的方式遍用于若干政策领域中，既没解释他们如何挑选这些领域，也没解释他们如何确保其与左派、右派之激进主义的界线。法官自己及其公众对法官有个美妙的幻想，即他就像一个意识形态论者追求着正义，但与后者不同的是法官的答案有个限定范围即实现当事人之间的正义。还有一点不同即更有成效，因为处在“根本的”矛盾情境之外。否认与背信可能是(谁知道?)对这一预期之失望的反应。

十七、强制共识维持否认

要对植根于带来焦虑的角色冲突中的否认进行解释，我们可以增加一个强制共识(coercive consensus)因素作为体系的稳定器。换言之，如果大多数参与者在作心理学层面上的否认，那么他们将有一个动机即要制裁任何带来坏消息的人，即说“判决确实或能够排除意识形态”其实只是否认而非现实。此动机就是要回避揭开面纱将带来的焦虑。(这是一个社会对应品，对应于病人“抵制”临床医生打破其防御机制。)

如果人们制裁那些试图看透否认的人，他们就会不太愿意去试并学会撒谎，或自己采用否认以作为对焦虑的替代办法，焦虑源自冲突：他们欲图揭示出其所见到的真相，但又惧怕真相揭示后将招致的不愉快。

十八、意识形态投射是一个否认体系的稳定器

在通俗的防卫心理学中大家熟知一个观点，即我们有时会把我们自己内心中否认的冲动或行为投射(project)到别人身上(others)。惧怕败诉方会发火的主审法官，和惧怕那些不同意他们所创制之规则的人会生气的上诉审法官有动机把责任推卸给别人，即立法机构或先前法官。[22]鉴于他们惴惴不安于他们的意识形态对造法的影响，他们有动机将其极为独特的操作之意识形态意图投射到他人身上。

正如我所说的，法官们发现自己无论如何都会有一般的文化观念，即审判是一种道德上危险的情境，其中的主要危险是把意识形态引入了判决过程。我想，对于法官及其公众而言，回答说此中只有角色冲突而无道德堕落问题，这在心理学上不能成立。他们不可能承认法律之治只是约束而非指引，也不会承认有些时候尤其是有些极关键的时候它是一种弱

约束，这没有让他们摆脱由其意识形态化的、“堕落的”正义观带来的困境。

在此情形下，否认系统的稳定性可能从下述现象中获得一个重要支撑：双方对称的意识形态动机被敌手们相互投射给对方，继而谴责其敌对者堕落腐化。这种“投射式认同”（projective identification）涉及一种与他把自己的欲望或特性所投射向的那个人之间的自我强化关系，而非一个单纯的外化过程。[23]此观点在我看来有助于解释美国法律文化中一个怪象，即着迷地关注又同样着迷地否认一种意识形态，即我所谓的美国批判法条主义。

一个人如何能够“证明”一个类似上一节中的命题？没办法！不过来看一下一个自由主义者写给《波士顿环球报》编辑的信，他参与了彻底政治化了的战争，即批准一位保守派哈佛法学院教授查尔士·弗雷德（Charles Fried）加入马萨诸塞州最高法院。由于信中引述了弗雷德并指责了他，故可以看到投射的对称性，它甚至写了一段对完全冲动的指责来从意识形态方面分析法官，而它本身完全例示了一种意识形态。

弗雷德已有一个体面的学术生涯，但我不相信他是一个合适的人选。他可能会把一种意识形态倾向与潜在的分歧带进本无这些东西的法院。

弗雷德是所谓“里根革命”的忠实追随者，该革命计划有一个主要目标就是废除在共和党与民主党统治期间提出的法律权利与救济，理由是违反了1964年《民权法案》第7条。

在首席检察长弗雷德帮助说服最高法院废除若干年的先例并打烂在1988年与1989年一系列判决中的《民权法案》时，该目标几乎完成了。这些判决被视为极具破坏性以至于国会采取非常步骤废弃它们，即采用了1991年的《民权法案》，把该法律复位到它在里根司法部之前状态，弗雷德成功地策反了它。

弗雷德在回忆录中写道：

“在许多方面，法院本身已成了重要的官僚行动者，在这场运动中热心且清醒地谋取用社会非生产部门（律师、法官、官吏、政客）的判断与价值代替创造财富的企业家与工人们的自决权。受好斗的诉讼律师怂恿，法律教授、自由媒体与法院已成为一个基本引擎，来重新分配财富并束缚生产部门的精力。”

这种对法院与法官有偏见的态度应当仔细掂量。你希望把这样一个人推向美国最高法院吗，他支持一个极端看法即法院忙于密谋破坏资本主义并重新分配财富？你想这样的人来判断法官吗，他断言法官是“社会非生产部门”的一部分？弗雷德的提名应被驳回。

Mark S. Brodin

波士顿大学法学院法学教授[24]

我发现，在理解布罗丁（M. S. Brodin）与弗雷德成功对“他人”作意识形态分析的方法并确定一般意义上中立的可能与他们自己在具体情况下中立的可能时，看看弗雷德对神经质的（对立于“精神正常的”与“精神病学的”）妒忌心的经典分析是有助益的。其实我认为我们这些批评家们应当自豪地肯定下述类比：我们对判决中的意识形态之分析与弗洛伊德传统即在人们最为关注的地方找出性欲动机以便取消它们，二者作类比。阅读弗洛伊德论忌妒仍然很有意思，如果用“中立性”取代忠诚，用“意识形态动机”取代背信弃义，用“审判”取代婚姻。

第二层即被投射出的忌妒在男人和女人体内，要么源自自己真实的对现实生活的厌倦，要么源自已经屈服于压抑的忌妒之冲动。我们日常体会到忠诚，尤其在婚姻中所要求的那种程度的忠诚，在面对不断的诱惑时恰恰得要维持。任何想否认这一点的人本身将会被非常强烈地推向不忠诚以至于他会非常愿意利用一种潜意识机制作为一种缓解。他获得了这种解脱（更准确地说，被他的良知赦免），当他将其对不忠诚的冲动投射到他认为有忠信的配偶身上时。这一重要动机于是能利用手头材料（感知材料），配偶的无意识冲动可能通过这些材料被泄露，且这人可以通过反思其他人可能不比自己强多少来证明自己。[25]

十九、小结

有些法官有时对材料采用意识形态策略而非只是接受它们的引导。他们选择的这些策略影响到其在既定案件中创制什么样的法律。一方面,此影响不受选举程序的约束,即当立法者对立法措辞进行斟酌商讨时的处理方式。在这个意义上讲法官比立法者自由。

另一方面,法律以一种并不约束立法者的方式约束着法官,因为他们接受了忠于材料的义务,这就排除了许多东西,即使它不决定许多案件中自由派与保守派之若干规则解释之间的选择。在此意义上,他们没有立法者自由。

存在一个不成文的传统,即否认司法造法者从事的是一项意识形态活动。大多数学界成员(包括法官们自己)相信这个传统有一定道理,即他们否认判决中的意识形态。他们不断地夸大一种差别,即法官们在决断上诉判决中的法律问题时他们所做的,与立法机构通过审议而后票决成文法来决断这些问题时立法者所做的极为不同。

我下面一章将提出,法官造法权力与错解判决的背信组合到一起,对意识形态化的集团冲突有一些后果。

第四章　判决的后果

第一节　适度效应与授权效应

一、反事实的立法至上

在法律之治的大多数讨论中，隐含的一个问题是如果法官“放任自流”则可能会发生什么？本文采用了非常不同的解释工具来构想一种不同于现状的治理体制，它可能会废除一个关键方面即我们理解的判决，然后详尽地反思其对政治体制所可能带来的后果。此方法有利于使后果问题得到相对限定同时又不会压制讨论的完全推测性。

由顶级上诉审法官决定法律问题的每个案件中，如果有一个对立法机构的诉求，即用强有力的立法机构的行动来思考并决定该问题，那么会发生什么呢？立法机关可能没有书面的意见，但会有争辩与立法过程。立法机构可能多多少少使用精心的事实查明环节，一如它的通常做法。“当事人”可能提交任何他们想要提交的摘要；一旦问题到了立法机构那里，似乎没有规则来限制“级别”。

设想一下废弃最终的司法审查，即对成文法违宪的一种最终的判决可能同其他任何法律问题一样诉诸立法机构。最后,构想一种一般的理解,即立法机构应当学习法院遵从决策规范来处理这些问题,这些规范与那些“一般”立法活动中见到的规范难以区分,包括服从州与联邦宪法的规范。

我认为,我们现行的判决实践与对此实践的通行理解相结合,产生了一些政治结果,这些结果不同于那些如果我们采用不同的实践与理解所可能产生的结果。这会是一场大变革。但有多大?你的答案将依赖于你认为法官们现在做什么,依赖于你认为人们在各种公众场合将如何理解法官们的所作所为。有必要区分开这两个问题,因为人们对判决活动的现实性(reality)几乎没有共识。人们对此活动有大量不同的看法,而这些看法影响着其对判决活动及立法活动的参与。由于看起来这些观点显然相互矛盾即它们不能都对,故某些重要的人群似乎有可能被误导。

相比之下,在我假想的远景方案中,对现实情况有一个共同的理解(尽管对具体案件中应当做什么与对新体制本身显然存在大量分歧)。我想提出的问题是对下述政治体制的影响问题:通过判决过程而非通过一个(相对)透明的立法过程进行造法,而此判决过程服从于我们具体理解的多样性,包括对判决中意识形态的普遍否认。

我们独特的尤其被误解了的通过判决的造法体制,其三个假想效果与我的反事实处理法(counterfactual process)相比似乎值得说说。第一个是缩减意识形态上组织起来的立法大多数以及意识形态取向的高等法院法官们(无论自由或保守派)的权力,以期在任何沉闷的依法治理的主题领域带来重大变化。第二个是授权合法的学界小部分人自行决定合法的意识形态冲突结果,少受些选举程序的控制,它毕竟不同于立法机构决定上诉法律问题的体制下的那些情形。第三个是正统化效应问题,这将在下一章细讲,即让现状(不管是什么)看起来增加了自然性、必然性和相对正义性,这在立法修订中十分盛行。这三项效应假定了我们的社会有一个特别大的意识形态区分,即相对对抗的自由主义与保守主义。正统化效应得面对下列问题,即其他意识形态(比如激进左派与激进右派)如何受到一个独特现象的影响:实践中或制度上最终经由判决的司法造法。

我们可以区分对普通法、成文法解释与司法审查的不同后果。在前面两类中，立法机构经常（先设的）有权随时修正法官对法律问题的答案。不过现行体制使司法审查可能仅限于很小的一部分情形中，而替代办法使它作为常规加以使用（不是个“正当”问题，因为此种描述在我们的法律文化中可能暗示着一种可能性，即对一项立法决定的司法审查不予审查）。

没有理由认为在每一个案件中可能有一个上诉，更别提每次初等法院决定一个法律问题都会有一个上诉了。大多数法官对规则的服从仍会属于“不意识”范畴，因为法官与当事人照常行事。当法官受到文本的约束、感到规则是错的但不能提出可靠的法律主张来支持其首选的解释时，败诉方可能会或可能不会认为有必要劳神立法机构了。

当系争规则达成广泛共识时，可能上诉就没什么意义了，且同样或类似的问题已有判例或一项立法成果只是有可能将应用亦然。但在意识形态集团冲突的情况下，可能有政治能量与资源可资利用，有某种成功的前景，而且所处的情境可能与现在情况大不一样。

二、适度效应

罗伯特·瑞奇（Robert Reich）最近写道：

在标志性立法中，比如最近出台的《1990年清洁空气法案》若干修正案中存在明显的戏剧性。在此类大场面的争斗中，复杂的经济大问题受到质辩。我们想要更快的经济增长还是更安全且清洁的环境？何为公众与私人责任的适当范围……最后，在勇者与懦夫（根据你的观点）的最终咬牙切齿、拼死玩命的行为中，牛已过河但前程未卜。戏谢幕了。

不过更可能的是，现实的戏剧已悄然开始，要不然，在立法者不断卷入该法案之前它就一直上演多年。实践中对政府规章的不时斗争不断由政府机关与联邦法官们发动，比如他们解释与再释成文法，即一些新制定的和其他若干年前制定的法。机关与法官们填补了立法空白，对模糊的成文法语词赋予新意，更新过时的制定法，把法律应用到立法者做梦都没想到的情境中，决定在制定法中从未细化的具体权利和义务……正是在这里，公众与私人的经济活动范围之轮廓描划了出来……

……(环保机构)机关会提出,他们只是执行成文法;联邦法官们会说他们只是在确保环保局的执行符合国会意图。但这些谦虚的主张只是为了作秀。机关与法官受其自己对公共利益的前理解之促动会创制新法律,比如因一些党派无情的主张而修正,这些党派能丰厚地资助这些底层政府的说客与诉讼人……在回答这些问题时,环保机关与联邦法官们会为美国工业与环境创制一套复杂且含义深奥的制度。[1]

选择这种通过判决而非通过立法来修正造法,这对意识形态集团冲突结果的一个影响可能是,长期以来整个治理体制是一个比较"适度"的路线。如果所有影响意识形态集团冲突的法律问题不断面临经由立法程序的决定与再决定,那么我们可能会期望立法者(及其选民,限于政治程序能够反映选举人意识形态)的意识形态会自行失去作用,就像他们在其他问题上所做的那样。如果在一个既定事项上有一个清楚的自由主义大多数,那就可能会对大量系争政策有清楚的自由主义结果。

我们的体制不允许任何此类事情的发生,因为(1)立法机构其实只决定一少部分意识形态化的事项,且(2)决断这些问题的法官在一个特别的体制下行事,即解释上的忠诚义务与(被否认或被误解的)塑造材料的自由相结合。如何可能产生适度效应,这在瑞奇上述那种成文法解释的例子中就很容易理解了。

三、缓和立法体制的变更

我们有必要区分开两类造法:一是被认为有深远后果的,即会明显地改变事物的,二是被大家理解为对现有管理体制细化的。法院与立法机构都会有这两类造法。法院在宪法性法律、成文法解释与普通法中创制着转变体制的法律,同时雄辩地对此予以否认。但他们还在这三大领域中做大量的纯粹体制细化的事情。

在我们体制中造法有两个重要方面:一是只有在司法上细化所提议的改变方案的情况下,立法体制转变才会出现,二是体制转变要求在所有不同类型、环环相扣的法律中都有改变。法律规则体系如此之大,如此之密,如此充满裂隙、冲突与模糊点,面临相互冲突的意识形态解释,以致立法体制转换要求在许多不同法律领域中大量地施用决断。

根据罗网假说,这些决定复制了一些只有通过体例变革才能解决的根本矛盾。罗网,意指在长期的法律规则精化过程中,在规则适用于新事实情境时所出现的裂隙、冲突与模糊点再现了原初方案意欲解决的意识形态冲突。[2]

有时,解决裂隙、冲突与模糊点的过程可以视为“仅仅”是例行性的细化体制。它影响到在更为自由还是更为保守这一取向上的“偏斜度”,却不影响我们理解它“是”什么、其一般的目的与效果以前是及将来仍会是什么。但“细节决定成败”,即我们还熟知某些情况下贯彻规则式地作出判决会抹杀了总体目的。有时细节工作甚至能扭转格局,使得在实践中出现的目的与效果与原定意图完全相反。或原初格局成了一场复杂的妥协,其中两大意识形态位置利益得到表现并由此使立法多数决成为可能,但贯彻论会渐渐地把一方利益淡化出局。

这些可能性意味着通过解释来处理的,其实只是一种形式结构,它会误导人。我们起始于一项法律规则。看上去好像规则“里面”有裂隙、冲突与模糊点。这使得创制规则的判决看似显然比关于如何解释它的判决更为重要。这看起来好像解释者是在贯彻方针或规则之后的诸政策。但事实是,对裂隙、冲突与模糊点的贯彻论解决可能抹杀或颠倒此方针或政策。

有限制的能动者、折中者与双极性法官是此进程中的主角。大体说来,有限制的能动法官可能在意识形态上或赞同或不赞同体制转变。若其赞同,他会不只是满足于“贯彻”它;他会尽力发展并丰富它,在众多可能的解释中作选择,选那些可以为意识形态集团冲突权衡带来真实转变的解释。

如果有限制的能动论者站在不赞同的意识形态立场,他会做得完全相反,努力赋予成文法最少的含义以便向其中加入大量的规则,以此来剥除其意识形态策论。折中者会把自己定位于两极之间,寻找那些不会成为党派之一丘之貉的“中庸”解释。双极性法官会游移于极力扩展成文法与同样极力削减成文法之间,保持一种权衡,但只能是长远看。

这一切都发生在约束的语境下。但约束只意味着这些法官中每一类法官有时最终选择了若其身为立法者时可能不会选择的规则解释。由于有约束,立法者很有可能会转变体制并通过司法贯彻它,且确定真实地转变意识形态平衡。不过无法确保这果真会发生。

中庸假说建基在一个简单模型之上:假定按照学术或政治家阶层中意识形态派系把法官作分类,且立法机构也显示出同样的分型。于是推知,大多数法官赞同改变体制的成文法并认为这是意识形态的胜利。但也会有些法官反对,还有些以这样那样的方式感觉不强烈。法官的这些潜在的立法偏好会被角色约束所修正,即禁止他们带有意识形态并驱使他们归位于上述三种情形。在此情况下,唯有喜欢成文法的有限能动论法官会做制定成文法的大多数遵照修订法律的制度所可能做的事。

其他法官多少会反对成文法较极端的可能含义,尽管他们中有许多人可能支持那些意义,但那是“个人”立法偏好的事儿。持反对意见的有限能动论者会对此保持一致,即尽可能地“破坏”(从立法大多数的视角来看),因为这符合其所理解的材料约束。

但折中者也会有机地折中体制的变革,选择一些看似没有意识形态的解决办法,因为他们在两“极端”之间,即便他假如作为一个立法者可能会赞同能动的大多数。双极性法官有时会做意识形态大多数可能会做的事,还会做他自己如果是个立法者所可能做的事,但有时相反,即表现得像一个反成文法限制的能动论者而不顾其立法偏好。

所有这些中的限制角色很复杂。从一个层面看,几乎肯定会存在一些可能情况,即法官们都认为不符合解释上的忠诚的情况。但排除了这些之后,不同法官会对具体情况有不同反应。赞同体制改革的保守派法官,在努力扩展了成文法之后,会觉得受其法律工作所带来的扩展部分的制约。努力寻找缩小解释的自由派反对者们同样感到另一面的制约。

结果就是争辩,各方都认为自己本着诚信(但较普遍的是不诚信)作出了成文法“所要求”的具体解释。这种本该在立法修正的体制下以公然意识形态化的语言出现的关于解释的争论,此处却出现在虽也意识形态化但却偷偷摸摸地意识形态化的法律话语之中。这正是瑞奇所言之意,即痛陈国会的意图是“为了作秀”,而“法官受其自己对公共利益的前理解之促动……会创制新法”。

四、五种复杂情况

第一,约束因素有可能以相反于上面所述的方式发挥作用。保守派法官若对自由派改革体制的成文法采用一种"能动论"解释,可能会比自由派法官更感局促不安和自欺。她可能把此成文法视为起于非理性但认为其经民主选举的制订者有理由犯下错误。自由派法官若作出一个明显保守、限制性的解释可能感觉更轻松,这种解释会保留自由派创制的成文法之有效性,其妥协的方式可能会让立法的大多数感到吃惊。

第二,在法律实施过程中,双方都无法丢掉修辞即必然性,除非另一方也放弃了它。这是对司法角色误解的结果,法官与民众知道并不诚实地否认解释中的决定性权力来维持此误解。只要贯彻工作由法官来执行,每一方就都利用"法律规则"的修辞资源,否则就会败诉。

第三,"为了作秀"而需要维护一种修辞即司法必然性,这掩盖了司法争战与先于其前的立法争战之间的类似性。此实际效果就是授权反对者以一种在立法修正情况下不可能出现的方式进行体制改革。在此过程中,他们可能看似"失败者",竭力抓取着点点滴滴的小成功,却未作为意识形态中立者努力琢磨出其他人的意图。

第四,折中效应不是"扭曲公众意志"或破坏民主,理由有三:(1)在我界定的法律之治下,法官们感觉解释上的忠诚是一项不可抗拒的具体结论,抵制其立法上的偏好,他们会顺从法律并抵制立法偏好。他们必定感觉到其对体制转变的折中解释是法律材料所允许的,否则他们不会采用这些解释。考虑到工作进程的被指导性,他们会时常或可能甚至一直感觉自己是被要求的。

折中效应依赖一种约束观,但不依赖任何具体或一般的理论如"真地"、"正确地"或"中立地"解释具体法规或一般的若干成文法。折中的参照系是如果立法大多数落实其自己的体制改革方案时所可能的情形,而不必依赖于司法系统,后者既被意识形态内部分割,又被角色焦虑促动以竭力不表现出意识形态。

(2)若把独立的创造性立法过程理解为贯彻这些意义的司法过程,那就错了。经验老道的立法者心中明白折中效应并依此构思立法草案。比如,他们有时起草看似体制转变的草案,但并未期望它会得到贯彻执行。有时他们夸大转变的程度,目的是着重动摇折中效应并达到他们自己想要的结果。问题不在于存在扭曲,而在于立法机构据以工作的媒介有一个特殊的蜜糖属性(molasses quality),这在其他体系下不可能有。

(3)替代体制即立法修正可能对公共意志有其扭曲效应。立法机构思考与制订成文法的能力可能得大幅度提升。无论这如何组织,几乎肯定会改变政治与官僚权力在整个体制中的权衡,这为诉讼当事人的策略行为创造新机会。那么,鉴于其所有这些熟知的扭曲与腐败,为什么还把现有的立法权力权衡当做是正统的?[3]

第五,我起初的假定是,法官们的意识形态分布折射着立法者的意识形态分布,后者折射着选民的意识形态分布。作为讨论授权效应的过渡,现在刚好聊聊这一假定。司法系统可能有些视角是立法机构所没有的。法官开展日常事务,遵循与选民的主要意识形态派系相交叉的诸目的。

同样重要的是,折中与双极性法官们基于他们自己估计的相关的意识形态立场是什么来建构其非意识形态的意识形态策略。换言之,如果折中者认为基本冲突介于女权主义与顽固的性别传统论之间,那么那些立场就是他对女权主义代表毫不妥协的关键所在,尽管立法机构中的顽固保守分子可能仅因性别温和论而被反对。

法官提出立法上排除了的事项,及折中者与二极法官趋于把不明事项植入到他们的妥协方案中,都进一步降低立法大多数合理地实现体制转变的能力。其实,法官的造法权力可能考虑到类似议会政体中比例代表制所谓的麻痹效果。不同点在于,它不是选民意义上的比例代表制,而是法学界认为重要的意识形态集团利益之比例代表制。

五、通过普通法与宪法的司法体制转变

在普通法与宪法中,司法体制的精化是法官们自己理解的体制之精化。必然性传统与否认意识形态就意味着法官们如果被人们视为是有意识形态的,他们就不能公然引发体制转变。当然,如果他们愿意掩盖掉它,他们就可以进行体制改革,并且在他们看来不带有意识形态。在授权效应下,我将思考这些法官首创精神如何不同于那些在立法修正体制下

可能出现的首创精神。此处要点在于不管它们如何产生，法官们都得贯彻这种创造力。

换句话说，在我们的体制中，高等法院的多数派能够施行深远的体制改革（如禁止社会立法，废除种族隔离），但他们得通过其他的法官来贯彻其计划。这些其他法官会有意识形态派系之分，且他们要处理上级法院判决中的裂隙、冲突与模糊点，一如成文法中的情形。这些问题同样会以罗网式呈现出来，那些所谓在高等法院已解决了的意识形态选择会重新出现在包含意识形态的判决中，这些判决有望揭开法官最初始的想法。

许多学术团体不断地提出计划针对受普通法治理的生活领域进行改革，比如说婚内虐待或工作场所的性骚扰。在早期阶段，他们很难或几乎不可能召集立法大多数支持其计划，甚至连兴趣都激不起来。法官们会“调整”早期计划，在努力折中现有的社会若干图景之不同时渐渐吸收新思想。

因为法官在普通法与宪法判决中拥有实际上不可复审的造法权力，许多学术小团体能够避开立法机构而促成政策变化。我们将在下一节中看到，如果判决事实上与意识形态无涉，那么体制会运转得更为灵活。但同时，其实由司法引发的意识形态改变以一种低调或妥协的方式进行，而非表现为贯彻到整个相关领域中的决断行为形式并根据一般计划来解决所有的相关细节问题。

六、授权效应

（被否认的）通过判决造法的第二个假说效应则又完全不同。在折中假说中，有些法官对其自己中立性的信守使他们成为“中间派”，无论他们发现自己的意识形态立场是什么。在授权假说中，自由与保守主义法律学人开始解决意识形态集团冲突，通过一种神秘的判决过程，与他们若作为立法者相比则更少地关注选举过程。

比如，在成文法解释中，折中效应显然不只是发生在成文法上的唯一事情。例如，不准罢工与强制仲裁条款在纺织工人联合会诉林肯·米尔斯案（Textile Workers Union v. Linoln Mills）[4]之后的法律发展，美国劳工法的重大转变，或琼斯诉梅厄公司案（Jones v. Mayer）[5]之后《民权法案》下的诉讼理由发展，或第 7 条款下的性骚扰法律的发展。[6]《证券法案》中规则 10(b)5 之司法细化也是一例。

普通法类似的司法创举有世纪之交的劳动侵权的发展、通过承诺禁反言与相关原理的商业伦理法律的改革、消费者权益保护的当代法律发展、侵权法革命、以保护开发发展为取向的土地使用限制的当代法律发展、儿童监护原则的改革以及废除曾经赋予婚姻关系一种特殊的法律结构的诉讼理由(通奸、诱奸，如此等等)。

在宪法中，大规模的司法创举一直试图限制根据洛克纳诉纽约州案(Lockner Court)及其后继案例的社会立法，以及司法上废除根据法律的种族隔离。但有许多不那么极端的例子，包括重新分配、警察失当行为，与沃伦法庭的色情案例、堕胎判决、在 20 世纪 70 与 80 年代的民权法律之中立化，如此无穷之多。新泽西高等法院的蒙特 · 劳伦原则(Mt. Laurel doctrine)[7]就是建立在新泽西宪法相关条款之上，其效果是立法应当“利于公共利益”。

我这里的目标是对这种通过判决的司法造法给出一种政治解释。首要的问题是，与立法控制相对的司法控制如何调整意识形态集团冲突的结果。我们需要使一般模型更为复杂一些来理解此问题。

七、法律是一块可被殖民的地盘

让我们从一个意识形态知识分子的视角来看看诸法律规则组成的地盘。这些规则中有许多与学界关注的许多种集团冲突不相关。但有些规则非常重要。如果一个集团通过诉讼或立法成功地利用这些规则来支持其利益，它就继续利用这些规则去获取其他合法或非法的利益。它已取得一次成功并留待受先例或成文法语言约束的法官去执行这个新制度。日子久了，法官就可能朝着意识形态知识分子们偏爱的方向丰富发展法律，或可能朝着其他方向发展。

大量具体的规则体系曾经成为意识形态利益与争论的对象。不同的亚体系，与亚系中不同的具体规则都被视为有利或不利于一些具体的利益。但体系作为一个整体没有单独的意识形态印迹。甚至不存在哪个意识形态知识圈有一个普世的法律改革计划。可能存在的是对每一事项的保守与自由主义立场,但这些是不协调的,表现在各大选区内所有社会亚集团与学术界各派系的活动中。

我们可以做个类比,诸意识形态知识阶层及其中的若干小团体,殖民统治着法律规则这块地。学术阶层与小团体在规则及规则解释中有其利益,也有一些抽象的利益。

八、小团体与选民

自由与保守派学术阶层不是自我管理、界定明晰的集团。我们都知道,存在一个左—右连接区域,以及在自由与保守派“阵营”中联合结构。此外,在自由派学术阶层与大量自由派选民(高级知识分子 VS 白领阶层之类的)、保守派选民与精英等之间也存在显著的不同。

这意味着一些小团体比如自由派学术圈在公共政策方面热烈拥护一些立场,这些立场不被该学术圈的其他部分认同且甚至可能遭到自由派“大众”的厌恶。在小团体之间,与在学术圈与其支持者们之间的商谈是一个复杂的过程,与相反的学术圈及其支持者之间的商谈亦然。具体小团体所想要的许多事情在现行立法进程中是“政治上完全不可行的”。

小团体可能通过法院能够达到这些事情中的一些子项目。司法系统有代表来自这些小团体中的多数派,人们认为左翼人士及那些风格过于反传统的人不必申请。带来的代价就是来自某个具体小团体的少数有限能动论法官创建一项“原则”(doctrine)。然后折中者与双极性法官在特定形式的约束下开展工作,吸收并发展该原则。

一旦被植进大量法律规则中,该原则就成了推进它的小团体“财富”的一部分,服从于中立化的进程或通过未来发展被废止。如果我们实行的是立法修正制度,这些财富就可能一直受到来自立法多数派的威胁。在我们的制度下,司法判决的准终局性,伴随着对司法造法的否认与误解,使得它们相对免疫或“安全”。授权效应就是实际增加权力和意识到一种潜在权力,即学术小团体通过这种级差(differential)所取得的权力或认为他们取得的可能权力。

九、法官在创建公众意志中的作用

这种权力超越了在意识形态集团冲突中设定利于一方的具体规则之能力。法官调用了威望、个人魅力和源自我们的文化对法官的理解即汇集起来的权威。最重要的或最基本的是,它允许少部分人制定利于他们的法律规则,通过的途径不只有国家强制力。依自己风格设定规则的法官也宣称,这些规则是"成文法"、"法律"或"宪法"所要求的。这可能会使民众更有可能服从、接受并最终认可它们。[8]

由于在规则背后隐藏如此之多的法官个人魅力而引起了民众思考变革的是非曲直,所以法官决定着公众舆论。他们是政治体制的一部分,不只是他人创制的法律之"应用者",还是在立法中流露出来的情绪之构造者。近期最显然的例子,就是司法推动了废除种族隔离的立法共识之逐步形成。而马歇尔(John Marshall)对现行的司法审查共识的贡献,以及对联邦制本质的贡献不可低估。

谴责这一进程"不民主",这把问题过于简单化了。不存在那样一个"私"域,民众的意志可以生成于其中而不受社会中其他各种权威来源的浸染。法官的说服力量源自我们所谓的人的前自由意识,即他们对诸如神、王、父亲、圣父等思想的信奉。有无数此类的权威来源。传媒渗透着这些权威们的言行,还加以扩大或提炼,根据他们自己的权威渊源进行刻画。法官不可能没有施用这种间接权威,除非他们故意要除去自身的正统性。如果他们这样做,其他人会捡其所弃取而代之。授权就是意识形态知识阶层中的诸小团体的一种能力,即根据他们的议程来影响冲突的结果与民主大多数的构成,办法是有特权地利用国家权力、权威与传媒这种特殊组合。

通过说法官"反映"了转变中的社会观念与习俗,以此来净化这种权威,这同样过于简单化。他们确实反映了这些内容,但表现出多样性且最重要的是还相互矛盾。特定群体相反的观念与习惯、他们的意识形态分歧,都被表现到司法中继而通过法官得到发展与贯彻,这正影响着公众意识转变的方向与速度,影响着新共识的产生。法官们所做的、所构造的不少于其所反映的事。

不存在公众意志。存在立法进程,且存在法律规则。这都是**自由主义**的民主理论之构成部分。从立法过程中收回这么多法律创制再安插进被误解的司法过程中,这一结构影响了一般民众尤其是学术界对各种政策问题的思考。如果我们不能托付给法官那么多的造法权力,那么很难或不可能知道通过立法过程所表达的民意是什么,并且会幼稚地认为无论所表达的是什么都无论如何应该是纯之又纯的。

至此,我只谈了转向立法至上可能威胁目前意识形态小团体的现有权力,即通过同道法官来殖民一些具体的法律领域。讨论的权力平衡是“横向的”:精英及其支持者在司法体系中处境比之于若其在立法体系中的处境完全不同。但授权效应只增强了那些可介入司法系统的人的权力。下一节探讨知识阶层在获得这种介入权中的特权时是否有可能帮助解释否认现象。

十、判决是知识阶层力量的一个策略

鉴于有许多法律是通过判决创制的,对正解是什么有许多深有感触的论战,有许多人否认策略处理有自由活动的空间即赋予材料以独特的意识形态意义。那么这个论战,伴随着对司法中立的漫无尽头的批判过程,为何最终没有颠覆这种否认?

显然,一个快速的回答可能是没有那么多漏洞可钻,并且论战只是不同意存在正解,这不同于争辩“谁杀害了肯尼迪”中不赞成存在一个杀手。简言之,整个否认假说一开始就是错误的。另一个草率的回答可能是,论战与批判早已完全破坏了人们对客观性之可能的确信,甚至对判决中有限制的解释忠诚之可能性的确信。所剩下的只是一套习俗,一块遮羞布,一套“为了作秀”的演技。

我在最后一节努力回应这些看法。这里,我将进一步阐发一个假说,即两大意识形态阵营的知识分子们在神化通过判决的法律创制时有着共同的利益。这个利益从每个细部看并不很明显:能够利用法官的威望或魅力制订或落实他们特定的政策偏好。由于这些小团体有相互矛盾的政策偏好,且都有机会接近大法官,所以构成相互抵消。共同利益即是一种与共同危险相对的利益。

我认为知识阶层并没有这样一个物质上的共同利益(对反于其他社会集团的物质利益),它足够强大且足够依赖于利用司法权力以至于激发起否认。知识阶层的特权肯定依赖于对教育的尊崇,对权力与专业知识有效性的普遍确信,以及尊重抽象的"学术"。但我认为各知识阶层并不把他们的繁盛看作是特别依赖于专门利用法官,不认为有一种像19世纪晚期大财阀处事方式那样的神秘力量。

说得再细致点儿,在相信法律与阶层冲突没什么关系时就存在一个知识阶层的利益。一如每一个人都应该相信他们自己的意识形态普世化方案会成功。如果他们将其利益普世化进法律,他们感觉自己得到了肯定,只是肯定方式不那么正统。民权运动示威者在以肉体横挡警察暴力的时候唱的一曲"众志成城"(we shall overcome)中有一句:上帝,在我们一边!民权自由主义者们非常类似:

> 除了这些令人赞叹的成就外,我经常努力回忆美国民权自由联盟(ACLU)之力量与影响更多依赖于原则而非数量。故而……人们一次又一次地感到震惊,那些初看起来充满幻想或激进的联盟的政策最终不断成为主流并被法院与立法机构接纳。这种其他任何组织都无法匹敌的成绩,是我们忠诚于《宪法》与《权利法案》所设价值的结果。它也是千百万人辛勤努力的结果。[9]

然而,我们至少有可能建构一种利益本位的理论,解释为什么下述知识小团体应当坚持相信通过判决的法律创制在种类上不同于立法:他们特别反对追问正解是什么,且早已学会采用整个批判的武器来反对任何他们不喜欢的观点。再次,我们通过把目前的体制与立法修订体制作比照使这一问题更为具体,这一次是在宪法的语境下。

十一、对宪法问题的立法修订与最终司法审查之比照

讨论成文法解释与普通法中的法律之治,比讨论成文法合宪性的司法审查分量要轻得多。原因之一在于美国最高法院在我们现行政治中发挥重要作用。但宪政主义,包括作为一个预设因素的最终司法审查,也是

我们民族国家政治文化的一个重要部分。

我这里说的是一种民族国家神话,而非见多识广的政治理论家们所思考的东西。有一个看法很流行,即是否让宪政主义附带司法审查,这区别很大,并且这个大区别是界定我们的政治社会特色因素之一。尽管这种做法在历史上已经多次成为热议的话题,上述看法依然不变,有一些最惊人的攻击发生在与大法官汉德论《权利法案》的讲座差不多时期。[10]

有个替代办法。不成文法受到挑战且法院击败了挑战,失败方会诉诸立法机构。立法机构于是决定其先前工作是否确实有缺陷。宪政主义(虽无司法审查)仍然是支配性的政治理想,选民们一如现在都十分关注此事项。所有立法者都就职宣誓维护宪法。在新秩序中,所有或绝大多数立法者视之为"纲领性文件",所有人对之效忠(直至修正)。

但假如从马歇尔角度看,人们不再共识性地认为它是"法律"。法官一如既往地审查成文法。但当问题诉诸立法机构时,其成员中的大部分会认为自己有义务判定他们如何看待有效性(validity),而没有义务在解释上忠诚于相关宪法材料整个文献。他们认为自己有义务对先前法官判决的对与错形成他们自己的判断。

一个在宪法方面训练有素的立法者可能会很清楚,如果他是一个肩负忠诚于材料之义务的最高法院法官,他可能会宣布成文法不合宪。但在新体制下,他又可能会投票支持它。由整个法律上的相关材料文献产生的讨论终结感即确定感具体到他所面对的那份法律文献,这不只包括宪法文本。对他作为一个立法者所作的法律解释,他可能会有一种讨论终结感即确定感,此感觉同与若他反过来作为法官时的感觉完全一样强烈。忠于宪法可能会要求他做忠诚于宪法的事,而这些事在其若作为立法者时却被要求不得做。

十二、多数决规则之缺陷

关于在像刚才所述的体制转变中什么是生死攸关的因素,下述引证说明我对之所思考的是一种共识,即"作秀"。

多数决规则(majority rule)之缺陷。一个显然常被述及的危险就是多数人的暴政,托克维尔对之作如下描述:“如果人们承认,一个拥有绝对的权力人可能通过冤枉其敌手而错用该权力,那么为什么一个多数派(a majority)不应当易受同样的指责呢?”如果多数决规则严格应用且不受约束,就可能出现悲惨的结果。棕色眼睛的人会投票支持奴役蓝色眼睛的人;那些名字首字母为A到N的人可能会投票支持没收那些名字首字母为O到Z的人的所有财产充公。但在大多数民主社会中,多数决规则是有约束的,要么通过明确地把一些事项排除出去——通过一些诸如《权利法案》等器具——要么要求某些种类的事项的通过,除多数派同意之外还要求其他条件。[11]

请注意,在眼睛颜色与字母表背后的两个事项是奴隶制与社会主义,种族与阶级。此外,《权利法案》是一个“器具”(device)。此器具论在下文中被引向极至。

人们用小而易溶的食物强化让鸽子啄某个钥匙,用大而难咽的食物强化训练它不啄钥匙。大多数被测试的鸽子在超过95%的试验过程中会去啄钥匙……[所以],试验早期给这些冲动的鸽子提供一个选项,即啄一个花色的钥匙。那些啄起花钥匙的鸽子在蹒跚着走进实验室时发现,小而易溶的食物强化诱惑已经不在了。他们因此被迫等大而难咽的食饵(reward)——如果诱惑立刻出现,它们中可能有超过95%不会继续等待。有意义的是,上述这些鸽子中有30%在试验做到封杀后面这个诱惑时学会了啄早期钥匙。甚至鸽子似乎能够学会在此刻的压迫下以一种本该回避的行为方式即约束起自己未来行动自由,以图得到食饵回报。[12]

这些引文暗示着一些不同,即如果我们拥有现在同样的宪法,但以立法机构为其意义的“终极裁判者”,那么有可能带来重大不同。

人们并不希望执行最终司法审查的法官完全以上述引文所讲的方式针对立法机构而“强制执行宪法”。人们认为角色约束使法官的活动类似于一种“器具”,此约束即解释了要忠诚于宪法与过去法律解释在内的整个法律文献。我们从最终司法审查中最多能指望的是,我们能利用法官来“约束我们自己的行动自由”,依据是法官们对权威文本外加早期司法判决之意义的理解。

此外,此两处引文的作者甚至半点儿也不相信天真的法治说。如果多数决规则的缺陷泛滥普及,那么每一个读报人会习惯这样开篇的新闻故事(不是编辑部的故事):“在上个月,最高法院保守派大多数已决定,它现在有意向并有投票权让刑法完全摆脱其约三十年前的自由主义港湾。”[13]

司法审查是否看起来比立法修正更可取,这应当取决于复杂的思量。你可能相信鸽子构想有说服力,不是因为法律像一架机器可以从鸽子身上吸取特殊的杠杆手法,即用一些物理的手法阻止其犯错误,而是因为存在一些你所同意的清楚的宪法指令,法官们比立法者更有可能遵守这些指令。你可能承认有许多宪法问题无清楚答案,但认为法官们无论怎么解答都不可能造成多大损害,只要他们恪守其职即执行好的、清楚的授权指令。

你可能不喜欢宪法典文本,但喜欢宪法性法律,把经年累月的司法精化看做是一个有价值的完整文献。你可能把有限能动法官忠于整个文献的司法技巧看做是一个比较可靠的保障,比立法机构更可靠。你又可能相信甚至你自己的意识形态阵营化身为立法者也非常需要保障。

但你可能认为文本包括好的与坏的内容,认为法官根据你不喜欢的意识形态议项在赋予文本以好和坏的意义方面有漏洞可钻。你可能把我们宪政形式看做是神圣的、“供奉着的”、有许多坏后果、削弱立法能力且有首创精神。

人们自己解决不了这个在无知之幕背后的问题,不思考在所选的体制中他们的具体利益与意识形态承诺将会是什么。[14]我们可以追问,在切换到替代方案过程中,我们能期待意识形态集团冲突带来什么后果。而没有理由认为无论何时切换而后果不会变。如今的转换不可能一样,因为从未采用马伯里诉麦迪逊案(Marbury v. Madison)的方法即司法审查原则。

如今的宪法法律也没有普通法那么融贯。然而文本条款可能一开始就看似取决于意识形态争辩的哪个领域是受争议的,因为解释过程已将这些条款转变成一个大杂烩,使得有一些条款深嵌进了特定的自由或保守派议题而其他一些条款被自由与保守派交替使用。某些语言随着时间推移已改变了效价,而其他一些语词或表述无论对哪一方都从未有过多大用处。

自由主义已经专注于平等保护条款,专注于第一修正案中的宗教与言论条款,但言论问题在偏狂热于政治立场正确的时代就更为复杂;保守派喜欢第五修正案中的完全补偿条款及合同条款。双方在利于其利益时(即他们着手界定自由与财产时)都喜欢适格程序(due process),如此等等。美国近来最高法院一直有能动论自由派与保守派大多数,故而被视为一体的全部材料极具代表性,代表了一般政治文化中的意识形态许多可能性。

我认为整个政治领域对司法审查的信奉不能用下述事实解释,即政治领域每一部分已殖民统治着文献的某部分并想防范其他小团体的立法联盟入侵。似乎更合理的是,司法审查的作用是要防止"立法过度",就像政治课上所讲的那样。对宪法判决中意识形态的否认与误解强化了法院阻止立法过度的能力。

显然,一个人的过度行为为他人提供前车之鉴。但美国政治文化中一个突出的事实是,不管他们怎么界定,如果说我们讨论的是大众化过度(popular excess),则自由派与保守派的知识圈都几乎同等程度地惧怕它。自由主义担心民粹主义、沙文主义、性别歧视、种族主义、反犹太主义,害怕同性恋,以及对政治与文化支系的多数主义反应。保守主义担心无财产的多数选民起义反对少数有钱人,担心被压迫的少数派(在一起就成了一个多数派)选民起义。二者都怕煽动者,如麦卡锡(Joe McCarthys)与龙(Huey Longs)之类的人,他们能够获得真正的选民支持,因为摆脱了两派所珍视的现状的分歧点。[15]

与此同时,保守派与自由派都没有纲领甚或无意于以一种多数派的方式推进群众运动来改变社会。学术圈整体是真正爱国的且确实相信"就其所有缺陷而言,其中许多是真的非常严重",但这个存在严重问题的体制仍比诸种替代方案要好些。

鉴于他们意识到了其控制危险群体事件的能力之贫乏,如果机会来临，我们怀疑自由主义或保守主义是否能抓住机遇展开严肃的、立法本位的体制改革。同时，自由与保守两派学界也担心对方可能会改变体制，如果它能或至少渐进地推进改革，直到量变引起质变。

终极的司法审查，建立在否认或误解法律中的意识形态之上，它在稳定体制过程中服务于学术阶层整体利益，同时服务于每一个具体的学术圈及其支持者们共享的利益，即"免受"他方多数派的干预。这样不带偏私的做法对左派与右派都有利，因为左派与右派都相信，宪法严格禁止公众群体通过选举过程推出对方的极端纲领。保守派认为共产主义是不合宪的。自由派认为法西斯主义不合宪。

如此得出来的共识有着复杂的结构。宪政主义公民阶层（civics-class）这一修辞，如我上面两例子所说的，点出了多数决规则的一般危险，每个人都会为之担忧。于是有了所谓制度上的美好幻想，即自由与保守派都确信的宪法法律文献经正确地解释后能够保护他们及其支持者免受其敌方的侵扰，尽管允许他们作有个人风格的（温和适中的）改革。最后，学术界有一种普遍的感觉，即我们生活在一个杂乱无章、文化迥然不同的大热锅里，这些文化因素包括如伦理、种族、阶级、区域、宗教等，它不时威胁我们要爆发平民论、种族主义、激进的或反变革论派的不宽容的争论。

在这方面，美国学界比西欧国家的学术界在其权威方面更为岌岌可危。西欧学界相比之下是"有机的"。他们的权威植根于其相对同质的社会之文化、阶级与伦理历史。[16]但他们的历史也有断头台与法西斯，有大屠杀与古拉格集中营。

美国学界天真地信奉着宪政主义：国家生活根据一套基础性原则来组织，其可能性与现实性都是个迷，而且大法官"主持"政治也是个迷。不过它还有好笑的信念，即对群众来说最好相信法律、相信宪法、相信法官，因为没有这些就难以预料可能会发生什么。

由于西欧国家的情况是没有等级化结构的社会（既安全又单调），所以随便定个权威都比没有权威要好。而我们现存的宪法，无论其在**理性法庭**（Court of Reason）上的地位如何，对两大意识形态双方而言都远比"随便定个"权威要好得多。这种体验（被形式化为批判）驱使美国自由派与保守派们陷入不诚信但不会叛派变节。

西欧学界对那些据以作纯粹的解释就能确保正统性的神圣政治文本没有信心。它相信“任何事都可能发生”,不管你有无司法审查。法律在那里不是政治的心脏,尽管我认为它确实从外围发挥了重要作用,这种作用如果条件允许会比在美国更为彻底地神秘化。

第二节 正统化效应

我把通过判决的造法之第三种效应称为“正统化”(legitimation),[1]意指对社会领域的一种具体态度或“意识”的补强与复制。[2]态度是指所有可能的思考社会的方式总体,尤其思考社会激进改革的可欲性与可能性,全部包括温和反对派、温和改革派与维持现状派等诸可选方案。

根据正统化假说,一套构成我们社会安排的具体等级制度,看起来比其“事实上”的情况更为自然、必然和恰当。产生这种偏差的原因是,对诸替代方案的理解(understanding)被下述做法搞得隐而不见、边缘化或似乎不理性了:把很大一部分的造法职能撤回到由法律正确性与否认意识形态选择的传统所支配的领域。

一、何谓正统化效应

被否认的判决中意识形态与正统性(legitimacy)之间的联系不是“根本性的”,因为它并非导源于法律与政治的真正“本质”。有人可能心想,“撤回”使得政治秩序看似长年缺乏必然、自然与恰当而非相反。比如,社会选择异化成了传统或宗教的领地,这可能会使一些社会领域与下述情况相比更易于被扑面而来的现代世俗论批判所瓦解,即假设让这些社会的领袖们在旧体制中更好地理解社会联合如何得以组织本该可能出现的情况,尽管不是很清楚。

也没有任何理由认为下述说法是自明的,即通过把司法造法领域“去正统化”(delegitimation)重新纳入政治领域就会导致转向左派。不过,正统化假说最好放在其原初语境即独特的左翼批判中理解。我谈一个概略模式。

设问,为什么“群众”不揭竿反抗资本主义?第一个答案是“坦克”。但又出来一个问题,群众中有那么多人信奉资本主义,或相信没有更好的替代道路,或认为企图改变它是没希望的。这些就像自我应验的预言。但因人们相信它们,所以他们不做那些事实上会动摇体制(比如选举制度)的事情。不过它们与其说是预言不如说是错误。

正统化假说起于一个前提,即体制比人们想象的要少一些公正、自然与必然性,且人们的错误造成了体制之现状。此前提可能是错的。也许事情完全和人们想象的情形一样自然、必然与公正,而批评家们被蒙骗了。又或群众完全与批评家们一样明白存在不公正、被建构性与偶然性,但有其他合理的理由默认资本主义。假如此二者有一个或两个都是事实,接下去的讨论就失去了意义。很难想象能“证明”这个前提。

倘若接受了此前提,正统化假说也还有个预设,即美国社会大多数人对为什么事物表现为现在的样子有其自己的想法。社会各阶层中,人们从共同的储备库里挑选相互竞合的社会秩序表现形式,不同程度表现为自然/建构、必然/偶然、公正/不公正。这些信念隶属于不同的体系或不同的零散结构,其中的各部分相互支持或保持张力。我们怎么看待经济不平等的自然性或建构性,这取决于我们怎么看待其他许多事情,甚至依赖于我们中学时所学的自然科学知识和我们为什么认为有些棒球队常胜而其他队却不能。

这等于说,我们不可能通过一个人对经济生活的直接观察与体验来全面解释他如何看待不平等现象的正统性问题。人们所感觉到的正统其实是下面两种情况作用的结果(function):一是社会主体在既定争论领域中的资讯处理,二是把这样那样看待制度正义的方法“适放进”(fit)一套对万事万物的信念之中。

结构上相关联的不同局部都均衡地带有系统的属性,这意味着其中一处有改变就影响到其他部分。改变社会某个部分所发生的或我们所相信的,会对其他部分的信念有(或大或小的)影响。正统化效应是两类信念之间的结构关系,一方面是人们断称的关于判决的诸信念,另一方面是关于不平等之正统性与支持左翼改革的提议之可靠性的诸信念。

大体思想是经由判决的造法实践与误解影响了具体人理解其整个社

会情境的方式,使得社会斗争的结果看起来更为自然、必然与恰当,这种结果要好于如果这些人更好地理解了判决后所可能呈现的样子。一个错误引致另一个错误,或又促成他错。第一个错误是第二个错误的基源之一。去正统化的判决可能无法“证明”事物比最初的样子会少一些自然、必然与公正,或以其他方式直接攻击现状的正统性。但它可通过修正第一个错误而引致第二个错误发生变化。

至此我们可以用现在广为人知的策略即构想一套立法至上制度,来探究正统化效应究竟如何发挥作用,只是这一次是在普通法语境中。

二、立法至上对普通法的后果

假如诉讼人每次不满意于对一个普通法问题的判决时都会诉诸立法机构,再假如存在一种做法,即通过颁布一部法律而在通过立法来决断问题。让我们首先思考这样一些案例,案中的法官感觉自己受约束于普通法材料的清晰含义。

替代办法的效果可能是,当立法机构认为此清晰的普通法含义是恶的,它就可能改变规则。法官随后会遵循成文法解释的一般程序来决定新成文法应当如何植入现存普通法与成文法规则的整个复杂体。

这一直存在,尽管是偶发性地。我是说该做法的频率明显增加。这样一种增长可能会(可能不会)有很多影响。长期以来在英美传统中一直存在对普通法、成文法或法典化的相关利弊的争论。[3]现实主义与后现实主义法律思想的一个重要专题是揭穿争论之根基性的一般观念。普通法比成文法更“稳固”吗?它更“理性”吗?最重要的是是否存在某种视角,认为普通法规则能比成文法更少些“政治性”?

三、立法至上原则下的法律稳定性

首先,为什么假定可能会有剧变?立法机构可能趋于赞同绝大多数普通法规则,甚至比法院更敌视“改革”。当然,立法机构可能会重新思考整个普通法图式。它可能决定,尽管普通法已很清楚,但它应当作废或加一个例外。可能不存在什么忠于先例的义务问题。

但在关于修正或大量替换普通法制度的争论,我们可能期望立法者提出所有主张来支持法律的稳定性,我们可能在讨论遵循先例时会强调它。倡导改革的人可能依次提出所有熟悉的主张说明"法律不断演化,以满足新的社会情况"。立法机构可能比近年来的法院更快地改变普通法规则,且此过程可能已失去控制。但没有一套有力的理论来指明这一切本该发生,所以让我们假定它没发生。

四、融贯性,连贯性,合理性

为何断言有较少的内在连贯性?我们早已有立法修订,但它不常用。如果立法机构一贯专心地观察普通法规则体系,就会发现其变化是较"合理"而非缺乏合理性。(在关于司法造法 VS 立法造法的争论中有另一分支,詹姆斯·塞耶(James Thayer)在其论司法审查的名篇中提出,[4] 由于我们持续依赖法院致使立法机构无所作为。)起草方面的技术性、关注保持整个规则体系的融贯,以及对一些特殊利益作出反应,这些因素可能多多少少服从新体制,即依赖立法机构对其新的责任作出反应。

欧洲人有一种观念(与 Franz Wieacker 有关),[5] 19 世纪晚期的法典是内在融贯的个人主义的写照,后来被"社会"本位的立法击得支离破碎。对应的美国观念是,普通法是内在融贯的 19 世纪晚期个人主义原理的体现,并且它可能会被持续的立法干涉所破坏。

但普通法从未有过且现在当然也没有任何此类内在的意识形态融贯。我前面讲过的,它最好被看做是意识形态斗争的结果,而具体的规则就是妥协的产物。在这种结构中,说保持意识形态融贯是没有意义的,因为没有什么东西要保持。

五、普通法政治化

最有意思的主张是,立法至上可能会"政治化"普通法。什么意思?从下述意义上看它显然正确:法官在这些情况下对规则的遵从可能被包含在一个政治过程之中。在评价这一变化时,最好记住立法机构早已有权力随时修订法律,而法官早已有权力否决判例,尽管此权力的运用得在忠于材料的语境下——服从于"否决的规则"。

如果此主张是下述意思则肯定错,即普通法与可能取代它的成文法相比不是“政治的”而是“理性的”、“客观的”或“中立的”。普通法规则是意识形态集团冲突问题的解决途径,即便其制订者与应用者并不那样看待它们。它们是社会的整个政治秩序的关键部分,一如现实主义者们不断指出的那样。

如果它意思如下则可能正确,即一些规则与规则体系现在不被认为是意识形态集团冲突中重大集体干预,它们可能通过较为常见的立法考量过程而被那样看待。这种说法会增加透明度,因为它减少一些幻觉如“客观性”、“自然性”、“不思性”,而这些却是现行许多规则体系所坚守的。

基本看法是,我们政治文化中相当数量的参与者感觉到法律体制中的普通法部分比其“现实情况”要“少一些政治色彩”,尤其是在与我们认为的立法机构所立规则体系相比时。替代方案,可能会修正这种对规则之基础与效应的误解。根据正统化假说,这一误解强化了人们感觉到的整个法律体系的正统性。

六、普通法与立法的二分结构

为何人们认为法官创制的普通法会比成文法更少些政治色彩呢?根本的原因在于,我们有一个二分法的文化信条,即区分开法律适用与法律制定、司法与立法、规则解释争议问题之司法解决与同等问题的立法解决。

人们与法律及经由判决的法律发展有着千丝万缕的联系,这一头联结着二元论中的“自然、必然与公正”,又把二元论中的另一极即立法同这些特征联结起来。法官的形象在所有人的心目中都很现实,这一点就非常不同于国会议员们的形象在人们心目中的位置。

这一信念以不同方式在阶级、性别与种族制度等不同层面上发挥作用。比如,在民众意识中,法院可能就是依据广为接受的规范压制超限行为、解决纷争。[6]立法机构就在那儿负责处理问题、针对新的偏常行为或制度的变质而作些改变。在另一极,专业的法律知识圈清楚地把法院理解为根据时常是不确定的方法解决意识形态集团冲突的机构。

就不同的人而言,相信存在一种根本区分,这不排斥对司法角色有不同种类的批判与讥讽。这些观点可能恰好吻合下列命题：尽管政治与其有很大关系，但它不是“全然政治的”。不同的阶层能且确实会对它如何及为何不是全然政治的这一问题有分歧，但并不破坏根基性结构，只要外界条件不迫使他们的各种误解转化成现实的冲突。

在下面，我讨论保守派与自由派知识圈及其专业的法律子部分误解这种区分的表现，还讨论此之后果。在学术圈的误解中，在法官创制的普通法与政治上重要的立法之间存在三方面结构关系。

(1)普通法是背景，即一个完整的或假定完整的体系，它就在那里待命处理任何新情况，且事实上确实例行地处理绝大多数的法律事务。立法是个前景(foreground)，一种使事物多少发生些变化的明显干预，但只干预整个体系中的一小部分且是偶发性的。这不同于一种说法，即“法典”是背景，法官们据之在前台开展解释，而立法机构偶尔“微调”其先前工作。

(2)普通法大体上是“交互的”，关注在个人与集体权利界定清楚的体系中“拨乱反正”(righting wrongs)，该体系据推测是正当的。相比之下，立法是“分配的”(distributive)，关注改变诸集团为福利而斗争的结果均衡，方法是改变争斗的基础规则。

立法中，人们根据这样一些看法，即规则体系与规则范围内游戏时出现的结果有不正义性、被建构性与随机性而提出要求(比如《国家劳工关系法案》、《社会保障法》、《失业救济法》与《民权法案》；以及环境方面的成文法)。在法院，重要的问题是你是否违犯了既有的规范，或如何解释既有规范。分配的主张不可能做到这些且不搭边。

(3)普通法规则支配经济生活大体上可认为是自由市场，而立法代表着管制(regulation)。一个自由的市场一般看起来是指立约自由且极少防范财产使用的外部影响。前提是司法统管下的自由市场是我们在19世纪晚期出现的那种。对自由主义来说，“立法是必要的，因为自由市场出现了大量恶果。”对保守主义来说，平民论多数派或寻租联盟(rent-seeking coalitions)在不断伤害这个下金蛋的鹅。

相比之下，法院继续基于物权与合同精心细化自由市场体制，前提是遵照成文法。在普通法若干问题上显然存在自由主义与保守主义两个立场。在过去的大约20年里,保守主义越来越多地主张自由派法官不恰当地通过法院从事其管制活动。但即便专业法律学术圈也只有一小部分已把握到法律现实主义的下述洞见:普通法甚至19世纪晚期的普通法,与不时取代它的成文法体制相比也不乏管制,即便法官推行的是自由市场议程。

七、"撤回"是误解的后果

现在我们假定,立法与判决间的符号/场景关系是武断的。假定普通法是交互的而立法是分配的这一说法完全是个错误:普通法事实上是分配式地运作的,且所有企图为严格交互的司法造法建构一种融贯方法论的努力都失败了。[7]假定我们接受了对下述观念的批判,即自由市场有一个确定的法律结构,而普通法就是那个法律结构。普通法比计划管制并不少管制色彩。[8]

基于此,我们可以给法律领域从政治中的"撤回"(withdrawal)概念下一个更为具体的定义。我们目前理解普通法从政治中"撤回"是在下述层面上的,即把它从那些引发富与贫、工人或管理激励、性别与种族平等或不平等的诸制度图谱中抽离。

如此理解的普通法,就像州际高速公路系统或铁路一样,是一长串制度中的一员,它们有清楚的非政治目的。它们具体的运作模式是"技术性的"且源自这些目的。这些背景制度提供了一个语境,让人们在此语境下通过立法机构争斗福利,或追求其意识形态议程。

如果我们设想一个人在努力指出社会中为什么一些人得到较多而另一些人得到较少,那他会有一大堆理由。有些人会说到人性与社会生活的一些方面,说我们身处"自然"之中比如"有些人天生比其他人更为聪明。"其他人会说到"必然性",即在竞合的诸价值之间必然存在痛苦的取舍——"达致公平的唯一办法是通过一定程度的不断高压强制,而即便平等主义狂热分子们也可能无法接受它。"其他理由会涉及不平等的好处——它按贡献取酬且激励人更加努力。

支持不平等的"政治"理由包括富人不愿意施财于穷人,穷人希望他们会有一天富起来,富人有能力买通立法,(对自由派来说)保守派麻木无情或(对保守派来说)自由派糊涂的适得其反政策。在政治领域中,支持不平等的理由是社会中的人们有意识形态偏好与信条;在诸集团间政治力量要平衡,这些集团对不平衡之恶性的看法相互冲突,还要在下述集团之间作平衡:它们争论为了排除不平等,我们应当多大程度上牺牲其他价值。

人们可能不会直接想到,依照显然不具政治色彩的目的而对背景制度作技术性的操作,竟是造成不平等的主要原因。我们可能想沿着平等主义的方向调整他们的做法以适合比如立法上的变化。但这可能是一种尝试,以期使改革引发的"损害"最小化。

在赞同不平等的政治与非政治理由之相对重要性问题上,有大量不同看法。从一个极端看,人们会相信整个原因就是掌握政治权力的人不愿意为废除不平等作出必要的些微牺牲。从另一个极端看,有人可能相信再多的善良意愿、努力与牺牲也无法废除它,因为它深植于人性与社会生活必然性之中,且不平等没什么不对。

关于社会现有的不平等程度,许多相关联的态度组成一张图谱。目前的程度可能是高到无法忍受、不太自然又没有必要,或者是低到以至于不能符合伦理或理性。我的看法是,你如何看待普通法就会影响你在此图谱中的位置。

假定在以下二者间作一选择,即把普通法视为无政治背景且其实践受技术要求支配的制度(州际高速公路系统),还是视为解决意识形态集团冲突问题的政治体制的一部分。我的观点是,你越把它看作是政治的(从能增加或减少不平等现象的意识形态冲突后的选择角度看),你越不可能把现在不平等程度看作是自然的与必然的,并且你就越难证明它是公正的。简言之,普通法从政治中的撤回有利于维持现状。为何会如此?

八、撤回的政治后果

有一种看待它的方式是考虑"回旋的余地"。如果政府只用很少的手段影响不平等,那么就不太可能形成重大影响,若采用多方面手段则影响自然不一样。如果只施以有限的措施,那么如果我们要想对不平等有大的改观就有必要对这些措施进行大刀阔斧的改革。

但此说有另一个因素。假如法官创制的规则被撤回到一个有其独到证成方式的范围,于是改变那些规则将必然遇到一些理由,它们支持与不平等无关的规则。这些规则被法官们理性化并赋予了司法信服力。正因为它们作为有影响的工具已进入了司法考量范围,所以不平等并不意指政治手法现在未有效地把这些规则纳入一种工具式的不平等计算式中。

假如我们开始像现实主义者们过去那样,对普通法规则零散的含义(distributive implications)发展出一套复杂的"政策科学"。若改变一个具体规则看起来会有好的(保守的或自由的)后果时,我们得面对下述事实,即规则处于普通法领域中并因此被创立它的司法系统之威望或魅力强化。牵涉这一规则也就是牵涉一整套,它虽非来源于政治处理过程但仍属于一项权威。

做个类比就是,比如,桥的建造应当采取不同的方式,目的是让民众更易于通过。这个提议是针对权威们"知道他们在做什么"这一看法提出来的。如果工程师说桥应当以一种特殊的方式建造,那么我们应当按其所说的去做。

但它不只是一个无根的、前理性的克里斯马权力问题。与工程师一样,法官有其理据。造桥中有一个无关政治的逻辑,以成本与安全之类的因素为基础。普通法对欺诈的界定也有无关政治的逻辑(虚假陈述,陈述时知道虚假性,即故意诱使对方合理信赖并致其受损)。

创制规则的司法意见至少要有这样一个逻辑,编制与评论它们的学术研究亦然。这一套文字都是"辩解的",因为它声称在必然性传统下规则是其所应是,或认为规则应当沿着保守或自由主义方向作补遗修订。换言之,我们将普通法撤离政治而进入另一个领域:对法官的所作所为给出非政治的伦理的、工具性的且纯粹"技术"的证成。

法律与政治无关,这一看法有积极意义也有消极意义。积极意义是存在一个司法方法即忠于材料(忠于过去,忠于先前所一致同意的),并且该方法从某种意义看在很大程度上是意识形态"中立的"。消极意义是从对规则解释之司法与学术证成来看,漏掉了那些文化上认同的意识形态理由。

这些理由包括偏爱平等主义或不平等收入分配,偏爱独特的宗教观、保守的性观念,或偏爱推进种族(相反于个体的或“美国人的”)认同。意识形态偏好正如我上面所讲的,现在已事实上被植入普世话语即“政策”中,又被有限能动论者、折中者与双极性法官们加以发展。但它们现在被否认,因为有背信的污点。

问题不在于如此证成的规则有自由主义或保守主义“倾向”。在通过判决造法的领域中,不同的意识形态小团体强力追求着他们不同的议程。影响他们成功的因素有:时间、法官任命过程,多变的折中与授权效应。

问题其实是,走向更大的平等或不平等看似有一代价,即“废弃”法律。这意味着挑战权威;意味着声明我们没有足够的把握把这部分社会秩序视为“必然”(即法律结果是必然而非偶然的),赞同流变。这意味着找到一种办法揭明下述法律主张是个圈套,即断称法官所造之法有公正性、正当性、有用性,并认为此三性超越于狭隘的意识形态考量。

综上,我们目前理解的是,把这些法律规则撤回到整个知识界为了证明它们而在其中奋斗若干年的领域,尽管得到犬儒主义的支持,但再次遭受温和改革论与反变革论者的批判。正统化假说就是,对政治图景的这一限制有益于维持现状。

九、几点声明

我想重申,正统化效应并非建立在关于法律或法律推理之“本质”的断言之上。相比之下,它更多地依赖于情境脉路,其实具体来说,就是当下美国法律与政治。此外,该效应是假设的。经由判决的造法支撑着现状的说法可能正确或可能错误。我觉得它在理论与实践两个层面都合乎情理且值得去做,此外无他。最后,通过内在批判而去除体制的正统性可能既是左翼也是右翼工作计划的一部分。我相信,在精英法律知识圈这个独特的社会背景中,批判的效果往往一直向左倾,但我可能是错的。在其他社会背景中的效果则更是说不准。

十、一种类比

设想一个严重依赖农业的文化。它是一个传统文化,因为它从太古时期以来就已经以大家认为“同样的方式”种植、培育、收获并加工各种作物，但有一个例外。农业与宗教是交织的。诸男神与女神是作物神、气候神、农耕神。农业加工过程的每个因素都有一个神秘的解释，即一个宗教信念与仪式的对应。对传统农耕技术有小的或大的偏离，没有什么科学上的后果。这些被理解或解释为符合诸神的指令，尽管果实显然被看作是维持生命所必需的。

该例外就是灌溉系统。它被理解为一种工具活动，基于人的发明与技巧。其目的是要使生产的质与量最大化。这完全兼合于宗教且事实上已被神圣化了，但被神化为因欲取悦诸神而"协助诸神劳作"。关于灌溉，没有特别的宗教诫命，仪式制度也不围绕具体的灌溉活动加以组织或依赖之。

我的看法是，在这种社会中对环境变化的回应，或对人们关于食物质与量上的目标的改变作出回应，将集中于灌溉实践。如果改变这些的努力行不通，那么变革就看似不可能，现状也就是自然的了且后果就是将福利公平分配给每个人。

当然，宗教的发明与重释总是可能的，且会以促进符合环境或规范之变化的方式出现。在参与者与观察者看来，宗教可能有真理的一些品格，且它会推进一些非常可欲的价值。在回应危机时把视线集中到灌溉上可能是完全"理性的"，因为宗教在社会中不具有实用器具的"功能"。但这种回应仍可能不同于它下述情况下所可能的情形，即如果农业是一种工具活动，而宗教信念的组织围绕着比如性与繁殖。我们的处境就像这样的情形，唯有神父会背信地宣称必然性地来支持其施行的规则体系。

十一、去正统性的做法

正如我上面描述的，经由判决的造法，其正统化效应不同于授权效应，因为它补强了现状而不管现状是什么。授权效应允许意识形态学术层中的小团体运用权力，这些权力若经立法机构审查可能会被否决。经司法授权的知识分子创立一套主义（doctrine），它就成了一个自然化的因素，帮助再造现状同时看起来只是服务于现状。

这种判决的批判有独特的历史。它由自由主义者们提出，主张反对保守派法官的授权，也反对保守派现状的正统性。在其去正统性的努力中，自由派在大量法律领域中推行其策略。但在他们1932年成功控制国会与行政部门，并在接下来若干年里控制联邦司法系统时，他们就歇手了。他们已成为后“二战”时代社会安定的管家而不再批判一个没落的市场放任主义国家。

在20世纪60年代的创伤之后，批判法学重新担此重任，这一次是对主流自由主义合法律性的彻底批判，而非一场自由主义对保守主义的批判。普通法的批判与立法相关，即与权力分立相关，上述普通法批判只是这个更大家族的自由与激进批判之一部分。本节下文挪用（而非归纳或“解读”）大量批判研究成果，努力表明去正统化批判有一个类似的基础结构且能在许多不同的法律领域中展开批判。

在每一种情形中，批评家所追求的是这样一种现象：有许多集团在一个合法结构中致力于合作又竞争的关系。从所涉人员的角度看，集团成员的活动处于前台，即我们可以把竞争与合作的结果归因于他们的行为、选择与策略，以及资源在他们当中的分配。架构了这种竞争的法律规则处于后台。每个人都知道这些规则存在着，但它们被自然化了即想当然了，亦即在解释规则构架内所出现的竞争结果时不归结到原因的重要性上了。

我这里讨论的这种去正统化批判是一种尝试，目的是要打通后台/前台的转换。它把解释结果的原因重要性归因于后台的规则。这种分析的要点不在于透明度，即这样一种情况：所有构成因素都能持续呈现在我们面前且没有什么“其实”并非自然的东西会一直被自然化。它其实是要施行一种受政治促动的操作，即颠倒符号与背景。

我们声称作为他者之背景的某物在因果关系上有其重要性，目的是如果我们正确且能让人们明白它，那么我们将让人们相信还有比先前看来更多的途径来改变现状。我们反对说其正统性源自其表象上的不可避免性。[9]这种批判首先从劳动法内容开始。我将先作一概述，然后建构六种延伸形式，延展至联邦制的法律、国际法、地方政府法、种族法、第一修正案与性别法律。我的陈述会渐为概要且在每一个情况里都忽略了丰富的语境与不同制订者间的主要差异，以及各领域间的差异。

十二、劳动法

劳工与资本各成一体，劳工有个体工人与工会，而资本有不同规模的资本家实业与结构。关于如何能够组建实体（议价单位界定、单位民主规则、合作与反托拉斯法）与实体间相互能做什么（包括这样一些活动，如非法入侵、纠察运动、罢工、间接抵制、解雇、停工、黑名单之类的），存在详细的游戏规则。冲突与合作的结果是在合法实体背后的各支持集团之间的一种分配。在前台，决定这些结果的是劳资双方的“议价能力”（这是一个黑箱，包括促进生产过程的一些边缘因素），还有策略、集团凝聚力、资源，等等。[10]

劳动法去正统性的最初版本是支持《瓦格纳法案》通过的改革派们的观点。在美国19世纪晚期与20世纪早期反对现状的两大运动是土地运动与劳工运动。法人资格法尤其是公司法与侵权法是焦点。具体说来，劳工案子使普通法法官得判决那些被质疑有意识形态之桩的问题。劳资双方都依据“无偏见的”游戏规则来界定问题。

资本的合法代表们提出一种财产权利观，这被保守派法官在许多案中所接受。[11]劳工运动提出基于个人有权利处理其劳动，有权与雇主平起平坐同别人达成协议，从而提出一种对称的平民论立场。除了社会主义文化背景，他们要求赞同“公平交易”或保留传统形式的工人集体，而非要求比如工人控制。[12]劳工支持者们认为，保守派在扭曲个人权利体系的真正逻辑，目的在于保护他们的利益。但其开明学者中的支持者们对法律是什么以及它能达到什么的看法要远远复杂得多。

去正统化策略有四部分主张。后面其他领域中的观点有同样的基础结构。

(1)从诸如“财产权”、“国家强制力”、“自由”与“正当”等术语作“形式主义”推理，无论普通法先例还是普通法理论都不能用法律强加要么亲资本要么亲工人的体制。财产只是一束权利。在决定如何组成这个权利束时存在大量的灵活性——它“不可避免地是一个政策问题。”

(2)背景规则的设计对结果有相当大的影响，不仅包括对盈余的分配，还包括产业周期的方针与经济增长的前景，此影响远大于你在关注前台的罢工、集体谈判、工会组织与工会拆台时所认为的影响。这些规则构成当事人的议价能力而非只是提供能力施展的空间。

(3)许多生效的规则与在大案中的规则代表着经司法授权的保守派少数人作出的一种特殊选择。这些规则经由一种内在不融贯的话语即法律必然性而被自然化了，声称这些规则是先有一套资本主义制度的逻辑必然后果。

(4)我们需要采用一种更为"进步的"工业组织与劳动侵权法律，它可允许劳资冲突以一种不威胁世俗社会秩序的方式加以调整。在这样的体制下，劳工的处境会通过制度调节而逐渐地、有间隔地改进，在不断增长的经济中走向工作场所民主，而非通过激变式的革命战略。一旦我们停止盲目崇拜绝对权利，财产权与资本利益就可以得到保护，无需创建一个右翼政策的国家。[13]

不存在"绝对的"财产权与合同权利，所以社会政策被相应地要求划界限，这一主张极有影响力，其实正是法律现实主义分析原型。但作为一块私法理论，当改革者获得权力并采取《国家劳工关系法案》中重新规制劳资关系的联邦成文法的路线时，它就被淘汰，其实是从脑海中消失了。

现代即批判法学对劳动法去正统化方案的理解，强调这种成文法体制并对之施行一套极其类似的操作。克莱尔(Karl Klare)说，[14]20世纪40和50年代温和自由派法官们已对《国家劳工关系法案》选择了一个特别的解释，它既非成文法解释原则所必然要求的，亦非背景性的法律内容之令人信服的理论所要求的，而是"去彻底化"的温和自由主义意识形态之要求。这些由经判决授权的劳动法知识分子所作的解释行为创建了一个法律体制，它自然化了一个特殊观念即集体议价。

它创建了一个法律语境，一个系统地反对劳工武斗的语境，无论是在工会活动层面还是作为一般成员层面。促进仲裁，强制执行反罢工条款，杜绝工会参与有效的公平代表诉讼，限制强制议价主体，缩小诚信议价义务的解释，还有许多其他原理，它们都代表了经意识形态促动的选择，有大量的后果但大多看不见。那些由成文法创立的、后逐渐被劳工与管理方面的知识分子们都视为有益逻辑的集体议价"制度",事实上其作用在于削解工人战斗力而后"管住"他们。

早期与后期批判之间的明显不同在于,前者是自由主义的而后者是激进主义的,倾向于工人控制、工人主义,反对斯通(Kathy Stone)所说的"产业多元论"。[15]另一个重要的不同是批判法学运动的批判强调反形式主义中的再生产,受政策推动的自由劳动法体制即"社会概念论"法律推理技巧。[16]正如我们在第二章第二节中看到的,现实主义并未着手解决政策推理与演绎推理的并存问题,这使他们的研究很容易遭到批判,类似于他们针对形式主义的批判。

另一个同样重要的不同是批判分析强调,劳动法及类似制度现实中如何构造它们所管制的"对象"。除了通过有影响的议价能力分配盈余以外,劳动法体制偏重弱势工人的"社会建构"继而声称通过合同自由给予他们想要的一切。[17]改革派趋于认为保守派体制的"主体"是先定的且与法律分析无关,因而回避了政治上"虚假意识"的诸难题,还对法律之桩认识不足。[18]

十三、联邦制

几乎同时,改革派在劳动法语境下还批判侵权法,他们把同样的战术应用到联邦制法律上。自由/保守派别冲突发生在一个公法结构之中,它把一些社会力量定位到联邦中,把另外一些定位到州政府中。在任何时刻,在政治冲突的前台,自由与保守派都同时在两个层面上竞夺政府控制权。在对其选民们有分配后果的若干政策中进行选择,这就取决于他们怎么做。

但一旦自由派或保守派上台,他们尽力能做的事就受到联邦制规则的限制。如果你执掌联邦而非州一级,你只获得联邦权力。如果你掌权于州一级而非联邦,你可能法律上受阻于联邦制且实践上受阻于各州间的解除管制竞争。

注意,激进批判的进步动因是保守派的司法解释,例如贸易条款与第十修正案。联邦政府无权管制那些只"间接"影响州际贸易的活动;生产加工“不是贸易”;州不能补遗联邦管制规则,这是国会“掌控的地盘”;州不得对一些连国会都未设管制的领域实行管制。

这个原理的发展显然依据授权效应:保守派政治集团达到了他们通过国家或州立法机构所可能无法达到的结果。正统化效应就是“撤回”,即从如何处理垄断、童工之类问题的政治讨论中“撤回”州与联邦政府权力的定位问题,因为看起来联邦制只是民主进程中的一个中立架构,而非受那些在其框架范围内相互斗争的利益所决定的架构。

改革派作出回应,提出同样的力场模式来支持联邦制,此模式本是他们为私法冲突设计的。[19] 他们攻击一切保守派的有/无(on/off)二分,因为隐含着的程度问题除了参照政策外无法解决。

(1)在宪法的一般框架内,在决定联邦制的具体规则中存在大量的灵活性,因为“权力”、“贸易”与“税收”这些术语太过模糊以至于无法排除设定这些规则的目的是推进你所偏爱的自由或保守派实质政策。(2)选择一个具体项即联邦制思想,其重要性要比你如果关注州与联邦选举政治的前台之情况要大得多。(3)我们有一些规则是经判决授权了的保守派法官们的造物,经法律推理正统化,而对自由派改革来说会比一套替代的自由政体更为糟糕。(4)我们应当改变它们以使联邦制在宪法宽泛的限制范围内支持而非阻碍任何层面政府制订的合理政策。

进步论分析在此领域,与其在劳动法领域中一样获得了政治上的成功,并且同样遭受到学术上消失的命运。在实质原则上,当改革派在新政期间成功控制法院时,他们削弱或废除保守原则并实际上(不要看表面)推进民族国家至上。[20] 在更抽象的层面上,法律过程论学派重大成就是设计出一套联邦主义学说,此论通过融贯论政策主张而非诉诸意识形态在制度能力的诸领域之间划出界限。[21]

效果类似于通过《国家劳工关系法案》对劳动法进行法典化的效果。联邦权力坚实的原则根基如此完美以至于曾经以为是确立联邦权力所必需的那些复杂的学术路线变得不再重要。当 20 世纪 80 年代大法官伦奎斯特与斯卡利开始修正早期保守派原则时,自由主义者们差不多完全忘记那些曾经看似习性(second nature)的回应。不过这种分析是用以批判下面要谈的地方政府法律的基石之一。

十四、国际公法

在我看来，改革派对国际公法的批判预设了一个类似于劳动法与联邦制中的结构。集团间的竞争发生在由国际公法调整的诸国家或诸主权的体系之内。同种族诸集团会结合成一个同源的主权单元，会支配许多小的国家，或会作为少数民族散居于受其他集团控制的若干国家之中。在前台看，各国家通过战争、贸易与外交相竞争，斗争的结果由他们的资源、策略等因素决定。但对于构成国家体系的诸集团来说，这些结果取决于该国家的状况，即取决于最高主权者“是”什么，以及诸国家在战争、贸易与外交中能够“依法”相互做什么。[22]

进步“中庸论者们”批判这一体系并试图通过国际联盟来修正它。

(1)在一国体系的一般框架内，在界定最高主权者时存在许多灵活性，这个主权者就像财产权一样，最好看作是一束权利与权力且和财产权一样缺乏一个内在逻辑来证成对于国际问题只因其“与最高主权不相符”就反对任何可欲的解决办法。(2)选择详解此概念会比人们专注于规则图景中的军事、外交与经济冲突之前台有更大的重要性。(3)第一次世界大战前，规则的生效是由早期帝国主义国家中统治集团的领袖们决定的，然后通过法律推理凝炼成基本概念的必然含义。(4)迫切需要通过重新配置最高主权者与建立新制度来修正国家体制，关心苦难者，无论是战死的烈士、殖民地百姓还是现有国家中的少数派。[23]

两次世界大战之间的思想家们如对劳动法与联邦制法律批判的改革派们，他们是成功的，因为他们的思想在联合国时代成为一种正统观念。但作为正统思想，这种批判本身成了背景之一部分，这一次是作为冷战僵局这个大结构中支离破碎的纲领性政策话语之背景。

我想拆取批判法学在后越南战争时代批评家们的的成果，用到我下面的理论纲要中。他们欲害反形式主义自由派最终却害了自己，那就是他们指出一个形式主义的概念即最高主权者仍残留着权力，尽管声称已取代任何此类原初观念。他们指出了下述二者的张力：声称已取代形式主义，却在正统化后续的新世界秩序方案方面又严重依赖于专家意见。就像劳动法学人那样，他们也强调法律话语的主体构成效应（subjectconstituting effects)但包括了判决制作者本身,作为其自己政策话语的产物。随着第二代、第三代批评家们出现,他们提出一种在法律领域以前从未试过的后现代方法论。他们避开计划激进主义并根据相关融贯观点取代分析,代之以一种文化批判与第三章第一节中讲的那种符号分析之组合。[24]

十五、地方政府法

我认为有个很好的例子来把地方政府法描绘成界定一种同上面那些相似的领域。富人与穷人、黑人与白人竞争于各种市场中,这些市场是施展议价能力的前台,背后不是一个而是两个背景。首先是规则管制下的劳资双方互动,资本有劳动法与公司法所赋予的"法律人格"。但同样这些集团还在地方政府法律范围内追逐其利益,这是一套"州级系统",类似于国际的与联邦层级的系统。

诸集团能够均质地控制他们的市、镇或县政府,也能作为少数派存在于地方,或发现自己被地方政府系统"割裂而居"或"隔离",如此等等。法律规则支配着这类政府的形成与解体,并支配它们通过税收、划区及选举政策展开相互竞争行为,法律也分配州与地方政府间的权力。集团相对的贫富,以及居民区消费机会与社区特征(如贫民窟条件、种族隔离),都取决于这一结构。

在此领域中似乎不存在一种改革派的批判,类似于劳动法、联邦制法律与国际法中那样的批判。据我理解,批判法学观点[25]从根源上非常接近于早期劳动法模型,但建立在现实主义者对联邦制的批判之上,联邦主义在20世纪50年代末60年代初仍然是法学课程中的一个重要部分。地方政府法也是转向后现代主义的现场之一。我将挪用其一些元素用于我的论述目的,具体如下:

(1)在地方政府法的一般结构中,无论是公/私二分还是这样一些概念,如州对市直公司的绝对权力与地方自治等,比之于贫困、州权利或独立主权而言,其指引功能都不再那么确定。原理的发展经过对立的修辞模式(如把空间描画为自然分割的或无特征的)。在设计此结构时没有理由不考虑进我们对贫/富、黑/白冲突的实质看法。(2)其分配效应——对比如城市的富与贫、对国家在居民区、学校与工作中种族隔离模式的影响——远远大于若我们关注前台中的城市预算危机、废除种族隔离的法令、都市骚乱或白人溃逃时所呈现的样子。(3)现存规则曾在19与20世纪由目标各异的法官们提炼成型,并通过法律推理而被自然化。它们今天所产生的结果,与换一套规则下所可能出现的结果相比更为不利于市民、穷人与有色人。(4)我们应当改变这些规则以期明显地改变分配结果与主体创造效应,[26]而不把我们自己限制于下述解决办法之中——建立在具体权利、形式平等与公正程序之上的税收与支出计划、法律策略——它们是此领域中典型的现代自由主义思维。

十六、种族法

种族法、第一修正案与性别法领域中的正统化批判,不同于上述领域中所述的,因为它们没有革新派先祖。其实,从20世纪30年代至70年代的发展,第一修正案、种族与男女平等保护方面的法律代表了重大转向即法律现实主义的政策分析与利益衡量,也就是说,自由主义者挪用了一个右翼修辞即个体的宪法权利。在这些领域中,自由主义者们反对多数决并因而关注建构而非破坏司法权威。

我认为,在种族法领域中的分析分两个阶段。德里克·贝尔(Derrick Bell)表明,提出所谓的种族无差异、个人在学校废除种族隔离政策的语境下反对歧视的合法权利,可能对它们所谓的受惠者有很大的负面影响。[27]自由派的胜利有时就是破坏黑人社区的资源与制度,并促进黑人社区沿着阶层界限分裂多极化。司法界以及一般的白人精英充其量只是半推半就地信奉种族正义。他们不去推进处理改革所不经意间带来的后果,他们迟迟不面对白人工人与中低阶层,不不妥协法律原则来达成拒绝设定一套改变种族关系法律制度。[28]

在种族法领域中的正统化批判,赞同一种方法即司法系统的声望、法官的威信(自20世纪50年代起到70年代早期被自由派用来反对种族压迫的),这背反于种族正义条款,因为保守派获得法院控制权后就从“受害者”转向了“施害者”的视角看问题。阿兰·弗里曼(Alan Freeman)的分析[29]同其激进的意图一样精彩,即批判劳动法与国际法中的自由主义政策分析,但他目的在于一种不同模式即经由司法对现状正统化。他的研究以及一些种族批判理论,适合于下述更为一般的批判法学纲要。

(1)一些法律概念如平等保护、歧视、平等救济,为在法律上废除了种族隔离的种族主义社会中的种族关系提供一个结构,但它们面临多种相互矛盾的解释法,这些解释对种族正义折射出了完全相反的意识形态取向。

(2)对黑人社会来说,采用这些解释中任何一个带来的后果是巨大的,其后果远大于下述情况下所呈现的样子:若我们想象,法律上的种族问题早已通过废除法律上的种族隔离解决掉了。[30]

(3)从种族法一种解释转向另一种,是由保守派法官们利用法律概念潜在的不确定性与种族无歧视的意识形态操控的。他们通过司法的威望而自然化了一些新规则,费尽心机让人们相信大量现有集团的不平等可用一些因素解释,比如功绩(merit)、黑人与白人之间的文化差异。

(4)我们当采用"种族自觉"(race-conscious)进路,并改变这些规则以实现早期废除种族隔离的判决中的根本承诺。[31]

十七、第一修正案

政治与文化角逐的前台是"思想的集市",它源起于言论自由的宪法保障。集团间竞夺控制此市场,既因为占有文化份额对其自身而言是一个可欲的目标,也因为言论有助于其他所有竞争。这里的背景规则是那些决定什么实体获得保护的规则(公司言论、广播许可与管制)、区分言论与行动的规则,以及指明何种言论得到保护的规则。

煽动叛乱的法律与治理诽谤、恶意中伤、侵犯人身、故意施加情感伤害、性骚乱、欺诈、猥亵以及最近提出的恶意言论(hate speech)等若干规则,构成一部言语—侵权法典,类似于治理劳资冲突的法典。当我们注意到表达方式上的冲突时,此法典同时影响到处于前台的内容与作者。

对言论自由绝对化的批判没有任何改革派先例,尽管它是对自由主义体制的一种回应,此体制早在20世纪60年代与70年代产生于若干早期大讨论,那是讨论正确对待诸如劳工纠察、共产主义言论、民权与反战示威等问题的。批评家们一直是扫黄的女权主义者、[32]支持管制恶意言

论的批判种族理论家[33]与采用现实主义分析的批评家。[34]我想把它同化到我的论纲中(不是归纳它),具体如下:

(1)由个人与法人合法言论自由权利与具体的言论侵权之法律界定所组成的制度,并不比财产权、主权、州权利或地方自治更为融贯。在制度定义中有大量灵活性且没有理由忽略选择对民主与主从关系等问题的影响。(2)界定谁得到保护的后台规则即言论—侵权法典的影响,远远大于前台中我们看到的影响,前台中人们的言论多多少少令其所面对的或多或少的受众信服。(3)游戏的规则被自由与保守派法官们提出并通过法律推理定型化。他们偏爱金钱、牢固的政治权力以及用言论作为征服武器的集团。(4)我们应当改变这些规则以使之更好地服务于被动员起来的选民与下述集团的利益,它们的臣属地位通过各种廉价的言论而被持久维续。

十八、性别法

如何把我的论纲运用到性别法中是很容易明白的。

(1)法律规则体制把男人与女人、同性恋与异性恋者构造为法律客体,然后建构他们既竞争与合作的互动关系,这种体制并不比上述其他情形更融贯。(2)其影响很大,有望比那些前台戏的影响更重要,提供这些戏的是涉嫌侮辱的控告案、为妇女而战的平权行动或媒体热爱的性别大战。(3)它由保守或自由派法官付诸实施并通过法律推理被自然化为背景。这些法官认为能够从其下述诸观点中推导出性别法,即他们关于男人与女人、同性恋与异性恋之本质的(冲突的)看法。(4)我们应当沿着彻底平等主义、反本质主义的性别解放方向改变它。

但这仅是个形式。要说出其内容就是要再次明证不存在一般定理即判决的正统化效应,只有一系列历史上具体的例子。在此情形下,关键的一步是允许劳动法模式扩展到性别法但在处理过程中转变论纲。这种扩展很困难,因为我们构思性别法律问题发现有许多方面所源起的语境极不同于劳动法,它们之间根本互不相关。

劳动法是这样一个领域,其零散的焦点问题(它直接追问法律如何影响在各参与者间瓜分合作成果)得到了充分发展且历时已久。相比之下,性别法似乎主要关注两个不同种类的问题:其一,界定男女性别之间在形式上法律不平等之范围;其二,落实那些被认为无问题的规范,如禁止家族暴力。

在劳动法中,形式不平等问题的设计历经18世纪与19世纪上半叶,[35]所以此领域理论家们(无论是马克思主义、进步论或保守派)长期思考的就是分析与回应一种趋势,即在形式平等法律权利的体制内何以走向不平等。批判法学的批判在某种意义上是第三代批判法学的批判,正沿着(1)**自由主义**对形式上劳动等级制的批判,与(2)自由主义对保守派劳资关系平等权利观的批判。

20世纪70年代,女权主义改革者们原初关注完善**自由主义**对法律上性别不平等的批判。他们必须设计出自由主义女权进路来解决一些问题,如在最近才刚确立的形式平等体制中对产妇的特殊待遇,并对男人虐待女人设计出新的可行救济。激进的女权论者对待我将要描述的这些法律问题如后民权运动的种族批判等,可视为回应下列认识:无论确立形式上的法律平等,还是其作微调,亦或辅之以平权行动,都不能"解决"性别压迫问题。

男人与女人间既竞争又合作的诸种关系出现在许多领域,这些领域各有其自己的社会学与各自的一套法律背景规则。有家族内部的,有"街头"的,也有工作场所的事,如此等等。这些范围内的"桩"也不相同——家族决策的权力、家务分担及性的冲突与合作,明显不同于在市场上为工作与薪水的竞争。但当就业机会的限制减损了妇女在家中的议价力量时,权力从一个领域向另一领域转变或转化。

男女之间的分配冲突出现在个体之间,而非法律构造的组织如工会、公司、主权国家、联邦与地方政府或媒体"代言人"之间。社会各阶层之间不只是经济关系,我们习惯于把面对面互动中所发生的事归因于男人与女人的"习性"、本性或"个性"。国家的作用几乎看不到。

在我看来,女权主义法律理论的发展之关键时刻是麦金农(Catharine MacKinnon)[36]与奥尔森(Frances Olsen)[37]指出如何克服这些障碍从而把对劳动法的批判应用到性别法之中。她们发现两个对应点。第一,劳资之间的收入分配主要通过下述观念得以合理化,即分配源于拥有劳动的工人与拥有生产工具的资本家之间的自由议价。同样地,男女之间大量事务的分配也因下述思想得以合理化,即男人与女人基于对财产与身体安全的同等权利而相互同意对方。

第二,就像工人的同意一样,女人的同意若在男人与女人相对的议价能力情况下,而这会受到男人与女人在侵权与刑法体制下能够相互做什么所影响。防范男人对女人的侵犯,法律发挥重要作用,因为女人的脆弱——既表现在法律界定上,也尤其在贯彻中——根本上已使她们失能,若在这种情况下诱使她们达成协议,比之于得到法律保护防犯男人侵害时的结果要糟糕得多。

这里谈一个违背直觉的类比:法律有效地保护资本家财产,不让工人企图挪用,这既表现在大致感觉到的宪法保护资本主义,又表现在微观层面即控制工会在劳资冲突中能为资方做什么。法律在保护妇女身体完整性禁止男人侵犯方面远没那么有效,女人因此在议价中极为不利,相比于她们若在一个替代的更关爱妇女的体制中所可能的情况差多了。

焦点在于,在这些背景规则范围内展开议价所引发的同意(consent)完全是去正统化的,因为它揭示了高压政治无处不在,这就像批判劳动法领域中的合同自由一样。它尤其影响到被**自由主义**文化赞誉为人类自由的精典例子即异性恋关系领域。这正是安德莉·德沃金(Andrea Dworkin)批判的要害,[38]她说婚姻与异性性交从深层看受下述现实的影响,即强奸、卖淫、虐待女童与种族经济不平等。她拒绝把性当做一个与我们对经济领域中的剥削所作的那种批判不相关的领域。

这种背景下的议价作用以及法律体制背景本身远没有劳动法领域中那么明显,因为男女交往已普遍被概念化为"私事"。奥尔森批判道,[39]这种理解有双重后果:一是使本该出场的法律隐而不显,二是若背景被注意到了且作利于妇女的修正看似可行时,就合理化了一种对那些场合的反管制态度。

此处的小把戏类似于且又复杂地扩展自公/私二分法在劳动法领域中的作用方式。首先,就像经济相对于国家而言属于民间之事一样,家庭相对于经济而言也是私民的事。其次,正如经济面对国家时其私性(privateness)证成了让劳资在不可见的背景规则调控下议价得出结果一样,故而家庭面对市场时其私性也证成了让男女通过更少平等的性别法背景体制展开议价得出结果。

基于这种符号/背景的转换,连同法律上对经济的现实主义/制度论分析,性别批判提出一个观点,即法律体制构造了在其中展开议价并合意的主体。此体制(以及其他无数文化活动)把他们塑造成这样的人:他们会同意不平等关系再现,而它看起来只是反映此关系。[40]就像劳动法在《国家劳工关系法案》之后沿着使工人更为被动的方向发展一样,根据批判法学的批判,事实上治理暴力侵犯妇女的背景规则,以及使她们在经济上处于弱势的财产制度等现实管理制度,其效果是把她们构造成会接受甚至拥抱从属地位的人物。这些规则促使她们把自己理解为异性恋的、一夫一妻的与母性的人,理解为成年女性之自然本性的结果。[41]

有一些明显的例外,原理分析——例证一些法律概念的不融贯,如婚姻、监护权与合意——在此批判中所发挥作用的重要性要小于在劳动法、国际法与《第一修正案》中所发挥的作用。[42]我认为事实上,对判决与法律正确性的误解、对法律工作中意识形态因素的否认,在性别压迫的再生产中比之于在其他种类的压迫中所起的作用没那么大。相反恰恰是权利批判[43](下一节的主题)与身份批判,[44]二者在判决的批判中都有重要对应物,说清楚一点儿就是分析司法意见技巧与促进或例证文化上不同观念的文本。[45]

同样重要的是,等到各种法律批判运动已将原初的正统性论纲扩展到所有这些领域时,它就成了某种类似批判技巧的东西,类似于 20 世纪 30 年代法律现实主义批判概念主义所演化成的批判技术学。它对于像 Kimberle Crenshaw 对有色女人处境[46]的"交叉"分析这类原创研究,以及对同性恋法律理论[47]是有用的,且如果人们继续使用它则会继续演化。

十九、批判法学激发的政策提议之典型结构

类似批判在一个又一个领域发展的同时,许多人提议,要针对我们所批判领域中的那些具体规则进行司法上的成立法上的变革。受我们批判模式的影响(尽管绝非是受其必然要求的),我们想提出一种特殊结构的政策提议。我本该接着就讲述它。许多批判法学的提议关注改变背景规

则以图改变权力分配,继而实现生活中好东西的重新分配。相比之下,主流自由主义更侧重于强调调节不平等关系,调节手法有二,即禁止歧视与要求具体的实质内容。

典型的"授权"(与"管制"相反)解决法是建立有限的公平合作居民区、[48]放宽受虐待妇女的自我防卫权[49]并建立社区防护体系,[50]改变劳动法规则以促进工人自我组织、参与管理决策与工人主人翁身份,[51]创建新的侵权救济施用于性与种族伤害、恶意贬损[52]及雇主在工作场所施虐行为,[53]修改地方自治以给城市贫民区在郊区决策中有发言机会。[54]但这条路并不平坦。在许多批评家赞同管制的情况下,经常看到局部地、策略地使用新的法律工具以追求分配目的,比如居住条件保障问题。[55]

通过改变背景规则来转变力量平衡,也很适合下述一个沿袭自20世纪60年代激进主义提出的方案,即在诸集团之间平等分配(假设是互切与交叉的),而非比如保障每个人机会平等而忽视他们的种族、阶层与性别。典型的政策提议是"种族自觉"、"女性自觉"或"阶级自觉",同时存在有力的——最终可能有点儿太过有力——内部争论,争论内容是身份(identity)的概念及其在左派与MPM理论中的地位。

政策提议的局部关注与分散性、不系统性,部分是因为批判家们与他们的进步论先辈们之间有一个根本不同。20世纪60年代之后的激进主义者不期望运用国家权力并怀疑社会从核心中央展开深层转变的可能性。制订一份纲领,在传统左派看来,这已经远没有前人那样看得那么重要了。

二十、对重建的态度:批判法学 VS 进步主义

批判法学风格即自由主义的去正统化批判,与直接保守主义的进步时代风格二者之间有许多其他的不同点。我早已提到过激进主义与自由主义改革政治动机之间的比较,内在批判的不同方法论,还强调通过法律对身份进行社会建构。批判法学早已致力于挪用新马克思主义中任何有用的东西,尤其是葛兰西脉路(Gramscian strand),并志在综合它与法律分析中的进步/现实主义传统,后者已经将那个时代较为正统的马克思主义当做一个"他者"。大量非马克思主义欧洲大陆学术圈影响了进步主义,它们从结构主义/后结构主义到心理分析学,沿着普遍反唯理论(irrationalist)的方向演化了很久,直到批判法学打入其中。

但比这些更令人吃惊的可能是一种比较,把相对统一的进步主义承诺(即通过实用主义应用于法律而开展重建)与批判法学、种族批判理论、女权主义法理学中对重建的花样繁多的态度作比较。我上面的归纳隐瞒了这些内容上、策略上与格局上的不同点。本书后面几节就突出谈这些。

第三节 社会理论中的判决

本节试图阐明特定的判决批判,我已将之同其他的两个足以称为表亲的批判作比照来不断展开此批判。自 20 世纪 60 年代以来,大量的美国法学家们苦思这样一个问题,即我们独特的批判法律态度如何可能允许我们对社会理论作出贡献。[1] 我所一直描述的进路与那些我将作为比照的进路都是尝试,意图指出法律现实主义对韦伯与马克思的大传统之后承。

在大传统中,韦伯与马克思把现代社会理论化为一个依据学术抽象原则的规序(ordering),这些原则是从制度生活的细节中提炼而来的。这种规序从符合社会生活的自然法则意义上看不是一个自然的发展而是一个复合的产物,即若干具体思想具体利用各种冲突力量的产物。

国家在两大理论中发挥重要作用(尽管在两大理论间存有重大分歧),因为它是一个媒介,那些参与物质或思想争战的人们通过这个媒介把瞬时的胜利转变成永恒的体制。法律规制因而显然是重要的国家职能,因为那些控制国家的人通过它能够将一些(在抽象层面上界定的)公共与私人秩序原则发展成治理人们日常互动的具体化规范,然后通过司法系统使它们付诸实效。

大传统对一个潜心于现实主义的美国人来说看似是“形式主义的”。它把现代社会特征的法律规则体看作拥有高度的内在融贯性,看作是体制诸原则的发展。在此方面,社会理论并行于美国法理学的融贯理论,即病毒批判法学自世纪之交以来一直批判的融贯论。大传统还把法律规制设想成制度上有效的,某种意义上这已被现实主义质疑纸面上的法与行动中的法的符合论而证明是错误的。

大传统声称的对法律的误解似乎很重要,因为法律是此传统中的一个非常重要的元素。但一个悬而未决的问题是,移植进这样那样的后现实主义观点又如何可能转变韦伯与马克思主义理论?另一个未决问题是,一旦审判被看做逻辑上不够确定且与政策一样不融贯,那么在多大程度上我们能够有效地从那些理论中调用一些元素来解释司法行为并评估其效果?

我勾画的进路被看作是后现实主义社会理论,它有三个组成:(1)对正式法律创制的意识形态之桩作分配主义分析,(2)一个观点即判决是意识形态的论坛,(3)一个理论即法律解释中有被否认的策略行为。判决的中庸、授权与正统化三大效应被认为是合理后果,因为后果源自这些因素在被意识形态分隔的社会语境中的组合。

我称此理论为什么呢?不是"临界批判"(crit)理论,因为尽管我在最后一节试图吸收大量临界批判研究成果进来(且本该吸收更多类似风格的内容),但那些认为自己是临界批判法学家的人们对这些问题并没有任何共识,我将在本节中讲这一点。除此之外,它只是大量潜在的左/现代/后现代理论之一个。我将称为"左刺理论"(Pink Theory)或PT。

PT的发展面对且不断回应两大批判。第一个是"怀疑论者的批判",即PT高估了上诉判决的社会价值。第二个是"体系论者的批判",即PT低估了其价值。怀疑论与体系论都从法律现实主义、经验论与功能主义社会学、新马克思主义、美国的平民论、批判理论中汲取元素,还有其他大量理论,此处不一一提及。

怀疑论的批判是,PT高估了上诉法院司法意见的价值,因为他们提出的形式法没有实践意义且他们的意识形态产物没什么受众。体系论者的批判是,PT低估了一个程度问题,即法官所造的各种形式法律在什么程度上可以说是符合并正统化了下述二者:市场体系的需要,或资本主义发展特定阶段的结构要求。

根据PT,对法律规则的分配效应作精细分析,并分析一些假想现象如司法造法中被否认的意识形态之折中、授权与正统化效应,这种分析事关人们能希望从判决的社会理论中得到什么。在本节中我将通过描述“官方材料争议”来捍卫这一立场并反对怀疑论者过于看重它,又通过描述早期批判法学运动中“理性论/非唯理论之争”来反对体系论者过于看轻它。

一、官方材料争议

20世纪80年代,有些美国法律社会学家自抛弃冲突—解决功能论以后,一直尖锐地批评批判法学沉迷于上诉审司法意见与其他“官方材料”。这种攻击起初来自于早期“法律与社会”主流人物如弗里德曼(Lawrence Friedman),然后起于艾姆赫斯特研讨会(Amherst Seminar),这是一个由左派“法律与社会”人员、左派法律人类学者与研究欧洲批判传统的社会学家们组成的松散团体。

两种批判都有一个强音即学术怨恨(甚至社会学主流人物也似乎操心于自己受到法律与社会学学术的冷落且不受尊重)。这些主流人物声称若你不做经验研究,即以某种更多被认为是“实地的”而非掉书袋式地研究它,那么你当然不是一个社会学家或一个“真正的”进步主义者,且最有可能专注于重估“法律教授”(讥讽引语)的社会影响力,方法是拜占庭式迷宫般原理讨论,而我们知道它与现实世界中所发生的一切毫不相关。

相比之下,左派既对经验世界没有一个科学主义思想,也对一般的推论知识没什么偏见。但他们非常一致地认为,法律社会学应当关注实地发生的事,也就是低层次、“行为—目的”冲突解决制度。他们还认同这些主流人物,一如西贝(Susan Silbey)所言:

> 一些当代批判法学学人反映了这种唯理论,即排他性地关注原理分析并忽略材料或行为内容,以利于被他们当作是法律全景的专业对话(professional discourse)。依此看来,许多批判法学学人把理性化及上诉法院的论证混同于法律实践了……
>
> 传统形式主义进路与当代批判法学研究在立场完全相反的时候,他们认为法律——判例、规则、成文法——没问题。近期所谓的法学院渣滓实质就是说“嗨!你,是法官吗?”(没注意到其他人,只注意法官)。“你

不是你所声称的样子,也不是我们所教的样子。你并非一直且不变地讲究逻辑。现在我们看透你了,你因为掌握了权力才暴露出你小样儿。”至20世纪80年代,法律不确定性这一描绘不是一个特别原创的评论。原理与形式的界限在20世纪初就被仔细地描画了,虽然没有意识形态霸权说法,但神秘化与具体化已经与批判法学运动联系起来。

……对唯理论法律意识形态诸主张的解构已依赖于对逻辑的不融贯性与不确定性的揭示,这促使了批判法学关注话语的细节,不参照或忽略其社会建构(社会确定性)。这种对不同于行为或实践的形式话语的关注,模糊了其与外部社会结构的联系。[2]

一个友好的改述则是:(1)法律社会学已证明,法律的形式规则不是对一个社会独特的现实行为常规方式的一种描述,因为在形式规则与基层法律机构、民间团体在实践中应用(或忽略)规则的方式之间,存在重大的不连贯性。(2)我们于20世纪初就已知道,声称支配着司法造法的法律推理是不确定的,因为不是依照一种逻辑来支配它的。(3)尽管法律推理并不决定司法造法,形式规则也不决定法律实践,但规则创制与法律实践都是确定的——受一些社会结构的决定,这些结构外在于上诉判决过程。(4)因此,你研究上诉审意见是浪费时间。[3]

二、书本中的法 VS 行动中的法

我的意图是通过坦白与回避来回应“书本/行动”怀疑论。我承认,PT在分析规则创制所布下的意识形态之桩,与分析折中、授权、正统化效应时,依赖于一个想法,即上诉判决最终影响超出法庭所审纠纷的范围。在第一章第二节我们讨论了上诉审判决,因为我们把法官看作是法律创制者,一如我们把立法者与行政官员看作是法律创制者。如果他们所造之法或他们如何解释法律没什么影响力(除系争的冲突),那么这些规则中就没有引人关注的意识形态之桩了,也不可能通过法律话语得以正统化。

我认为,现实主义与后现实主义美国法律社会学已令人信服且有效地证明:我们永远不能假定,当上诉法院选择一个具体规则解释而不选择另一个时,规则试图规治民众行为,但民众(非讼案当事人)就会依规则行事。我再深入地谈一点:他们还证明,即便在当事人使其行为遵从法律规则,一方或双方当事人总能成功地改变条件的某个方面导致规则不能推进各政策平衡,这些政策是法律创制者在选择规则时所考虑的。[4]因此,法官选择用来推进学校废除种族隔离的宪法性法律规则已在许多或大多数案件中不能达到这种平衡,因为白人已经大逃亡。

然而我认为社会学家们并不意欲提出:规则的选择,不论是立法者、行政官员亦或法官所选择的,都不影响意识形态集团冲突。若说学校废除种族隔离的司法判决仅仅是死文字、无主物,或从其对美国社会的影响看是某种根本没发生的事,这就很荒唐了。

或者另举一例,美国侵权法在过去50年中沿着严重亲原告方向变革。若认为法官在法律规则中所作的改变已经直接地转化成了公司行为的改变,那就错了,暴发的品托病(不召回是因为清偿受害者债务更便宜)这一实例就很说明问题。但无视“侵权法改革”强大的公司游说与广告大战,却说法官所做的没什么影响,即在意识形态集团冲突中没有布下任何桩,那就和学校废除种族隔离案那个例子中一样荒唐。

所以,究竟在发生什么?PT确实意欲表明(虽非经验地)上诉审法官之规则选择比民众想象的要重要得多,而社会学家们的观点则截然相反。不过在两种观点间没有严重冲突。

记住,PT信奉一个思想,即法官通过选择许多不同种类规则的解释而布下了许多重要的意识形态集团冲突之桩,范围包括从对堕胎的管制到卡车在州际公路上的载重量的管制。因法官们所造的具体规则并不得到执行而忽略他们是规则创制者,比之于因为成文法同样如此而忽略立法过程来说,前者更不容易理解。

上诉法院创制的规则比民众所认为的更为重要而非不重要,这一说法的根据是下述思想,即人们在意识形态冲突中经常注意不到法律规则发挥游戏规则作用的方式,这些规则多多少少有效地但隐秘地改变了结果,不再出现若实施不同规则所本该可能出现的结果。要害不在于规则对行为的影响比你想象的更为普遍有效,而在于法律背景规则不管在何种程度上有效都被习惯性地剔除出我们关于等级制度与异化的原因假说——这就是我上一节中所说的符号/场景颠倒的整个要害。

摩擦可能正在于此。如果社会学家声称规则那么荡然无效以至于不能认为它们是构成相竞争集团间议价能力的原因因素，那么他们正袭向PT的心脏。但仔细思考一下发现，他们从来没有走那么远，尽管他们的传统修辞有时显示他们有可能会。举个例子，下面是威斯康星学派(Wisconsin school)对行动中的合同法非常有价值的研究之总结：

> 对商业行为的关注很快揭明一个重大洞见，即由上诉法院得出的合同法原则，其影响极不明显，原因是多方面的，列举几个：合同法所提供的制裁措施太弱以至于不能威慑违约行为；无论弱或强，损害制裁通常无关紧要，因为保持关系连续性的价值或良好声誉的价值引致非诉调整；即便在关系结束的时候，诉讼成本也使诉诸法律成为不可能；且凡有重大利益冲突的地方，管制措施几乎从来不是普通法而是行政管理体制取而代之(比如劳动法或保险法)。总之，上诉法院合同案通常包括“非典型的或怪异的”处理与“零星残余的问题，没有人足够注意去用其他方法管制”。[5]

作为对法学院典型合同法课程之内容的批判，这是极具毁灭性的。但它根本影响不到PT。首先，在“明显的利益冲突”即我们预计意识形态集团冲突的地方与“行政管理制度取而代之”的地方，法官会不断地对那些布下意识形态之桩的制度作出判决。事实上，我在最后一节提出，正统化效应的主场是司法对劳动法的监管。

其次，尽管“诉讼成本使诉诸法律成为不可能”，但规则常常“默然地”[6]对议价施加相当大的影响，所以法官在诸多可能性中的选择布下了明显的意识形态之桩。若不然，保持长期交往关系的人们若不通过诉讼来解决他们的冲突就会感到巨大压力，这显然不是说法律与结果无关。有长期关系并内部解决冲突的人们有其特殊的方式受法律影响，所有的参与者在决定接受什么时都盘算些替代办法，即如果目标无法实现则他们还能做什么。[7]

不是要表明上诉判决一般“影响不明显”，此项研究提出一个不同但很重要的关键结论。从法学院合同法讲课的角度看,似乎显然合同法要求人们相互公平对待。但许多法官所造之合同法规则试图保护弱势一方反对强势一方,这些规则结果在实践中证明是虚幻的。[8]问题不在于上诉法院所造的法天生就没有效力,而在于法官已选择为弱势方创制规则,这些规则在纸面看起来很好但实践中却不然。

即便是一个精明的学生(或一个与世无争的教授),如果他或她信赖上诉法院司法意见,也会对下述问题得出一个非常错误的结论:在现实世界中能"侥幸逃脱处罚"的当事人该有多么强大。更糟糕的是,有些法律改革可能使行动中的法更接近于书本中的法,如大力重构权力以利于弱势当事人。但有个错觉即形式法早已处理了这个问题,它是造成司法与立法机构不作为的一个因素。[9]注意,类似的问题也存在于立法机构,它们经常通过这样的成文法,即看起来给予一方或他方的利益要比该方在实践中将获得的要多得多。[10]

就像立法机构一样,上诉法院的运作也有其约束,来自于在现有制度范围内合理的执法范围。新泽西州最高法院不能简单地对买得起的城市住房强加其"公平分享"的要求,而美国最高法院就能通过传承米兰达判决来彻底废止刑讯逼供。但立法体制的变革显然也是如此。依此来看,问题不在于上诉法院判决在抽象意义上有多重要,而在于我们如何切实限制通过与立法机构相对的法院来追求意识形态方案的行为。

我认为从事这项研究是可行的,前提是法律体系的形式规则通过法院与立法机构而设定时,布下了大量重要的意识形态之桩,而判决作为一个论坛在美国诸意识形态之生产中发挥了一个较为模糊但又很重要的作用。我并不认为这种理解是一种分析性真理,而是说它是对发达的西方社会一个未经实证考究的经验归纳,而且只是关于发达的西方。

我认为,我们强调国家在强加一种有明确形式的社会秩序中通常很重要,这完全可以在很大程度上归功于(马克思与韦伯的)社会学传统。它还可以归因于安东尼奥·葛兰西的霸权理论,此理论认为精英们通过对话(论坛思想)达致合意,同时通过暴力加以强制实施。但正如富勒所言,[11]"法律不是权威的单向度投射"。福柯说得对,权力,包括通过法律施行的权力,只在存在抵制力量的范围讲才有意义,它从"上面"获得其实践内容的同时也从抵制中获得之。[12]

这些限定条件很重要。左/现代/后现代的社会改革纲领可能有些目的，这些目的仅通过法律无法得到推行。首先，国之为国，即没有“正统性”的国家，其强制人们服从法律的能耐显然有限制。其次，左/现代/后现代纲领想要改变的东西那么根深蒂固、那么深涉行为的“态度”与精神倾向性，以至于它不可能在上述所有细节方面得到授权执行。

如果它能，且人们完全服从一部极权主义法典，那么这个纲领就可能失败了，因为它志在皈依到一种反律法主义（antinomianism），而非要服从于正确的思想。“尽信书不如无书……”不是后现代主义的传家宝（其并不存在），但它是左/现代/后现代主义的一个核心格言。另一个核心格言是，我们研究国家权力，目的是抵制它而非夺取它。

三、论坛中有受众吗

判决是被否认的意识形态冲突的论坛，此说要成立至少得证明，除案件当事人之外还存在某种受众听取参与者的意识形态观点。这绝非自明的，一如怀疑论批判中另一个派系已有力指出的那样，典型的有下述一些引证，引自阿兰·海德（Alan Hyde）、弗兰克·芒格（Frank Munger）和卡罗尔·塞龙（Carol Seron）：

一篇对公众意见的文学评论总结道：“有证据表明，最高法院及其判决如此不显要以至于（人们）荒谬地普遍接受政府调处，因为公众相信政府政策已得到法院证明。”不到一半的民众能说出一个他们喜欢的或不喜欢的最高法院政策或判决。不到一半的民众能从最高法院可能作出判决的八个可能领域中筛选出三个以上的正确话题。最高法院似乎是美国孩子在政治上社会化中最不明显的机构。其他研究接连表明很少公众对最高法院感兴趣甚至对其判决内容也是如此。下层法院亦然。[13]

支撑批判法学研究的是一个隐在的前提：描绘，或绘制法律判决将从中揭开或自动暴露出法律中的意识形态角色及其不融贯性。不严肃地尝试着检验原理与社会中其他制度间的关系，这会导致此项研究失去其自己的目标。不能为法律中意识形态在其历史语境中的角色找到可信的理由，这使国会没有理由说法律可能在社会变革中有什么作用余地。更重要的是，国会不能令人信服地驳斥自由派学者所作的那些非阶级统治的、非专制论的主张，相反它是一股合理化的力量（无论其原理是否受到逻辑不连贯性的困扰）。[14]

大多数“早期”临界批评家们只主张，法律话语的“有效”是针对法律学术圈本身与那些认真对待法律话语的其他有学识的精英们而言的。[15]这一有限制的主张在我们看起来是合理的，因为我们早在做法科学生时就一直反对精英观点眩目迷人的影响。在这方面，我采用的更多的是葛兰西[16]与阿尔都塞[17]的进路而非韦伯[18]的，我把上诉法院当作是一个“意识形态国家机器”，在过量的正统化话语中有一支就是它制造的，这些话语还比如有教育系统话语、传媒业话语等等，它们都有不同的受众与不同的主题内容。[19]

PT 因此能对上诉法院之司法意见的受众规模采信怀疑论，并同意对一些受众比如有色人种来说如同柯林肖（Kimberle Crenshaw）讲的，[20]法律可能首要的是调用国家强制力（经验研究所要的），而话语的内容可能并不重要或在说服力上并不很重要。这一洞见并不能降低折中效应可信度，比如假定经意识形态组织起来的多数派能力降低，无法通过立法过程而对体制作重大变革。

该效应取决于一个思想，即折中、双极性与不怀好意的能动论法官拥有大量可自由支配的权力，他们通过解释来“冷处理”立法机构的体制改革的抽象论式。该效应出现在立法与司法的精英圈范围内。它是他们理解与安排的结果，而非他们所治理的民众们的理解与安排的结果。

授权效应同理。被否认的司法造法中的意识形态意味着意识形态学术界中的小团体及每一个完整学术圈都能够通过司法过程成就一些东西，这些东西是他们认为通过选举政治所得不到的。自由主义者们成就布朗诉教委案；保守派取消了平权行动。如果我们既有立法至上（没有司法审查）又有一个持续的对司法造法的立法监管实践，根据此假说，最终结果可能不太有利于这些小团体，且可能结束知识分子普遍压抑在心头的对群众的恐惧。授权效应看似是政治精英们据以分配权力并在他们当中选举强者的复杂游戏之一部分。它能独立运作而不顾群众对上诉意见知道什么,如果有所知道的话。

有人甚至可能思索,既然这些折中与授权效应利于自由与保守派温和精英的利益而牺牲群众,那么群众乐于不思司法治理时则它们更利于精英利益。依此解释,司法造法的“背景”即其对群众的隐蔽性稳定了这个系统,只要上诉法院创制的形式法对行为有一点点的影响,通过基层法院刑事执行与私人民事行为并通过服从与皈依效应。

但至少,正统化效应难道不直接依赖于存在这样一种受众,他在法律/政治学术圈外听取上诉法院意见吗?我把一个正统化效应界定为一种对现状的强化,方法是“撤回”法官创制的规则使其免受政治意识的影响。后果就是,比“真实的”情况看起来有更少的手段可用于社会改革,这种代价很大。在许多语境下,法律规则在其中扮演着各集团合作与竞争游戏的规则(比如在劳动与性别语境下),司法意见有助于自然化或“背景化”它们。这些意见(错误地)声称要通过一种技巧性的、非意识形态的方法提出司法判决的一些规则(这些文本的有效性取决于受众对否认判决中的意识形态之积极参与,实在是一厢情愿的想法)。

在去正统性的两个观点中——自由主义反对保守派染指新政,而批判法学激进派在20世纪70年代末与80年代初反对自由主义——问题在于会带来符号/背景倒置。其构成因素是分析规则的分配效应,揭露设立规则的司法意见中被否认的意识形态因素。在每一个情形中,去正统化者都在努力为政治动员提供一个务实的且又合乎伦理的根基。但在每个情形中,其语境都是各学术圈之间与圈内部的政治争辩,他们力图增进了解其处境并从敌对集团中归化那些动摇不定的人。

我们临界批判论者并不认为法官通过上诉审意见把群众被动化。观点是,否认上诉审造法中的意识形态因素,不论是一般领域还是许多具体领域都致使自由主义者低估其欲支持的变革之可能性,或反过来,帮助找借口辩解其不乐意做那些可能事实上会破坏现状的事情。希望在于,去正统化分析可能让我们从他们当中赢得一些皈依者并可能帮助我们构思全新策略。我们不至于笨到那种程度,竟认为我们去正统努力会导致群众意识的转变,除非长远来看通过一些复杂的过程,精英思想据以与群众文化中的大众思想发生互动,而这也只是有可能导致转变。

从法律规则层面看,法律并非对群众没有影响。正统化命题的所有版本都认为,规则对现实生活的分配影响比人们意识到的要更多而非更少。此论的"高级"版,无论在劳动法、国际法、地方政府法还是性别法中也认为规则有"主体建构"的特性。在产业多元体制中的工人被法律界定的结构(不是被上诉法院的法律话语)置于被动,他们在这些结构中劳作;妇女被大量被法律制度默许的针对她们的暴行推向了默认男性主宰的角色。这些影响与法律话语无关。[21]

如果有一种大众正统化效应,这可能是因为媒体传播了一种流行的看法,即审判否认其有意识形态内容。宣扬这一错误可能使现状看起来更自然,少些偶然,且比其事实情况有更多的公正。但似乎同样可信的是,群众文化坚定地抵制精英的误解,甚至基于自己现实生活中对刑事司法制度或作为地方冲突解决者的地方法院的体验而提出其自己的替代看法。[22]这在我看来是一个有趣的经验问题,其答案不会影响 PT 版本中正统化效应的可靠性。在此版本中,对判决中意识形态的否认主要是影响学术界,与其他通过学界而受到影响的人。

四、尽人皆知法律推理是不确定的

我们研究上诉审司法意见是因为上诉审法官是我们社会中重要的法律创制者,与立法者同等。我们研究他们还尤其因为根据权力异化假说,他们的法律创制行为带有一个特殊形式的否认,即否认他们是立法者,而立法机构则不然。

在西贝看来,"原理与形式的界限在 20 世纪初就被仔细地描画过。"相反,我们过去一点儿不明白(且现在也不)法律话语如何能够产生"必然性效应"而又允许否认意识形态的内容。我们自己也不确定究竟"形式主义"如何不对,或说它如何呆板;我们确信法律是政治的但不清楚它如何是政治的。法律现实主义方案的批判功能似乎废了,而非某种我们可以延续前行的既成部分废了。复兴这种批判与保留住它,要比着手"证明"美国是一个精英法律材料与政治和公众意识紧密相关的社会似乎更为重要。

无论是过去还是现在，问题依然在于法官所声称的公正无偏只是部分为真，因为人们认为法官们在选择适用什么规则于案件时其行为不同于立法者，而在很大程度上确实如此。法官很明显在实践中"受制于"法律且经常宣布并应用那些如果他们是立法者则可能从不会投票支持的规则。法官有时行为的方式确实可以描述为"连贯的"和"合逻辑的"，即服从角色限制：要求他们应用而非创造法律。

就此原因，说原理与形式的界限曾在20世纪初被清晰地画出来了，那只能是一种幻想。至少说，过去证明且现在仍证明了，我们很难指出在哪些方面司法造法的任何具体实例不只是"合理阐述"及有什么后果。本书后面几节提出的答案只是个不完整的且经常（在我看来）只是大体可靠的说明。

幻想有人或自己能一劳永逸地勾画出对法律推理的不确定性批判，这种幻想远非是自认为理解法律现实主义的美国法律社会学家们才有。许多批判法学论者与更多的评论批判法学的人都认为，发现这样一种批判对批判法学方案来说十分关键。[23] 在批判法学以后的日子里，后现代主义评论家们有时认为他们知道"法律""必定是"不确定的，甚至不阅读一篇司法意见，其理由在于解构运动已经"证明"一切文本都是不确定的。

这就是金饭碗主义，即相信只要有人能找出那个关键施压点，一个既定形式的话语将破灭，就像一个有裂痕的水晶球一旦以那种适当的方式落地会碎掉一样（根据Hery James所言）。一旦你已"展开"批判，即承认法律形式主义在其表现中有一个是错误的，那么你就已承认了其所有表现中都有错误。你继而应当转向"建构"工作。我认为海勒（Tom Heller）懂得了事情真相，他认为构架与批判是永无止境的活儿。[24]

没有任何批判是真正一网打尽的。当有人想出一个新论点，你就需要一个新答案。霍菲尔德对权利从特权中分离出来的批判暴露了一个独特的"霍菲尔德错式"，[25] 此错曾出现在19世纪晚期的若干法律意见中。它是一个"有动机的错误"，因为使右翼法律规则的选择看似法律逻辑推演而非立法。但尽管霍菲尔德的批判永远是有帮助的，撇开其成功的揭露不谈，它本身没有识别出下列做法中的错误，即把波斯纳的经济原理用于法律规则来确立生产方式中的私有财产权。

比如,在《知识与政治》[26]中昂格尔发表了对司法中立性的全面批判,认为一旦我们认识到那些构成法律规则的语词的意义只有通过有价值担当的解释过程才能在实践中得以确定,那么我们必须抛弃形式主义幻象。但我认为对此问题的一个充分答案是,我们会且有时确实在制订规则以图在规则适用中最大程度地降低对价值判断的需要,并且,语言常会被细分得足够具体从而使分歧变得极少。[27]

至少在我看来不存在单一原则或元原则可以联结起各种被我们称为"形式主义"的主张,除非它们都掀起内在批判。另外我认为,没有哪个一般原则可以把内在批判的所有策略联结成单个超批判体。所以在我看来,无法保证要么有或要么没有一种批判可用以支持法律必然性的每一个论断。

这意味着即便它(假如是真的),即原理与形式的界限已于20世纪初划定清楚了,那么这个成果也不能说刚好就是批评家们在21世纪初需要去落实的模式(我认为这是对《经济学手稿》中某一段关于政治经济学批判的粗略意译,但我一时找不到它)。

五、外部决定

现在看西贝批判的第三个因素:外部决定。如果你认为你已发现基于一套法律材料的法律推理总是不确定的,如果你是一个社会科学家或一个政治哲学家,那么很可能你也将认为"法律"受其他什么东西决定,即某种"外在于"推理过程的东西。

如果法官认为的推理过程与先有的材料决定了规则是错误的,你就可能在他们"之上"或"之下"寻找确定(determination)。如果你"向上"寻找,你可能关注规范或描述的确定。许多人相信法律应当由其所治之民的先法律权利(prelegal rights)所决定,法官的角色就是把这些外部的、高级的、决定性的权利命令转换成社会有效工具即法律规则。[28]

法律推理的内部不确定性不是这里关注的理由,除非它为法官创造机会来误导我们或搞错权利的外部命令,然后谎称他们的错误结论是其虚幻的程序之逻辑必然。它也不是关注那些法律与经济学人们的理由,他们认为效率应当是决定实施什么规则的唯一规范标准。波斯纳能鲜明地批驳下述说法,即"疑难案件"中法律推理自动决定法官造法,因为他相信经济推理即规则的效率后果能够且应当取而代之。[29]

这种外部决定是描述性的而非规范性的,它在西贝写她的批判时受到艾姆赫斯特研讨会的欢迎,由衷欢迎。这种看法是,尽管形式法律推理不确定,但对官员行为模式的模仿却不然,此模式影响现实的社会行为模式。在行动中的法层面上获得某种确定性,关键是要引进诸如"文化"与"实践"之类的概念,并且当然还要从法律的"行动目的"角度研究"事实上"正在发生的事。

奥斯汀·萨拉特(Austin Sarat)已提出过这种努力的概念框架:

> 成文法与法院判决不是能够永远支配法律或社会行为的抽象陈述目标……这并不意味着司法判决作为一种影响因素,比如对警察拘捕行为的影响因素而不能加以检讨。不过这样一种研究会追问一项实践如何影响另一个,而不追问为什么一个背离了另一个。此外,这样一种进路允许我们思考在什么程度上各种法律实践构成一个融贯的整体。这里,法律社会学可能接受早期批判法学研究的关注点并同时坚持对法院、公安与律师事务所的法律实践进行检讨的重要性。[30]

这种分析,与亲民的多"声道"的底层视角分析相比,明显残留了社会理论的决定论,尽管肃清了其"唯理论"与伴生的精英中心论。(在欧洲表现为"法律多元论")欧洲人也有可能尝试着组合极端实证主义与形式主义,并关注民族国家中已经描述过民法传统的行为人。[31]但无论是美国还是欧洲,都没发展出一套可以与主流左派风格相匹敌的一般理论,即主张从上面描述外部决定。

此风格提议对外部决定因描述可以,通过描述具体社会阶层的利益,或通过市场经济、资本主义经济发展的一个阶段的需求或必然结构。这里,法律推理的不确定性得到一个"大图景"的确定性弥补,法官在把这个不确定性转化进法律却一直假称自己在服从自生发的、内部确定的推理程序。这一进路是下一节的主题。

PT 不同于所有外部决定的变量,我认为有三个方面。第一,它不断言“法律”“是”全面不确定的，只说法官有时处理法律材料是为了追求一些被认定为是意识形态方案的策略，并且这种工作经常因布下意识形态之桩而扭曲结果。第二，这种选择的长期积累产生分配结果，这些结果完全不同于那些在(局部)不确定性情况下不同的司法选择所可能产生的结果。第三，似乎有理由假设，通过判决创制这种法律，以及否认意识形态的影响，产生了折中、授权与正统化效应(中间介质都是各式的执行与漫不经心的受众)。

我提议此模式，部分是因为下述政治原因：作为一个左派，我关注集团间分配正义的问题。我认为现实中的分配是不公平的，尽管许多人认为它在若干唯有通过更大的不公正才能得到救济的方面是公正的或不公正的。这种分析有望揭明，现存的不公平部分产生于司法造法，这种造法既非只是“法律适用”亦非对经济的需求与结构所作的理性回应。如果我们通过作出不同于法官们所作的选择来改变规则，也许我们可能在集团间获得更大的分配正义，不会产生我们担心的一些措施所带来的严重后果，如改革庞大的税收与开支计划。

故而PT既出现在对法律推理批判中，也出现在批判下述观念中：经济有一个外部的、可确定的逻辑，即其需求、功能或阶段，只要我们不再相信法官受融贯性原则的限制就能够可靠地解释司法造法。这里有两个要点。在唯理论/反唯理论之争中，我们用最小化的内在批判来摧毁体系论者的逻辑概念即经济基础。在此过程中，我们努力使用美国后现实主义法律技巧来造福于(尽管是演绎地)大社会传统。同时，我们从新马克思主义中汲取了一个非常精炼的观点(我们希望还对之有所改进)，即法律推理发挥着正统化功能，此观点在最后一节中讲。本节后文阐释PT与马克思主义之间的复杂关系。

六、唯理论/反唯理论之争

在20世纪70年代晚期及80年代早期批判法学“唯理论/反唯理论之争”中，体系论者主张我们可以把法律不确定性这一概念用以系统地分析法律在资本主义中的作用。“反唯理论者”(左派/MPM之类的)反驳之，通过采用最小化内在批判即法律推理有“病毒感染”倾向，主张不要支持体系化分析,它注定要被颠覆。[32]

我愿意这样表达左派的判决批判目标,这些目标是体系论与左/MPM 所共有的:揭示法律制度发挥的主要作用;对经由法律制度得到的结果去正统化,揭露它们戴着中立的面具实为政治的;表明它们在某些意义上是不公正的且它们的不公正促成了作为整体的社会之更大的不公正;因此,成为一支激进化力量,影响那些阅读并接受该分析的人;并提议一些激进化方案应当采取的办法,通过政治行动以使法律制度少一些不公正。

批判法学运动"科学方案"努力证明,事实上人们的理解力延向所有这些方向,服从于一般框架即费尔巴哈与马克思提出的异化权力模式。此模式之三部分本要证明:(1)传统的解释事物为什么如其所是的理论有错;(2)通过其他途径秘密地确定;(3)需要转向新的确定性模式,即通过主体依照正确的道德理论确定。

体系化者与非唯理论首先就这些问题通过法律现实主义的发展与激进论展开合作。我们通过最小化内在批判或(在我看来错误的称法)全面批判来攻击必然性假象。我们尝试着表明法律规则在产生我们等级化、异化的资本主义社会中之作用要远大于一般人想象的,表明这些规则反映了意识形态方案或至少具体的、随机的社会观,而非法律的内在逻辑结果。

该科学方案的第二个部分涉及提出一些理论来说明现实发生了什么及为什么发生,从而挑明人的能动性与不正义,还表明它们能够在因果关系上归因于"体系"。这种观点有些像这样:"我们有这套制度是个事实(科学)。有此制度必然(因为科学)要求你有这些条件,根据我们的(非科学的伦理制度)这些条件是不正义的。这一认知是非意识形态的。"

在这里,分歧出现了。体系论者似乎主张法律制度内容与演化在某种意义上符合"社会"的内容与演化,故而法律可以被理解为一个因变量。他们还主张法律制度在社会体系中发挥一种"功能",除帮助社会体系的内容与演化外还反映它。

在 20 世纪 70 年代晚期,有许多式样的制度存在并供以选择,包括新马克思主义、韦伯的资本主义中的法律理论、帕森的结构/功能主义、哈贝马斯的交往行为理论。唯一共同的态度可能就是“后”(post),它与这些细分的理论都有关,但受到所有这些理论的影响。似乎很明显,美国社会已历经一系列阶段,从农业即所谓个体自耕农社会,到工业化、城市化与阶级分层化,走向一个高度“相互依赖”的福利资本主义阶段,它受支配于大型公司与国家官僚机构。可以说法律制度在每个阶段对不同的需求作出了回应并发挥了不同功能。[33]

唯理论/反唯理论之争就是讨论这一直觉观点是否能够通过法律学术研究找到支持。它集中讨论一种特殊的制度观即我所谓的“新马克思主义的资本主义法律理论”,不是因为参与者是马克思主义者(有少许人是),而是因为此理论看似最为融贯且最左。这种批判应用到更弱版本即需求与功能命题上就更不用说了,这一点我一会儿再讲。

七、一种新马克思主义的法律社会理论

一种新马克思主义的法律社会理论可能是这样的:“我们有一套资本主义的经济制度。资本主义制度建立在作为生产方式的私有财产权之上。如果你没有作为生产方式的私有财产权,你就没有资本主义。如果你有这样的制度,随后你就将有下述种类的不公正与悲惨。这些东西都是隐含在制度中的。它们因此隐含在作为生产方式的私有财产权中。”

“法官的角色是执行并解释法律,这些法律例示了一般概念即生产工具所有权。这些法律是制度的一部分。它们不是一个‘必然’部分而只是‘上层建筑’,因为即便没有国家机器又没有法治,资本家们也能通过使用暴力来维持控制住经济基础或‘生产关系’。”换句话说,他们能通过非法律手段迫使工人接受这套制度。

“但如果法官的行为超过了解释与执行那些导源于一般产权概念的规则且为之而不受责罚,因而改变了工人与企业主的根本关系,于是我们会有某些不同于资本主义的东西。只要他们执行这些规则,我们就有资本主义及其附带的不公正。”

“(资本主义)法律之治极其有帮助,尽管只是上层建筑。除了管理工作即要把这套制度在实践层面上付诸运转之外,法官还生产一种广泛正统的话语,它是安抚百姓的意识形态之一部分。自由主义法律理论配

合**自由主义**经济理论，一同把经济互动中的不公正结果表述为物主们之间(工人拥有其劳动)'自由议价'的结果，他们的生产资料根据其社会贡献而有不同的'天然'价值。法官们构成了意识形态国家机器之一。"

"显然，通过法律制度展开一定程度的小改革是有可能的。财产权概念中可能有小的缝隙、冲突与模糊点。为了维持下述意识形态主张的可靠性，即(资本主义)法律在社会各阶层中间是中立的，法官在有些情况下利用法律反对他们的阶级利益。据此二因，工人阶级有时有可能通过法律制度赢得胜利。法律制度是'相对自治的'，只在'终极情形'中受经济基础决定，甚至有可能把法律之治看作是一个'普世的人类成就'。"

"但当我们说游戏的根本规则是一些保证资产阶级根本利益的规则时，该法律本身就效忠于资本主义。要改变资本主义基本的法律规则，法官可能得违背那些保护他们自己阶级利益的'体制'。但他们也可能得违背法律本身，即违背他们自己作为法官的誓言。"

这种形式复杂的理论中，存在社会建构意义上的法律不确定性，但只是在抽象层面上：商品形式与法律形式是同源的、相同的或相互协调的。一旦我们有了(商品的)法律形式，法律体系的具体规则就根据商品的确定逻辑施行着资本主义。[34]

据此理论，体制上的错(不公正与悲苦)是体制的基础深层结构造成的，即其对私有财产制的效忠。自由主义改革论者提出了简单的**帮扶论**，这是高估了他们用其折中方法论的办事能力，虽然考虑到了事态严重性。积极的社会理论分析因此是左派的，因为它提出只有"彻底的"改革才能把"我们"带到所要达到的目标。唯一带来"真正"系统变革的办法可能是以一个不同的概念为基准建立一套制度，而这要求由一个不同的阶级来统治。

八、不确定性在新马克思主义法律理论中的作用

对法律推理的批判，无论是在法律现实主义中还是在批判法学中，都似乎一开始就适合这个方案，且事实上有力地推进了它。方式是把"经济规则"中"错误—必然性"批判扩大到法律体系的规则中。这一扩展使得资本主义发展过程中引入法律变革的想法成为可能。如果法律在细节上

也和其在抽象形式的选择层面一样充满不确定性，那么我们就能对审判与大量留给法官（在大陆法系中，留给了“法律科学家们”）的私法领域进行一种政治分析。

司法造法活动可放置到一般左派政治分析中，即使法官成为策略精英的一部分，推进阶级利益或设计制度逻辑，而非只是施行（或应用）资本家的法律概念。我们可以把这项研究解释为，在竞争与垄断资本主义发展诸连续阶段不断调整若干具体法律规则构成的整个语料库以适合统治阶级的利益。法官通过策略性地操控不确定性而作出必要变革，同时维持法律必然性之幻觉。

在较“实利性的”理论与较“结构性的”理论之间没有必然的紧张。每个阶段（或结构）都可能产生一个资产阶级，并且实际利益符合那个阶段发展的资产阶级可能提出一个结构。该阶级然后会任命一些法官，这些法官会在一个不确定的法律语境之可选意义中选择那些能推进该阶段及其统治阶级发展的意义（规则）。

九、非马克思化的分析

资本主义经济发展的这一灵活版（flexible version）使新马克思主义理论同自由主义主流之间出现惊人地交汇。其实，有一种分析在结构上类似于此版本，它构成了几乎所有的法律社会学的基础，它是在“二战”以后发展起来的，因为它至少受法律现实主义影响并有社会理论抱负（相反于严格的实证主义、经验论、行为主义或数字运算类的，等等）。

有一个辩解版（apologetic version），它有同样的阶段但不认为对资本主义的界定是通过“与生产工具的关系”。此版本采用经济增长逻辑而非资本积累逻辑；力主此版本的是民主选举的、一定程度上支持公共利益的政策制订者们而非统治阶级。结论是一个繁荣昌盛的开放社会，虽有些严重的问题但不是剥削社会。[35]

在二者之间的，是进步历史论版本，它源自查尔斯（Charles）、玛丽·比尔德（Mary Beard）与弗农·帕林顿（Vernon Parrington），带有少量马克思主义痕迹与大量法律现实主义的虚无论。此版本中，法律与其他两个版本有完全相同的功能并服务于相同的需要，但比辩解版更多地强调一个方面即精英为了其自己的利益而操控程序，且比新马克思主义版本更少地关注分析过程的体系性。[36]

判决的批判在所有这些进路中的角色是有严格限定的：它将要给法律松绑以使之能成为促进发展的工具而非一个死气沉沉的资本主义制度。法律被变得可塑、内部矛盾或灵活，但有个限度即只是足以能让外部因素与时俱进地型塑它。

批判法学内在批判的原初形式（对于反法律现实主义）即“矛盾”式非常适合这种角色，尽管有一个重要的问题，即我们当中提出它的那些人敌视[37]或不接纳[38]新马克思主义的经济基础/上层建筑的分析。我们认为，存在两种“模式”、“图景”或“意识形式”可以从既定原理领域的一堆法律材料中梳理出来。[39]这一创新有助于批判法学理论发展，这些发展与新马克思主义分析存在一些类似的关联。

在不同领域中内部原理结构有不同的版本，但关键在于这些领域有内部结构。在新马克思主义理论或在某个较柔性的版本中，冲突因素的一个用途是作为基础部分，你可以把敌对的诸阶级利益与之挂钩。但存在其他冲突的轴心如种族、性别冲突，相应地有其他类型的配套理论如种族自治与父权制理论。[40]同时，有人可能在一个更低的抽象层面上把原理的发展解释为精英们内部各具体集团间冲突的释放，或诸冲突的规范取向之间的冲突，这就好比说成资本主义与社会主义之间的冲突更具体或更“哲学”了。[41]

这很容易理解成左派分析。根据传统的意识形态—批判模式，人们已揭明通过法律自治力或民主立法意愿——或从普遍接受了的少数理想或自然权利导出法律——寻找确定性就是故弄玄虚。人们知道确定性的决定因素既有更多的人为性但也没那么多玄虚。所以有一种明确或隐在的诉求，即“人”（people）利用这种对自由与压迫的揭示来更好地改造事物。

十、反唯理论者的批判

批判法学运动中唯理论/反唯理论之争讨论的是，关于揭示（1）法律强有力的分配效应与（2）法律推理兼具的结构化与可塑性特征，是否能在一个更宏大的层面用于左派理论。这个问题不是话语是否有结构或有影响;那是共识点。它不是在理解原则转变时这样看它是否会更有用,即视为是政治、经济、社会与纯粹理想伦理方案之间冲突的结果;那是共识点。它也不是把这些方案"化归于"实证法的那些法官与理论家(被认为没有意识形态根源)是否带来政治效应即改善现状。[42]那也是共识点,尽管对正统化效应在现实中有多重要存有分歧。[43]

分歧在于是否有一个更高层次的、可据以理解所有这一切的抽象论式,只需根据体系,即其"逻辑"、其阶段、其结构(对立于低级的原理结构)、其需要与法律在体系内"那个"功能。问题是法律与经济之间"现实的"(对立于玄虚的)联结点,即传统意识形态—批判的第二步。重点关注一个内部结构化了的但又有可塑性的法律体制是否受经济或其他社会体系所决定,如父权制或种族至上。就这些目的而言,进步历史论、后新马克思主义、一些批判种族论者与一些女权主义家长制论者构成一个体系论者联盟。

反唯理论者完全否弃——摆脱下述主张,即法律思想中共存或接二连三的意识诸模式、版本或形式,都以某种明了的方式与经济或社会中的变革联系在一起。[44]他们认为这些模式及其序列的内部结构很好地描述了现实,但只是文本结构的现实。而与目前各种阶段论的联系被问题化了,且没有提出新理论来取代它们。历史的剧本成了一出出"理性之死"或诚信丧失的写照而非资本主义的发展,这种写照首先表现在法律自生自发的合理性,其次表现在经济的自生自发的合理性,它们耗尽在有局部利害关系的集团冲突竞技场上。[45]

对体系论者证成放弃较强主张的左倾方案有三个的不同批判。注意,其中两个是最小化内部批判的典例,现在未应用于法律推理而用于一个逻辑概念即生产关系。第三个类似于法律批判的"残缺性"式样:"我能写出一个支持败诉方的意见,一如你会写一份支持多数派的意见一样合乎情理。"

第一个内在批判是对经济基础/上层建筑二分法的批判。经济构成的定义据说确定了"资本主义法律需求",这些需求通过法官操控得以实现,此定义包括的法律术语(财产、劳动、合同、商品、工资)恰恰是法官们在造法时所要解释的术语。对财产、合同、商品之类每一个替代的法律定义因此意味着一个不同的经济基础定义。用期望满足经济基础要求的法律规则来定义经济基础,这会陷入循环推理。[46]

法律是"制定的",[47]这一思想作适当的修正后,对进步论功能主义的解释所构成的威胁一如对新马克思主义理论的威胁一样,尽管没有哪个先前理论陷入僵死的经济基础/上层建筑截然二分。它们对社会与法律的需求与功能完全模糊而非十分明确。如果有人认真思考这些需求与功能,会发现已经有许多法律体制早已做得很好。这些体制可能已提出极其不同的分配结果与事实上极为不同的经济形式。[48]

第二个内在批判是对资本主义与社会主义法律二分的批判。一旦承认法律规则界定了"经济基础",我们就能探讨这些规则的"逻辑"。(1)霍菲尔德的分析表明,"财产只是一束权利",没有"核心";有无数种具体私法体制,其中每一个将提出一个不同的资源配置与收入分配,各自又都符合某种融贯的私有财产定义。[49](2)以集体主义、利他主义、平等主义价值观为表现特征的社会主义,早就出现在资本主义法律体制中,且同样地出现在所谓的自由主义个体论的私法原理核心中,与社会民主管制辅助品中。[50](3)现代混合的诸资本主义法律体制没有总体的体系逻辑:每一个从内部看都是大杂烩,即价值坐标有冲突的"社会"与"个体"因素杂合。[51]这也同样适用于共产主义体制,它若不精研内政中去集权化规则就不可能运行起"生产工具归国家所有"这一模糊的抽象论式,这些规则在共产主义中的作用方式一如商品规则在资本主义制度中。[52](4)并非改革与革命截然二分,而是在集体主义与无政府主义、等级制度与平等论之间存在一个模糊的连续统。竞技场上无特权("资本家的宴会是抵制诱惑的场合",等等)。[53]

第三个批判活动主张,一个(唯理主义)左派法律理论的支持者,无论是在新马克思主义还是进步历史论中,都不可能提出一个经济发展逻辑以图摆脱对具体的统治阶级法律策略之后果的事后描述。人们洞见到不同的法律规则可能引致不同的经济结果,有没有办法利用此洞见来证明,一个既定法律体制促进资本积累(经济增长、生产)或某种阶级利益呢?

因为体系论者并不太阻挠一种现实理论如资本的逻辑、垄断资本需要或其他之类的(坦率地说,其实我们反唯理论者也没有),故相当一部分争论发生在对效率理论的批判上,即一种极为类似但实为右翼的效率理论。批判路线一如经济学家界定的,即效率并不能清楚地回答何种规则能最大化消费者福利这一问题,更不用说回答与时而变的动态福利理论了。[54]

可以推知,左翼不可能采用"补贴"这一概念通过法律规则来组织一个学说,即"统治阶级"能如何使用法律制度来促进其利益、经济增长或资本积累。问题是不存在一个中立的经济基准线(它或可能代替现在不可能中立的法律基线)。没有一个可据以衡量补贴的指针尺。

事实可能是,现实的相关法律行为人都相信具体的规则或规则改变对于保护阶级利益或积累过程很有必要(或完全可欲)。经常有可能合理又明确地看到,具体利益如何因一次具体的规则选择而获得或失去。[55]但目前的努力,即在一个更抽象的即"资本主义"或经济增长层面上证明法律变量与经济变量之间的联系,要么是从内部看不好(见"对成本—收益分析的批判"),因为忽略了反例(即不适当的阶级采用了有争议的法律计划,或适当的阶级采用了错误法律计划),要么面临同样看似合理却也忽略反例的规划(其中,法律变革的经济效果可合理预知为完全与那些现已声称的结果相反)。[56]体系化者所能表明的只是些阶级统治策略,这些策略在实践与分析层面上都充满不确定性的情况下被采用,通过编造的经济诉求来证明,然后被左派使用同样系编造的但政治上相反的经济诉求加以批判。

就像对法律推理的批判那样,严格的内在批判不同于"残缺性"批判,后者表明你能建构替代方案即对相反的结论提出同样合乎情理的论证。"哦,但那个规则改变可能已伤害了统治阶级;那个规则可能已阻碍资本形成,其实你知道的,从这种替代性观点看事实情况,它可能确实真地伤害并阻碍了。"

一如我们在第二章第一节看到的,这种主张与严格的内在批判相比,缺少逻辑严谨性。它使该领域面临一些既定主张的批判即事实上这些效果其实是或 x 或 y 的,它还得无休止地证明体系论者的主张足以应付这个批判且不失科学力量(见"关于以'倾斜'替代'资本逻辑'的争论”)。[57]没有办法证明有人不会很快提出一个可行的整体化理论来。

但在有人确实提出一套这样的理论之前，PT拒弃（摆脱、“叫停”）内部不确定的法律话语整体模式，虽然其已经外部事实或结构（经济需求或阶段）确定。这是PT中的一个后现代因素，尽管那样称它有些别扭，因为它在我们听说后现代之前就已出现了。

应当注意，放弃经济基础（其结构决定法律规则）思想并不等于放弃在法律规则与其社会、经济与政治内容语境间建立联系。当我们发现法律证成的话语是内在矛盾的，因为有时迫使它得灵活即开放于意识形态取向的法律工作，我们就会努力加深理解，即通过“深挖掘”（就像体系论者那样）或诉诸意识形态，粗略说来，就是诉诸自由主义与保守主义。这难道不是与外部决定论同样老套的模式吗？不是的，原因早已明确列出：

(1)被视为是推论系统和意识形态的自由主义与保守主义，其本身是内部的而非外部的法律话语；自由主义与保守主义的法律版与政治版是相辅相成的。

(2)当法官在其矛盾的话语中“根据意识形态理由”选择走哪条路时，促动他们的自由主义或保守主义不仅内在于法律，而且其确定性或内在融贯性不多于（也不少于）他们改变的正式话语。

(3)在法律争辩的诸对立各方中，在同一个意识形态主张上存在对立立场；在它们中还有对抗性的多种类型，有相反的文化式样，还有……相对反的法律话语模式。有一个循环或无穷递归，其中从来没有一个从外部决定的话语或事实而只有一系列无止境的揭幕。如果我们走运，我们使知识有足够多的策论从而我们在必须决定如何行动前会想到它，尽管没有足够的策论来告诉我们如何去做。

(4)虽然“外部的”因素影响判决，但它们并不强加一个外部的“逻辑”。第一个理由正如刚才所说的，即它们并不决定法官创制的规则，这是从“决定”一词的日常含义上讲的。第二个理由是，一如我们反唯理论者反对体系化，故无论是经济基础还是父权制、种族至上，它们与从现有材料作法律推理的过程相比都没有更多的融贯性或更多“逻辑”。

十一、对比于新马克思主义意识形态理论

继“终极的确定性”理论之后，新马克思主义法律理论中第二大重要元素是经由意识形态的正统化理论。这是该理论“输出”方面的一个重要部分，内容关于法律如何影响社会（外部决定是“输入”方面的）。我上面提到过，PT 是此理论的一个变体即经打磨过的版本。

在马克思主义传统中的论者们，如卢卡奇、[58] 葛兰西、[59] 阿尔都塞[60] 以及哈贝马斯，[61] 都使用“意识形态”一词来描述我所称的“**自由主义**”（信奉多数决规则、权利、法律之治及某种安全之网监管下的市场经济）。[62] 在经典分析中，正是这种意识形态发挥了正统化作用。此用法与经济构成的逻辑这个概念有紧密联系，但极不同于该术语在 PT 中的用法。

把意识形态与美国的自由主义与保守主义视为同一体，就等于采用一种不同的语词定义和一个较弱的理论，弱于马克思主义者通常想要发展并在其描述资本主义中所采用的理论。我把一个强版本的意识形态称为“**大意识形态**”（大写的），它有四个特征：

（1）大意识形态是对现实的解释，它要么是自觉地要么是不意识地被整个社会或政治范围所共享；尤其，它是比人们热衷的“表面”分歧更为“深层的”东西。故而对上帝的共同信念成了宗教派系冲突的原因，即在冲突者看来就是拯救与诅咒的问题。故而对作为生产方式的私有财产的自然性、公正与效率的信念成了自由主义与保守主义之间政治冲突的原因，它在他们看来涉及基本的社会公正问题。

（2）大意识形态背后有某种另外的东西，它引起或解释了大意识形态，因而间接引起或解释大意识形态的影响。该背后之物就是生产力与生产关系，或特定阶段的资本主义需求，即“经济基础”。大意识形态中上演的紧张的表面冲突反映了经济基础的部门划分。虽然从意识形态领域到物质领域可能存在反馈，但强式大意识形态优先于材料。“在终极态中”，经济基础胜过上层建筑，或该理论不是一个强理论。

（3）大意识形态正统化了生产力与生产关系结构，后者引起并解释前者。在此语境下，要正统化就是要说服民众接受建立在基础经济结构之

上的整个社会秩序，而非说服民众同意某些具体行为之正误。正统化是大意识形态在社会秩序中的功能，社会秩序被看作是完整的统一体，或至少受其影响。大意识形态的正统化影响比源自其内部分歧的各种影响更为重要，后者对参与者看来似乎很重要。

(4)大意识形态是可证伪的。也就是说，我们能诉诸广为承认的对错标准来证明，它不能很好地解释现实。认为上帝存在与认为资本主义自然公正一样，是自相矛盾的玩意儿。相比之下，资本主义社会结构理论，与其发展的法律理论是很“科学的”。[63]

注意，这种理论即大意识形态（仅一个名词）是经济力量与经济关系的基础结构产物，大意识形态正统化了这个结构，尽管在美国政治文化的一般用法中有许多与各种经济利益相关联的小意识形态。我在第一章第二节中解释过，我已选择该词的此一用法而非马克思主义用法。[64]

自由主义与保守主义从马克思主义角度看不是大意识形态：

(1)二者都不被社会所共享，且二者间的冲突只是一种表象，阶级理论试图超越之。

(2)它们背后没有更为实质性的东西，只有意识形态知识层，他们多多少少与由自己的“利益”定义的“社群”有一定的关联，同时，该知识层有自己的利益，此利益背离了所代表的集团利益。这些利益是小意识形态的一种功能，反之亦然。

(3)自由主义与保守主义是声称代表具体集团利益的诸知识圈的“普世化方案”，而非特定社会的“特有”正统化机制。

(4)二者都受到质疑，质疑者有符号学角度界定的对手，还有马克思主义、无政府主义、法西斯主义与自由贸易主义者，但似乎对二者也没什么确定的方式来“证明其错”。在我的论纲中，作为一个意识形态论者，对于生活，没有什么“科学的”替代方案。

但**大自由主义**（大写的）怎么样？大自由主义对法律之治的理解，与对判决中意识形态的否认，都是政治范围中普遍共享的，一如大意识形态在马克思主义分析中那样。此外，我已提出下述尝试已经失败：建构**大自由主义**观念的融贯性，以图表明判决是或情理上说可能是非意识形态的。否认判决中的意识形态是对不融贯的一种回应，所以我们在面对某种非常类似于“虚假意识”的东西。

在 PT 中,判决通过界定游戏的规则而清除了意识形态集团冲突之桩,意识形态动机在判决中的出现经陈述再现而被神秘化为中立的、非个人的或客观的,所以法官及其受众都已背信(而非简单地被蒙骗)。把这种体制比照于反事实情况即对所有法律创制进行有效立法控制,产生了折中、授权与正统化效应。就此原因,PT 所属的家族相同于费尔巴哈/马克思的权力异化理论,也属于更大的马克思主义意识形态理论家族。

折中与授权效应可处理下述体制内自由主义/保守主义冲突的演化,即其中有许多神秘化了的司法造法。这部分分析采用非马克思主义意识形态概念,即自由主义与保守主义普世化方案,并提议**自由主义**法条论的**大意识形态**如何影响其作为政治运动的命运。

在正统化效应中,神秘化的一般话语即法官造法,与大量解释特定法律体制的具体话语促成了现存的支配性社会关系(等级、不平等、异化)的自然化。一般话语与具体话语二者都促成了自然化,方法是使人们相信背景规则来源于纯粹的技术推理,而“事实上”它们是法官意识形态策略的产物。

自然化是一个大意识形态效果,因为赞成变革(不触及自由/保守主义“主流”,因为它把自身界定为“极端情形”)的一些提议对政治文化参与者来说似乎没有它们在更为透明的制度中所可能的情况那么可靠(我用“透明”意指少些通过否认判决中的意识形态来神秘化)。换言之,这些非主流替代方案在“认知上”[65]认为是不切实际而被排除考虑,而非基于其利弊的考虑排除之(“基于利弊”是指没有神秘化效果即没有背信与否认)。

PT 在如下方面不同于马克思主义分析:

法律对社会的影响:被正统化的是现状而非被理解为一种结构的资本主义或生产关系。现状是一个不融贯的诸异质元素的大杂烩,没有一个系统的逻辑。无论它在既定的时刻是什么,它都是通过否认司法造法中的意识形态因素而被自然化了的东西。在这方面,这种分析比马克思主义更接近于平民论。它指向扭曲那些在更为透明的造法程序下所可能出现的结论,而非指向法律规序在具体体制中的必然功能。

社会对法律的影响:无论自由主义还是保守主义,或**自由主义**法条论(否认判决中意识形态的法律之治),都是通过深层结构即资本主义来说明因果并解释的。重申一下,PT不承认任何此类深层结构已可靠地得到了证明。**自由主义**法条论服务于现状,它不是一个深层结构但它仅仅从这个意义上说源于此结构:我明确地讲,自由派与保守派法官与法学家们有一个共同的辩解动机,这影响了他们描述一般的判决与具体的法律体制。

此动机就是要捍卫现状反对极端。关于判决中意识形态的否认与背信某种程度上就是他们设计的半意识策略,目的在于把司法制度与具体法律体制表述成内部融贯的且公正的,尤其在它们实际情况与此表述的相反之时(当然从我强调的意识形态、"极端"视角看)。

在评论上述之布莱克斯通的《英国法释义》时,我把他的原**自由主义**方案描述为一定意义上看既是辩解的也是"乌托邦"的,这也是我对现代**自由主义**法条论所给予的评价。乌托邦抱负这种观念隐含在我所谓的自由主义与保守主义的"抽象规范因素"中,即在他们的一个承诺中:不管多么含糊不清,社会总是沿着**自由主义**原则与文本(权利、多数决规则、法律之治、有安全之网的有计划市场、犹太—基督伦理)所指定的方向转型。

辩解动机是思想的阴暗面,即意识形态论者效忠于其所代表的集团利益。被视为一个知识圈普世化方案的一个意识形态在乌托邦因素(抽象规范)与辩解因素(利益本位)之间"斡旋"。说自由主义法条论是辩解的,就是说自由/保守派核心层,作为一个事实而非分析必然性的问题,已经集中关注把现状表述成好于极端情形下的样子,这部分是因为自由派与保守派们在现状中比在极端情形下更为有利可图。

但这不只是说辩解动机或意图改变了**自由主义**重述法律制度与体制,即曲解或扭曲了分析。具体形式的扭曲或有动机的曲解是否认判决中的意识形态,否认通过司法造法产生的法律体制的矛盾性。我想把这种扭曲归因于一个臭名昭著的动机,尽管是一个半意识的动机。

十二、PT是"谦抑的"左派理论

这个十分精细的理论模型总体就是说明判决是有分配效应的自由主

义与保守主义意识形态方案的大舞台,并说明自由主义法条论是一种否认或背信,有其乌托邦和辩解动机及正统化效应。如果此理论模型有说服力,那么用阿兰·亨特(Alan Hunt)的话说它就建立了“原理与其历史语境之间的关联”,一种“批判理论所期望的”关联。[66]

但这与马克思主义分析者原初所期望的相比,是在两个不怎么融贯的实体(被解构的现状与被解构的法律体制)之间的一个更弱、更随机的关联。一个这样的理论会依据其自己的理论对现存秩序本身去正统化,且会提议一些路子,让判决制度在我们具体类型的资本主义制度中发挥一种稳定器作用。但它事实上降低了我们“理解”制度的能力,因为在传统左派看来,将其运作压缩到了法律或大趋势之中。其实,法律的批判依我所提议的状况看有一种效应,即使人们不相信我们会有能力建立一个相对精简的解释范式来整固左派方案。

在我看来,左派不可能会找到一个强替代方案来取代这个一般类型的弱版本。我认为我们所能或应当期望的最好方案是本书中所讲的精炼理论(chastened theory)。但值得注意的是,批判法学中唯理论/反唯理论之争,那时看起来是在尽力解决一些对马克思、韦伯、帕森(Parsonian)与哈贝马斯社会理论来说系属根本性的问题,但此争论实质上已没有什么共鸣,除了小范围的左派法律研究。

十三、反唯理论的“吹毛求疵”色彩

反唯理论者攻击体系论者的左派理论重叠使用了法律推理的最小化内在批判:法律是可塑的,即可以在多个方面塑造它;但那些据说为可塑法律整体进行限定的理论,却恰好属于上述内在批判,与起初为法律松绑的内在批判一样。每当理论包括一些法律概念但通过类推它又不包括这些概念时,内在批判被应用于那些据说可以解释法律的似是而非的资本逻辑理论。内在批判自然成为一支开拓性的力量,而非只是条件,即用经济理论开拓法律的条件。

这种病毒进程(viral progression)正是我们将看到的东西,它在理论争论的发展中一次又一次地出现。恰恰从一开始它就提出一种政治批判:如果不确定性理论剥夺了我们提出“涵盖法则”和任何有价值的抽象

式的能力,那就“得不偿失”了。内在批判,如果它主张历史只是一个又一个的破事,就可能成为一支消解性力量。此外,它趋于支持利益集团多元化,其中诸集团在一个“流程”框架中各有其遵循的策略,而不存在系统的整体逻辑。利益集团多元论通过“游戏规则”与现状正统化相联系,因此显然是个坏事儿。

这个问题过去没有解决,现在仍然没有。展开来说就是:“我们所需要的是个一般理论。你不可能空手退敌。批判是容易的,难在创建一套理论。批判方案已成;现在是重建的时候了。”滑向自由主义或多元论的危险,丧失理论能够以实践为导向的意识,惧怕不确定性的消解效应,惧怕情境主义、复杂性与矛盾论,这些仍是讨论的主要议题。同样还有下述观点,即批判“已然过度”故不可能正确,因为它会使一切知识成为不可能(见第五章第三节)。

来自右派的评论家们已欢呼于批判法学“缺乏”或“未能提出”一套一般的批判法学理论,[67]原因与有些批判法学者自己也为此惋惜的相同。想要表示同情的“外人”(非美国法律学术圈人)有时说他们能表示同情并但愿有一个一般的理论。在我们这些中年白人中,只有少数争论参与者(大多数时候我属于一员)对于“放弃整体化理论”并不感觉心理矛盾或至少有些怀旧。这种情况在白人后代中,伴随着白人女权主义者与种族批判理论家们,就会变得更为复杂。

忆往昔,唯理论/非唯理论之争似已打开了法学界的一场战争,即一般知识分子们关于后现代主义是否“内在地”或“有倾向”成为保守主义而展开争论,此外还讨论后现代主义是否可能是精神病的。这场争辩早在我们中大多数人未听说过后现代主义之前就在批判法学中开始了,而它渐渐消退不是因为一方或另一方赢了,而是因为就像一些人说的“发生了点儿事”。所发生的事正是“权利之辩”,下面我们就谈这个问题。

第五章　后权利时代

第一节　美国人法律意识中的权利

时至今日，判决的批判已被用来为这样那样的重建方案开路。如果法律推理总是不确定的，而如果确定性仅仅说明了那些恰好有造法权力的人对一些未决问题早期的回答，那么法律之外的规范性承诺(extralegal normative commitments)是法律不可避免的部分。因此我们现在可以论证"正确的"规范承诺。

这是马克思/费尔巴哈模式的意识形态—批判之第三部分。揭开神秘化面纱背后的政治偏见为法官"做出正确的事情"铺平道路。做正确的事，意味着有一个更好的规范性方案，好于那些现在植根在法律和法官们思想中的方案。

"二战"前，美国有两大左派重建方案。一个是社会主义，即生产工具公有制，或近乎完全废除劳动力与商品市场。另一个是"改革"论，即通过结构改革(授权工会)、财政政策(累进税制)、福利计划与几乎所有事物规划等综合措施来重建与调控市场。

这两大集团都本可以从诸如自由或人权等思想中找到终极证成，但它们强烈倾向于认为有些不幸民众的结果就是规划失败所致,亦即未能恰当地理解社会整体性,未能从中心干预进去来型构它以使结果符合集体所期望的,不管这个集体是“工人阶级”还是“美国民众”(有些例外:世纪末劳动冲突中一个修辞即劳工权利VS资本家权利,还有妇女权利)。美国权利的对抗计划(counterprogram)通常是依据捍卫个人权利反对集体性而展开(例外就是原法西斯主义者与天主教权利)。

现在情况有变了。本节描述兴起的一种自由主义权利本位重建观,美国人法律意识中权利的角色(既然权利是自由主义与保守主义意识形态方案共同的基础),然后谈谈左/MPM在权利中的不诚信现象。

一、左派法律思想中的权利角色,约1975～1985年

有三种自由主义权利次级话语(subdiscourses),它们重叠在法律推理中但不可化约为法律推理。它们是自由宪政主义、法哲学中悬想的重建权利方案与流行政治语言即权利,它们自然地或自动地源自对“身份”(identity)的断定。三种话语是部分自治的,因为每一个都对应于自由主义学术圈中的一个小团体。

自由宪政主义是能动论自由主义法学教授、法官与公益律师为背景的部分意识形态,他们主要倾向经由法院的法律改革。公益律师包括美国民权自由联盟、法律辩护基金会及大量较新的机构,它们如雨后春笋般涌现,代表妇女、拉丁美洲人、环境、同性恋者等参与诉讼。这个团体还包括20世纪60年代后国家律师公会与同时代的法律服务公司。近来新增成员是国际人权行动派。

宪法权利话语是一些训令(与支持司法审查的文章)中下述主张:让一些自由主义法律立场得到法律承认、发展或捍卫。拥护者认为这些立场是正确解释宪法材料所“必然要求”的,尤其是这些条款保障了公民权利。

悬想论(Fancy theory)这一方案以精英法学知识分子为背景(代表人物如德沃金、布鲁斯·阿克曼、弗兰克·米歇尔曼、马莎·米诺、雷丁、杜·康乃尔与帕特莉西·威廉姆斯),他们自觉关注普遍的被压迫团体与弱势群体的利益。他们支持这样得到合法承认的一些特定自由主义立

场,故而早已"表述"在司法意见(可能恰好是不同意的意见)法律话语之中。支持的方式就是把它们联系到现时代的自由主义政治哲学上来(如罗尔斯、罗蒂、卡罗尔·季里根、哈贝马斯、德里达及其他)。在20世纪80年代,中欧"有限革命"理论家们在人权的旗帜下加入其中。这些都表明,哲学支持使自由派权利主张合法化,这种哲学既高于后现实主义法律推理,又在学术上更复杂于它且更具确定性。

大众权利话语不仅渗透于正式的政治文化,还渗透在几乎每一个社会背景包括比如家庭、学校与娱乐圈中,此中的人们讨论谁应当做什么。身份/权利修辞尤其是那些组织者、倡导者与下层团体(黑人、妇女、同性恋者、残疾人)代言人的修辞。他们认为存在一种身份,鉴于此身份就有了权利,而且他们认为这些权利应当得到法律制度的承认。

在法学界,对这三个版本的自由主义方案有一个左/现代/后现代主义批判,基本可认为属批判法学。

二、激进主义的消退

左派学术圈常常不是这样组织。尽管现行自由主义方案有其在20世纪50年代的"源头",但20世纪60年代期间左派学术圈急剧成长,于是在下列问题上断然并不断分裂:直接行动VS法律策略、革命共产主义VS自由主义、黑人民族国家主义VS种族融合主义、分离主义女权论VS"与狼共舞"。在这些分裂后的每一个中,一个子元素就是对权利与权利修辞的不同态度(在我们界定它的那个时候发现它与不同程度的"激进主义"有关联),即下述问题不同的信念:在事物"确实"发生变化之前,那些变革该有多大或有多激烈?

政治激进派对权利的批判与我所描述的对法律推理的内在批判几无关系。其实,他们偏向外部的、经济本位、种族本位或性别本位理论(以Shulamith Firestone和Eldridge Cleaver为例)。政治激进派也失败、受挫或自解了,无论你怎么看它。在20世纪70年代与80年代,左派学术圈极类似于其在20世纪60年代早期,有一个小的激进部分与一个大的自由主义主流,经常可能会醉心于新保守主义、雅皮士主义及大量其他思想。

从20世纪50年代与60年代早期以来,最大的转变可能是白人工人阶级不再在左派思想中有重要作用。白人左派自由主义者与激进派认为自己受那个阶级遗弃或背叛，已失去了对其的信任，或从未与之有身份上的认同。对于大多数左派政治活动家来说，这个白人工人阶级最坏的情况就是成为敌对阵营中的核心，最好的情况就是皈依的必然目标。

三、从阶级政治到身份政治

威斯特（Cornel West）对新左派处境的乐观看法有清楚的论述，他认为存在一种"不成熟的、七零八散但不断集聚的改革运动，它滋生于美国大地并成为一道风景。这种聚合现在缺乏关键的道德词汇和核心领袖来组建并维续它。不过它将最终被有色人种、劳动者与生态团体、妇女、同性恋者植根到现行活动中。"[1]

不同层次的左派学术圈在这里与我们关联起来即悬想论法学家、法律改革的诉讼人与组织者通通重新组织或坚守权利话语，并成功地重释了20世纪60年代所发生的一切。他们认为这是在民权、女权与反战运动中宪法权利对早期体制的重大胜利，这代表了美国民众最好的直觉与真实理想，而旧体制代表另一种直觉与理想即反动保守或道德麻木。

依他们的说法，这是普世化有识之士（马丁·路德·金、甘地）联盟民权法律人、法律服务律师，与共同体组织者取得的胜利。他们一起主张、诉讼并证成这些受到宪法保障的权利，反对否认那些权利的立法与行政体制。

这些权利一般依据平等来界定，但它是一种特殊意义的平等。他们不要求在社会各阶层、宗教或社群之间作收入与财富上的平等分配，而是对事先隶属于社会团体的诸个体成员的"平等保护"。这种修辞对身份与反对歧视的强调是20世纪60年代黑人与妇女反抗运动中"民族国家主义"与"种族融合论"立场的一个新的复杂结合。[2]

到20世纪70年代与80年代，不再有"民众运动"来奋力推举权利主张，不再有联邦法院愿意为了被压迫群体利益而废止相关立法与管制，也不再认为左派宪政理论有不可否认的道德/哲学正确性与必然的融贯性。从左派学术圈中不同位置看，这三个失败之间的因果联系看起来也不同。

新情况有一些优势，也有明显的劣势。留存下来的左派学术圈去除了一些在整个60年代命运悲惨的激进分子,并剔除了忧心问题即白人工人阶层。左倾自由主义者现在本该是左派。他们有时深入体制内并对主流提出各种或反对或合作的态度,而不担心"揭竿"或"出卖"之可怕悖论。左派知识阶层确实幸存了下来,且在成员数、资源与思想上比20世纪50年代与60年代早期更多更强。

新入成员即20世纪60年代之后的孩子们,继续在鱼贯而入,尤其是妇女与少数派应募加入法律改革与理论学术圈小团体。对他们中许多人而言,20世纪60年代是一个**黄金时代**。他们对那个时期都有其各自的回忆,经常忆其生活中零散事件。但他们的回忆是经过儿童意识过滤了的,几乎没有什么内容会与对所发生的一切作权利取向的解释有冲突。其怀旧重点在民众运动的重要性而非抑制左派内部分裂,这似乎比20世纪60年代主体情况即**黑暗时代**更为可信。

回顾中很容易看到此方案的弱点。但在1980年,即在里根上台前那一年它还是可以的,尽管那个年代左派处境很艰难。我认为其许多的力量——作为学术方案——源自政治正确性(为被压迫集团而斗争)与哲学正确性(宪法是法律,是权威性要求的大规模自由改革)的结合。就是这样。

四、批判法学的权利批判

在此背景下,批判法学对权利的批判(马克·图什内特、[3]彼得·加贝尔、[4]弗朗西斯·奥尔森、[5]和我[6])十分倔犟。但此非因第一阶段批判法学评论家们所讲的原因,这些评论家只看到其源头支脉中的一个,即马克思对个体主义而非共产主义权利观的批判,尤其是马尔库塞对"克制性宽容"的批判。而在这一批判脉路与共产主义下述做法之间有一个不可否认的传承关系:否认任何不利于国家的权利执法,因为革命的真理是"资产阶级民权"是一个反动的或反革命的把戏。

在这一战线上原初的批判法学评论家们都是一些在共产主义(及其他正统马克思主义者与第三世界马列主义革命派)与自由主义之争战中的老手,起先在四五十年代,后来争战于60年代末和70年代初。对于这些反马克思主义者(Louis Schwartz)[7]、反新左派者(Phil Johnson,[8]新共和派)与后马克思或超越马克思主义者(Straughton Lynd,[9] Edward Sparer,[10] Michael Tigar[11])来说,任何权利批判都自动染上斯大林主义的味道。

但这些批评家不是那种1965年到1972年间出现的激进能动主义者,后者作为马克思主义学术从一个新战线上重燃冷战之火。尽管他们维护激进论者的基本态度即反对主流自由主义,但他们的批判之所以说误入歧途不因为是斯大林主义而是因为其现代主义。它带着几许犹豫或时有失策地提出了最小化内在批判,而这恰恰是批评家们应用于法律推理的那种,所以引致背信。

女权论[12]与批判种族主义者[13]清楚地看到了这一点,他们继反马克思或后马克思主义者之后展开了批判的批判。他们的批驳不是基于其极权主义倾向,而是基于权利事实上存在也应当存在,或基于它要对其批判作冷处理。这种回应合乎情理,因为权利在20世纪60年代后的政治思维中所起的作用与在一般的美国政治思想中的作用完全相同。

五、美国政治话语中的权利

权利在美国风格的政治话语中担当核心角色。很容易理解,此角色是那个特殊话语的一般结构之一部分。它是下述话语的一个前提条件,即在"价值判断"与"事实判断"之间有至关重要的区别,前者事关个人偏好、主观性、独断、"哲学"的判断,后者关乎科学的、客观或经验的判断。

六、调停于事实判断与价值判断之间的权利

价值被认为是主观的,而事实是客观的。由此推知,各种规范性断言包括道德的或实用主义的断语之现状令人不安。说某事物是"正确的"或"错误的",或说规则将"推进一般福利",这些主张习惯上被认为系属上述划分中的主观的一方,故而属于价值判断,所以必定是独断的且最好地付诸多数决规则来解决。

尽管有很多办法解说或理解权利的本质,但在我看来它们在美国政治话语中都假定一个基本的区分,即权利主张与其他各种规范主张。诉诸一项权利的意义即作权利主张的原因是权利不能化约为简单的"价值

判断”即一个结果比另一个结果就好。不过对通常理解的事实以外的领域作一些权利主张是有可能的,比如关于政府应当如何行为的政治或政策问题。换言之,权利是纯粹价值判断与纯粹事实判断两大领域之间的调停者。

“调停”一词此处指从权利作推理被看作是同时兼有双方的属性:“价值”在价值判断中才有可能正确,而“推理”在“逻辑”中才可能正确。简单地说,权利推理使你有可能正确地作出价值判断而非只是陈述“个人偏好”,比如“我喜欢巧克力而不喜欢香精冰淇淋”。调停是可能的,因为权利被认为有两大关键属性。

其一,权利是“普遍的”,因为它们源于每个人共享或应当都有的需要、价值观或偏好。因此,每个人确实或应当同意它们是可欲的。这是权利作为调停者的第一个方面:它们源自价值但既非独断也非主观的,因为它们是普遍存在的。

其二,权利是“仿真陈述”(factoid),因为“一旦你承认权利存在,那么你得同意奉行权利就必然要求个一二三。”例如,大家都承认“向善”这个说法很模糊以至不能帮助我们解决具体冲突,尽管它是普世的。但一旦我们从普世的需求或价值中导出一项权利,就会相信可以相对客观、理性、确定地讨论此权利应当如何具体化到社会或法律规则中。

两部分一样重要。如果你得承认权利的适用或定义在实践中既非“理据”(相反于“价值”)亦非信念(比如母爱或美国式生活),则成为普世人权信徒就没什么好处。它们必然既是普世的又是仿真的,或它们让你保持主体性。

因而确认并构想出权利的含义,此方案是社会合理性一般方案之一部分。因此权利方案与下列方案同属一脉:基于解释上的忠诚而非纯粹的立法偏好来确认并设计出实践中的司法方法。此外,因为权利习惯上被看做法律与法律推理中的实存物,也存在于公众话语与政治哲学中,故两个方案是相互掺杂的。但它们不是同一个方案。我们可能认为现存法律推理理论无法回避纯粹偏好的缺憾但权利理论则不然。这种可能性确实存在,因为美国政治话语假定权利存在于法律体制之内的同时也存在于外。

七、内部权利与外部权利

我在第三章第一节中讨论法律话语的结构时指出过，权利在关于规则与规则理由之区分中处于一个模棱两可的地位。"国会不会制定剥夺言论自由的法律"是法律制度中一个成文规则，但"保护言论自由"是采用一条规则的理由，或选择规则的某一解释而不选其他解释的理由。在第二种用法中，权利被看作是某种外在于或先于法律推理存在的东西。

外部权利是指即便法律秩序不予承认或即便"施用"它不合律条规定，但人们仍拥有的某种权利。"我有权利做同性性事，尽管它被全世界所有政府的同性恋法律所禁止"，或"奴隶否认个人自由权利，但它不顾或超越奴隶制国家的法律而存在着"。

宪法及州与联邦成文法，使一些高度抽象的外部权利合法化了，比如《第一修正案》中言论自由权利或《第十四修正案》中的财产权。实证法还合法化了一些次抽象的权利，这些权利被看作是源自更抽象但未经正式制订的外部权利。比如，19 世纪，最高法院解释，宪法禁止州削弱合同义务就是对更一般范畴的既定权利之法律保护，虽未经国会正式制定。

美国法院有时也说宪法保护外部权利，尽管它未明确把这些权利制定成法律。19 世纪的许多时候，法院极大胆地这么做，声称保护法律未予明列的外部权利就是推导自"自由政府的本质"。在 20 世纪，最高法院保护一项律条未列明的外部权利即隐私权，从大量更具体的条款（如《第四修正案》中公民免受不合理搜查与抓捕）推导出其宪法（法律）地位。

在古典**自由主义**政治理论中，有一个简易方法来解释这一切：存在着"自然权利"，**我们这些人**把它们制定成律法。制定成律后，它们有两种存在状态：它们仍是自然的，即独立于任何法律体制而存在，但它们也是法定的。司法工作可看作是转译工作：把先在的自然实体或概念经在实践中检验其含义之后转译成具体的法律规则。

尽管自然权利语言过时了，但其实**自由主义**理论仍认为法律规则体系的某部分作用就是贯彻保护外部权利（即其存在不依赖于法律之制订），防止其被私人或公共暴行侵犯。此时我们不需要展开讨论外行人或专家如何理解这些法外或外部权利的存在状态。着重点在于，司法（或事实上立法或行政的）把外部权利转译成法律材料仍是**自由主义**理解一个好的政治秩序的关键因素。

因此我们能够区分三种权利主张：严格的外部主张，即权利的存在要求政府（或私人）做什么或不做什么；严格的内部主张，即解释上的忠诚义务要求法官处理一整套材料，其中包括已制定入律的权利；及宪法性法律（和某些私法主张）的形式特征，其中主张者寻找内部权利与外部权利间的界限，解释现已入律的外部权利。

宪法权利骑墙。它们既是法定权利，经法律论证活动（法律规则）而植根并入律，又是先于且外在于宪法"存在"的实体。因此，宪法权利主张不仅在事实主张与价值主张之间作调停，而且在法定主张（服从解释上的忠诚义务）与立法主张（诉诸共同体的政治价值）之间斡旋。在此重申，"调停"意指这种形式的主张分有二分法中双方的特性。

一方面，基于宪法权利的主张是合法律的，因为它基于法律制度中成文规则（如《第一修正案》）；另一方面，它是规范的或政治的，因为它的形式是一种断言，即关于一项外部权利应当如何转换成法律。作宪法权利论证的辩护人与法官们同时利用两种观念，一是判决的进程沿着高度确定的，尤其合乎法律的方法即解释上忠诚；二是外部权利是普世的、仿真的实体，从其存在中我们可以作出有力的推论。它们的目标是使权利理论的表面客观性完全吻合于司法方法的表面客观性。[14]

八、在意识形态知识阶层普世化方案中的权利

权利是一切脉路意识形态知识分子的普世化方案之关键要素。一个普世方案代表着某个集团的利益而非全民利益，但它自称符合全民的利益与理想。权利主张就这么做：它们把集团利益重述为具有全民性。在同性恋合法化中，比如一个同性恋者的利益被重述为性事自治权。权利在此调停于集团与全民利益之间。

当诸集团在形成过程中，认为他们间有着某种共同的东西即积极的而非消极的身份认同，权利语言就为其表达利益与要求提供了一个灵活工具。有一个可资利用的范式；集团建立在身份认同之上，我们可以从这种身份认同中推导一种权利即做身份范围内的事情，亦即一种基于与其

他身份集团相同的理由获得政府支持的权利,防范各种不利的公行为或私行为(反对歧视的权利)。新集团能够介入美国政治话语中以期能够得到理解,只要他们能适应这一模板。[15]

一旦集团利益经改造为权利而同化进全民利益中,权利的仿真性使集团有机会将其主张改装成理性主张而非只是纯粹偏好。既然你同意或至少应该会同意每个人有此普世权利,并同意据此所作的推理必然引向这些具体权利,那就可以说你如果不继续下去就是个无赖或笨蛋。否认这些具体权利只会证明你不对,而不是简单地说明你自私与强权。

所有人都可以利用这一普遍的**自由主义**思想。换言之,自由主义与保守主义学术圈都认为他们代表的集团利益应当得到法律的承认,明确肯定这种承认是某套外部权利的实例化。所提议的法律规则不是"党派性的"而是代表了超越左右之分的政治信念与承诺。租金管制是不合宪的。同样地,自由主义知识分子主张其纲领就是对入宪的外部权利辩护,反对错误的立法、行政与司法过程中对之予以误读。

我前面讲,唯有自 20 世纪 70 年代以来左派才开始普遍地相信权利是使左派立场普世化的根本基础。在此之前,在反对整个权利构想的马克思主义者即社会民主进步计划论者与民权自由论者之间总存在一个激烈的争论,进步论者有一个普世化方案,它建立在废除低效又混乱的市场后的残根之上。

对保守派意识形态知识圈来说,权利的替代方案是效率(efficiency)。效率方案声称其与权利方案有许多相同的调节性能:它是一个价值判断,是普世的(谁能反对他们根据自己理解的生活改善图景来改善其生活),是仿真的(效率主张只能是技术性的,且以经验为基础)。但尽管这些替代方案存在,权利现仍在承担着两大阵营普世化的主要任务。

九、意识形态知识分子们在法律推理与权利话语中的类似关注

讨论授权效应时,我努力指出知识阶层对一般的司法方法与具体的司法审查思想关注的基本理由。首先我指出,人们确实喜欢认为他们所深信的东西经法官的威望而确证有效。然后我指出,法律正确性是左派和右派都同样可用的武器,哪一方都不应说它"对本方有利",所以知识阶

层的特权从深层看似乎并不取决于相信司法方法非政治色彩。

如此澄清之后,我提出美国政治中左派和右派知识分子们切身感受到授权效应,面对立法大多数通过宪法的美好构想——相信对宪法作正确的司法解释会使他们反对者的纲领不合法,让他们自己的纲领折中化,并遏制群众的危险倾向。

在司法方法角色与权利角色之间显然有一种类似。权利的双重调停效果,即在事实与价值之间、法律与政治之间调停让两大阵营感觉到他们的权利主张是正确的,就像他们在技术性的法律论证中一样正确。二者都声称在权利的旗帜下完胜过对方。每一方都已拓殖过法律文献的一部分并相信其所开拓的领域是依据外部权利所作的正确抉择。每一方都承认对方占有地盘但将之解释为操控或错用法律推理而得出违背外部权利的结论。

对于双方而言,权利不仅是反多数改革而且是反多数保障的关键因素。社会普信权利,一如普信法律推理,这赋权知识分子可以不用再信守(或从未相信)他们代表着"民意"。尤其对左派而言,转向权利修辞意味着放弃任何此类主张即代表整个(白人)工人阶级大多数来反对"资本家",后者肯定是极少数且一直在减少。

最后一个类似点是,权利之谈就像法律推理一样只是个话语——谈论要做什么的一种方式,包括一套词汇和一些关于现实性的假定,其中有些我已梳理过。二者都假定自己是必然性亦即理性的话语,不是纯粹的个人偏好。因而有可能相互参与对方,这是讽刺性地也是背信地。

讽刺的是,权利话题只作为一种表达要求的方法。它们可能是"正当的"要求,比如有人坚信它们"应当"得到承认,但讽世者并不相信这种独特的权利语言能比道德或实利主义语言强多少。当一个人把用权利表述主张的成功归因于其他人很信话语的前提假定,实是认为不管所提主张有多令人欣慰,由于同意了一个拙劣的前提理由故而是错误的。

背信意味着,就像在法律推理中的情形一样,对自己同时肯定和否定所假定的话语合理性和凝集在其术语中的具体要求之合理性。这意味着清醒地意识到了对整个事业的批判,感到脚底下流沙不稳,但仍耕耘其上,"好像"万事万顺。背信(bad faith)可能是一个稳定的状态,这一点我在上面详细地就法律推理为例讲述过。或它能变得不稳定,即化解为失信(loss of faith)或恢复诚信。

十、权利信仰的丧失

从法律现实主义谈起,左翼批判方案已从下列需求中获得动力:对特定的法律推理实例即右翼实例予以正统化,对司法中立性这一主张去正统化,以期加强“人民”(在美国其实是自由主义的立法大多数)的权力。在第二章第一节中,我区分了三种批判:(1)最小化批判,只主张批判(内在批判且通过对应的建构)瓦解了现有主张;(2)最大化论之一,认为能证明司法方法的不确定性;(3)最大化论之二,认为司法方法本可能得出一个具体的结果,他们策略性地使用批判来拆毁利于他方的情形。

就此而言,根据一个人如何解释对法律推理之不确定性的真实体验,批判方案努力方向不一。采用最小化立场的人与其他两类批判相比,倾向于把不确定性解释为司法推理丧失信仰的缘由。第一组的最大化论者认为它证明了批判理性的力量,不是丧失信仰而是消除错误。另一组最大化论者把它解释成使不确定法律推理服从于“外部”规范推理即权利推理的好时机。

对司法理性失去信仰就意味着认为法律主张是“纯粹修辞性的”(但既非“错的”亦非“无意义的”)。操纵感无处不在,且不管是什么决定了结果,但显然肯定不是服从解释义务即忠诚于材料并正确地应用法律推理。这并不是说法律推理从不产生讨论终结。但当它确实不产生讨论终结时,情况可能是对一个已丧失信仰的人来说,体验到的事实不能证明那种讨论终结就建立在某种与推理相对应的“外在客观的”东西之上。它只是一种体验或可能是其他(比如如果有人遵循其他一套研究进路)。

就试图抽象地证明法律推理确实或能够产生讨论终结来说,法律界现有的努力看起来要么面临内在批判,要么被批判有偏私,即无视对方同样好的主张。后信仰(post-faith)最小化批判发现不是“它不能做到”,而只是“它看起来至今还没做到,且我并不焦急地等待。”

失信就是信仰的一种丧失,一种缺失:“以前我相信材料与程序导出结果,但现在我体会到程序是某种我对材料所做的事,目的在于带来我想要的结果的事。它有时管用而有时不管用,即有时我得到我想要的结果但有时又得不到。”失信是一种可能的解决由背信产生的张力或认知失调的办法。有人放弃了否认策略,即不否认法律推理中意识形态、主观、政治或完全随机的因素。有人放弃习惯看法,不再认为结果是“纯粹”遵循解释上忠诚义务的结果。

对法律推理丧失信仰是一个过程的全面归纳,此过程至少自边沁批判布莱克斯通以来就已持续存在,内容有关法律思维中的构成要素。两个例子是,人们逐渐对各种诉讼丧失信心,对有特色的18、19世纪法律操作即“法律适用”丧失了信任。当信任不再有,人们就会模仿着霍姆斯说:“你可以一直应用一个条件。问题是你为什么那么做?”[16]他们或说,“许多劳动与才智已付出,想要找到某种一般的法律对错之标准,即某种一般的法律责任之基准。但一切徒劳;基准根本不存在”。[17]

对法律推理丧失信心非常类似于我们许多体验中的一个,即对上帝失去信任。无神论者相信他或她或“科学”,不赞成有上帝,这类似于那些最大化论者,他们相信后现代批判理论已证明法律推理有不确定性。另一种最大化论者就像成了新教教徒的基督徒,他们拒绝权威但仍继续坚持有神论。相比之下,失信不是一个理论也不是一个理论的必然结果。

我认为自己原初对法律推理的信仰,就像是18世纪的知识分子的信仰,即相信有相当合理理的由来证明上帝存在,且上帝的存在证成了各种乐观的世界观,相信对上帝的普遍信仰会带来极为有益的社会效果。但他们也有确证的宗教体验,即在现象学上不同于理性证明的体验。

他们致力于批判现存的理性证明(rational demonstration)并忙于建构一种新的证明,没有意识到他们正处于信仰危机之中。他们曾偶有怀疑但未失去对理性证明事业的兴趣和忠诚(我在法学院第一年时也是如此)。失信意味着他们在19世纪的某个早晨突然醒悟并意识到他们已“不再相信”。

这不是因为有谁向他们证明了上帝不存在。他们并未找到任何现存的理性证明来支撑这一命题。他们也无法肯定证明上帝存在之不可能。只是他们没有找到任何现有的证据来支撑。他们可能甚至会继续体会着那些类似他们以前解释为神启的东西。但不管如何,下述组合——理性证明的批判与重建过程，伴随着怀疑与再肯认的过程——已经“黯然退场”。

不再重要的是：更多的研究可能理性地解决此问题；没有上帝的世界会极度消沉；若有人查明他们切实感受的东西，他们可能失去其神职工作；失去对上帝的普遍信仰会危及各种可怕的社会后果。甚至也不重要的是：一些聪明过头的人正推进他们过去没有驳倒的理性证明，且如果他们再作努力也可能无法驳倒。

他们有个新立场，既非确定性亦非不确定性立场。不是确定性，因为没有哪个确定性推演的理性证明管用过。不是不确定性，因为所留下的唯一可能性是一个怪路子：有人可能继续证明上帝存在或不存在，而每个人都可能得紧跟这一证明过程。此时，不存在任何主观疑虑，即对世界无任何质疑。问题“没了”或“暂搁了”。他们是后上帝的(post-God)。

我前面说过，失信既非一理论亦非理论之结果。它是一个事件，可能会或可能不会受到批判。比如，我在大一春学期，做一篇法律评论的情况说明。午餐时和一位二年级的学生编辑讨论，我猛侃大法官沃伦的多数意见中有一段的学理含义，我认为它意味着法院对《第一修正案》的一个重大变革。编辑关切地看着我说，“我觉得你可能有些太过看重语言了。”我顿时脸红。我(莫名其妙地，顿时)觉得，我所一直在质问的语言其实是比较偶然的，更多的是修辞转向，比我本该想象的要少些“现实性”。从那以后，我再没有用此前看待的方式来看哪个司法意见了。

二年级时我暑期为一家公司做事时，我提出了一个简短的主张，即恶意接管我们的客户会违反反托拉斯法。我是一个热心的反托拉斯能手并“相信”我的主张。办案律师让我跟去上访司法部要求反托拉斯司介入调查。回到纽约，在去办公室的电梯里我遇到了另一个律师，他告诉我们已提出一个新报价并已使客户同意了接管。主办律师告诉我，“你很了解我们的观点了，应当很容易把它翻过来的。”我脸上的表情让他从诙谐转向沉思。他说，“不过话说回来，我们可以让其他人去做”，然后拍拍我肩，“唉啊，年轻人！”

在两个事件中没有什么是“确证的”，且在每个案例中唤醒我的人都是在友好地竭力把我引向背信，而非彻底丧失信仰。若非彼时，它也可能在其他什么时候出现,如此等等。

尽管它是反理性的(arational)即一个相反的“倾向”而非批判的“后果”,信仰的迷失绝非一个完全偶然的事件。人们熟知,批判可能“破坏”或“削弱”信仰,但不会准备好确定的消灭时刻。信仰的丧失有时后继着一种处理办法,如诗中的比喻(或转喻)。比如,在唯理论/反唯理论之争中,失信似乎像一场瘟疫在“蔓延”,或像山火在“跳跃”,从法律推理跳向整体化的法律与经济理论。

下一节,我描述法律推理批判与权利批判之间的结构关系。我主要不是要解释而是要描述使失信从一个领域迁移到另一个领域的具体语境。

第二节　权利的批判

本节描述权利信仰之迷失的一系列语境,安排为一种让病毒行进的路径。我从法律推理“内部的”权利之角色入手,即法官们对入律的权利定义与权利细化的论说方式。对此过程的怀疑暗示着对“骑墙于”内部权利与外部权利之间的宪法权利产生怀疑。而这些进而引向对公众权利话语以及政治哲学中虚想的权利重建方案的怀疑。结语部分我试图消除一些对权利批判之本质与含义的常见误读。

一、从批判法律推理到批判宪法权利

法律推理与权利话语的紧密接触点出现于法律人推理内部权利之时。这一实践对权利话语很重要,因为正是通过它,外部权利才被“转化”成法律秩序。正如我们在上一节所讲的,这种转化是**自由主义**纲领构建良好社会的一个关键部分。转化过程的失败——比如,对这样去做的可能性没有信心,尽管维持着双重调停即事实判断与价值判断、法律话语与政治话语之间调停——可能意味着**自由主义**理论的失败。

不过它也可能产生(其实早已产生)另一个危险:怀疑下述融贯性,即法律权利在权利连续统中(尚且这么说)来回推理有可能“回触”到宪法

权利(它是“骑墙”的权利),因而有可能触及完全意义上的外部权利。我下面正是讲的这个进程。

二、法律推理中的法律权利

法律推理批判对内部权利主张的剖析与它一般的剖析方式一样。它不否认讲法律权利是“有意义的”。对于遵循解释上忠诚义务的法官来说,以权利语言表述出来的法律规则是“约束”他的材料之一部分,或就是他通过法律工作所转化过来的。诉诸法律权利,无论是宪法权利还是完全平凡的普通法权利,都影响着决判过程,这就像诉诸那些未被表述为权利的法律规则一样(如关于国际关系的规则),和诉诸先例或政策一样(如交易安全)。诉诸以权利形式打造的规则,或诉诸人们认为的经由权利所表述的价值,可能产生一种讨论终结感:既然此权利已入律,你无法想出好的理由说明为什么原告不应当败诉。

意识形态集团冲突的参与者们将其要求表述进权利的语言并继而努力使这些特殊的权利入律(通过立法机构制订成法,通过行政机关颁布于众、或植入法官所造之法),既表现在具体层面上(米兰达权利)又在较抽象层面上(如《平等权利修正案》)。如果他们成功了,“在警察审讯时律师就有了一项权利”,即有一项法律规则要求有律师辩护,它和体系中其他规则一样影响着现实世界的活动。在为有限产权合作起草章程时,有必要为合作者规定一种“权利”,如社区土地信托权等。

尽管权利主张在法律话语中有其意义与影响,但它们显然与一般的法律主张一样面临同样的分析即开放结构或不确定性。法律权利批判的要害在于,在追求一般左翼方案即表明法律推理的可操控性过程中,批判平抑权利主张与一般政策主张之间的截然二分。这表现在两个不同的方面。第一,当论争中调用的权利被视为一项法律规则即一个有待解释的实证指示时(警方审讯期间的咨询权利),那么我们会用全面的政策主张来解释它。无论此权利“是”什么,它都是终端开放的一般法律论争过程的一个影响因子。

第二,当主张人诉诸一项权利作为采用一项规则的理由时(保护言论自由,保障物主财产权利),最小化内在批判会把法律权利推理化约为政策推理，即证明有必要权衡一方所主张的权利与另一方主张的权利（保护工作场所语言文明的权利，租房人的权利）。据此批判，决定此权衡的不是一串从某个或两个权利中得来的推理，而是一个第三方（third）即程序，它事实上包括有意识地从道德、社会福利、期待利益与制度能力与可控性等来考虑有开放结构的主张。这些都不排除讨论终结现象或规则解释的明显客观性。它只不过破坏了其理性根基。

三、成为法律规则的权利，其法律主张化约为政策主张

对普通法判决与成文法解释中解释之忠诚作法律上论证的法官们，通常表达他们是在处理一套密集的规则之网，不管这些规则渊源为何，也不管法官们如何看待其正确性与错误性都得遵守。正确解释材料这个问题，非常不同于在这些情况下最好做什么（"立法"问题），也不同于"哲学"问题，即在此情况下政治道德或比如保护自然权利要求什么。

在普通法或成文法解释语境中，权利与权利推理浸没在论证堆里，包括：先例、成文法解释准则，制度能力与可控性主张，支持或反对各派行为的一般道德论证，实用主义的论证即不同的规则选择会如何影响案外的私人行为，和关于这些变革的福利影响论证。既然"权利"一般同等地与"法律上保护当事人利益的一项规则"连着用，那么用下列形式阐释司法意见就没什么奇怪的了："我们认为，原告有一项权利 x，理由是这将尊重先例，符合立法意图，让我们不超出制度能力范围，让我们报德惩恶，易于控制且最大化了消费者福利。"

这种法律权利推理批判指向法官能力，即在忠诚解释的语境下对具体法律结果作出令人信服、推演讨论终结又消除怀疑的推理链条之能力。权利就是些法律规则，多少有些抽象但又有多少可以正式实现，我们努力解释这些规则与其他所有法律材料以证成结果。

对此话语丧失信心就是对法官/立法者二分丧失信心，或对判决客观性失去信心。它是我在第二章第一节所述批判方案的发展与延伸。当然，它也可能意味着对法或律法权威丧失信心。不过权利——未产生讨论终结的法律规则——可能来源于任何地方。它们可能是道德上可欲的或可憎的；它们可能植根在多数决规则、自然法、习惯或其他什么东西中。

换言之，不管对合法律性构成什么威胁，对法律权利推理的批判与丧失信心并不必然意味着对一般规范性丧失信心，或对权利与权利推理用来决定我们左派思考法律应当是什么丧失信心。

然而，这是信心丧失的表现之一。

四、法律推理中的法律主张化约为权衡，因而化约为政策

我已讲过，权利体系就像作为整体的规则体系，得面临策略性地为工作努力在具体案件中利用或产生裂隙、冲突与模糊点来为自己谋利益，目的是创制一些利于布下意识形态之桩的法律规则。在一堆广泛应用于法律问题的论证策略中（演绎、先例、政策），有一子集即权利主张，它们本质上类同于那些用于政治哲学权利话语中的权利主张。这些是“运作”，有人用来从一般陈述的权利（“每个人都有隐私权”）步向具体的结果。比如，权利人可能失去权利，因为他放弃了所谓的权利（抗辩主张比如被胁迫）或因错误行为而丧失之（抗辩主张比如因不可抗力）。

就批判目的而言，这些技巧中最重要的是那些用以产生权利来支持你方所想要做的或禁止他方做的技术。如霍菲尔德就财产权所说的，你的反对者所主张的权利常常会以下述方式界定，即你若站在对方立场也能够诉诸该同样的权利。[1]

你还能建构一个新的权利，方法是把你想要做的塑造为符合更一般的利益，继而符合早已存在的保护该利益的法律权利。比如，直到20世纪30年代劳动纠察才被再概念化为言论自由。[2]辩护人或会说，一套先前被视为保护几个不同权利的先例，其实保护着单个利益，它应当作为一个新权利而在法律上得到保护。典型的例子是隐私权的产生，起先由布朗迪斯（Louis Brandis）在私法语境中提出，[3]后被道格拉斯（W. O. Douglas）发展到宪法领域中。[4]

权利主张法另一部分通常做法是批判你反对者的权利主张。最基本的技巧是权利主张的内部拆解，即证明它依赖于一个错误的演绎，通常依赖于一种概念论夸大权利定义中所必然推导出的东西。合同履行的权利并不必得出期待利益损害赔偿的权利。[5]

当双方都得到充分表达时，结局就是辩护人让法官去处理两个合乎情理但自相矛盾的权利推理链条，一个延自原告的权利而另一个延自被告的。不错，雇主确实有财产权但受骚扰者也有权在工作场免受性别歧视。确实，地主有权在其土地上为所欲为，但其邻居也有权免受不合理的干扰。所以每个链条都开放于内在批判。

法官有时多少有些武断地认可一方而否定另一方；他有时又会放弃努力并在二者之间作出权衡。对怀疑者来说，这种做法的教训就是所涉问题不诉诸政策就无法解决，这就使问题的解决面临意识形态的影响。法律权利推理批判恰好成了政策主张一般批判的具体实例：一旦已知此情形要求对冲突的诸权利主张作出权衡，那么决定结果的似乎不太可能是权利本身，而是法官们“主观的”或“政治”信条。

重申，人们普遍感觉到(1)法律权利推理的可操控性，及(2)其化约到权衡考量，这不排除出现权利推理产生与此感觉相反的讨论终结感的可能。它也不是说外部权利不存在。它只是信仰丧失的另一个语境。

五、在法律与政策间调停的权利

批判应用于外部权利的法律推理，揭开了权利在政治文化中的又一个调停功能。在法律话语中，权利论证处于下述两种论证中间：关于规则适用之纯粹“技术的”或演绎论证，诉诸一些观点如语词的直白意、立法意图、遵循先例或“当事人意愿”和“纯粹的”政策论证。记住，政策主张不可避免地出现在法律论证之中，但相比于那些看起来较符合所谓判决之客观性的主张来说它们不讨人喜欢且处于边缘地位。

权利论证牵扯到的远不止逻辑上的有效性，因为它得解说并证成规则而不只是适用规则，不过它比之于纯粹政策主张来说少一些“主观性”，原因在于它们是“仿真陈述”即半事实/半价值的特性。丧失信心或无法调停出现在下列时候：我们开始把“好操控的”权利论证技巧视为足可以把“每一个”或至少一些特殊的权利论证化约成一个权衡问题。

六、激增的权衡考量把宪法权利问题化约为政策问题

对权利丧失信心的第二个语境是宪法性法律中具体的权衡过程，即权利间冲突过程。我认为美国政治法律人对权利的态度已深刻受到此全

民性的独特过程影响。它有四个部分:

(1)法律现实主义者攻击权利推理,保守派用此推理将一种特殊解释即财产权植入宪法。现实主义者作此主张是因为保守派反对改革成文法的宪法权利证据必然包含纯粹的政策主张,而法院没有特殊的法律根据可以否决立法结论。

(2)20世纪50年代温和派与保守派攻击自由主义的一个企图,即向宪法法律中植入一个特殊解释即言论自由与平等保护。温和派与保守派作此主张,因为法院所能做的只能是权衡权利与权力或在权利之间权衡,他们没有特殊的法律根据可以否决立法结论。

(3)20世纪50、60和70年代初自由主义成功使其平等保护与身份权利思想植入进宪法法律(受害者视角),随后保守派们在70和80年代同样成功地反攻,即植入了对权利的相反理解(施害者视角)。

(4)20世纪70与80年代自由主义阵营出现了相矛盾的权利主张,这是因为对身份有不同理解。

在我简要地描述每项内容之前,我想再强调一下,它们都不必然迫使信仰丧失。丧失信心是一个事件,对某些人来说出现在某个情境而对其他人来说又出现在另一个情境。在20世纪30年代有些人对宪法权利推理丧失信心。也有人在20世纪80年代晚期丧失了信心。许多人丧失而又恢复信心,或对此权利丧失信心而对彼权利则不然,如此等。

这些情境的共同之处是它们都提出了一个问题,即如何使抽象的权利(财产权、言论自由权、平等权、生育权、隐私权)在法律体制内的规则选择层面上具相化。初始的问题是,“假定我们都同意存在言论自由权,那么一个城市可以限制沿街散发小传单吗?”或“假定我们都同意存在隐私权,那么一个妇女可以不经其丈夫的同意就决定把他们的孕初期婴儿流产掉吗?”

这些情境另一个共同点是在探究如何具相化这些抽象权利时遇到抗衡性的权利,或遇到所谓源自大多数人意愿的立法机构权力,或遇到立法机构义务即保护各当事人权利(索赔方除外)。这意味着有两个正相反对的具相化方案，一个来自原告方而另一个来自被告。法官或观察者经常会认为两个方案带来“扯皮”、“僵局”或“巅峰对决”。

它们第三个共同点是冲突中的对立立场相互攻击，站在自己的立场上说对方的具相化方案没能成功地把所选规则与抽象权利联结起来。各方于是都指责对方动机不纯，即有意或无意地把关于法律应当是什么方面的意识形态主张掩藏入一个不真实的主张即解释上忠诚于现有全套法律材料。

七、自由主义权利批判的法律现实主义起源

美国法律思想中权衡(balancing)的编史工作尚处初期。[6]霍姆斯(当然不是自由主义者，却是自由主义者的英雄)是个合宜的起点。大量私法与宪法判决中，他强调权利的承认是个程度问题，一个量而非质的问题。[7]没有人的权利得到完全充分承认即达到抽象定义所示程度。何处是一方权利之结点又是另一方权利之始点，这得通过看划出什么样的界限而定。权利(言论自由、财产)的纯粹承认与定义表述是不够的，因为它会看起来为权利主张方支持的更多，这不符合他方同等得到确认的权利主张。

这种表述适合于科学的、反形而上学的、相对主义的和实用主义偏见即现实主义。但霍菲尔德洞见给出了一种存留此偏见的策论，即“权利”一词有时意指伤害别人而无需赔偿的特权，或有时又意指受伤而要求索赔。具体地说，当我们说财产权时，我们实指一束规则，其中有些授权加害而有些禁止加害。只要财产法中存在裂隙、冲突或模糊点，一方就能引证“此束中”所有保护财产的规则，而另一方引证规则束中所有支持行为自由的规则。[8]

汉德大法官认为自己是霍姆斯与霍菲尔德理论浇灌的花，他在许多情境下提出过权衡考量，包括不公平竞争法、[9]反托拉斯法、[10]疏忽大意的限定[11]与威胁到国家安全的言论自由界定[12]等。对汉德来说，一如对于霍姆斯与霍菲尔德，权衡这一步原初就是自由主义批判方案的一部分，因为他认为公开的司法权衡就是正式承认法官们决断政策问题时在方法论上与立法者的没什么不同。

若这就是法官所做的,那么法官就没有想象的那么多根据否决立法机构。其实,如果法官不诉诸权衡就无法决定一些宪法问题,有人可能就会问为什么他们的权衡即其政策性看法应该优先于选举出来的人民代表们的看法呢。如果权衡意味着掂量在此处而非彼处划界线的后果,那么对此任务,法官与立法者相比似乎在"制度资质"上要差些。[13]

现实主义者看法是解释上的忠诚在许多(非所有)情况下已"失灵",因为这些情况涉及的一些冲突除作权衡外别无它法解决。换言之,权衡的出现是基本的最小化批判路径之第二点(point two)延伸:鉴于对法律推理确定性展开了内在批判,许多法律问题的解决只能通过将之视为政策问题,这会根据各人的意识形态而引起不同的反应。

这种批判的延伸并不必然导致对宪法权利丧失信心。权衡出现于一种怪异而复杂的情境中。权衡原初是自由主义的,因为在私法领域中(权利对权利)它破坏了司法客观性主张,而在公法领域中(权利对权力)它破坏了最高法院保护财产权利而反对进步立法的合法性。就此而论,它不是反权利而是反财产权。同时自由派主控的法院得出一个极为清晰的结论,即经济监管的许多问题非常"正统"以至于干预则是不适当的,自由主义正准备捍卫人权,通过卡罗琳产品案(Carolene Products)[14]来注解鲍威尔诉阿拉巴马州案(Powell V. Alabama)[15]和"纠察作为一种言论自由权",[16]一些国旗敬礼案。[17]

八、权衡与保守派对自由主义权利主张的批判

当民主党人在新政中获得最高法院控制权时,他们中受任命的法律现实主义者提出了一套新的宪法法律原理来美化立法权力。最高法院利用法律权利原理的裂隙、冲突与模糊点,外加否定其自己决断的权力,使法律推理成为立法至上的基本支撑。[18]现实主义者对判决的批判——经常包括政策选择,相当于意识形态上争议的价值判断——是支持这一转向的主张中一个重要因素。

但一旦自由主义掌权而法西斯与斯大林主义又作为威胁出现时,现实主义者就抛弃内在批判方案,赞同更为紧迫的行动即实行新自由主义的、有监管的、干涉主义国家。就像1945年后那样立法机构转向保守而

自由主义仍然控制司法系统,左派学术圈转而支持判决授权效应。也就是说,它采纳了下述观点:联邦宪法把大量自由主义政策偏好制订成法而断然禁止了大量保守派政策偏好。

明白此方案有两个部分,这一点很重要。一是提出从个体宪法权利中作推理,这是自由主义在攻击财产权宪法化时所留的一点残存。面对麦卡锡主义、警察施暴,以及保守派的作假谋私并对种族正义的积极承诺,左派自由主义者攻击他们自己建构的立法至上法理学,并出乎意料地成为民权自由主义者。

第二个部分是重建司法角色理论,修复前人或他们自己在抨击法院过程中对大法官威望造成的损伤。虽然有些法官如道格拉斯(W. O. Douglas)不能绷着脸去做,一般的自由派知识分子可依其志趣追随中立原则代表威茨勒(Herbert Wechsler)[19]或绝对论代表布莱克(Hugo Black)[20],以此来确证司法中立性及法律与政策二分。注意了,权衡是关键。

原初的争论是针对美国共产党非法化问题。温和派与保守派作此主张,因为有必要权衡共产主义言论自由权与保护国家安全的立法权力之间关系,也因为权衡过程无非就是换个方式重复立法机构在通过成文法中的政策判断(被指责有意识形态),法官应当"听从"立法机构。[21]说白了,他们利用自由派法律现实主义对司法能动论的批判来反对左派。

左派自由主义者的回应是,《第一修正案》是"绝对的",因而既坚定地证实个人权利反对国家干预,又为经由判决的非意识形态司法执行确立一个基准。[22]冲突在大量案例中展开。尽管自由派在许多案中获胜,但"绝对论"并未逃脱现实主义批判。[23]权衡成了一个又一个宪法判决的范式。

在第二回合,温和派与保守派批判民事权利领域中的司法能动论,提出了一些抗辩权利,以与左派自由主义主张之间作权衡。威茨勒在其名篇中指出,白人种族隔离论者声称他们自由结社的权利与黑人要求的种族融合一样充满主体资格色彩。由于不存在"中立原则"可用以决断这两项要求,法官就本应该听从立法机构。[24]换言之,主张法院应当直接作利于黑人的权衡,这可能是对立法权力的篡夺。

温和派与保守派也提出另一脉即二战前的进步主义论证,此脉赞同联邦政府尊重州政府的监管激励措施。哈特与威茨勒的名著《联邦体制中的联邦法院》[25]提出了一套理论,它不是州权利本身而是关于分权治理的可行性中共同利益问题。这些利益须同权利本位的民权运动要求相权衡,反对南非政府官方与民间种族主义行为。总之,选择的固有意识形态本性、权衡的必然性都支持联邦司法(尽管不必然是国会)尊重州权力。

无论是这些权衡冲突,还是那些在议员人数分配(选举权 VS 州的权利)或监管警察行为(嫌疑人的权利 VS 共同体防犯刑事犯罪的权利)领域中的冲突,都不必然导致丧失信心。其实,因为左派一直在支持个体宪法权利并反对替换成“共同体权利”(国家安全、州权利、警察权力),所以有可能把这些冲突看作是“好的”个体权利对抗“恶的”多数派权力。

不过,有些东西“削弱”或“破坏”了下述事实:自由主义者所用的恰恰是他们在二战前所谴责的辞令,未提出任何保护权利的方法论替代权衡法,他们开始感觉到创造新权利的特有能力(隐私权就是最明显的例子),以及其反对者创造这样那样的抗辩性权利的对应能力。[26]

九、70 年代复兴的宪法权利推理面面观

南方种族主义者对民权运动的暴力反击,连同 60 年代自由主义在法院中的胜利,影响了权利批判,这种影响一如法西斯、斯大林主义、罗斯福法院改组计划等影响了现实主义者对判决的批判。简言之,病急乱投医。

我上面提到过,60 年代有过持续而激烈的批判,说司法是权贵集团的工具,此批判因自由派主控的最高法院每一次犹豫、妥协或背叛而不断壮大。它还植根于各种各样地方法院的地方活跃分子、群众运动律师、法律服务律师的活动中,他们有专断性或十分顽固的保守主义精神。但对自由派意识形态知识界尤其是其中法学圈来说,这些与下述大主题相比都是小主题,即通过基于权利主张的判决而授权。

法律圈对权利的信仰源于六七十年代不同民众运动的爆发。现实主义对保守派财产权利的批判,保守派对 50 年代个人权利的批判,其“腐蚀”效果只在法学知识圈中。恰恰是在自由派法律人发现他们的权利主张对自由派法官有一种几乎神奇的影响之时,其信心骤增量涌进,他

们与这些法官共享一个意图即判决授权(adjudicatory empowerment)。

由沃伦·伯格与伦奎斯特历经15年带来的激剧逆转改变了这一切。保守派法官们采用一种新式的权利修辞并动用一种新式的保守派白人、男性、异性恋者、工人阶级与中产阶级流行的权利文化。这些熟悉的主张过去因为成功鼓动了法官的威望而显得还算"对",但现在已不再有说服力了。"受害者"的权利让步于"作恶者"的权利,这可能在巴克案(Bakke)[27]中最为突出,而后全面传开。权衡无处不在——左派无可选择——并且四处公然诱发保守主义意识形态干预。

左派在80年代的处境相同于右派在40年代的处境,即几代人依赖于财产权这个修辞却未仔细区分开自然权利主张与基于《第十四修正案》的权利主张。此权利让最高法院多次成功地击败各种社会立法。此过程已使自然财产权与制度财产权交织得越来越紧,直到其中的法律部分比"外在"部分更为发达、更为融贯和更为令人信服。60年代的左派用权利保护条款做了一次类似的操作。

在20世纪七八十年代,权利发掘了规则体系的裂隙、冲突与模糊点,发掘了遵循先例原理的开放结构,以及利用符号学、刻板套式与政策主张的正反两面性来削减或消除自由派的胜果,这就像自由派早些年对保守派所做的一样。当然,有可能再次把这种倾向解释为邪恶战胜了美德。但权利主张的可控性证明遍布于政治领域中,这为信心的迷失提供了第三种语境。

十、左派权利修辞的内部蜕变

在70年代末和80年代,在左派法学圈将其60年代的理论建构为宪法权利革命的同时,组织者、能动论律师与理论家都开始感觉到一种权利矫枉过正问题。对同性恋、老年人、智障者、美国原住民、儿童、精神病人、动物、囚犯、濒危物种、残疾人、娼妓、犯罪受害者、艾滋患者等权利都讲得通,只要认为这些权利都是利于系争群体的法律改革计划之一部分。但采用权利修辞的整个要义在于超越或摆脱下述做法:纯粹意识形态或利益集团根据政策理由来命令些什么。

左派思维正是在回应这些"增生的"权利主张之内容方面内部争论时

发展起来的,这些主张有的表述为法律秩序范围内的平等性,有的表述为实体权利即行动自由。最明显的平等之争是女权主义法律共同体中的“平等对待 VS 特殊对待”。努力把平等对待权这个概念用作支持法律改革计划的一个基准,而这遇到了典型问题,即在形式平等与实质平等之间作出决断以作为权利的内容。若此争辩须有个结果,似乎就是:对权利的定义尤其应当采用某种类似于权衡的办法。[28]

在黑人社群中对应的是一场争讨,即平等保护应当是以种族融合的形式展开平权行动还是以发展黑人机构的形式进行。在学校或住宅区之类的情境中,种族融合的代价似乎是在整合大背景中服从白人无休止的种族敌意,授受白人的社会规范并丧失黑人的力量与机会。[29]同时,一场黑人保守运动开始挑战一般的平权行动,主张把权利的平等保护限定为形式平等。[30]

主张身份/权利原理的实体内容派不得不面对新成立的身份本位集团。该集团要求相应权利,通常要求消除对下列事项的限制:其特色、身份限定活动、政府对集团利益的积极支持,并要求颁布法规限制其他个人或集团企图压制新设身份。因此左派支持孕妇的堕胎权高于胎儿的生命权,支持经双方同意的成人同性性事权高于共同体对其所认为的邪恶行为之禁止权。

但后来在一些问题上出现了分裂,比如关于妇女堕胎权是否完全排除胎儿父亲的任何权利,国家是否应当镇压纳粹或三 K 党就近游行,是否压制大学校园里的色情、种族主义和性别歧视的言论。把信奉反国家的自由信条与文化多元信条结合到一起的左倾者,发现自己不断地在行动自由权与安全权之间作权衡。[31]

最后,有一个“交叉性”的问题:所谓源自一个具体集团身份的权利可能对那些相互忠诚的次级集团形成压制。比如,黑人女权主义面对民族国家主义者的一个断言,即黑人男人“规训”黑人妇女的权利,而黑人社群在上述做法中有权免受大多数或国家干预。[32]

在白人女权主义中首先提出的是,《平等权利修正案》倡导者正否认或试图压制较“传统的”女性身份认同形式,然后提出白人女性已经用白人术语界定了女性身份,继而提出扫黄运动中的文化女权论者是在剥夺那些提倡性或性开放妇女们阅读和著述情色作品的权利。这些争吵被后现代女权论者统合到了反本质主义大旗之下，并增添了一个策论，即同性恋男人开始挑战完全单一的文化女权主义对男人身份的建构。[33]

对有些人来说下述方案看似白日梦：先识别身份继而界定权利来保护身份，如有权自由开展界定活动，有权利用公共资源，有权防范歧视。有人可能不相信它是个方案，但对文化多元主义或各个人具体的法律改革提议却不失热情，这正是因为决定权利是什么的过程与一般政策分析没什么不同。身份权利方案看起来令人不安，它就像19世纪一方案即确保"每个人有行动自由权，只要不妨害他人的安全权"或使用自己财产时不得妨害他人的权益。

但再次提醒，这种解释并非是不可避免的。

尽管我没有形成信仰迷失的理论，但我会尝试一个假说，即在法律语境中"腐蚀"、"破坏"、"解开"和"感染"等有可能被大规模颠覆行为所加速：老左派反权利主张又被新右派所使用，左派占领了早期右派所处的阵地。两个敌对阵营之间的这种轮换破坏了对争论中所用技法的信任，表现为批判某些只是分析上不融贯的东西而对政治上不正确却不予批判。我就不明白，废奴主义者在《逃奴法案》使联邦政府支持南方而反对北方州政府之后，又如何面对他们自己戏剧性的转变即从民族国家主义转向倡导国家权利的。

另一个假说是，在自己阵营看来本很坚实的权利话语遭遇了意外的瓦解，这是毁灭性的体验。在50年代和80年代，一种话语被毫无疑问地看作是正义武器用以反对敌人的错误思想，却由于下述原因而突然倒塌：它不能使所谓盟友们确信某具体权利是好的而非坏的。

十一、从宪法权利批判到外部权利批判

宪法权利化约为政策主张，会与所谓的"后在的"或经立法而被转换了的外部权利有什么关系吗？对法律权利推理丧失信心引出一个问题，即一个人是否还能信任依据外部法律话语提出的规范权利方案。如果内部话语即转译是"纯粹修辞性的"，始终涉嫌与意识形态有染，那么对"外部的"、"原初的"文本来说就不可能也有意识形态吗？

批判只表明了你有一项宪法权利 x、y 或 z 的主张，与下述主张之间没有不同，即基于一般道德、政治、实用主义、技能等缘由，站在你方立场来使用法律制度进行干预可能会更好。它不是说没有有效的程序用以从先法律(prelegal)权利作推理而得出法律之应然。这是那些废奴论者的推理模式，他们认为宪法是亲奴隶制的因而是不道德的文本。他们是反法条论者但绝不批判权利。

此外仍有可能相信，有人会通过参照宪法权利话语中超法律的或前法律的因素而选择法律内的(intralegal)修辞立场。宪法权利主张的拥护者会继续相信这一外在部分的权利即其存在先入宪，相信这一外在部分有其实在性(reality)且不同于已入律权利之实在性，相信服从于法律解释的所有方法。

若你能认同外部权利，那么被迫放弃法律权利推理之客观性还不算太糟。你可能是极端“法律现实主义”甚或是法律“虚无主义”但仍相信从权利作正确推理能解决伦理问题。于是问题就恰恰是，让操控法律推理之灵活内容的法官得出一个依照外部权利认为正确的结论。

你或许会深信这些外部权利判断的正确性却又相信这些判断是“抽象的”。它们可能得“在实践中”被各种非权利考量因素修正，即通常产生于法律推理中的因素如实用性或制度能力等约束因素。[34]

但如果内部/外部之分被打破，而批判精神被应用到外部权利上，可能就出问题了。鉴于宪法权利批判的内容，几乎没有理由指望悬想理论或外行权利话语将能支持其超法律的规范主张。

十二、外行权利话语批判

在外行话语中，“权利”的用法之多一如其在宪法话语中那样。首先，有一种严格的法律实证用法：“伊朗女人没有权利”，“斯大林时期苏联人没有言论自由权。”权利只指用以保护具体利益的有效规则。但该词还用在有关美国法院应当如何处理具体成文法或执行活动的外行法律论证中。言说者认为存在“骑墙的”宪法权利与据之推出结论的若干理由，采用了某类标准的法律解释技巧，包括先例(连贯性)与道德、实用、制度能力与可控性等主张。

外行话语也把权利有意识地用于立法主张中，关注的问题不再是解释之忠诚而是有权“创制”法律(相反于法律解释)的人应当做什么。举个例子：

民权自由主义者惊讶于艾滋病患者还有隐私权。在我看来，金伯莉·柏格里(Kimberly Bergalis)比之于其牙医的隐私权来说还多一个生存的权利。在权衡行为中，没有争辩。但重要的是用强有力的反歧视法律来保护那些测试结果为阳性的人。

那些反对强制检测的人认为，病人从医务工作者那里感染 AIDS 的风险比较低，而后者更容易从病人那里感染 AIDS。所以为什么不测试所有将要经历“侵袭”过程的病人，与此同时也检测执行此步骤的医护人员呢？保护每一个人，而非一个也不保护。[35]

在这一段话中，论者对待权利主张的态度极类似于一个打消了“权利是王牌”观念的法律人所可能的态度。权利相互冲突；它们在量上而非质上强大；它们得予以权衡；我们如何权衡取决于实际情境与一些非权利主张，如从不同的冲突解决办法中得知的伤害程度。

就是这些假定可能支撑着一些陈述，如“在隐私权与言论自由权之间存在冲突”，“成文法未充分地承认言论自由权”，“我们应当承认隐私权”，“我们的社会对支持隐私权有共识”，“这是一种削弱隐私权的企图”，“我们得想办法来调和地主权利与佃农权利”。

权利的证立功能在这里是模糊的。论者可能接下去解释成文法为什么未充分承认言论自由是因为：自由言论是一项利益，它比其他利益如国家安全更为重要，因为还有其他的渠道可以达到国家安全这一目标。还可能接着解释这种解决办法赋予了法院太多的权力，如此等等。权利于是只作为利益(可能有个感叹号)。因为此话语把权利主张当作只是政策主张，它们就发挥不了调停功能，产生不了对话语中普遍假定的事实/价值或法律/政治二分法的超越。

同理可用于下述解释，如“我们应当确立一种隐私权以保护人们不受不合理搜查……”或“保证妇女自由决定其生育期。”这里的想法是要通过插入一个权利概念来改变法律规则，但所给出的理由是要改变事件的某个状态，此状态若根据侵权来界定会不同。如果你已不再相信法律权利话语的调停力量，开始感觉到它只是一种渗透意识形态的政策话语，那么你可能不会觉得这些形式的外行话语有什么异样了。

外行人有时诉诸完全外部的权利而不采用实证主义的法律推理或立法政策主张。权利主张所意指的不只是主张政治上和道德上最佳的东西。说者似乎假定较“客观的”、“绝对的”或“定论性的”亦即可能“正确的”做法是，以一种不同于其他式的论证方式作出一个“正确的”主张：“禁止堕胎不对，因为它否认了妇女对其身体的控制权”，“租金控制不对，因为它否认了物主的私有财产权。”[36]

若有人质疑，说者会迅速转而以一种规范立法的方式捍卫权利，提出各种主张论证为什么法律决策者应当同意（制度能力——它应当由妇女决定而非法院；社会福利——街头巷尾的堕胎将增加且是一个无法接受的代价）。若真如此，也正证明了权利是一种“价值判决”，支撑它的是一种修辞，其可能被认为十分有说服力，但它没有原初表达式具备的调停能力。

当言说者坚持纯粹的权利话语时，问题就在于断言是结论性的。言说者似乎未意识到存在一个抗辩权利，它可以同样的语调来断言并抵消前面的权利。我可能遗漏了一种外行权利话语的存在，它回避了上述问题又未落入纯粹的权衡。但我自己的体会是，宪法权利推理批判已从法律话语向外行话语侵蚀蔓延。

这根本不是说有人已证明了权利“不存在”或是“一派胡话”。它不是个用证据来证明的问题。它是个居间调停问题，即人们是否从权利话语中比从社会福利、道德或可控制性等话语中得益更多。

十三、从宪法权利批判到政治理论中的重建方案

在流行的话语中我们未找到令人信服的权利话语，这并不等于说在其他什么地方也不能找到。悬想理论的全部功能就是要表明，采用十分复杂的哲学工具来建构下述权利主张是可能的：它将确证左翼欢迎的各种权利断言。这里的问题不在于话语是结论性的，而在于从一般层面上

看它与法律推理一样存在不确定性。

有很多可能非法律的即纯粹权利取向的辩辞，如“妇女有生育自由权，因而有堕胎权利。”悬想理论从未踏入显然有争议的实用主义、制度能力或“纯粹价值判断”来论证所声称的权利，它可以尝试若干策略来达致讨论终结，或说达致某种比纯粹政治修辞更理想的结果。

我本该说这项事业正如我在前面类似语境中所讲的，其实叠合于下述事业，即证明法官如何能够根据一个非纯粹政策的判决方法来断案。一方面，作为一个最小化论者，我不相信无法成功地从外部权利作论证甚或重构话语。另一方面，好像对从悬想理论作具体权利论证的批评家们仍在前赴后继地设法证明，对于各争辩方来说，依据其自己的术语作辩是不行的。[37]

某些时候，人们只是没有精力去展开另一场内在批判。你不能证明它做不到。因此最新近的角逐者们有可能取得成功。但你不相信有些人过去已做到过，也不相信有人可能将来还做它，因而会认为每一次新挑战似乎是浪费时间。说白了，通过政治哲学来重建外部权利的方式是另一个丧失信心的语境。

十四、权利批判不是什么

人们有时说，“批判权利？不过如果你排除了权利，那么国家就可能对你为所欲为！隐私权如何？我们可能没有任何办法来反对国家的侵犯！”他们恰恰没抓住要领。

在西方民主社会里，权利“存在”即指有法律规则限制人们相互间行为，并限制执法与立法机构。权利批判承认规则创制、规则遵守与规则执行行为的现实性。它讨论对理性程序（the rational procedures）的信仰问题，立法者、判决者与执行者都据此程序来阐述内部权利或外部权利之“文本”中的裂隙、冲突与模糊点。

此批判不会提出减少市民在面对政府时的权利。对权利话语失去信任就完全接受（其实经常关联于）一个狂热的信念即激剧扩展市民权利抗衡国家。此外，对权利丧失信心也乐意倡导大力增加佃农权利抗衡地主，也接受相反情况，比如它赞同政府对堕胎决定有一定控制权。它不讨论我们应当如何界定权利问题，而讨论我们应当如何摸索我们据以主张权利的话语。

当人们想依据法律制度来主张什么时，他们就将其各种要求植入权利话语，就像他们以前将之植入宗教话语一样。[38] 但权利不只是语言——我们或会说，权利话语与其他语言一样确实不只是把一个清晰又连续的意义从一个形式转换成另一个。权利话语是一个集团的即白人男性资产阶级的语言，此集团打碎并重建了西欧封建秩序以及后来的重商主义秩序，且以理性的名义为之。这种语言的调停力量建立在事实/价值与法律/政治二分的假定之上，建立在权利的普遍性与仿真性特点之上，它是此集团锦囊法宝的一部分，还有街垒、报纸和新式家庭。

自资产阶级革命以来，一个又一个集团已力争融进社会、经济与政治秩序，并认为理性的要求是，在资产阶级民主社会中与所谓“标准的”、“抽象的”市民拥有相同的自由与平等权利。这些社会自由主义与保守主义之间的斗争中一个重要部分就是，在多大程度上把那些原初自由主义人权表述中所未包含的内容植入进资产阶级革命为少部分人所建立的秩序。

在权利语言与后天习得之间一直有联系点，即通过有主体身份认同的受压迫集团。权利论已被用到敢于根据先前可能已经失效了的理由提出主张，敢于“为”黑人、妇女、同性恋或西班牙裔作主张，而以前可能以为“因为”某人是这些人的一员所以就没有资格提这些要求（我认为，这很容易误以为要低调处理权利话语——当做对立于宗教、道德的，或完全反叛甚或觊觎的话语——在民众反抗压迫性环境中的作用。而我一点儿也不明白为什么被压迫集团需要有权利话语才能知道他们受到了压迫）。

批判不是声称下述要求错误或误导：要求作为平等主体受到社会主流集团包容或接受。批判显然不是说为了适应一小部分白人左派学术圈信仰的演化，就在权利修辞事实上运转良好的时候提议抑制它。但从最小化批判看，批判“应用于”被排挤的集团（因为这些集团自 60 年代以来把自己界定为左派）与应用于 19 世纪白人工人阶级一样多，后者是马克思原来重点强调的。

十五、马克思对权利的批判

马克思主义的权利批判源头在于一个方案，即表明自由主义人权体制中包容无产阶级，这没有终结那个阶级的非法统治。其最早的观点是，如果你在资本主义制度下拥有一切革命自由和严格平等的民事与政治权利，那么通过同样受那些权利所限定与保护的经济机制——“自由的市场”——你也可能会被剥削至死。[39]

其第二个要点是，权利因其结构与其定义即针对其他人主张权益的“王牌”来看，它是不道德的，因为其基准思想是，权利的启用者能够无视有义务尊重这些权利的人之某些主观愿望。这是马克思的乌托邦共产主义对拉萨尔的（Lasallean）“平等权利”社会主义的批判，极不同于实证主义所分析的财产与合同制度在资本主义条件下如何必然管用。它讨论的是一个良好的社会如何予以概念化。尤其是，存在一个反形式主义主张，即合意、分享、奉献优位于任何人（集团或个人）声称的合法性，忽略受其行为所影响的个人。[40]

尽管它们是重要的起源，但无论是第一点还是第二点都不是权利的最小化内在批判题中之义。马克思的资本主义演化之宿命论模式是一种“唯理论者”的建构。我前面讲过，它已成了最小化内在批判的受害者而非发展了它。至于第二点，最小化内在批判与丧失信心态度并不暗示一个替代信念，即：因为人性天然“向善”，我们可以不需要国家强制（coercion）。如果说此批判暗示了些什么，那就是始终有可能破坏或“侵蚀”任何导源自人性论的乌托邦图景信仰。

它表达了一种失信，即不再相信通过权利的“逻辑”、“分析”或“推理阐述”就可能结论性地表达实质要求，更不信一开始就可能决定出实质性要求。它攻击一个主张，即权利调停于价值与事实、理性与主观、政治与法律、法律与政策之间。它是一种保持距离感的旁观态度，这源自一些人的特殊态度，那有时从自由秩序内部提出要求隔除，却又有时从受排除或受压迫者的立场要求包容。这种距离来自于对权利界定方案所谓的理性色彩丧失信心。

马克思批判中有第三个因素。他说，产生于资产阶级革命的**自由主**

义宪政体制培育了一种特别的虚假意识。他认为**自由主义**建立在幻想之上,即通过运用普遍有效的政治权利(选举、言论)我们就参与进了一个确保我们普遍有效的私权利(财产与合同)的良性集体过程。正是这些权利勾勒出了资本主义的生产方式,而这些权利的落实即在自由主义宪法中的确立生根保障了"市民社会"的现实生活将依照自利与剥削原则运转,这些原则完全相反于在政治理论中所宣扬的原则。[41]

我已透彻地论证了既没有**自由主义**权利的法律逻辑,也没有资本主义的经济逻辑。因此,马克思把市民社会自利与剥削表述为是抽象财产权与合同权利的必然后果,这似乎大错特错。但他对公/私二分与权利意识的心理分析是权力异化理论的雏形,我通篇在讨论它。他的看法是,对普世政治权利与普世私权的信仰作为一种空幻的办法解决我们矛盾的现实体验,即同时兼有利他集体精神与自利私我精神。同时,这种悬想对资本主义的受惠人来说起到辩解功能,即解释为什么他们有资格获得那些剥削自无产者的利润。

我不觉得下述说法有什么合理性,即权利意识就其本身来说在我们现行政治中所起的作用要么是天生进步的要么是天生保守的。但从我的后权利视角看,与权利信徒有所不同,我确实认为把权利看作是普世又仿真的故而超越或高于政治,这种权利观必然否认马克思所分析的那种看法。正如否认判决中有意识形态,有许多方法理论化这些冲突,它们引起这种形式特殊的(在我看来)一厢情愿想法。[42]并且正如判决,对这种否认展开心理分析必然中止同那些相信权利如实物般切实存在的人的对话。

十六、为什么那么做?

部分是因为这些原因,展开权利之争的左派(包括我自己)经常感觉到这是很危险的。我不是说要批判一个主张而是描述一种情绪。讨论者可能愿意面对批判并真诚地承担丧失信心的风险。但这难道不是一种我们都应当希望回避的事吗,只要存在回避的可能?此问题中有一部分我早在类似语境即法律推理、理性主义 VS 反唯理论中讨论过。可以说,如果"我们"失去对权利的信仰,我们将无法应对我们的反对者。观点是,权利修辞是或至少曾经是有效的,我们可能正因对权利本身失去信仰而放弃了这种修辞。

当然,说权利修辞“有用”并非作了利于权利的论证。批判不是针对有效性,尽管可能有助于理解那个话题。[43] 有人会不再相信有彻底有效的修辞并认为它只是修辞而在实践中似乎无人认为它可靠。大家用它或我们的英雄或父母们用它,这与其说是对权利修辞批判的一种回应,莫不如说它就是一种权利批判,保守派过去或现在使用它们收效良好。

但为了解释危险的意义,有人可能回答,如果“我们”失去权利修辞的信任但“他们”不会,于是他们将比我们处于优势。此言之合理性有其限度,即系争的“我们”与“他们”相对,从正直感中获得一定程度的调解力量,这是权利所历来赋予的。“放弃”权利就像一个职业运动员放弃强肌类固醇一样,而其竞争对手们仍在使用。

若你早已对权利丧失信心,该主张可用于支持群众宗教信仰,不管多么有欺骗性,只因其带来有益后果。这种有益之错(beneficent error)的思想一如斯科特·奥特曼(Scott Altman)提议给法官的。不过如果我真是在讨论有效性,那它似乎只是推测性的。

我自己的感受是,有些不信仰权利的人变得更信奉政治,有些对权利的信仰降低,而有些信之不变。有些立场不定,而有些在应对反对者的诚信、背信或嘲讽的权利主张过程中获得了修辞的敏锐性,变得更强烈地信仰它而非降低。许多信守左派的人,包括许多无政府马克思主义者、西方马克思主义或反斯大林传统的新马克思主义,一直以来都不相信以权利为起点。如果我们在讨论现实的、经验的效果,我认为很难提出这样那样的事例来证明。

权利不是自由主义法条论的“核心”、“中心”或“心脏”,要么作为一个意识形态要么是一个社会构成,它产生了幸福与不幸、正统与压迫之杂合。在我看来,主流意识没有一个心脏或核心。它是多种思想松散堆积,非常灵活可塑,其中每一个都表现得时而兼有许多支脉的力量,时而又彻底无力——从葛兰西的霸权到罗丝·戴安娜(Roseanne Roseannadanna)的“无所谓”。权利的批判,从受威胁的权利信仰立场上看,即便在完全令人信服的时候也远不如它想象的那么“有效”。

但危机意识有一个方面我承认是有理性根据的。破坏权利信仰会破坏左派的统一及其理想的融入“美国社会”。如果左派有些人丧失权利信仰而其他人没有,那么那些已丧失信心的人将面临持续的两难困境,被迫在下述做法之间作出选择:或与那些仍信仰的人争吵,或保持沉默,或对运动中的话语进行可笑的或背信的操控。

鉴于批判不是左派对任何问题的解决办法,不是一颗万能药或一个纲领,鉴于这种战斗精神与效忠意识的后果说好听点即不确定性而说不好听些就是灾难,那么为何还要那么做呢?

第三节 结语:无限递归之路上的风景

为什么为之?本节为一般的判决批判与具体的权利批判提供一种证成。论证分两部分。其一,两项批判都属于 MPM 派对左派方案的看法。其二,它们间接地但我认为很紧密地关联于左/MPM 方案,即在晚近资本主义社会中职业/管理工作场所的政治化。

左倾的 MPM 版本极不同于普通的美国激进主义,它是个极小的支脉。它选择了一些社会思潮如后论(post-ness)、双重性、向往、讽刺与审美,和以不明的先天不足与危险的增补为名义有意识的形式操控,少了对主体与表象的批判。[1]它选择它们而不选择传统路线即左派讲的正直性(无论是后马克思主义的“体系性”模式还是身份政治模式),且同样未选择左派自由主义的折中方案。我将试着表达判决的批判从这样一个方案的内部看是怎样的,即将此图景截然对比于从左派更熟知的其他视角看所呈现的景象。

在当今美国左派这一具体背景下,判决的批判似乎至少有另一种重要性。它是下述主张的一个部分,即左派应当反抗、悍然不顾或颠覆一个普遍要求即管理者与专家否认其工作中有政治因素。

假定国家治理权不在我们手上,即我们不是且将来也不会成为法官或立法者,那么下述洞见又有何意义:看透法官在解释中有策略化了的策略行为,既会涉及法律推理也涉及权利话语?我的回答是,法官和我们这些人一样。我们在官僚体制中的位置不同,却做着同样的事。和他们一样,我们也得面对背信的问题,且也可能因大胆批判而获得一席之地。

我不是说这样那样的批判都天然地是政治旋涡。经常有可能的是,一个既定的批判活动会通过破坏或引起对特定态度即正当性(rightness)丧失信心而削弱抵抗意愿。一如我在上节最后所讲的,这对我来说似乎是个经验问题。此外,MPM 在左倾中的推动力,即"摧毁"、除魅并破坏资产阶级(不管是自由派还是保守派的)自命不凡态度,有一种自动的心理与社会动力,我将努力诚实地描述它。这种动力与左倾没什么特别关系。左/现代/后现代主义方案的要义在于让它与一个同样的自发推动力保持脆弱但满意的平衡,即从左倾立场出发同现状作斗争。

一个自认不凡、正当或刚正的人,即认为自己掌握真理知道何为错误并如何处理的人,不可能觉得左/现代/后现代方案有什么好,除了偶有局部的、为特定战术意图服务的内在批判。同样,左派中风格迥异的差别折中论者,他们想要革新也很受其温和派同事拥戴,也想要"效力"。这两类人相信重建方案应当在观念上服从批判,并相信批判冲动应当出于保护而疏离出一些左派分析中元素,即对大方案来说有实用政治价值的元素。我认为我无法证明这种态度不对。我的策略目标只是摧毁权威并抛砖引玉。

一、为什么为之?

左倾主义旨在转变现存的社会结构,其基点在于批判社会中的不公正尤其是种族主义、资本主义父权制。目标是以一个更好的体制来取代现行体制,逐渐推进或由中型或大型集团推动。MPM 是对这一相同文化之特有的各式正当性(rightness)展开批判,旨在摆脱一种内心或外部体验即受理性约束,不是以正义或新体制为名义而是依凭体制与反体制的辩证法,中间的是一些超限的人为事实,它们悖论式地确证着那些在它们看来本该要诋毁的"更高级"的价值形式。

批判总是有动机的。判决批判与权利批判的践行者们经常有复杂的动机。一个动机是左倾而另一个是 MPM。假定前者含义明确,那么 MPM 的批判动机是什么?答案是,法律正确性与权利是下述整体方案的重要组成部分,即资产阶级正当性、理性或其提出的必将强制施行的文本。MPM 方案中一个重要的、特色性的部分是对正当性的一个特殊态度。

此态度是,根据假称为客观性的表象而要求同意与信守,正是其欲攻击的敌人。具体说来就是资产阶级文化中一些核心的伦理/理论概念,包括自主选择的个体自我、惯习的道德、家族、男性与女性、民族国家、人道。但左派的一些核心伦理/理论概念也成为靶子,包括无产阶级、阶级团结、党纪和社会主义现实主义,以及新近的性别与种族身份认同。

MPM 欲图和其他支派一道反驳或抵制这些人为事实的制造者。这些超限的人为事实有可能引起对正当性主张的质疑,同时诱发一系列情绪——讽刺、绝望、狂放,如此等等——当我们感觉文本或表述是"正确的"时候,这些情绪就不会出现。

如果我们把左派方案界定为,为一个更平等与公有制的社会而奋斗,那就本质上与某种特定形式的正当性关联起来。但在左派方案中,正当性确实发挥一种核心作用。左倾一直是一个资产阶级文化方案,其中许多领袖人物与追随者相信他们不只是左派的还是右派的,正因为对社会秩序有一个融贯且完整("整体化")的描述与规范分析。

显然,批判对左倾的主流"正当性"来说很关键,即,批判是为重新确立正当性大厦扫清障碍。在马克思主义传统中,标榜马克思主义的"科学性"是追求正当事物的动力宝库。对非马克思主义的左派来说,标榜"计划"、"合理的社会政策"与"公共利益"起着同样的作用。但在美国,直到 20 世纪 70 年代末,伴随着身份政治的兴起,左派话语与自由主义话语融合,而被压迫者权利与他们合法主张这两个要求的制度有效性淘汰了所有以前的正当性版本。

此外,在资产阶级一般文化中,似乎都认为法律之治与权利即为正当性的核心范式。正当性体验一直有个集中点,即法律 VS 政治、权利 VS 纯粹偏好。最后,在美国专业化的法律学术文化中,一般的法律话语与具体的权利话语在法律现实主义阶段经历了夭折或只是一种妥协的现代性革命。有些 50 年代后现实主义学人采用一种超然、傲慢、讽刺、怀旧的立场来面对法律、法律人及其法学研究同仁,一种时髦的现代主义(其实尤其与国际法有关,因为美国现代主义者一直着迷于欧洲与北非)。但作为整体的法律文化似乎倒退成一种组合,即复活的形式主义加上一种具体化的政策分析观。

记住,此时我们只是在说一种可能性:遵循 MPM 方案而不损害左派变革方案,走向平等与公有制。一个有 MPM 宏愿的人会“自然地”选择判决与权利作为靶子,并努力反对或抵制左派们的一项主张,即把同意和承诺建立在法律推理或权利存在之上。鉴于法治与权利已成为整个社会特别是具体法律话语之正当性的首选工具,这样一个方案可能有一个更大的 MPM 诉求。

MPM 对权利与法律之治的反驳,初看起来像较传统的左派理论模式,建立在比如权力异化模式之上。它采用内在批判来缓解讨论终结感或必然性,而后者是法律分析与权利分析所力图产生的。但不是要代之以新理论,它看似要通过人为的批判建构来催生现代主义态度,一个与理性之死相关的态度——狂放、反讽、消沉,如此等等。

有两种熟悉的方式会误解这种 MPM 方案——理解成提议“本真性”(authenticity)作为对经典形式的替代方案,或理解成提议从修辞上证明客观性之不可能。

二、超限的人为事实

MPM 是在破碎的理性之网裂隙处搜寻强烈体验。特色媒介物是超限的人为事实(transgressive artifact)或表现,它“打碎”各种“正确的”表达形式以求表达出那些受其压制的某些东西。这种定义,可以在现代/后现代主义“电影导演”的别样意图中体验到,极不同于根据现代与后现代艺术的特殊风格所下的定义,这些风格见于前卫的 20 世纪绘画、音乐、舞蹈、科幻、诗文。它还不同于下述定义:在新马克思主义、后结构主义、心理分析和文学批判传统中根据 20 世纪理论化的诸独特风格所下的定义。

为摆脱资产阶级表述诸种物化模式带来的压力,人们得仔细琢磨批判之外的某些东西。消融这种具相化概念的是人造事实而非分析。但 MPM 提出以体验作为溶剂,即一条穿过概念而达到另一头的进路,但体验总有一种危险,即它会和其他能剥夺其消融能力的各式表达进路纠结在一起。形式创新(formal innovation)打击了我们将体验规范化的意愿，打击了我们欲图使体验符合具相化概念之类的东西。

MPM 导演制作一种人为事实或表现手法，它可能对其受众有这种破坏性的亦或心旷神怡的效果，但导演不会把他或她想象为超然的或外部的形式——完全相反。MPM 的一个基本目标是在你破坏一个样式的同时建立起又一种样式。只要此式样出现在人为事实或表现中，其他人就会采纳并使之适应于其他目的。勒·科布西耶(Le Corbusier)是 50 至 70 年代样板，代表单调的摩天式样，直到后现代建筑师再次革新并创立一种新的式样，而新式样不久也会过时并消失。

所以我们得区分(人为事实已或未意识到的)瓦解意图与(人为事实已或未起用的)式样。相比之下，权利批判的背后意图在一个特定时刻——我们自己的——是一个特殊种类的瓦解。这种批判可能成功地瓦解其语境，然后再造为一种修辞路径即批判上的"规范科学"，不断重复使用而看不出瓦解效果或瓦解意图。大一法律老师们会讲，使用自己的财产时不得损害他人这一法谚是证明判决结果的拙劣理由，却一点也没意识到他们自己正很拙劣，一如霍姆斯在第一次阐明这种批判式时那般拙劣。

总而言之，超限的人为事实或表现总体看来，对它所做的某些事(即瓦解)的全面解释不能脱离其信念语境而只看其内容。如果人为事实成功地瓦解其语境，它就破坏了它赖以产生其效果的基础，使其语境中残存一种纯粹的期望或模仿的对象，亦即新讯息的潜在元素。

左翼的意识形态一批判活动下述情况下不属于现代/后现代主义方案：它旨清除一切新的建构，这种新建构本可以发挥其所破坏的对象之同样的功能。但下述情况的内在批判是此方案之一部分：它旨在快乐地摆脱**理性**的死面孔。MPM 内在批判在下述两个层面上会是左倾的：(1)方案执行者视自己对左倾的所为就像是 MPM 艺术家们视自己对"艺术"的所为，即通过攻击其前提并将之直面其所欲否认的对象来推进它；(2)它提议左派应当通过下述手段面对那些在意识形态上有交锋的人，即超限的人为事实与(或替代)理性分析。

三、MPM 与"本真性"无关

我将根据左派的一个正当抱负即通过排除一些使理论与实践脱节的分析错误使左派思想更有实际效用,来描述左/现代/后现代主义攻击判决与权利的"缘由"。这可能就是要去揭明关于 MPM 批判方面的 MPM 是什么。或可这样说,70 年代晚期前,散居各地的许多人("形形色色的"人)想要成为左派成员,他们想要采取一切手段为平等与社群而斗争,但感觉左派话语——不只是其代言人的话语——既自负又幼稚。左派话语已从其"合理的社会政策"说法,经由一个简短的、60 年代晚期马克思主义说法,走向一般政治文化的**自由主义**法治与权利话语。但在一些拥戴现代主义与后现代主义敏锐感受以及左倾主义的人看来,它似乎和以前一样仍是具相化的即是前现代的。

问题在于,挑战这样式的话语是否可能。若我们认为判决与权利是可批判的事物,然后自觉地不再断言法律之苦在于它有一个右翼偏向,不再断言我们所需要的就是承认被压迫者权利,这种挑战似乎就可行。我们开始兼听直白的与悬想的法律与政治话语并专心听取内在批判所揭露出来的瑕疵,我们会发现瑕疵无时无处不在。

首先,说重一点儿,你并不指望权利主张还能管用。你甚至不再指望或希望它将来有用。大多数时候"着力解决现实问题"似乎很好,至少比下述处境更为可取:人们仍花大量时间生成和接受似乎显然是循环的、不明确且不完整的权利论证。着力于解决"现实问题"会产生挫败或失望感,不过,放松时也会带来重大洞见,紧张时也会带来与同道者之间的情绪纠葛,亦或和你自己。简言之,它能带来主体间的激烈碰撞。

你虽努力排除权利话语的推论式或其他"不正确"的用法,但你发现自己偶尔会不知不觉地提到它。然后你就会想,其实你是在对自己的言论展开内在批判,即把它解释为"只是一种遗风即一种坏习惯"且个中的语言在讲我而非我在讲语言呢,还是解释为"一种真正话语,我已通过纯粹暴力征服了它"呢?在思考一会儿这个谜题后,你决定放弃,亦即你放弃去证明:(1)法律推理;(2)"科学的"社会理论话语;(3)权利修辞"从来不管用"。它可能是一种真正的话语——没有办法确证它不是。

此体验的另一方面是焦虑，经常表达和反映在法律与文学理论争论中，即如果你能对权利话语这么做，那么你也能对其他话语这么做。在法律争辩中，保罗（Jeremy Paul）[2]与巴尔金（Jack Balkin）[3]都认为我的研究有一种预设，即批判为“本真”话语创造空间且我没弄懂根本不存在什么本真性（authenticity），而巴尔金还加了一点，即假定主体的批判处于话语之中，则每个人主体性只是“社会的建构”。[4]

像我这类的人最不会将“本真性”作为一种“后设”，也不会试图通过判决批判与权利批判来解放它。更准确地说，我们是在努力解放“矛盾”、“异化”、“欲望”、“讽刺”、“二重性”、“绝望”、“狂放”和“向往”。当然，也许我们想解放它们是因为我们认为它们是本真的而传统的法律话语形式则不是。但似乎更准确地说，至少事后想来，我们要解放它们是因为我们切身体验到它们并将之当做一种伤痛而排除。

关键的不同在下述二者之间：一方面，有一种理论即本真性，它可能与传统僵化的做法相反；而另一方面，感觉矛盾、讽刺、异化、绝望等等并想要把它们盘活进话语之中。为了感受它们、它们的排除与它们包含的潜在的兴奋点，你不必相信它们在某种前现代或可能浪漫的意义上是本真的。你可能甚至会说，这些标志性的现代性体验的整个要义在于它们否认了本真性托辞。确实，从我在50年代的观点看，世界上最糟糕的事情莫过于“虚伪”，而最美好的事情是“保持冷静”，然后才会“头脑清醒”。

批判，即便是判决批判与权利批判有时释放了（不是制造或引起，而完全是大量倾倒）这些标志性体验。我们发现自己既疏远了依然相信权利的人，也疏远了我们自己，因为我们也偶尔不经意地讲权利。有讽刺意味的是，实现权利话语的无限但无意义的可能性即成为其主人，却要付出代价即有能力以“我们”想要的任何方式来讲它。讽刺还表现为一种对其他人说话的方式，即尽管我们同意他们所倡导的东西，但我们却说他们左倾法条主义断言是一派胡说。

同样讽刺的是，用权利话语言说的人们发现自己满口大讲的恰恰是他认为自己未曾想到过的东西。存在一种双重性，既表现在一种体会即必须与那些不信权利的人进行沟通中，也表现在其本人身上。权利话语之后狂放出现，即人们发现自己狂热地计划着——吵得头晕眼花但还纠缠不放——如何对付与之心智类似的其他人。迷失、怀旧、期盼、抑郁、绝望,这一切都描述一个状态,即在一个不讲权利的世界(rightsless world)里权利话语毫无用场。

四、MPM 中的现代主义与后现代主义

在艺术界,后现代风格紧随着我前面讲的文化现代主义式样,尽管后现代"理论"紧随的是另一种现代主义——"启蒙运动"的唯理论现代主义。这些用法引起许多困惑。我所讲的 MPM 有文化上的现代主义,即从 19 世纪 90 年代经由 20 世纪 50 年代的前卫派风格,此即为 MPM 中的"M"。它既有建筑与绘画中的后现代风格,也有后现代理论,比如福柯、德里达、盖洛普(Jane Gallop)与巴特勒(Judith Butler),此之谓"PM"。

这使 MPM 像一只怪鸭子。我已一直在强调 MPM 的"一体性",即用了形式创新、破碎的理性之网、先天不足与危险的增补等措辞定义 MPM。现在,我努力在正当性(rightness)批判中把它们整合起来,不管这种正当性是指艺术领域中的表象客观性还是理论领域中的描述客观性与规范客观性。但有人可能批判这种表达,他们强调艺术活动与理论活动的不同,或可能强调一些方面比如审美后现代与理论后现代都有一种对审美后现代主义的批判,以及对启蒙运动的批判。

我所理解的审美后现代主义是一种反叛,它反对启蒙运动奉为神明的唯理性与客观性,以及资产阶级奉守的传统道德,但它受到了后现代的批判即它美化了导演者。在现代主义中,批判时刻,以及异化、二重性、讽刺、狂喜与绝望等时刻,尤其被浓缩进艺术家易错的人为创作时刻,一切仍能被整体化或理论化为一种审美或伦理,甚至一种英雄伦理。

此外,导演者坚持就要以这种方式来理论化其活动——创建超限的人为事实。康定斯基(Wassily Kandinsky)写作来谈论绘画,庞德(Ezra Pound)论诗,詹姆士(Henry James)论小说,柯布西耶(Le Corbusier)论建筑,特吕费(Francois Truffaut)论电影,荀伯格(Arnold Schoenberg)与科尔曼(Ornette Coleman)论音乐。海明威(Ernest Hemingway)谱写了其自己的传奇。

后现代主义普及了批判元素,使批判直接针对现代主义作为审美、意

识形态、伦理、体系、神秘,指责那些前卫派们将主体神秘化为可以消解一切非主观问题的中心或现场。后现代艺术不断批判导演者——炫耀着折中主义,重复着单调又机械的东西,而悍然不顾我们期待着普罗米修斯这种启明之神的降临。后现代理论家主张他们的超酷伦理(hypercool ethic)反对普罗米修斯主义,方法是批判主体/导演是文化的产物而非文化的创造者。但这正再次例证了方案的连续性。

后现代批判应用到了现代论者论现代主义的作品上,会比应用到他们创建的人为事实上要效果更好。他们创制的人为事实似乎比后现代主义的更不乏对"主体的批判"。普罗米修斯式导演作为批评家本该是前现代的;他们在开始理论化超限的人为事实时起就倒退为纯粹唯理论或浪漫主义。相比之下,后现代评论家全是现代主义的践行者。德里达、盖洛普与巴特勒在风格上是普罗米修斯式的,其作品作为超限的人为事实有一种影响力,这是批评家/导演期盼的力量,它超越了行为理论的分析之维。

可以把 MPM 看作是一种阵痛,此源于超现实主义与结构主义合力批判自由主义与马克思主义二者中的科学主义与人文主义,此也许以尼采为标志。但只要我们相信 MPM 中还有某种东西可以拿来讨论,那么是否找出其完全正确的谱系就似乎不那么重要。

五、对批判最大化主义的批判

所有误读 MPM 的办法中最简单的一种就是认为它是一个全方位的内在批判,即一种不可能定理,亦即废弃或拒斥客观性、理性、主体性或表象等之可能性,甚或全部一网除尽。比如在法律中,自现实主义批判开始以来,丧失信仰的情形就经常用霍姆斯的一般命题表述出来,即"一般命题并不决断具体案子。"在把后现代主义用到批判法学的最初尝试中(在唯理论/反唯理论之争后但又在权利之争前),常常会把德里达解读成是在提议表象之普遍不可能性定理并可应用到所有法律确定性主张之上。[5]近期实用主义视野下的批判最大化论源自米歇尔曼(Frank Michelman)与雷丁(Margaret Radin):

普世性暗含着超越差异,通向共识。所以它要求秩序的各种基本前提之正当性应当在极为高度抽象的层面上来阐释。但从高度抽象正当性原则中,无法令人信服地衍生出对具体案件的中立与一致的处理。[6]

但我们讲应用一项规则判决案子,意思是指规则的抽象论式通过演绎而得出一个结论。只要我们在适用规则,那么就是用抽象命题决定具体案件。而我们一直在应用规则。我看到两种可能性:可能,我们每一次应用规则时就在犯下一错但假想着我们作出了一个“十分中立且一致的结论。”或可能,此问题并非牵涉所有抽象式而只关乎那些“高度”抽象的论式,这些抽象式中有批判中的一切概念。

针对第一种可能性,我认为正如我在第三章中所讲的,我们确实一直感觉到抽象论式在决断具体案件,但我们没有尝试着打破讨论终结感。“理论上”可以说,总有机会打破它,但就此断言其为真理也就陷入一种玄论即以无代替有,这在我看来并没有什么推进。最小化内在批判就是认为我们经常(且极为经常)地成功打开讨论终结,使用的技巧是一种社会建构与传承的手法即批判。但虽能这样,我们也无法确保所做的一切就准确地描述了问题的“真正”开放性,这与我们对之展开批判所产生的纯粹效果完全相反。

至于第二种可能的解释,要区分开“高度”抽象命题与其他抽象命题似乎不太可行,除非是如果从抽象论式中作论证屈从于批判,那么我们都知道它“过于”抽象,但我们知道是这是事后的。那些看似高度抽象的论式有时也用以决断非常具体的案件——“你不可杀人”可能足以在具体案件中产生讨论终结。有时那些看似一点也不抽象的命题却产生许多争议,比如,“公园里禁止停车”。

最小化内在批判恰恰认为,我们经常未意识到,在攻击应用抽象论式过程中我们正身不由己地被迫同意或信奉一些现代主义者的情绪(emotions)。当然,我们自己随后又会毫不犹豫地诉诸抽象论式。比如批判形式主义高估了个别抽象论式的力量(与之相反的是,批判形式主义是这样一种理论,即所有案子都能通过演绎得到解决)。

法学理论中此一争论在一般文化的层面上有对应的争论,其中“解构”有时被解释为一种理论，即“你总能解构”客观性、合理性或表象之真等主张。我认为更好的解释是，解构是一种做法即最小化内在批判，是一种你总能对文本施展的手术，但不能保证它在任何具体情况下都管用。当它不管用时，也不必然推知文本“确实”客观真实或合理，也不必推知你做不了其他人可能会做的事。

解构最好理解为一种人为事实，其“作用”关系到另一个人为事实（被解构的文本），即常以某种莫名的东西为名（危险的增补、先天不足）消除文本的客观强制“效应”。一个有效的解构，像一件抽象艺术品那样发挥作用，揭露对表象的期待并否弃那些期待，尽管这些期待以某种方式诱发一些新式的、我们认为可能符合表象的情绪。

此解释中，解构并不废止或拒斥表象客观性或规范客观性各种主张，只是说具体情况具体分析。后现代主义没有说主体“只是语言中的一个岔路口”，或是一种社会建构的产物原因在于它拒绝自由意志甚或本真性或自发性，而只是说在一些特殊情况中如此。后现代主义在它将其批判技术应用到你的主张上之前，无法驳倒你的个人主张代表了普遍理性，比如你认为学术标准在下降；若它应用其批判技术时，或许你的主张也可能经受住了批判。

我想尽量避免陷入我这里所批判的解释。我不是说无法证明——也许有人能做到——客观性、合理性、主张、表象都不可能。我只是不认为至今有人已证明了这一点，但我也许是错的。我已对这样的证明活动丧失信心，正如我对永动机的看法一样，尽管事实上我既未很好地掌握热力学的第三定理，也未有一套理论说明为什么不可能证明客观性之不可能性。

我情不自禁地要再谈一点，左派/现代主义者对后现代内在批判的批判。从普罗米修斯式的现代主义者视角看，后现代对内在批判的承诺似乎与一个心理信条有关，即相信自己在批判正当性过程中是对的，相信自己无论如何既已避免了屈从于承诺也不会成为其产物。因此，当德里达这位对表象展开两次深入批判的大师在《马克思的幽灵》（Spectre of Marx）中说自己是一个社会民主主义者时（且是一个不太反对文化政治的人），就很滑稽搞笑了。[7]

六、MPM 方案心理分析

我已描述一系列丧失信心的语境。每个语境中,沉淀的因素是批判,继而批判"延展"到一个新的语境。但若批判有 MPM 动机时就不会自行延展,所以它导致丧失信心也"绝非偶然"。这里有两个解释框架,依此解释框架则可把正在发生的事理解为人们对自己和对他人所做的事。问题在于,MPM 作为一种批判活动颇具"社会建构"色彩,以及"如果它是社会建构的,又当如何?"

首先,我们可能把批判理解为一种故意的破坏行为,目的是体验形式多样的正当性。当自己或他人的正当性意识被破坏掉时,批判作为一种侵略就达到目的了。当我们把批判的矛头指向其他人的信念时它就有一种虐待狂的成分,而指向我们自己时就成了内部自残。我们可将之解释为敌意,用弗洛依德的说法叫俄狄浦斯情结,若正当性指称上帝或超我。失落与消沉感也许是这样一种后果,即作为象征性的天父无处可泄愤只能对自己发火。

其次,我们可能把 MPM 心理看作是裸露癖(exhibitionism),我是说一种欲望即在公共场合脱光衣服却觉得自己很受赞同而非遭罪。这种蛮横裸露癖是一个极端例子,例示了 MPM 信奉人为事实,它是"官方"艺术与民间艺术、理论与实践、思维与事件之间的中间术语。目的是要把日常对象转变成艺术对象、日常生活模式转换成戏剧或舞蹈,从而瓦解两极却仍令人满意,而非肯定它们独立而和谐并存。

把 MPM 看作是侵略与裸露癖,这矫正了把它看做仅仅是特色风格即一种文化时潮(cultural moment)。该文化时潮的一个特色因素是若干网络的存在,它们有意识地推行着一个方案即把"传统文化"改变成 MPM 文化,后者被看作是一种"永久变革"的文化。现在还不清楚这样一些网络是否是历史上第一次出现(它们与早期佛教徒或基督徒共同体相比如何?)。关键在于,MPM 不只是把一种风格变革成另一种风格的方案即带来具体的革新,它还是一种原创性方案,即自因式革新或革新"狂"。

列文森(Sanford Levinson)与巴尔金[8]描述过文化时潮,指出其中的那些十分敌视现代主义与后现代主义的人们即自认为是"传统主义者们"

本身就是现代主义与后现代主义者,不管是否愿意承认。他们与“前卫主义者”一样处于同样的矛盾中,处理同样的问题并使用同样的词汇。他们只能在泥古主义或政治上反对改革方面可谓传统主义者,因为永远无法还原出前现代时期的无自我意识特征。但唯有从一个奇特的立场看——要么超然于外,要么非常害怕交接——行动与回应、侵略与受害、展露者与观众之间的关系被完全抹去。

其实,侵略与裸露癖显然不主要指向反变革派而是指向无自我意识者。该方案一直处于资本主义制度中,有着复杂的知识分子、中产阶级与群众之间的关系。它兴盛于文化异质性,但不是任何异质性。它致力于重要的或至少仍有生机的资产阶级传统,并致力于资产阶级方案即把乡民继而工人同化进一种特殊形式的“西方”文化。

它还吸收(但不融合)一些“被征服者的知识”,如从非洲艺术、非洲裔美国人的爵士乐与摇滚乐到“女性化”、“性堕落”与吸毒瘾君子。[9]换句话说,我们得把它与左倾放于同样的框架中,它是一个可选择的反对派/乌托邦方案,但旨在资产阶级文化霸权而非资产阶级对生产工具的所有权。这不是说从身体的行为与反应来构想就能让我们免于困惑。现代主义者的行为“产生了”回应,其本身也恰恰是此前不久被产生出来的(尽管不必然处于一个脉路)。此外,在现代主义方案中的展露主义者使之依赖于受众所投来的关注,这种关注构成了内部监督。

七、MPM是一种社会脚本方案

这把我们引向另一个视角看MPM,即作为反对与创新的MPM。我们把它用作一种文化脚本方案,充当一种角色,即西方文化中用以与权威相关联,经由先定的内在批判活动,走向先定的顿悟即信仰丧失,走向先定的态度与人为事实。MPM“体验”即放弃、落实与消亡不是某种自然发生的事;因为它有意识形态,故它是“一种走法”,它让你去解读一些盟友和文本,而这些施加了规范压力引导你放手行事。后现代主义者,不逊于现代主义者,把主体性作为一种文化规范,即一种选择,在“你”采纳它作为后现代元素前就已作出的一种选择。

这在同样的人身上若干次地重复发生,且以极相同的方式发生在若干不同人身上。一大堆文献指引我们如何开展(模仿)批判,如何承认(引导)我们自己丧失信心,如何描述(创造)适当的迷失后情绪。若众人一起为之,若有人背离规范则众人就会规训他。在此方案内,有一些脚本的变异与背离(背叛方案、得过且过、创业精神……)。有人可能在 MPM 中成功或失败,沉迷于其因果链条,不相信地或背信地"为之",就像有人会"对待"正当性信念一样。MPM 进程早已被常态化了,现已成为一种制度。

与此同时,它看似(至少有时)一个主体在约束性的语境中所作的选择行为,他或她不十分确定自己是不是一个主体。MPM 是个方案,但它不是唯一方案。人们被迫使或诱导进此方案或其他方案中,但他们有时感觉到令人眼花缭乱的不确定场合,尽管它可能是一种错觉。

选择讨论一下此谜题(我选择了吗,亦或别的什么),因为它适用于我自己的讨论,继而我选择讨论一般问题(自由意志,亦或别的什么),这方面我讨论很少,我发现自己采纳了下述态度,即我无法看到任何解决的可能性,但又无法证明它解决不了;随着注意力不断下降,我根据脚本俄狄浦斯式地前行,走向其他一些东西(然后出现脚本中的角色即俄狄浦斯情结,它是那个脚本所选择的角色——如此循环往复,直到"老实说,亲爱的,我无所谓")。

八、MPM 是一种精英方案

MPM 事实上无疑是一种精英方案,表现在三个完全不同的层面。首先,它产生于资产阶级尤其是中上层资产阶级文化内部,依赖于具体形式的精英教育来提供它要瓦解的理性之网。它作为瓦解,只有那些已掌握其瓦解目标即多样式语言的人才能够理解。这也不必然如此,因为在大众文化中有类似的各式抵制。但只要它是这样,它就会遭受各种阶级盲点(class blindness)。

但前面讲过,MPM 这个方案一直凝聚了被压迫、被边缘化与受苦受难的人们,且 MPM 诸类型都表现为"越法"(out-laws),不管在其批评者的眼里有多虚伪。这又使它带有精英特征,即成为自觉的"睿智者"组成的社会,他们驳斥传统观念与身份标签,赞成 MPM 的超然伦理、品味与风格，视之为一种与资产阶级相反的方案。必须知道，来自非精英背景的MPM类型经常通过下述经历而变成那种样子，即在其自己的被压迫共同体中被排斥与边缘化。这些类型的出现确证了秘密社会的存在，对他们、对那些来自有特权背景的人都是秘密的。

在这第二种意义上，MPM网络倾向于是精英的也是精英主义的。我这么说实是指，一如他们受侵略、摆显和成功表演一个具体脚本的欲望之驱使那样，他们也受驱使于愉悦与恐惧，这与身在下述集团有关，该集团认为自己"更优越"、更精明、更领先于那些它一直反对的集团。

有一点类似于美国自由主义者一直看待保守主义者那样，即看作是某种意义的原初社会初民，他们在政治上和认知上都很落伍故"完全不明事理"。但MPM精英主义既非左派的（相对于右派）的精英主义，亦非"文化精英"（相对于"群众"）的精英主义。我的理解是，最好通过"书呆子的报复"这一概念来理解，尤指被疏离到边缘的知识分子报复资产阶级文化的平庸当权派，其次报复效忠于资产阶级的左派诸集团领导权。

最后，MPM是精英的并面临着精英主义的指责，因为它是围绕有可能带来抗拒的表现（它是超限的人为事实的产物而非政治"行动"）加以组织的。MPM把前现代文化的**它者**当做对象（受众），不管这个它者被构思为彻底前现代的还是一个仅部分实现了的MPM人（如同艺术家本人）。其目标是以上述侵害与摆显主义方式打击资产阶级（但不是将其资产国有化）。这预设了MPM的优越性即MPM执行者伤害受众及引发狂放与抑郁的"正当性"，其名义是艺术家/执行者理解的更高价值并认为"造福"受众（尽管经常否认——辩护性地且虚伪地——它十分在意受众的反应）。

九、针锋相对

精英主义在美国大众文化中是个很坏的东西，尤其是在美国左派文化中。但大众与左派对MPM精英主义的批判面临着MPM的一个回应。MPM的罪行是精英主义、势利孤高、施惠心态与文化自负，这确实没错。但公众与左派文化的反精英主义远超出指责这些不良态度。从MPM视角看，它看似在命令MPM服从一统，即要求同意并遵从一种源自庸俗习气与阶级焦虑相结合的文化。美国大众文化歇斯底里地坚持反精英主义,因为社会肮脏的秘密是尖锐的社会分层,指责精英们为拥有与操控几乎一切事物所付出的代价只是廉价的平民论。

左派中,那些深受 MPM 精英主义之害的人是被压迫群众(无论是工人、黑人或妇女)的代表们,他们这些人总体上是受教育程度很高、步步高升的中产阶级,他们自认为是在为那些比自己贫困的人们行事。其反精英主义表达了一种隐含的交易,与被其设想为其支持者之间的交易(其中经常包括其父母),这种交易与阶级谈判有着同样的结构。抵制精英主义是他们能成为领导者所付出的代价。

左倾中的 MPM 支系反对这些隐含的交易,反对的理由因人而异。左/现代/后现代精英主义合乎情理的部分是一种态度即寻找秘密盟友,它们共享各种各样的耻辱与绝望但坚称受排斥群体的反向优势,包括其谱系即超限的人为事实与表现,它们表明我们一直是更大文化中的一支力量,我们从该文化之所弃中汲取营养。

这种精英主义与拒绝相关联,甚至拒绝想成为一个领导者,如果其代价是否认二重性并要求赞同自由主义左派、体系化与身份政治左派看似要求的立场。它是一种有斯多噶特征的精英主义——它唯有经过绝望后才能得到认可,这种绝望没被否认或升华为一种资格,不论这种资格是通过理性、权利还是受害者身份来发挥作用的。

左派/现代/后现代的精英主义一方面是与社会的精英们的斗争,争辩特权者责任的界定问题;另一方面是另一种斗争:既反对左派精英们为其支持者们代言的托辞,又反对那些精英为了证明他们所设想的东西是比较严肃的政治方案而愿意在文化层面上作出妥协。

十、左派对 MPM 的批判

反对 MPM 的左派经常简单地回答说,他们所说的左倾是一套目标以及一套达到目标的方法,它们与 MPM 不兼容故而 MPM 左倾是个矛盾修辞。他们还经常回应说,如果我们把 MPM 是不是一种(错误的)理论而是一套态度或一种文化式样,那么它就是个无趣的、可憎的、劣于左派其他支系的式样。他们还常说,如果 MPM 将被看作是一些左派人士资以使用的理论之一,那么他们应当提防其“倾向”即消散、削弱斗志。

左派/现代/后现代主义对此最重要的回答不是要声称对左倾给出一个超棒的定义从而可以把我们归类进左派,更不用说我们是唯一“真正的”左派了。我在本书第一节中就说过,一个方案是一个社会组织与一个文本传统的综合体,且在该方案的环境与话语中(除组建党派的集团之外)不存在解决包容与排斥方面诸冲突的机制,只有长期存在的社会/智识冲突。简言之,我们左派/现代/后现代主义者与其他一些自认为左派的人展开意识形态上的争斗,期望尽可能皈依归化他们,期望赢得一些具体的争战并在失利时也能默然接受,而对话时刻让位给下述时刻:人们未达成完全一致的情况下必须采取各种行动。

这一节回应了对左派/现代/后现代主义的两类主流批判:其一,它摒弃了客观性、合理性、表象、主体性、法律正确性、权利与身份,恰好是在这样一个历史时刻,即先前受压迫与边缘化的群体终于有机会采用它们反对支配性话语;其二,MPM 批判(1)破坏我们决定做什么的能力且(2)导致极权主义。

不过首先让我列一些左派/现代/后现代主义的谱系,原因只是要说明我们已身处左派之中时日已久:谢尔盖(Victor Serge)、罗钦柯(Rodchenko)与斯特潘诺娃(Stepanova);早期的赖希(Wilhelm Reich)、萨特(Jean-Paul Sartre)与马尔库塞(Herbert Marcuse);埃里克森(Ralph Ellickson)、鲍德温(James Baldwin)、克鲁斯(Harold Cruse)与华莱士(Michelle Wallace);超现实主义、情境主义与福柯(Michel Foucault);沃尔夫(Virginia Woolf)、奥登(W. H. Auden)与瑞丝(Jean Rhys);美国的帕索斯(Dos Passos)、金斯伯格(Alan Ginsberg)与雅皮士。

十一、捡起弹珠就回家

一种对付新玩家的办法就是收起游戏。就在妇女与少数派们刚获得一些权利的时候,左派/现代/后现代主义(或它一般是“男性白人们”吗?)就决定说权利没有意义,这不是“怪怪的”吗?就在第三世界的人们战败了殖民主义之时,这些同样的“盟友”提出有可能导致社会瓦解的对最高权威的批判。如此这般。

着手废弃的人多少有点儿认为自己是“自由地”为之，因为他们不是在争夺国家权力，亦非争取群众接受其思想。起初，追问下述问题似乎不太理智，比如“如果人们丧失对权利的信仰，那么对女权运动会有什么影响？”但15个年头过去了，身份政治已经复苏了学术左派。新出现的白人妇女与少数派学术活动家们认为自己既在受过教育的非学人左派中有市场，又在由媒体组织的国家政策之争中发表观点。他们复活了一个问题，即不同修辞选择带来不同政治后果。

在上一节，我提出丧失信心是增加还是减少了能动精神乃是个经验问题，并认为“但他们使用激素”的说法包含了背信，即在我看来无法证明在诚实与效能之间确实存在不当交易。此外，历经几代人，早在民权运动与第二波女权主义之前，自由革新派废弃了马克思主义宏大理论，马克思主义又已废弃了权利理论，而左派/现代/后现代主义则已废弃了二者。所有这些废弃行为可能一开始就错了，但MPM各类型一直将之作为一个策略活动来做，而非只是作为对被压迫群体(有限)授权的一种回应。

左派/现代/后现代主义的立场就是批判新社会运动的中产阶级学术领袖，批判他们把自己同化入主流话语即合法律性、权利与身份，不管他们这么做是出于信念还是作为一个有效的战术。这不是“命令”他们停止这样做，也不是声称存在一个更有效的替代方法，而只是友好地表达分歧，表现为这样那样超限的人为事实。

一个变量是，对中上层的白人男性来说废弃法律正确性、权利与身份是很容易接受的，因为他们不需要这些，其白肤特权与男性使他免受别人遭遇的那些压迫。我在第四、五章都讨论过，法律正确性与权利话语在美国政治体制中是强有力的稳定剂。如果有人构想一种左派学术批判“来破灭”它们，那么我想他就是在构想一个政治无序状态，此中的保守主义就很有可能借机搅乱自由主义并把整个体制推向权利，这会比金里奇革命更为彻底。这样一种权利转向的主要受害者可能是穷人、白人妇女与少数派。

故一如我在上一节所说的，我全力赞同因策略性理由而采用这些话语，不管是法庭上还是在一般政治争论中，只要采用者意识到在其表现中有背信因素。我也同意在那些声明放弃为国家权力而斗争的学人之独特立场中有一个“奢望”因素，即尽管否认真理的可能性但仍希望能“正确”地道明真理。在左派/现代/后现代主义中左派支持在不背叛 MPM 的前提下花些时间择机介入看似对被压迫者有利的政策争论。另外，一如我将在本节最后讲到的，它还支持无须选择而直接替代成左派工作场所政治，即不要全民响应的地方主义。

左派/现代/后现代主义的一个预设就是，体制长期来说是稳定的，尽管不断有马克思主义与后马克思主义提出的诸种危机论，尽管在具体的一些地方一直有真实的危机。另一个预设是学术理论的发展事实上对国家政治没有什么影响（除了在美国现代语言研究会的名号下为右翼荒诞剧提供素材）。[10]

这或许不对，而可能是这样的：学术左派应当倾其所有时间在国家政治争辩中提出修辞上的有效干预而没有时间帮助病毒继续蔓延。我认为这一般对左派自由主义、白人妇女和少数派有一定意义。但我不认为它对非常小的学术团体、男性与女性、白人与有色人种有什么意义，他们的后马克思主义或左派/现代/后现代主义情感使他们难以想象把自己装扮成为主流者。我认为我这样思考的原因，不是我个人在背景关系上比我的同事们有更多的特权，比如在削弱民权方面会比他们损失的要少。

曾经有一个更强的回应即 MPM 是左倾所内在固有的，因为对权利丧失信心代表着异化权力的复归。换言之，内在批判向我们示明一些方式，我们据之可使我们的理解力受控于物化的实体，即人类发明并投射到自然或社会之上的各种必然性（如上帝、市场、法律、马克思主义）。这些投射可能被看作是授权能手，是宗教、法律、经济或马克思主义等技术话语的持有人，目的是通过操控所谓客观又合理的理解社会的“科学”来有意无意地贯彻其政治方案。

此模式中，MPM 批判本身是左倾的，因为它是平等主义与社群主义方案的一个必然部分。它返还给“普通人”或“被动员的群众”以权力，这些权力过去曾被委托给专家们，原因在于一种错觉即专家们掌握着普通人所无法掌握的知识。[11]左派/现代/后现代主义故而可能代表左倾中废弃道德的唯信仰论或无政府主义支系，至少认为（抵制信仰）是真正的信仰。我们还甚至可以加一句，左倾之于 MPM，一如 MPM 之于左倾一样关键,因为各式等级制度与异化共同体阻碍或挫败 MPM 的发展。我有时觉得事情确实这样,但更多的时候认为这样下去不可能熔接左倾与 MPM。

首先,没有什么可以保证通过去物化的方式削弱专家授权(disempowerment)就必然引向普通人或被动员群众作出平等主义与社群主义的抉择。其次,你从去异化中所得到的不是本真性,这一点我在上面讨论过。层层物化没个尽头,甚至没有一个有意义的层面能让人能无需物化而直接发挥其用。最后,MPM 有时在压制性结构基础上蓬勃发展,而在没有这些结构时萎缩凋谢。为了相信批判同平等和社群主义动力之间存在有机联系,我们就得超越左派/现代/后现代主义并相信重建。

十二、反对重建

曾经认为对左派/现代/后现代主义的回答是一种理论,要么是马克思主义要么是**自由主义**。现在则不然,至少在学术左派中不再如此认为。对左派/现代/后现代主义的回答反而是一种指责(指责其为"虚无主义"),一种批判(一种对虚无主义之不良后果的批判)和一种方案——重建。

作者有时在心中有一个具体的重建方案并将其充分发展作为批判后的下一步,即取代批判的对象。若真如此,通常的回应就是要反过来批判它、同意它或完全忽略它。通常,作者提议重建的方案而非某个具体的重建。有人支持此方案不因他有一个动议而是因为相信我们应当为之或至少应当试一试,相信如果我们失败就会留下不良后果,相信至少存在一些有利的可能情况、一些有希望的途径、一些有用的零碎东西供完成任务使用。

需要重建的一个明显方面是,作者经常把批判当作是对先前理论的决定性驳斥。一个重要的说法就是批判容易重建难,不知疲倦地废此弃彼其实是一种自我放纵因为我们都知道如何为之,不过道义上支持我们放手去做不太受欢迎但长期来看较有建设性的任务即重建。

第二个明显方面是同样主张先前批判有效并认为批易建难的重建论者,有可能或明或隐地要求重建,并希望与所批判的实体发挥同样的功能。此功能就是以下述方式表达社会秩序:可让我们相信做左派是对的,

追求利于平等与共同体的具体策略也是对的。举个例子,摘自一篇论国际法律学术的论文之结语:

最终,沿着现代主义至其逻辑结论,**新潮派**的纯粹主义者们——那些从批判认识论范围内部作论证的人——提出现在可看作是现代主义文本的就是国际法……下一波国际法律研究必须找到一种办法来克服在客观主义与批判主义之间存在的根本张力。从现代论者视角看,国际法无法克服其重重问题。如果国际法话语有机会践行其为世界正义而奋斗的功能,我们就必须在现代主义之外为国际社会生活构思一个伦理基础。[12]

这种风格的重建论可看作是恢复异化权力的经典方案之失去文化传统的后裔。观点是,内在批判消除了那些我们为了说明事物如其所是之必然性与正义而投射到自然与社会之上的物化实体。但这么做只是为一个新理论作铺垫,即把自主性(agency)植入人类,怀疑事物现状而同时指出如何使它们变得更好。宏大理论这个沉船上的幸存者一直深信内在批判,比如相信马克思对资产阶级政治经济学的批判,或相信实用主义批判个体主义破坏社会政策的方式,并且他们从不相信现代形式的权利或身份。但他们仍然相信社会秩序的"系统性"与伦理根基的可能性。

这样式地赞许批判其实并未把理论范畴问题化。恰恰相反,批判服务于终极的正当性,并且呼吁重建也肯定一个信念即理论是通往正当性的道路。重建方案(与任何具体动议相对)从左派/现代/后现代主义视角看就像物化理论或恋物癖理论,式样上对应于上帝、市场、阶级、法律与权利恋物癖。相比之下,左派/现代/后现代主义不论好坏正陷于批判的"病毒"发展,并甚至在病毒发展中得出一个教训,即期盼对一般理论尤其是抽象理论丧失信心。但我再次赶忙加一句,对理论丧失信心不等于放弃理论研究——它只意味着放弃期求理论研究中的正当性。

显然我不认为我能证明重建之不可能性。但我依然认为对信念的理性方面能够说些什么。这就和其他地方一样比如在上帝、法律正确性和权利等情形中,重建论者也敦促我们相信重建并为之奋斗,因为其失败或不可能性将会带来许多不良后果,比如我们会在我们的左倾与具体的左派策略上都失去保障，又如我们可能会成为极权主义者，如此等等。尽管我认为这些不是真问题，但我仍将尽力处理它们。

十三、虚无主义

MPM 批判，催生了信仰迷失与同情绪相关的特性，它们被看作是一个方案，否认了一个具体的体验即正当性而赞同另一种体验。当它开始“决断”是否做一个左派人士时，此方案不能提供任何东西。由于对批判与信仰迷失的这些信条而未致力于提供其他形式的正当性来替代其所消除的对象，所以它常被描述成虚无主义。人们都知道虚无主义是一种既错又恶的倾向。

迈克尔·费谢尔（Michael Fischl）说过，[13]这种观点有点怪。它似乎假定如果启蒙的代价是一些信仰，一些若我们信之则还有用的信仰，那么我们会偏爱错误而非启蒙。为何我们不欢迎批判，不论其批判动机是多么地左派/现代/后现代主义，只要一听到批判我们就不再确信我们先前观点之真实性呢？

批判并不会使我们“一无所有”，即不会使我们无从决定要做什么，比如是否要做个左派人士，也不会使我们无法弄清楚社会秩序如何运转才能在其中选择一种左派行动策略。我们当中不赞同道德现实主义（相信道德命题是客观真理）的人习惯于信守方案，并依策略作决断，即依据在相冲突的伦理考量与实践考量间作一种平衡。最后，我们投身到一种承诺或行动。我们不相信能证明我们选择之正确性，这并不证明我们是虚无主义者，至少我们自己认为不是。

如果我们认为内在批判能引向一个我们对“一切物事”失去信心的境地并导致我们完全不可能知道要信什么和做什么，那就误解了内在批判。具体理论产生一种特殊的感想即正当性，批判改变我们对理论的态度（不论哪个被我们成功批判的理论）。它使我们不丧失批判前所有的一切，只是作为工具来制订我们的承诺与对未来的详细计划。试想一下，假使有一天我们没有了这种资源，我倒会觉得反常，即使我们每个人都是名副其实的赫克力斯（Herculues），有能力批判解构。

当然，也许有人信奉平等主义只是因为相信权利尤其是具体的权利。

一般说来对权利丧失信心可能导致此类人放弃平等主义而赞成另一种态度比如相信天生不平等,这种态度如果没遇到具体的权利信仰则似乎更可靠,但这些权利现在被批判所破坏。不过因果链条也可能延着另一个方向发展:对财产权丧失信仰可能给了先前遭到反对的平等主义观点以兴盛的机会。

或许可以很好地归纳出左派/现代/后现代主义的批判方案、信仰迷失与附带情绪之因果走向。在提议这种走向之道德沦丧(demoralization)之后,最会讲到的也许是左派/现代/后现代主义引向了希特勒与斯大林。我对此观点的理解是这样的。斯大林主义与纳粹主义代表了人性中强大的、不可通约的邪恶力量。但它们都带来了前人无法想象的痛苦、衰败与破坏,远超常规。他们能够这么做是因为他们是虚无主义者,即他们否认基本人权的有效性。尼采崇拜的超人与魏玛的道德相对主义对此负有责任。

镜像:斯大林主义与纳粹主义代表了人性中强大的、不可通约的邪恶力量。但它们都带来了先前无法想象的痛苦、衰败与破坏,远超常规。他们能够这么做是因为他们是极权主义者,即他们宣扬其理论是绝对真理。因此,怀疑论是重复大屠杀与古格拉集中营的真正解毒之药。黑格尔崇拜的**绝对理性**与盲从于权威对此负有责任。

合并这两种理论也许是可能的:20世纪的邪恶是由否认理性(虚无主义)引起的,与此恶是由过分信奉理性(极权主义)引起的。可能在一个更高层面上,真信徒都是虚无主义者且反之亦然。或可能有人会真心地相信基本人权而在种族主义与马克思主义理论方面是虚无主义者。

不过从对理性丧失信仰的视角看(这不是理性不可能论),要么相信要么不相信一般的理性或任何具体纯理性建构,似乎不可能有这种因果力量。似乎较为可能的是,相信理性与否认理性二者各自都有许多不同的含义且以若干方式同独特的或社会建构的态度、感想与素质相结合。相信与否认更可能是构成性的而非控制性的因素,表现为多种形式的既合作又对抗于纳粹主义与斯大林主义,而非有固有的或内在的单一倾向性。

十四、左派/现代/后现代主义是一个交叉方案

左派/现代/后现代主义人为事实处于两类方案的交叉点上,一个是左倾,另一个是 MPM。人们设计这些事实是为了在一个舞台上唱两台戏。一个想法是要现代化或后现代化左派方案,另一个想法是要通过推行左翼各式的正当性来使世界向左倾方面运行。意思也就是说,在交叉范围中有策略行为。左派/现代/后现代主义之 MPM 部分旨在推进左派方案而非破坏它——忠诚于 MPM 与忠诚于左倾一样不再那么"确凿无疑"。在与权利进行的意识形态斗争/对话中,我们的主题/靶子是皈依那些摇摆不定的人(假如我们足够有能力),回避那些可能会腐化其他左派分子的主题/靶子,如果左派/现代/后现代主义的支付成本非常小或没有成本。

换句话说,我所用的左派一词是一个"场所"(site),让具体的外向型与内向型意识形态相互碰撞与联合,而不是一套原则或一个纲领。[14] 在我看来,它还是一个"立场"(position),我是指混迹于自由主义、身份政治与后马克思主义者之中,而非各种右翼或中心主义/MPM 诸类型。我觉得,做一个彻头彻尾的左派要比做一个十足的 MPM 更可理解。

十五、正当性的社会建构

我认为对自己理解的正当性加以的保护念头是社会所建构的,亦即我们习得正当性是一种用以应对绝望、抑郁与内心矛盾的方法,还是一种脚本,它预示着掌控这些脚本的人有一种社会力量。我不是要提一套人性论,一种可能解释或刚好说明正当性诸起源的人类学。下述对法律教育的福柯式解说是想提议,有一些对正当性的精力投入可以放弃而并不会威胁其自我个性,但我不是要解说正当性"是"什么。

我还想竭力主张一种关于现代西方社会的社会理论主张:法律话语与法律教育是生产场所,通过规训来生产现代主体的正当性承诺。正当性也许是个防护机制——用物化的文本作武装来反对恐惧与憧憬——亦或是超我,但它还是纪律社会中的一个结构要素。法律与法律教育参与生产职业态度,让这些职业人操控规训机制,出发点是纪律所构造成的纪

律严明的自我。

十六、正当性与法律教育

小说、电影与电视表明精英法律教育与法律实践是美国大众文化的支柱。他们提供的图景使法学院第一年生活看起来极像福柯在《规训与惩罚》中所描写的制度。[15]他专注于那些能整个儿地改变能力并构成欲望的纪律,比如僧侣、卫生保健、性事与军事纪律。法律教育关注一个不同的复合体:正确运用国家权力的能力,与将此能力植入到别人使用中的欲望。不过对应的例子多如牛毛。

法律教育使用"标准化"手法,即口试、笔试、材料编,而制作的简历让我们通过下述办法理解每个相关人员:根据测量诸标准把他或她同其他人关联起来。法律教育这么做时比美国其他教育制度要严格得多,例外的是医学院,它也是类似的流行文化着迷的对象。[16]

法律教育就像福柯所有的规训制度一样,其核心篇就是"检测"(阅兵、忏悔、医院"巡视"),表现为苏格拉底方法。教师就像在边沁的圆形监狱中一样,在讲台上监视着。他或她可以随时要求任何学生用法律话语来回答问题,然后根据其表现做些小奖励或惩罚。

其目的是要引导"像法律人一样思维",即要把学生打造成一个能根据作为内在承诺的规训计划而行事的主体,而不必受控于外部具体情况下的威胁与承诺。苏格拉底方法的超常采用是要改变学生,从而在学生成为法律人时不再需要这种监视。正如其他形式的规训一样,目的是要制造一个"机器人",要框塑人的意志而非瓦解意志,要赋予它一些新的、具体的能力(像法律人一样思维)并附带一个新的、特殊的任务即服从权威(选民与法官)。

一开始,老师就说对其问题的回答有对与错,或至少有好与差,但没有现成的公式让学生用来"计算"这些评价,也没有可证实性,说白了,老师本人从来不给出答案。一连串的问题有望把学生与整个班级引向承认:学生对一条规则或规则理据(一项"原则")的表述不对,因为不符合学生与班级早已知道但仍未明白其间关联性的东西。

老师让学生们面对全班同学讲话,好像自己知道法律问题的正确解答一样,然后在证明错误了之后承担其后果。(最重要的后果是得面对失败的恐惧与颜面尽失。)老师反对——当作错误处理——以发问的形式作出回答,即一种矛盾的表达、讨问更多提示信息、一个不搭边的情境评论("难道……不是很有意义吗"),尤其是一种外行式的规范评价("……看起来不公正")唯一正确的办法是以法言法语回应。但老师不解释为什么一个答案不对,而只是证明它会导致与另一个假说的答案相矛盾。要正确就是不要露出错误。

在此情况下,学生寻找(经常不顾一切地)一种应对的有效回答方式。他们发现,他们只有通过言谈(speech)才能通过第一道障碍,这种言谈有一个预设即存在一个正确的法律问题之答案且言说者知道它并在提供它。换言之,他们起初想参与就必须得先接受职业的自我理解即专业话语自治且与当时的一般政治(意识形态)话语无涉。学生们通过试错法学会使其法律言谈的口吻适合于判决制度(与立法相反),寻找老师可能会接受的任何东西。他们发现,不是书本而是其自身及其同学们会宣称是中立的法律言说者,即愿意信守一种具体解决方法,而这确实管用。

若是只要某人学会了像法律人那样说话(不是思维)就是正确的,那事情就复杂了。粗略说来,保守派教育学生通过演绎法寻找正确答案而自由派则告诉他们运用政策主张来寻找。但有逆反情况,即(演绎的)保守派经济政策主张与(演绎的)自由派权利主张。

训练有素的优秀学生懂得根据老师寻找的正当性类型来调整其回答,知道有多种正当性话语盛行于学术中,一如法官会接受多种形式的必然论话语。再次提醒,学生们知道自己做得很好只因为事实上他们提出的必然论话语让个别老师很受用,获得好成绩也是因为老师催生了他们全新的法律人主体性(subjectivity)。

转变过程的这一十分惊人甚至震惊的力量必须应对下列悖论。学生起初通过课堂经历即反驳那些不关注法律是或应当是什么问题的陈述,学会区分对判决过程有意义的贡献与我们无休止地从事的各种托辞。其次,学生学会了存在一套有限的必然论话语,并且知道它们在起着作用。

但学生没学到元话语(metadiscourse),元话语使我们在必然论的诸话语之间作出必然性选择成为可能。其实,根本看法就是在此框架下不存在这样话语可资利用。唯一管用的就是指出你站在哪一方立场(以及,选民在什么立场)继而根据决断人(这里指教师,后面指法官)的偏好提出主张。此经历中出现的自我会信奉我在第三章第三节中描述的那种背信。策略行为无处不在。但学生与律师知道他们必须经常抑制它,将之湮没在一种必然性话语之中,让每个人都觉得它是整个事件的一部分。

正当性是训练有素的人的复杂手法——其他一些人做不到,并在现实中有其影响(前面是成绩等级,后面指上诉判决)——同时它"只是一个修辞"。表面之上,法律言说者说他正确是因为材料与适当的法律推理在具体情境下必然而客观地得出其结论(不论是陪审团裁决还是规则选择)。表面之下,我们争抢着把选民与法官壳化成一个没有个人感性动机的东西,期望以有效性(effectiveness)作为我们选择将要做什么所依据的唯一基准。

我认为很容易明白人们如何深深地沉醉于如此理解的正当性之中。就律师与法官而言,尽管方法不同但正当性既是力量也是保障:说是力量,是因为它有其作用,说是保障是因为它使法律人免受道德虚无主义指控,并使施用国家权力的法官免受专断暴力的指控。它还用安全阀来摆脱这些指控:法律正当性不是专制极权,因为"每个人"都知道它事实上授权并保护的同时也不必把它看得太重。

这可以解释其在大众文化中的偶像地位。律师与法官在日常生活中几乎鲜有露面。但他们表现的态度即背信、内外混淆、策略化的正当性话语却无处不在。在公司或公共管理领域,行为人都不断地声称他们完全是在遵循规则,严格照章办事,不对"政治"后果负责。他们以正确的解释为辩由而强行做些若他们自己是立法者(管理层)则可能不会去做的事。

在公司或公共管理领域中,管理的对象在另一个语境下都越来越可能成为他们自己的管理者。从我们做管理者的经历看,我们知道当那些管理我们的人用正当性语言来解释其官方训令时,他们就会像我们在工作中那样尽可能地策略变通,而非仅仅是"适用规章"。我们知道在其决断中存在真实的戏剧性,因为我们知道自己有时"真实地"受到约束,即我们根据意识形态方案来分配我们的时间,这些方案可能只是一些偏见但也可能是我们深信的东西,在时间分配中我们与解释共同体一道对可信性与可靠度作出若干合算的选择。

十七、法律话语是一般管理话语的一个示例

我在其他地方已详细论述过左派/现代/后现代主义一些用以改变法律教育的策略，目的是减少其在构造我前面所讲的具体主体性中的共谋作用。[17]本节将从一个不同的方向来推进此观点。我在上节中指出，许多制度通过话语运转，这些话语与立法话语有同样的背信性质。有两个层面的对应处。

其一，大多数雇用专家、技师与经理人的大机构有一些特色“使命”：私人公司有望在“服务”其客户的同时实现利润最大化，医院、学校承担医疗与教育使命，政府机构有法律上确定的目标即统称为公共利益。理论就是，各方应当“各司其职”而非要么是做其他机构的工作要么是做“政治”工作即警惕其对整个体制的影响。

整个体制的监管职能被认为(1)定位在地方、州与联邦政府的立法部门(它们本身在地域上与管辖权上被专门化了)，与(2)有“政治”色彩，亦即企业与非赢利组织有专业化的亚角色(subrole)，而政府机构不是。自由主义与保守主义，以及所有其他类型的政治都被认为存在，但不在“市民社会”小组织中。在这方面，司法与立法机关的关系是下述极为一般模式的特殊个案，即高度复杂的资本主义社会之组织功能专门化。

其二，参与这些机构集体决策的人知道，他们的决策对经由自由主义与保守主义思想组织起来的分配上的冲突有极大的影响。此外，这些巨大影响并不明显地受到机构职能的原初界定所决定。比如公司做的事情有时会对其所在的共同体之经济生活有广泛影响。但利润最大化过于模糊以至于无法指明如何来指导此影响。从内部看，每个人都知道不同的工作场所有完全不同的“公司文化”，比如从相对等级化的与形式化的到相对平等的与非形式化的都有所不同。管理顾问根据如下假定提出一些类型学，即公司文化非唯独受使命所决定。

就像法官依分配效应创制法律规则一样，管理者对这些组织里里外外应当做什么作出决定，用一些可操作的修辞如机构使命、创造利润、健康、教育与公共利益等，所有这些都回溯到明确训令即公司章程或成文

法。在一般角色专门化中选择策略就像法官创制规则,因为它可能有大量的分配效应不受使策略选择正统化的话语所强制。这似乎同样适用于公司、医院、学校、大学与政府机关。

那些经营这些机构的人们与法官一样背信地行事。一方面,他们经常感觉到其使命已被充分限定了,因为其活动的环境是给定的,所以他们是被迫采用一些具体策略而摒弃其他策略。做其他任何事都可能会是"不专业的"、"违反信托"、"从底线视角看是自杀"或其他。另一方面,他们也操控着必然性话语表述各种策略选择,这些选择不因此而成为必然与正确的。他们一如法官那样不断调用其资源,不断工作来型塑和重塑必然性,他们可能完全屈从于必然性。适格的"玩家"知道此为实情,尽管经常会在何时及何处存在"真正的"裁量权方面有分歧。但公开话语绝对否认这一点,它相反于组织机构的私秘话语。

和法律话语一样,管理话语看似明显稳定,我是说对于大多数参与者来说,大多数时候似乎不存在替代办法来阐明用他们自己的术语制作的判决,并相信广泛觉察到的不确定性因素将导致不规则的甚或不可预知的组织行为。一定程度上,这种稳定性反映了普遍的体验,即受约束或拘束于广为承认的使命范围。机构为其所为,因为这是它们成立机构所要做的事业。但考虑到不确定性、以策略指引活动的可能性,稳定性就得靠其他渊源。

有一个这样的渊源,它就是自由主义与保守主义管理者们的共同看法:尽管允许以一种自由派或保守派的方式控制住"边缘部分",但重要的是不要为获得过分离谱的政治目标"走得太远"。运用自由裁量权在任何时候都不应当颠倒业已存在于或多或少有机化了的内部各派系一般平衡。这一"元规则"即适度规则更多的是从下述隐在理论中获得其力量:如果你太过于采用你的自由或保守的观点来处理在使命陈述范围内散布的重大漏洞,你就冒着"政治化"制度之险,且你将被看做是个"叛徒"。

十八、政治化与背叛

政治化这个概念很复杂。它一方面是指关于作何决断问题的争论内容,另一方面是指其属性即反映系争机构共同体的生活。在内容层面上,我们说争论被政治化因为参与者有一些“议项”已超出机构多少已确定了的使命，推进这些议项克服我们大家都认为不可避免的漏洞。错在要废弃传统即话语是必然性话语，公然承认话语可操控性并外求于一般政治性的对与错。

不过政治化也表明“滑向”不道德行为即不遵守解释上的忠诚义务。有一种麦迪逊式的派系思想，经常用“党羽”一词。忠于派系会优先于忠于制度。人们支持他们的朋友哪怕他们知道这样做不对，还盲目地效忠于私党纪律，丧失其独立的、原则性的判断能力而不顾及具体的人。另一个参照就是腐化，即为了增加其金钱、权力或荣誉而真的欺骗、撒谎或偷盗，不顾及共同利益。

这种悖论强化了一种思想即纯粹个人成就感，亦即政治化者已严重被意识形态俘获，这就意味着一种狂热盲从，一种出于错位了的过度义气(righteousness)而愿意让结果来证成不道德的手段。意识形态政治化者妖魔化敌手，视自己的立场什么都好而别人的立场就一无是处，指引他们的不只是党派精神，还有痴迷地认为自己一方有一个正确的理论能指明一切其他立场都是邪恶的。观念论者(ideologue)是一个无法达到妥协的人物，一个极端化者或分裂分子，是集体好感的敌人。

这一冗长的注解组合，包括党派、腐化，与“真信徒”的狂热精神，把观念论者推离了微弱的、间接的背信处境。在背信中，一个人同时尊重两个观点，其一，判决的话语是中立的，各方在其中寻找着正解，其二，我们都知道对判决的话语还存在一个因素即可操作性。身处背信是件令人不安的事儿。你通过话语表述自己的议项，从来不对其必然性预设有些许怀疑，尽管也重视一些隐含的规则以了解何种情况属于过度。

政治化几乎肯定就是不忠诚。首先，它危及组织机构践行其使命的能力；其次，它危及每个人投身于制度生活，包括投身到一套具体的“私人”互动模式，投身到政治化所服务的现实机构声望。

忠诚，部分是一种契约理念，部分是一种社会连带观念，这种连带观以实实存在的群体生活经历为基础。当你加入一个组织，你隐约签署了一套安排、互动式样、集体角色观等，这些东西是此组织的特色。若你每天与人们一起工作，以一些不成文的方式依赖于他们，并且与宏大的政治议程不搭界,你就需要一种伦理即相互宽容、妥协与不逾矩,否则每个人都会很痛苦。回避这种痛苦不只是一个自利的问题——其中有一种共治(collegiality)的伦理,它与利益无关,一如与政治无涉。

忠诚是一种"精神",你可能多多少少有些,也可能完完全全缺失。于是你不忠诚,那么你显然是邪恶的而非仅仅评价降格。集团根据其忠诚度来回报其民,但它们因民等不忠而惩罚之。此外,忠诚问题引起管理方面的以国家利益为重这一政治理由。通常,你因之而被解雇,或以某种方式被正式处罚。但一旦你的上司们听取了你同事的鬼话,在他们心中明确认定你属于此类,那么每个人都期盼他们调用其所有种类的劣等裁量权来确保你不被加薪或提职,这是为了集体的利益。

每个人知道,爱讲闲话的人群、管理者与朋党头目根据一种无罪推定的办法来处理忠诚问题。我们知道我们无法直接看透灵魂,并知道此概念过于易变以至于许多情况下同样忠诚的人们对忠诚的要求有着不同的解释。但同样真实的是,不忠诚是人们可能想要掩盖的某种东西,既因为它本身很丢人,也因为若被发现就可能引致可怕的惩罚。

所以对不忠诚的嫌疑与质疑可能存在,这极不同于在忠诚是什么与人们有多少忠诚美德这些问题上的意见分歧。作为灵魂的阴暗面,人们会在考虑不周的时刻让忠诚度下降或背叛自己沦为叛徒。违反一个大家都认为必然隐含着忠诚思想的规则,就是一个人暴露其不忠诚的少数几个办法之一。人们有时还极其公然地这样做,因为他们不得不尊重其其他的承诺,或因他们有点疯狂,或因他们情不自禁地承担其对其罪恶行为的举证。

在此语境下,做到忠诚就是要信守维护背信话语的完整性,方法一,从不公然挑战其必然论传统,方法二,不过度施压于灵活性,以免脆弱地否认结构有崩溃之险而陷入政治化。我认为有许多人参与进了制度政治即我们的体制,对他们来说制度运行中不存在所谓的现实权衡:他们相信制度应当发挥一种不同的、比现在状况更为偏向左翼的功能,但他们担心推进此功能可能会涉险政治化并可能被看作是不忠诚。

有看法认为这是个现实选择,这在现实体验中获得支持,人们无论处于什么制度层面都被卷入破坏性的冲突,用正当性这个术语来阐释,这些冲突导致所有相关方面的怪相与荒唐。在观察者看来,人们有时看起来只是幼稚、固执、理想主义或迂腐而非残暴,他们被贴上不忠诚的标签,从未成功地摆脱此标签因而在职业生涯中苦难不断。

十九、不忠诚表现为丧失信仰

忠诚于制度,从复杂的意志层面即欲维护其背信话语从而维护其内部与外部均衡看,会演变成忠诚于背信。我这么说意在表明,忠诚可以被深切地感受到,尽管它也会被佯装;它也可能是赤诚的,尽管也可能被胁迫。不相信忠诚是某种奋斗目标,这就像不相信上帝与法律正确性一样。人们有时感觉忠诚是一种事实,就像感觉法律约束力是个事实一样。但人们没有意识到忠诚总比不忠好,没意识到其所感觉到的约束正反映或映射着背后某种“内在”正当的东西,如此等等。

这种不忠诚是一个独特的左派/现代/后现代主义态度。它起于下述思想:你任你所是,所以“如果你不喜欢它这儿,请回苏联去吧,那里是你的归属”不是个替代办法。契约思想缺乏力量,因为我们中产阶级、受到高等教育的人们生长在这样一个世界:这个世界的问题是,为哪一个大组织效劳。这些大组织都有其使命,有期望你接受的党派忠诚与伦理忠诚。但它们也妥协或共谋于一个更大的秩序。

从一个左派视点看,存在一些公共利益组织,它们有明确的进步目标,故而忠于组织并不要求预先宣示放弃下述观念:政治生活与私人生活可以兼容。如果因这样那样的原因(可能包括缺乏道德品格、MPM 排异,或学生贷款)你就将不为它们努力,那么你得决定采取何种态度来面对具体的使命范围与忠诚要求,这些是由貌似与政治无关的组织强加的。

一种典型的态度是要承认左派对组织的批判并希望:(1)它不会糟糕到人们所说的那样,且(2)背信话语的灵活性促使它不断前行,只要人们投入精力并有相应能力。自由主义征招者巧妙或公然地鼓励这种理解。但这种情况时常出现:灵活余地太小,而隐晦的元话语即回避政治化并证明忠诚却完全封堵了“左”派工作场所政治的任何可能性。

于是你会发现自己不相信他们所说的,而这些是你如果作为共同体“真正”成员就必须相信的。如果你这么宣布,你将会被排挤或流放。所以你玩起花样但却心中有所保留。你发现自己不断地说着一种语言即正当性,而内心在否认其若干预设。你只好让自己顺从,但感觉同谋于组织行为的一些倒行逆施,并因没为被压迫者而使用自己制度授权的力量而愧疚。

很快,你感觉自己本该做的事(动摇于内心)与你现实的处境(厌倦你的工作)之间出现认知不协调,这使你无法容忍,你还发现自己不时地重复着完全稳定的共识,而非在抵制它。你发展了大量的师生与同事关系,这些提供了非政治化的各式个人幸福感。合同现在有个新形式。首先,离开组织的成本会逐年增大。其次,可能瓦解背信话语的内心策略将会破坏这些使日常生活还过得去的各种关系。

不忠诚成了一种罪恶。但在此情境下,它更是个事实问题。你恰恰就是不忠诚,尽管你知道未来你也许变得忠诚(像"他们"那样)。这可能是个坏结果。若你这么想,不忠诚就是拒绝效忠而非背叛使命。

二十、为政治化与被动性而辩

对于已不再(或从未)相信背信的人来说,他们失去了同时相信又不相信的能力,所以他们有时感觉话语是残暴的(非神圣化的)约束而有时又感觉是纯粹工具,要求忠诚即回避政治化是完全可以理解的,然而无法满足。其实,坚持背信的一个理由就是相信:如果有人对之丧失信仰,他就得在政治化与伪善或得过且过之间作出选择。左派/现代/后现代主义方案怎么样呢?如果没有别的事可做,我会完全赞同废弃它。

但它不可能永远没有其他事情可做。如果确实有一些可能性,我是说一种态度而不是解决办法,则从霍姆斯的格言即"每一个意念都是一种煽动"中看到了希望。有时,使有必要策略化的地方,不是话语中的最佳结论而是背景环境的政治化,这会使得话语及其隐含的元规范完好无损。有时又没必要,在这种情况下尽一切可能保持被动。在政治化与保持被动之间转换,这种态度比在背信与被动之间转换可能更好。面对矛盾总比一味辩护要好得多。

环境政治化不意味着要破坏它,在左倾 MPM 来看,它显然不是指狂热地信仰某个真理。它其实欲图为左派自由主义背信确立一个政治身份,不要让它是或看似是一个破坏者。有时,政治化意味着使用背信话语的资源来将其诸矛盾推向一个点,使每个人感觉到虽然身处话语之中但某种根本的东西并不牢靠,即通过揭露比先前可以意识到的更为深层的分歧,感觉到话语已被改变。有时它意味着以左派/现代/后现代主义反真理名义挑战前提预设——公开承认尴尬秘史,或"走出樊篱"。

政治化者必须回应这个异议,不是说他在力促非暴力不合作,而是说他在力促温和抵制两类较不正规的规范。第一类,因为体制作为整体有专业化的政治机制来处理压迫,且你的机构有一个不同的、非政治的角色,你必定把这些大问题留待其他人处理。第二类,既已加入组织机构,你就同意了其非政治性的一般看法与反政治的共治规则,故而政治化其背景就是背叛它。

在讨论非暴力不合作时,人们通常提出如果政体整体上极邪恶或不公正,那么制度执行者就有道德义务抛弃角色约束即不遵守法律或拒绝适用它。显然撒谎或其他种类的不忠诚行为有充分理据且是恰当的,只要比如系争的社会是纳粹德国或斯大林时代的苏联。在这种全有全无(all or nothing)的语境中,常常隐含着一层意思,即如果我们社会中人们不能像在纳粹或斯大林社会中那样诚挚地指责政体,那么角色约束如服从法律、忠实应用法律(若为法官)等也就成了假大空。同样,在一般的管理领域的角色限制即制度忠诚亦然。

我认为这些有限的例子即纳粹德国与斯大林时期的苏联不能说明左派/现代/后现代主义行为人的情况。更为切题的是拉兹的问题,即"是否只有堕落的社会才无法成为正派社会,或至少接近于正派。"他接着说道:

> 有些人可能会说,如果迄今大多数人类社会都达不到此标准,若因它们不达标而致其成员们(应当)感到耻言其社会并耻于与这些社会的特征与行为有联系,那么从一个接近正派的社会之观念中,我们几乎无法习得一般意义的法律。[18]

如果有人是个左派,他耻于其社会并愧于同该社会特征与行为有关联,那么下述两难困境就是个真问题,尽管这既非纳粹德国亦非斯大林时代的苏联:在政治化即解释中的背信策略行为与被动性之间二选一。

左派/现代/后现代主义政治化者坚持认为,在捍卫机构行为(无论是外部还是内部外行)的具体路线中,只诉诸下述一般看法是不够的:组织机构在社会劳动分工中发挥着专业化、非政治的作用。如果在具体情境中此联合足以令人羞愧,那么就需要进一步的讨论:是不可能利用这些裂隙、冲突与模糊点,还是直接拒弃由环境所赋予的规范即角色专门化。当然,左派/现代/后现代主义行为人不会提出一般理论来说明,在打破使命宣言之前我们可以在多大程度上灵活处理它,或说明我们何时应该打破它。

政治化有其附随代价,包括有失败之险、群体生活质量退化(这是因为发现政治无处不在,不该出现的地方也有)、人们自己及其友人与同盟者的职业生涯风险(当一个人违反常理时就出现了)。这些代价有时是值得的。我是说一种平衡而不是说不惜一切代价地政治化,尤其不是"原则指导下的"政治化,这种政治化在我看来只不过是另一种追求正当之道。

其实,机会主义者的政治化承认四个格言:寻找一个朋友/合作者,为明天的战斗而活,在捍卫自由中极端主义其实是一种恶,个人的即政治的。这些格言表明在一些具体情境中机会主义做法是错的,于是退而回到被动消极——另一种形式的不忠诚——而不是否认。换言之,依据杜博斯(W. E. B. Du Bois)的有色人种有双重意识说法,双重性面对的制度恰恰是滋养我们的这些制度,它使我们有机会抵制这些制度在集体压迫中的共谋,亦即我们自己的共谋。

注释

引言

〔1〕Jean-Paul Sartre, Being and Nothingness: An Essay on Phenomenological Ontology, trans. Hazel Barnes(New York:Citadel Press,1965);Jean-Paul Sartre, Critique of Dialectical Reason, trans. Alan Sheridan (London:Verso,1990).

〔2〕Herbert Marcuse, Reason and Revolution: Hegel and the Rise of Social Theory (Boston: Beacon Press, 1968);Herbert Marcuse,One Dimensional Man:Studies in the Ideology of Advanced Industrial Society, 2nd ed. (London:Routledge,1991).

〔3〕Michel Foucault, Discipline and Punish: The Birth of the Prison, Alan Sheridan trans. (New York: Vintage, 1979); Michel Foucault, Power/Knowledge: Selected Interviews and Other Writings,1972 – 1977, ed. and trans. Colin Gordon (New York: Pantheon Books, 1980); Michel Foucault, The History of Sexuality, 3 Vols. ,trans. Robert Hurley(New York: Vintage,1988 – 1990).

〔4〕See Duncan Kennedy, Psycho-social CLS: A Comment on the Cardozo Symposium, 6 Cardozo L. Rev. 1013 (1985); Gerard Clark, A Conversation with Duncan Kennedy, The Advocate; The Suffolk University Law School Review, 24 (No. 2, Spring 1994), 56; Duncan Kennedy, Note sur l'histoire de cls aux états-unis, Dictionnaire encyclopédique de théorie et de sociologie du droit, 2nd ed., ed. André-Jean Arnaud (Paris: L. G. D. J., 1993).

〔5〕Guy Debord, The Society of the Spectacle, Donald Nicholson-Smith trans. (New York: Zone Books, 1994).

〔6〕Paul D. Carrington, Of Law and the River, 34 J. Leg. Ed. 222 (1984).

〔7〕Ludwig Feuerbach, The Essence of Christianity, trans. G. Eliot (New York: Prometheus Books, 1989).

〔8〕Karl Marx, On the Jewish Question, in Writings of the Young Marx on Philosophy and Society, ed. and trans. Loyd Easton and Kurt Guddat (Garden City, N. Y.: Anchor, 1967), p. 216; Karl Marx, The Fetishism of Commodities and Its Secret, Capital: A Critique of Political Economy, Vol. 1, Ben Fowkes trans. (New York: Vintage, 1977), p. 163. 参见第四章第三节与第五章第二节，关于商品拜物主义的论述还见 Duncan Kennedy, The Role of Law in Economic Thought: Essays on the Fetishism of Commodities, 34 Am. Univ. L. Rev. 939, 968 (1985)。

第一章　判决中的意识形态之桩

第一节　判决与立法的区分

〔1〕Norberto Bobbio, Stato, governo, societa: Per una teoria generale della politica (Turin: Einaudi, 1980).

〔2〕See Jules L. Coleman 与 Brian Leiter, Determinacy, Objectivity and Authority, 142U. Pa. L. Rev. 549 (1993); Heidi L. Feldman, Objectivity in

Legal Judgement,92 Mich. L. Rev. 551(1994).

〔3〕Stanley Fish,Working on the Chain Gang:Interpretation in Law and Literature,60 Texas L. Rev. 551(1982).

〔4〕David L. Shapiro, Court, Legislatures and Paternalism, 74 Va. L. Rev. 519,556 – 557(1988).

〔5〕Jeffrey Rosen, Breyer Restraint, New Republic, June 11. 1994, p. 20.

〔6〕我这里不是要全面讨论现有的任何争辩。即使德沃金也同意法官在极小的层面上造法,文中有所提示。见 Ronald Dworkin, law's Empire (Cambridge, Mass. :Harvard University Press,1986),p. 6.

〔7〕Linda Greenhouse, Fierce Combat on Fewer Battlefields, 见 New York Times, July3,1994,S. 4,p. 1.

〔8〕Anthony Flint, Breyer Set for Senate Hearings, Boston Globe, July 10,1994,S. 1,pp. 1,16.

〔9〕John Noonan, Master of Restraint, New York Times Book Review, May 1,1994,p. 7.

〔10〕Vincent Blasi, Judge Him Unpredictable, New York Times Book Review, June19,1994,p. 3.

〔11〕Adam Levine, Letter to the editor: Unpredicatable Justice Powell, New York Times Book Review, July 10,1994,p. 31.

〔12〕H. L. A. Hart, The Concept of Law, 2nd ed. (Oxford: Clarendon Press,1994).

〔13〕哈特对此问题的态度可见于下述这段话中:"此时(法律用尽之时),法官们会再次作出一个既不武断也不机械的选择;在这里经常展示出法官独特的品性,其与法律判决独特的适合程度正解释了为什么有些人不太愿意称此类司法活动为'立法'。这些品性有:审察选择性方案时公正不偏与保持中立;考虑到所有利害关系人利益;关注于把一些可接受的一般原则示明为判决的合理基准。"Ibid. p. 200.

〔14〕Hans Kelsen, Introduction to the Problems of Legal Theory, trans. B. Litschewski Paulson and S. L. Paulson(Oxford: Clarendon Press,1992),

S. 36. 关于凯尔森解释理论的一个有价值的论文集, See Cognition and Interpretation of Law, ed. Letizia Gianformaggio and Stanlye Paulson(Turin: G. Giapichelli, 1995).

〔15〕Roberto M. Unger, Knowledge and Politics (New York: Free Press, 1975), p. 88.

〔16〕Mark V. Tushnet, Red, White, and Blue: A Critical Analysis of Constitutional Law (Cambridge, Mass: Harvard University Press, 1988) pp. 52 – 57.

〔17〕Gary Peller, The Metaphysics of American Law, 73Cal. L. Rev. 1151, 1181(1985).

〔18〕James Boyle, The Politics of Reason: Critical Legal Theory and Local Social Thought, 133 U. Pa. L. Rev. 685, 710 – 711(1985).

〔19〕Owen Fiss, Objectivity and Interpretation, 34 Stan. L. Rev. 739 (1982).

〔20〕Paul Brest, Interpretation and Interest, 34 Stan. L. Rev. 765(1982).

〔21〕Duncan Kennedy, Legal Formality, 2 J. Legal Studies 351, 364, nn 21, 22 (1973); Duncan Kennedy, Form and Substance in Private Law Adjudication, 89 Harv. L. Rev. 1685, 1687 – 1688(1976).

〔22〕Southern Pacific V. Jensen, 244 U. S. 205, 221(1977)(霍姆斯大法官持不同意见). See Thomas C. Grey, Molecular Motions: The Holmesian Judge in Theory and Practice, 37 Wm. &Mary L. Rev. 19(1995).

〔23〕Felix Frankfurter, The Supreme Court of the United States, in Law and politics: Occassional Papers of Felix Frankfurter, ed. Archibald Macleish and E. F. Pritchard(New York: Harcourt, Brace, 1939) p. 21.

〔24〕Joseph Raz, The Authority of Law: Essays on Law and Morality (Oxford: Clarendon Press, 1979) Ch. 10.

〔25〕See Lon Fuller, Positivism and Fidelity to Law—A Reply to Professor Hart, 71 Harv. L. Rev. 630, 666(1958).

〔26〕Benjamin Cardozo, The Nature of the Judicial Process (New Heaven: Yale University Press, 1957).

〔27〕Karl Llewellyn, The Common Law Tradition: Deciding Appeals (Boston: Little, Brown, 1960).

〔28〕Lon Fuller, The Forms and Limits of Adjudication, 92 Harv. L. Rev. 353(1978).

〔29〕Henry M. Hart and Albert Sacks, The Legal Process: Basic Problems in the Making and Application of Law, ed. William Eskridge and Phillip Frickey(Westbury, N.Y.: Foundation Press, 1994).

〔30〕Neil MacCormick, Legal Reasoning and Legal Theory (Oxford: Calrendon Press, 1978) Chs. 7 – 8.

〔31〕J. M. Finnis, On the Critical Legal Studies Movement, 30A. M. J. Jurisprudence 21, 38(1985).

〔32〕Dworkin, Law's Empire.

〔33〕Ronald Dworkin, A Matter of Principle(Cambridge, Mass: Harvard University Press, 1985) p. 2.

〔34〕Fuller, The Forms and Limits of Adjudication, pp. 393 – 405.

〔35〕Hart and Sacks, The Legal process, pp. 646 – 647.

〔36〕Dworkin, A Matter of Principle. p. 147.

〔37〕Gerald Postema, "Protestant" Interpretation and Social Practices, 6 Law & Phil. 283, 289(1987).

〔38〕Dworkin, A Matter of Principle. p. 2.

〔39〕Dworkin, Law's Empire. p. 411.

〔40〕See Mitchel lasser, Judicial (self-) Portraits: Judicial Discourse in the French Legal System, 104 Yale L. J. 1325, 1343(1995).

〔41〕André-Jean Arnaud, Les jurists face ɑ la société du XIXe siècla ɑ nos jours(Paris: Presses Universitaires de France, 1975).

第二节　法律规则界定中的意识形态冲突

〔1〕我这里所用的普世化(universalization)是一种限定性特征，即被哈贝马斯称为“实践理性”一类的规范话语，我认为它能很好地描述法律论证。见哈贝马斯的 The Theory of Communicative Action: Reason and the

Rationalization of Society, Vol. 1, trans. Thomas McCarthy (Boston: Beacon Press, 1984) pp. 16 – 19。

〔2〕See Antonio Gramsci, Prison Notebooks, ed. Jospeh A. Buttigieg, trans. Joseph Buttigieg and Antonio Callari (New York: Columbia University Press, 1992).

〔3〕对这些现象有四篇不错的研究, 即 Robert Gordon, Law and Disorder, 64 Ind. L. J. 287 (1989); Robin West, Progressive and Conservative Constitutionalism, 88 Mich. L. Rev. 64 (1990); Jack Balkin, Ideological Drift and the Struggle over Meaning, 25 Conn. L. Rev. 869 (1993); 与 Frank Michelman, Property, Federalism and Jurispredence: A Comment on Lucas and Judicial Conservatism, 35 Wm. & Mary L. Rev. 301 (1993)。

〔4〕See Michel Foucault, The Order of Things: An Archaeology of the Human Sciences, trans. Alan Sheridan (New York: Vintage, 1973).

〔5〕See Thomas Kuhn, The Structure of Scientific Revolutions, 2nd ed. (Chicago: University of Chicago Press, 1970).

〔6〕See Brian Bix, Law, Language, and Legal Indeterminacy (Oxford: Clarendon Press, 1993), p. 53.

〔7〕Norberto Bobbio, Destra e Sinistra: Ragioni e significati di una distinzione politica (Rome: Donzelli, 1994).

〔8〕Duncan Kennedy, The Structure of Blackstone's Commentaries, 28 Buff. L. Rev. 205 (1979). 比阴谋论推理结论复杂得多的是 Alan Hunt 的一个回应:"在其整个对布莱克斯通的讨论中,肯尼迪更多情况下倾向于采用一种'意图'论而非'动机'论;故而其分析显然会把一个明确或故意的意图尤其归咎于布莱克斯通,并通过推论进而归咎于一般法律行为人。这种个人风味的意图之用法表现在其这样一段刻画中,即布莱克斯通'有意图为普通法辩护并反对指控它不符合于那个时代的启蒙政治思想'(1979:234),随后写道,'他最终的意图是要将司法制度与他们所执行的实体法律都合法化'(1979:237)。这种分析模式的基础是对无法得到证实的意图进行归罪。若不插入'动机',那么试图从'学理'走向'背后的政治意图'的理论结构就瓦解了。换句话说,如果没有其所假定的意向

性,肯尼迪的方法论就无法在学理与其批判理论所承诺的学理的历史语境之间建立起关联。"See Alan Hunt,The Theory of Critical Legal Studies, Explorations in Law and Society:Toward a Constitutive Theory of Law(New York:Routledge,1993),pp. 153 - 154. 我认为 Hunt 误解了我那时且现在也在用的方法,因为在其引证的话中他认为归罪于动机或意图(或偏好,我把这几个词互换着用)只有得到"证实"或证伪才能得到"支持"。在他看来这种支持首先不可能,其次也没必要。我把"辩解"或"正统化"的动机归于布莱克斯通,这是一种解释意义上的说法,尽管我所归罪于他的,继而通过从纯粹"推理"归罪于一般法律思想家们的因素既非自由主义亦非保守主义。我证实此归罪的办法是批判布莱克斯通对规则的解释是难以令人信服甚或近乎不可理解,除非根据我所提议的这类动机来解读才好理解。我以前没有且现在也没有直接证据证明是否其动机是无意识的或半意识的,我是说我所讲的那种动机。见第三章第三节和第四章第三节。

〔9〕尽管他的批判没有说服力(见前注),但我认为 Alan Hunt 有一点是正确的,即认为我对布莱克斯通的论述与大家熟知的新马克思主义进路相冲突,即把意识形态概念化为现代西方福利国家的资本主义社会之理论中的一个元素。我将会在第四章第三节中详细论述新马克思主义理论,尤其是针对资本主义法律的理论。

〔10〕See Duncan Kennedy,The Stake of Law,or,Hale and Foucault!,in Sexy Dressing,Etc.(Cambridge,Mass:Harvard University Press,1993),pp. 83 - 126.

〔11〕出处同上。

〔12〕从一个具体的意识形态视角看,在两个规则中决定哪一个更好时,人们会把规则的两类好与坏混合起来,一类是从本质上讲的好与坏,一类是工具意义上讲的好与坏,或在内在的善与工具意义上的恶之间"权衡得失"。人们可能会说禁止罢工是好的,因为罢工不道德,但基于平衡会说,对劳动者不利的分配后果可能太过不道德以至于我们应当允许他们罢工。人们或会从工具性视角(如果罢工得到允许,劳动者将得到极大的权力)来平衡从事此类行为(罢工权)的道德之恶与(内在)正当。

〔13〕See Duncan Kennedy, Legal Formality, 2 J. Leg. Stud. 351(1973); Duncan Kennedy, Form and Substance in Private Law Adjudication, 89 Harv. L. Rev. 1689 (1976).

〔14〕Duncan Kennedy, Paternalist and Distributive Motives in Contract and Tort Law, with Special Reference to Compulsory Terms and Unequal Bargaining Power, 41 Marylad L. Rev. 563 (1982); Duncan Kennedy, The Effect of the Warranty of Habitability on Low Income Housing: 'Milking' and Class Violence, 15 Florida St. L. Rev. 485(1987).

〔15〕Thomas C. Grey, Holmes and Legal Pragmatism, 41 Stan. L. Rev. 787, 834 – 835(1989).

〔16〕See Alan Hyde, The Concept of Legitimation in the Sociology of Law, 1983 Wisc. L. Rev. 379(1983).

〔17〕See Brian Tamanaha, An Analytical Map of Social Scientific Approaches to the Concept of Law, 15 Oxford J. Leg. Studies501(1995).

〔18〕Karl N. Llewellyn, The Bramble Bush, or, our Law and Its Study (New York: Oceana Publishing, 1960), p. 12.

〔19〕See Tamanaha, An Analytical Map, pp. 515 – 517.

〔20〕Sally Merry, Getting Justice ang Getting Even: Legal Consciousness among Working Class Americans (Chicago: University of Chicago Press, 1990); Barbara Yngvesson, Virtuous Citizens, Disruptive Subjects: Order and Complaint in a New England Court(New York: Routledge, 1993).

〔21〕Robert H. Mnookin and Lewis Kornhauset, Bargaining in the Shadow of the Law: The Case of Divorce, 88 Yale L. J. 950(1979).

〔22〕例如，见 Duncan Kennedy, Sexual Abuse, Sexy Dressing, and the Eroticization of Domination, in Sexy Dressing, Etc., pp. 131 – 162; Molly McUsic, Reassessing Rent Control: Its Economic Impact in a Gentrifying Housing Market, 101 Harv. L. Rev. 1835 (1988); Lawrence Kolodney, Eviction Free Zones: The Economics of Legal Bricolage in the Fight against Displacement, 18 Ford. Urban L. J. 507(1991)。

〔23〕Marc Galanter, Why the "Haves" Come Out Ahead: Speculations on the Limits of Legal Change,9 Law & Soc'y Rev. 95(1974).

〔24〕Alice Dembner, Female Athletes Gain in Legal Game, Boston Globe, October I,1994, S. 1, pp. 1,20.

〔25〕出处同上。

第二章　司法立法问题

第一节　美国批判法条主义的悖论

〔1〕Agostino Carrino, Ideologia e coscienza: Critical Legal Studies (Naples: Edizioni Scientifiche Italiane, 1992), pp. 45 - 51.

〔2〕Franz Neumann, The Democratic and the Authoritarian State: Essays in Political and Legal Theory, ed. Herbert Marcuse (Glencoe, Ill: Free Press, 1957) pp. 22 - 68.

〔3〕Rudolph von Ihering, The Heaven of Legal Concepts, Morris Cohen and Felix Cohen Readings in Jurisprudence and Legal Philisophy (Boston: Little, Brown, 1951), p. 678.

〔4〕John Dawson, The Oracles of the Law (Ann Arbor: University of Michigan Law School, 1968).

〔5〕Sadok Belaid, Essai sur le pouvoir créateur et normatif du juge (Paris: L. G. D. J., 1974).

〔6〕Mitchel Lasser, Judicial (self-) Portraits: Judicial Discourse in the French Legal System, 104 Yale L. J. 1325(1995).

〔7〕H. L. A. Hart, American Jurisprudence through English Eyes: The Nightmare and the Noble Dream, 11 Ga. L. Rev. 969, 971(1977).

〔8〕出处同上,第 972 页。

〔9〕出处同上,第 972 ~ 973 页。

〔10〕Ugo Mattei, Why the Wind Changed: Intellectual Leadership in Western Law, 42 Am. J. Comp. Law 195, 205(1994).

〔11〕Rodolfo Sacco, Legal Formations: A Dynamic Approach to

Comparative Law,39Am. J. Comp. Law. I,343(1991).

〔12〕Hart,American Jurisprudence.

〔13〕比如,“继现在盛行的司法意见式样之后,(此意见)主要通过从一些显然固定的前提展开演绎推理继而得出其结论,这些前提是由先例确定的。因而下述事实即最后分析中判决确实有赖于一些政策观点,亦即法院的法官们有意或无意持有的一些政策思想,也就被抛于脑后。”See Walter Wheeler Cook,Privileges of Labor Unions in the Struggle For Life,27 Yale L.J.779,783(1981).亦见 Arthur Corbin,Offer and Acceptance,and some of the Resulting Legal Relations,26 Yale L.J. 170,206(1971);Roscoe Pound,Mechanical Jurisprudence,8 Colum. L.Rev. 605(1980)。

〔14〕Lawrance Tribe,The Puzzling Persistence of Process-Based Constitutional Theories,89 Yale L.J.1063(1980).

〔15〕Henry Terry,Legal Duties and Rights,12 Yale L.J. 185,188 (1903).

〔16〕George Gardner,Observations on the Course in Contracts(1934),再版于 Lon Fuller and Robert Braucher,Basic Contract Law(St. Paul:West Pub. Co.,1964),p.151。法律中的矛盾论之父似是耶林,见其 Geist des Romischen Rechts(Leipzig:Breitkopt und Hartel,1852-1865)。我认为,现实主义与后现实主义一些主要作品有,Karl Llewellyn,What Price Contract—An Essay in Perspective,40 Yale L.J. 704(1931);Lon Fuller, Consideration and Form,41 Colum. L.Rev.799(1941);Fridrich Kessler 与 Edith Fine,Culpa in Contrahenda,Bargaining in Good Faith and Freedom of Contract,77 Harv. L.Rev.401(1964);Stewart Macaulay,Private Legislation and the Duty to Read—Business Run by IBM Machine,the Law of Contracts,and Credit Cards,19 Vand. L.Rev. 1051(1966);还有 Grant Gilmore,The Death of Contract(Columbus:Ohio State University Press, 1974)。对这些批判或准批判的变体之评述,见 Duncan Kennedy,Form and Substance in Private Law Adjudiction,89 Harv. L.Rev.1685(1976); Frances Olsen,The Sex of Law,The Politics of Law:A Progressive Critique, ed. David Kairys(New York:Pantheon,1990),p.473;Elizabeth Mensch,

Book Review,33Stan. L. Rev. 753 (1981)(评论了 P. Atiyah 的 The Rise and Fall of Freedom of Contract); Paul Brest, The Fundamental Rights Controversy: The Essential Contradictions of Normative Constitutional Scholarship,90 Yale L. J. 1063 (1981); Robert Unger,The Critical Legal Studies Movement(Cambridge,Mass:Harvard University Press,1986);Frank Michelman, Justification (and Justifiability) of Law, Justification: Nomos XXVII, ed. J. Ronald Pennock and Robert Chapman(New York:New York University Press, 1986), p. 71; Robert Gordon, Unfreezing Legal Reality: Critical Approaches to Law, 15 Fla. St. L. Rev. 195 (1987); 以及 Joseph Singer,The Reliance Interest in Property,40Stan. L. Rev. 611(1988)。

〔17〕Oliver Wendell Holmes,Privilege,Malice,and Intent,in Collected Legal Papers(Buffalo,N. Y. :William S. Hien,1985)p. 117(最初发表于 8 Harv. L. Rev. I,8,1894).

〔18〕出处同上,第 128 页。

〔19〕出处同上,第 120 页。"因此,支持或反对特权的判决其实只是建立在(政策)理由之上,却经常被表述为是空洞地演绎自一些空洞的抽象命题,如使用自己财产时不得损害他人权益,这类命题只是给了我们一个美好的渴望,别无内容,要不然这些判决就被说成其本身体现了法律的一个公理且无须进一步演绎,这就像作如是说:尽管有短暂的伤害,但没有什么过错;然而,我们所要探讨的问题恰为是否存在过错,若无,理由何在。"

〔20〕W. N. Hohfeld,Some Fundamental Legal Conceptions as Applied in Judicial Reasoning,23 Yale L. J. 16(1913). See Joseph Singer,The Legal Rights Debate in Analytical Jurisprudence from Bentham to Hohfeld,1982, Wisc. L. Rev. 975.

〔21〕Felix Cohen, Transcendental Nonsense and the Founctional Approach,1935 Colum. L. Rev. 809,820.

〔22〕Robert Hale, Bargaining, Duress, and Economic Liberty, 1943 Colum. L. Rev. 603,625 -626.

〔23〕Duncan Kennedy and Frank Michelman,Are Property and Contract

Efficent?,8 Hofstra L. Rev. 711(1980).

〔24〕See Cohen, Transcendental Nonsense; Walter Wheeler Cook, Priviledges of Labor Unions in the Struggle for Life, 27 Yale L. J. 779 (1981).关于霍姆斯的论述,See Thomas C. Grey, Molecular Motion: The Holmesian Judge in Theory and Practice, 27 Wm. & Mary L. Rev. 119 (1995)。

〔25〕Jerome Frank, Law and the Modern Mind, (Gloucester, Mass: P. Smith, 1970).

〔26〕Thurman Arnold, The Folklore of Capitalism (Garden City, N. J.: Blue Ribbon, 1941); Thurman Arnold, Symbols of Government (New Heaven: Yale University Press, 1935).

〔27〕Joseph Hutcheson, The Judgement Intuitive: The Function of the "Hunch" in Judicial Decision, 14 Cornell L. Q. 274(1929).

〔28〕Max Radin, The Theory of Judicial Decision, or, How Judges Think, 11 A. B. A. Journal 357(1925).

〔29〕举个例子,见 David Richards, Constitutional Legitimacy and Constitutional Privacy, 61N. Y. U. Rev. 800 (1986) (关于 Bowers v. Hardwick)。

〔30〕例如, Richard A. Posner, Problems of Jurisprudence, (Cambridge, Mass: Harard University Press, 1990) pp. 124 – 143.

〔31〕Karl N. Llewellyn, The Bramble Bush, or, our Law and Its Study (New York: Oceana Publishing, 1960).

〔32〕Karl N. Llewellyn, Remarks on the Theory of Appellate Decision and the Rules or Canons about How Statutes Are to Be Construed, 3 Vand. L. Rev. 395(1950).

〔33〕Llewellyn, The Bramble Bush, p. 68.

〔34〕见第四章第二节。

〔35〕Ronald Dworkin, Is Wealth a Value? 9 J. Legal Stud. 1191 (1980).

〔36〕在我们开始 Suzanna Sherry 值得尊敬的研究即完全否定 Cass

Sunstein 的新书 Legal Reasoning and Political Conflict(New York:Oxford University Press,1996)之前,我们就知道她在"著述一书讨论社会建构论与法律"。Suzanna Sherry,Law and Order,New York Times Book Review,Sept. 8,1996,p. 17.

〔37〕Andrew Altman, Legal Realism, Critical Legal Studies, and Dworkin,15 Phil. & Pub. Aff. 205(1986).

〔38〕"语言是大法官伦奎斯特与其他四位由总统里根与布什任命的大法官们的工作。这种站队是不幸的,它表明这些人会致力于一种意识形态议程而非致力于法律的原则。" Editoral,New York Times,March 29,1991,S1,p. 22.

〔39〕我所知道的最佳例子就是 Pietro Barcellona, Formazione e Sviluppo del diritto private moderno(Naples:Jovene Editore,1995)。对这些进路的美国版本所展开的描述与批判,See Duncan Kennedy,Paternalist and Distributive Motives in Contract and Tort Law,with Special Reference to Compulsory Terms and Unequal Bargaining Power,41Maryland L. Rev. 563,575－583(1982)。关于对马克思主义诸版本的批判,见第四章第三节。

〔40〕André － Jean Arnaud,Les jurists face à la société du XIXe siècle à nos jour(Paris:Presses Universitaires de France,1975). Stefano Rodotà,Repertorio de fine secolo(Rome:Laterza,1992).可能有一种克服二元论的期望,但只是通过一种非正式的方式。

〔41〕两大欧洲趋势,一个在"布鲁塞尔商学院",它们不是"批判的"但与美国病毒脉路有着某种共同的东西,见 Chaim Perelman 与 L. Olbrechtsŏ-Tyteca,The New Rhetoric:A Treatise on Argumentation,John Wilkinson 与 Russell Weaver trans.(Notre Dame:University of Notre Dame Press,1969)(但由于它完全沉浸于符号学论题导致其献身于实践理性)。另一个是意大利的"萨科学校",见 Sacco 的 Legal Formants(但 Sacco 是典型的外在批判,因为他相信"法律语音素"通过不确定的法律教义来决定法律规则)。

〔42〕See Kennedy,Form and Substance in Private Law Adjuction,pp. 1170－1171.

〔43〕就文中批判的一个比较完满的版本,见 Duncan Kennedy, Comment on Rudolph Wietholter's "Materialization and Procedualization in Mordern Law", and "Proceduralization of the Category of Law", Critical Legal Thought: An American-German Debate, ed. Christian Joerges and David Trubek(Baden-Baden:Nomos Verlagsgesellschaft,1988)。我主要批判私民法与政府管制法(regulatory law)二分,见 Duncan Kennedy,The Political Significance of the Structure of the Law School Curriculum,14Seton Hall L. Rev. 1(1983)。关于公/私二分,见 Duncan Kennedy,The Stages of the Decline of the Public/Private Distinction, 130 U. Pa. L. Rev. 1349 (1982)。

第二节 政策与融贯性

〔1〕Oliver Wendell Holmes, Privilege, Malice and Intent, Collected Legal Papers(Buffalo,N. Y. :William S. Hein,1985),p. 117.(最早发表于 8 Harv. L. Rev. 1,8,1894).

〔2〕我将用"演绎"一词来注解所有这些版本,但并非意欲争讨各不同术语的技术意义。见 Thomas Grey,Langdell's Orthodoxy,45U. Pitt. L. Rev. I,12,n. 37(1983)。

〔3〕Neil MacCormick, Legal Reasoning and Legal Theory (Oxford: Clarendon Press,1994),Chs. 2 – 3.

〔4〕比如,见 Texas Refining and Marketing,Inc. v. Samowitz,570 A. 2nd 170(Conn. 1990)。

〔5〕Restatement of Tort(Second),S. 936.

〔6〕Duncan Kennedy,Form and Substance in Private Law Adjudication, 89 Harv. L. Rev. 1685(1976).

〔7〕见 Frederick Schauer,Formalism,97 Yale L. J. 509(1988)。

〔8〕见 Charles Fried, Contract as Promise: A Theory of Contractual Obligation(Cambridge,Mass:Harvard University Press,1981),pp. 18 – 19。

〔9〕Lon Fuller 与 William Perdue, The Reliance Interest in Contract Damages,46 Yale L. J. 52(1936)pp. 57 – 60.

〔10〕出处同上,第65~66页。

〔11〕Lochner v. New York,198 U. S. 45,76(1905)(大法官霍姆斯有异议).

〔12〕Melvin Eisenberg, The Nature of the Common Law (Cambridge, Mass: Harvard University Press,1988) pp. 64 – 76.

〔13〕W. Page Keeton et ed. , Prosser and Keeton on the Law of Torts (St. Paul, Minn. : West Pub. Co. ,1984).

〔14〕E. Allan Farnsworth, Farnsworth on Contracts (Boston: Little, Brown,1990).

〔15〕See O'Brien v. O'Brien,489 N. E. 2d 712(N. Y. ,1985),和 Susan Keller, The Rhetoric of Marriage, Achievement, and Power in Judicial Opinions Consideringthe Treatment of Professional Degree as Marital Property,21Vt. L. Rev. (1996).

〔16〕关于恢复这种类比中的利益以作为摆脱此约束的一种方式,参见 Cass Sunstein, Legal Reasoning and Political Conflict (New York: Oxford University Press, 1996); Scott Brewer, Exemplary Reasoning: Semantics, Pragmatics, and the Rational Force of Legal Argument by Anology,109Harv. L. Rev. 923(1996)。

〔17〕Rudolph von Ihering, The Heaven of Concepts, Morris Cohen 与 Felix Cohen 的 Readings in Jurisprudence and Legal Philisophy (Boston: Little, Brown,1951) p. 678。

〔18〕Roscoe Pound, Mechanical Jurisprudence, 8Colum. L. Rev. 605 (1908).

〔19〕Felix Cohen, Transcendental Nonsense and the Functional Approach,1935 Colum. L. Rev. 809.

〔20〕关于形式主义可能的含义,一个绝妙的论述见 Grey, Langdell's Orthodoxy, pp. 6 – 11,尤其是注解30。最接近于美国形式主义的可能是兰代尔的理论,后经 Beale 丰富并发展成为一门“科学”。Grey 指出,即使是法律科学主义者也认为他们无法完全省略掉 Grey 所说的“可接受性”,意即广义理解的政策。出处同上,第13~14页。

〔21〕他们为什么完全相信他们能够以此方式驳倒形式主义,这一点并不清楚,并且 Grey 的解释也未能说清楚这一点,其解释的出处同上,第 43~47 页。

〔22〕Thomas C. Grey, Molecular Motions: The Holmesian Judge in Theory and Practice,27 Wm. &Mary L. Rev. 119(1995).

〔23〕但见 Symposium on Legal Formalism,16 Harv. J. Law&Pub. Pol. (No. 3, Autumn,1993); Ernest Weinrib, Legal Formalism: On the Immanent Rationality of Law,97 Yale L. J. 949(1988)。

〔24〕比如,见 Lucas v. So. Carolina Coastal Council,505 U. S. 1003, 1015 - 1018,1030 - 1031 (1992)(大法官 Scalia 的司法意见)。

〔25〕Thomas Grey, Holmes and Legal Pragmatism,41 Stan. L. Rev. 787 (1989).

〔26〕Duncan Kennedy, Toward an Historal Understanding of Legal Consciousness: The Case of Classical Legal Thought in America, 1850 - 1940, in Research in Law and Society, Vol. 3, ed. Steven Spitzer (Greenwood, Conn: Greenwood Press,1980)。

〔27〕Kennedy, Form and Substance, pp. 1725 - 1728.

〔28〕Mitchel Lasser, Judicial (self-) Portaits: Judicial Discourse in the French Legal System,104 Yale L. J. 1325(1995). 在意大利,其宪法的一般条款中经常提到"价值"、"人权",这类似于美国的政策主张。See Stefano Rodotà, RePertorio di fine secolo(Rome: Laterza,1992).

〔29〕这个要求偶尔也明确出现在美国判决理论中。比如见 Harry H. Wellington, Common Law Rules and Constitutional Double Standards: Some notes on Adjudiction,83 Yale L. J. 221,225 - 226(1973); Melvin Eisenberg, The Nature of the Common Law (Cambridge, Mass: Harvard University Press,1988) pp. 29 - 31。关于可普世化问题,见哈贝马斯的 The Theory of Commuciative Action: Reason and the Rationalization of Society, Vol Ⅰ, trans. Thomas McCarthy(Boston: Beacon Press,1984) pp. 16 - 19。

〔30〕此立场的一个有趣的"复古"版本见 Lino Graglia, Do Judges Have a Policy-Making Role in the American System of Government?, 17

Harv. J. Law&Pub. Pol. 119(1994)。

〔31〕见第一章第一节注释7。

〔32〕Gary Peller and William Eskridge, The New Public Law Movement: Moderation as a Postmodern Cultural Form, 89 Mich. L. Rev. 707, 762 - 763(1991).

〔33〕对这种心智状态的一次深入的描述与批判，见 Pierre Schlag, Normative and Nowhere to Go, 43Stan. L. Rev. 167(1990)。

〔34〕DeShaney V. Winnebago County Dept. of Social Services, 489 U. S. 189, 203 - 112(1989)(布伦南法官持有异议).

〔35〕Lucas v. So. Carolina Coastal Council, 505U. S. 1003, 1036 - 1061(1992)(布莱克门大法官持异议).

〔36〕Benjamin Cardozo, The Nature of the Judicial Process (New Haven: Yale University Press, 1957) p. 98. Llewellyn 的"情境感"与"歌唱理性的规则"是对此思想的情境化版。See Karl Llwellyn, The Common Law Tradition: Deciding Appeals (Boston: Little, Brown, 1960) p. 60. See Charles Clark and David Trubek, The Creative Role of the Judge: Restraint and Freedom in the Common Law Tradition, 71 Yale. L. J. 255(1961).

〔37〕Lon Fuller, The Forms and Limits of Adjudication, 92 Harv. L. Rev. 353(1978). See James Boyle, Legal Realism and the Social Contract: Fuller's Public Jurisprudence of Form, Private Jurisprudence of Substance, 78 Cornell L. Rev. 371(1993).

〔38〕H. M. Hart and Albert Sacks, The Legal Process: Basic Problems in the Making and Application of Law, ed. William Eskridge and Phillip Frickey (Westbury, N. Y.: Foundation Press, 1994). 参见 Gary Peller, Neutral Principles in the 1950's, 21 Univ. Mich. J. Law Reform 561(1988)。

〔39〕Hart and Sacks, The Legal Process, p. 113.

〔40〕ibid., Ch. 1.

〔41〕Herbert Wechsler, Toward Neutral Principles of Constitutional Law, 73 Harv. L. Rev. 1(1959).

〔42〕See Peller, Neutral Principles in the 1950's, P561; John Ely,

Democracy and Distrust：A Theory of Judicial Review（Cambridge，Mass：Harvard University Press，1980）p. 87.

〔43〕William Eskridge and Phillip Frickey，Historical and Critical Introduction，in Hart and Sacks，The Legal Process，P. li-cxxxvi.

〔44〕一个戏剧性的例子就是 Henry Hart 与 Edward Prichard 的 The Fansteel Case：Employee Misconduct and the Remedial Power of the National Labor Relations Board，52 Harv. L. Rev. 1275（1939）。

〔45〕See Henry Hart，The Supreme Court，1958 Term，Foreword：The Time Chart of the Justices，73 Harv. L. Rev. 84（1959）（赞同 Herbert Wechsler 对 Brown v. Board of Education 案的批判保持"中立原则的方向"）；See also Morton Horwitz，The Transformation of American Law，1870－1960：The Crisis of Legal Orthodoxy（New York：Oxford University Press，1992）pp. 252－268.

〔46〕具体地说，Ronald Dworkin，Taking Rights Seriously（Cambridge，Mass：Harvard University Press，1978）；Ronald Dworkin，A Matter of Principle（Cambridge，Mass：Harvard University Press，1985）；Ronald Dworkin，Law's Empire（Cambridge，Mass：Harvard University Press，1986）。

〔47〕见 Ronald Dworkin and Contemporary Jurisprudence，ed. Marshall Berman（Totowa，N. J.：Rowman and Allanheld，1984）。我偏爱的自由主义批判是 Andrew Altman，Legal Realism，Critical Legal studies，and Dworkin，15 Phil. &Pub. Aff. 205（1986）与 Joseph Raz，The Relevance of Coherence，72 B. U. L. Rev. 273（1992）。亦见 Peter Gabel，Book Review：91 Harv. L. Rev. 302（1977）（评了德沃金的 Taking Rights Seriously 一书）。

〔48〕Dworkin，Law'Empire. pp. 167－168.

〔49〕出处同上，第 225、255 页。

〔50〕Dworkin，Taking Rights Seriously，pp. 22，90；Dworkin，Law'Empire，p. 223. 我在下面注解 74 中讨论德沃金对此区分的细解。在德沃金的理论中演绎几乎没什么地位。其对先例的看法甚至比卢埃林更激进——见 Taking Rights Seriously，pp. 110－113，122。

〔51〕H. L. A. Hart，American Jurisprudence through English Eyes：The

Nightmare and the Noble Dream. II Ga. L. Rev. 969(1977).

〔52〕Raz, The Relevance of Cohenrence, p. 273.

〔53〕MacCormick, Legal Reasoning, Ch. 9.

〔54〕Dworkin, Taking Rights Seriously, pp. 95, 97, 102, 106.

〔55〕Dworkin, Liberism, in A Matter of Princiciple, pp. 181 – 204.

〔56〕Dworkin, Law as Interpretation, in A Matter of Princiciple, pp. 164 – 165. 尽管此文写成之时早于 A Matter of Principle 中的 Liberism，但其发表却晚于该文四年。

〔57〕Dworkin, Law'Empire. p. 399.

〔58〕出处同上，第 45 ~ 46 页。

〔59〕出处同上，第 359 ~ 369 页。

〔60〕出处同上，第 369 ~ 379 页。

〔61〕Dworkin, Law as Interpretation, p. 160.

〔62〕Dworkin, Taking Rights Seriously, p. 60; Dworkin, A Matter of Princiciple, pp. 137 – 145.

〔63〕Dworkin, Taking Rights Seriously, pp. 60, 118.

〔64〕Dworkin, Law'Empire. p. 354.

〔65〕出处同上，第 269 ~ 271 页。

〔66〕Dworkin, Taking Rights Seriously, pp. 83 – 85; Dworkin, Law'Empire. pp. 243 – 244.

〔67〕Dworkin, Taking Rights Seriously, p. 184.（此争论不包括公民是否有某种道德权利反对其政府。从方方面面来看似乎他们都有此权。）

〔68〕Dworkin, Taking Rights Seriously, p. 88.

〔69〕Dworkin, Law'Empire. P378；亦见 pp. 397 – 398。

〔70〕Dworkin, A Matter of Princiciple, p. 70.

〔71〕Dworkin, Law as Interpretation.

〔72〕Kent Greenwalt, Policy, Rights and Judicial Decision, Ⅱ Ga. L. Rev. 991, 992（1977）.

〔73〕Dworkin, Taking Rights Seriously, p. 294.

〔74〕德沃金深入细致的回应，在我看来可能是其作品最差的——对

"权利"一词的使用含糊其辞——并且我知道所有阅读过此文的人都不敢说自己懂了。我把它看作是我们所谓的第一帝国之滑铁卢,最终走向了第二帝国,此中的解释性正解论的根基是适合(fit)为,以及作为正统政治理论的自由主义,此论大体上取代了权利而成为推论上的超级结构之根基。有趣的是,这似乎明显支持南北战争前的政策取向,Morton Horwitz 有述及,见其 The Transformation of American Law: 1788 - 1860. (Cambridge, Mass: Harvard University Press, 1977),这使德沃金陷入一种毫无意义的努力即维护政策主张与权利主张截然二分,同时明确割裂开这种二分与在后果论与非后果论主张之间的二分之不同。我对如此剥离非后果论的权利主张之看法,见第五章之第一、二节。我应当也加一句,我同意由 Altman 与 Raz 在上述注解 47 中提出的鲜明批判。

〔75〕Farwell v. Boston&Worcester R. R. Corp., 45 Mass. (4Met.) 49, 58 - 59 (1842).

〔76〕Duncan Kennedy, The Structure of Blackstone's Commentaries, 28 Buff. L. Rev. 205. 351 - 354 (1979).

〔77〕Dworkin, Taking Rights Seriously, p. 293.

〔78〕Dworkin, Law'Empire. p. 399.

〔79〕Dworkin, Taking Rights Seriously, pp. 192 - 193.

〔80〕出处同上,第 206 ~ 222 页。

〔81〕Ronald Dworkin, Is Wealth a Value, 9 J. Leg. Stud. 1191 (1980); Dworkin, Law and Economics, A Matter of Principle, pp. 267 - 275.

〔82〕Dworkin, Taking Rights Seriously, p. 273.

〔83〕Dworkin, A Matter of Princiciple, pp. 89 - 90.

〔84〕出处同上,第 68 页。

〔85〕出处同上,第 364 页。

〔86〕Ronald Dworkin, Life's Dominion (New York: Knopf, 1993).

〔87〕Dworkin, A Matter of Princiciple, pp. 107 - 113.

〔88〕出处同上,第 388 页。

〔89〕Ronald Dworkin, Women and Pornography, New York Review, 40, October 21, 1993, p. 36.

〔90〕Dworkin, Law'Empire. p. 398.

〔91〕出处同上，第399页。

〔92〕出处同上。

〔93〕见上注释之46。

〔94〕Dworkin, Law'Empire. p. 275.

第三章 判决中的意识形态

第一节 政策与意识形态

〔1〕Ferdinand de Saussure, Course in General Linguistics, Roy Harris trans., (La Salle Ⅲ: Open Court, 1986).

〔2〕Claude Lévi-Strauss, The Savage Mind (Chicago: University of Chicago Press, 1966).

〔3〕Jean Piaget, Play, Dreams and Imitation in Childhood, C. Gattegno and F. Hodgson trans. (New York: Norton, 1962).

〔4〕See Duncan Kennedy, A Semiotics of Legal Argument, 42 Syracuse L. Rev. 75 (1991)，还有同类的文章 European Introduction: Four Objections, in Collected Courses of the Academy of European Law, Vol. 3, book 2, pp. 309 – 365 (Amsterdam: Kluwer Academic Publishers, 1994)。

〔5〕比较两大原理结构："故意侵犯是一种非法侵犯，除非证明系客观必然所致，"与"诚信是合同履行之要求，但合同买方并不必须具备所有这些条件。"在这些例子中，都有一个规则—例外结构与规则—标准结构，但一种情形为规则是规则而例外是标准，而另一种情形为规则是标准而例外是规则。

〔6〕Kennedy, A Semiotics of Legal Argument. 这一进路受到 Al Katz 的一篇未发表的手稿影响，即 Studies in Boundary Theory: An Exploration of Thought in the Context of Responsibility and Authority (1980)。关于正—反论扩展及有时的变化，见 Mark Kelman, Interpretive Construction in the Criminal Law, 33 Stan. L. Rev. 591 (1981); Gerald Frug, The Ideology of

Bureaucracy in American Law, 97 Harv. L. Rev. 1276(1984); James Boyle, The Anatomy of aa Torts Class, 34 Amer. Univ. L. Rev. 1003(1985); Jack Balkin, The Crystalline Structure of Legal Thought, 39 Rutgers L. Rev. 195 (1986); Jeremy Paul, A Bedtime Story, 74Va. L. Rev. 915(1988); Pierre Schlag, Cannibal Moves: An Essay on the Metamorphoses of Legal Distinction, 40Stan. L. Rev. 92(1988)。

〔7〕注意一种类比,即把这些规则组织成规则—例外或规则—对反规则式的对子。

〔8〕注意类比于原理中的一般—特殊结构。

〔9〕类比于学理中的人—事结构。

〔10〕宪法也将一些一般权力授予国会,如贸易权力,且宪法赋予各州立法机构以一般的"治安权"。这些在美国并不经常被理解为自证其明的,因为根据基本的法律/政治主张,它们是为服务于权利与一般福利而设的。

〔11〕参见 Karl N. Llewellyn, The Bramble Bush, or, Our Law and Its Study(New York: Oceana Publishing, 1960); Karl N. Llewellyn, Remarks on the Theory of Appellate Decision and the Rules or Cannons about How Statutes Are to Be Construed, 3Vand. L. Rev. 395(1950)。

〔12〕参见 Dancan Kennedy, Freedom and Constraint in Adjudication: A Critical Phenomenology, 36 J. Legal Education518(1986)。

〔13〕Kennedy, A Semiotics of Legal Argument.

〔14〕Ronald Sullivan, Liability Waiver Barred at N. Y. U. Dental Clinic, New York Times, December 30, 1990, s. i. p. 27.

〔15〕参见 Frances Olsen, From False Paternalism to False Equality: Judicial Assaults on Feminist Community, Illinios, 1869 – 1895, 84 Mich. L. Rev. 1518(1986)。

〔16〕参见 Martin Shapiro, Freedom of Speech: The Supreme Court and Judicial Review(Englewood, N. J.: Prentice Hall, 1966), p. 103。

〔17〕Javins v. First Nat'l Realty Corp., 428F. 2d 1071(D. C. Cir. 1970).

〔18〕Escola v. Coca-Cola Bottling Co. of Fresno, 24Cal. 2d. 453, 150P. 2d 436(1944)(Traynor 大法官赞同).

〔19〕Duncan Kennedy, Form and Substance in Private Law Adjudication, 89 Harv. L. Rev. 1689(1976).

〔20〕出处同上,第 1702 ~ 1710 页。

〔21〕出处同上,第 1766 ~ 1776 页。See also Duncan Kennedy, The Structure of Blackston's Commentaries, 28 Buff. L. Rev. 205(1979),与 Duncan Kennedy and Peter Gabel, Roll Over Beethoven, 36 Stan. L. Rev. I (1984).

第二节 意识形态取向下的法律工作

〔1〕在德沃金的措辞中,他们的行为像"实用主义"。Ronald Dworkin, Law's Empire(Cambridge, Mass: Harvard University Press, 1986), pp. 151 - 164. 就社会科学文献的引介, See Sheldon Goldman 与 Austion Sarat, American Court Systems: Readings in Judicial Process and Behavior(New York: Longman, 1989)。

〔2〕我以前讨论过这个问题,见 Duncan Kenney, Freedom and Constraint in Adjudication: A Critical Phenomenology, 36J. Legal Education 518(1986),与 Duncan Kennedy, American Constitutionalism as Civil Religion: Notes of an Atheist, 19 Nova. L. Rev. 909(1995)。

〔3〕Owen Fiss, Objectivity and Interpretation, 34 Stan. L. Rev. 739 (1982).

〔4〕记住,意识形态方案有一个集体维度。一个意识形态偏好是"个体的"或"个人的",但不像偏好穿蓝色衬衫的情形式的纯粹个人癖好。见第一章第二节。

〔5〕还有些"环环相扣的"领域。它们是最"后现代的",且可能一切领域都"切实"相连。See Kennedy, Freedom and Constraint, pp. 68 - 69 与 Duncan Kennedy, The Stages of the Decline of the Public/Private Distinction, 130U. Pa. L. Rev. 1349(1982).

〔6〕See Paul Brest, Interpretation and Interest, 34 Stan. L. Rev. 765

(1982).

〔7〕Neil McCormick, Reconstruction After Deconstruction: A Response to CLS, 10 Oxford J. Leg. Stud. 539, 553 - 554 (1990).

〔8〕如果他接受解释上的忠诚,若达不到他所认为的公正结果则会放弃忠诚,并且有可能在查究材料的过程中皈依到另一方。

〔9〕Reagan v. Farmers Loan &Trust, 154 U. S. 362(1894).

〔10〕DePeyster v. Michael, 7 Selden 467(N. Y. 1852).

〔11〕Brown v. Bd. Of Topeka, 347 U. S. 483(1954)(学校废除种族隔离).

〔12〕Reynolds v. Sims, 377U. S. 533(1964)(重新分配).

〔13〕Miranda v. Arizona, 384 U. S. 486(1966)(告知聘任律师进行辩护的权利).

〔14〕Dred Scott v. Sandford, 60 U. S. (19How.)393(1857)(美籍非洲裔的公民资格).

〔15〕Lochner v. New York, 198 U. S. 45(1905)(规定最低劳动时间的法律之合宪性).

〔16〕Escola v. Coca-Cola Bottling Co. of Fresno, 24 Cal. 2d 453, 150P. 2d 436(1944)(Traynor 大法官赞同).

〔17〕Javins v. First Nat'l Realty Corp, 428 F. 2d 1071 (D. C. Cir. 1970).

〔18〕Duncan Kennedy, A Semiotics of Legal Argument, 42 Syracuse L. Rev. 75(1991),同样的文章有 European Introduction: Four Objections, in Collected Courses of the Academy of European Law, Vol. 3, book2, pp. 309 - 365 (Amsterdam: Kluwer Academic Publishers, 1994)。Jack Balkin, Nested Oppositions, 99 Yale L. J. 1669(1990). 最精彩的讨论见 William Edmundson, Transparency and Indeterminacy in the Liberal Critique of Critical Legal Studies, 24 Seton Hall L. Rev. 557, 570 - 574 (1993)。

〔19〕Ronald Dworkin, The Model of Rules, in Taking Rights Seriously (Cambridge, Mass: Harvard University Press, 1978), pp. 26 - 27.

〔20〕H. L. A. Hart, American Jurisprudence Through English Eyes: The

Nightmare and the Noble Dream, Ⅱ Ga. L. Rev. 969(1977).

〔21〕出处同上,第977~978页。

〔22〕MacCormick, Reconstruction, p. 554(没引证例子).

〔23〕在第一章第一节,我给出了许多例子说明此类分析。Andrew Altman的Critical Legal Studies: A Liberal Critique (Princeton, N. J.: Princeton University Press, 1990)中有一篇对这一版本批判法学的批判文章,但我却未能在其对所谓"拼图游戏"与"鸭兔同形"(心理学中关于认知的一个实验,同一图可同时看作是鸭或兔头,译者注)论题的讨论中找到它,此二者在认知上都无关于我在Form and Substance一文章的主张,亦即我在这里仍强调的观点。此评价同样可以用于下述文章,Charles Yablon, The Indeterminacy of the Law: Critical Legal Study and the Problem of Explation, 6 Cardozo L. Rev. 917 (1985); Lawrence Solum, On the Indeterminacy Crisis: Critiquing Critial Dogma, 54 U. Chi. L. Rev. 462 (1987);与Ken Kress, Legal Indeterminacy, 77Cal. L. Rev. 283 (1989)。Edmundson的Transparency也没看明白我以我的方式所处理的问题。我希望这一版本比我先前的那个要更清晰更精确,并将引发更少的误读。有一个接近于我的观点是Elizabeth Mensch的文章Book Review, 33 Stan. L. Rev. 753(1981)(评论了P. Atiyah的The Rise and Fall of Freedom of Contract)。

第三节　策划解释中的策略行为

〔1〕Jeffrey Rosen, Make up Our Mind, Jusitice O'Connor, New York Times, December 26, 1995, s. i. p. 21.

〔2〕我希望读者能记得,我并未试图证明法律推理从来不可能产生讨论终结或证明约束感只是一种幻觉。我的目的只是表明存在一些裂隙、冲突与模糊点,这些既是法律工作也是法官所处理的法律材料所作用的一个结果,并且构造法律领域的"自由"感普遍存在,而人们无法肯定地说若产生讨论终结则它就是该领域之属性的产物或在具体约束因素下所采用的工作策略之产物。

〔3〕Jerome Frank, Law and the Mordern Mind (New York: Coward,

McCann,1935).

〔4〕没有哪种唯理论解释能够在最后一刻通过插入一个“文本/事件”二分法就“得到挽救”。但那还不是目标。此文中要义在于,鉴于我们受约束于以一种特定的方式作出回应,我们有时会通过说明为什么事情如其所然地出现来终结解释。如果我们受约束于下述结论,即法官作那般选择是因为她受约束于其对自由主义的理解,那么就有必要给她提供一个替代性的自由观,即将精力投入到内在批判中。如果我们认为她受贿了,或仇恨某特殊种类的原告,此策略将会是浪费时间,于是我们将照章办事。这一实用主义版的解释在我看来就行。

〔5〕Sigmund Freud,Certain Neurotic Mechanism in Jealously,Paranoia, and Homosexuality(1922),in Sexuality and the Psychology of Love(New York:Collier Book,1963)p. 151.

〔6〕Anna Freud,The Ego and the Mechanisms of Defense, trans. C. Baines(London:Internatioal Universities Press,1937,1966),p. 60.

〔7〕See Scott Altman,Beyond Candor,89 Mich. L. Rev. 296,nn. 6,7 (1990). 我的进路既不同于早期现实主义诸版本,也不同于他的,这种不同不在于对否认的界定,而在于对正在否认什么与为什么否认所作的细解。Altman 独特的审判心理学在我看来似乎已被其未能清楚区分开解释工作中的“遵循一项规则”与“遵循一部法律”而大为削弱,与此相关的是未明确区分开其所谓的“能动主义”与其所谓的“操控”。他提出的辩护机制与认知失调之间的相似性有启发性,但似乎诸词汇之间没有那么足够多的差异,故还不至于要把认知失调理论植入进讨论中,文中提到的除外。Altman 把“批判法学立场”重构在不确定性之上(出处同上,第 333 ~ 347 页),这与其对我的立场之描述即“搞笑漫画”相比则更为显得怪诞(出处同上,n. 48)。对法律思维中否认的讨论较早的有:Duncan Kennedy,The Structure of Blackstone'Commentaries,28 Buff. L. Rev. 205, 209 – 221(1979);Mark Kelman, A Guide to Critical Legal Studies (Cambridge,Mass: Harvard University Press,1987) p. 3,286 – 290; Pierre Schlag,Contradiction and Dennial,87Mich. L. Rev. 1216(1989)。

〔8〕Anna Freud,The Ego,p. 48.

〔9〕出处同上，第50页。

〔10〕Jean-Paul Sartre, Being and Nothingness: An Essay on Phenomenological Ontology, trans. Hazel Barnes(New York:Citadel Press, 1965)pp. 89 – 90.

〔11〕Henry Maine, Ancient Law(1861, Dent and Sons Everyman Ed., 1917), pp. 76 – 77.

〔12〕Anna Freud, The Ego, pp. 44 – 50.

〔13〕然而普通心理学的用法不同于Anna Freud的用法，至少有三个主要方面：就她来说，否认总是指向一种产生焦虑的外部事实，而抑郁指向产生焦虑的内心冲动；否认，只有在儿时才是一般的防卫办法，而到了成年则成了病症。她确实相信弗洛依德的一些基本概念，而不是对后弗洛依德状况的不可知论者。

〔14〕Ronald Dworkin, On Interpretation and Objectivity, in A Matter of Principle(Cambridge, Mass: Harvard University Press, 1985)pp. 171 – 174.

〔15〕Dworkin, Liberalism, in A Matter of Principle(Cambridge, Mass: Harvard University Press, 1985)p. 181.

〔16〕Dworkin, Law's Empire(Cambridge, Mass: Harvard University Press, 1986)pp. 254 – 266.

〔17〕自由主义理论家们有时似乎会否认，因为他们把自己当作是法官，著写他们的法律评论文章时俨然就是在写司法意见。文中展开的讨论并非建立在这种直接的法官身份认同之上。

〔18〕Altman, Beyond Candor, pp. 318 – 327.

〔19〕Sigmund Freud, Introductory Lectures on Psychoanalysis, J. Strachey trans. (New York: Norton, 1916, 1966)p. 94.

〔20〕Anna Freud, The Ego, p. 60.

〔21〕对萨特的理论之有助益的讨论，见Gregroy McCulloch, Using Sartre: An Analytical Introduction to Early Sartrean Themes (London: Routledge, 1994), Ch. 4, 与Matthew Kramer, Legal Theory, Political Theory and Deconstruction: Against Rhadamanthus(Bloomington: Indiana University Press, 1991)pp. 222 – 235。

〔22〕比较 Altman 的 Beyond Candor,n. 29。

〔23〕见 Thomas Ogden, On Projective Identification, Int. J. Pshcho-Analysis 68（1979）p. 357。

〔24〕Marc Brodin, letter to the editor, Boston Globe, August 28, 1995, S. i., p. 10.

〔25〕Sigmund Freud, Certain Neurotic Mechanisms, p. 151.

第四章 判决的后果

第一节 适度效应与授权效应

〔1〕Robert Reich, After the Rights Revolution: Receiving the Regulatory State, New Republic, January 21, 1991, pp. 38 – 39.

〔2〕见第三章第二节。

〔3〕See Richard Parker, The Past of American Constitutional Theory—and Its Futur, 42 Ohio St. L. J. 223(1981).

〔4〕Textile Workers Union v. Lincoln Mills, 353 U. S. 448(1957).

〔5〕Jones v. Alfred Mayer Co., 392 U. S. 409(1968).

〔6〕Meritor Savings Bank, FSB v. Vinson, 477 U. S. 57(1986).

〔7〕Southern Burlington County NAACP v. Township of Mt. Laurel, 336 A. 2d 713(N. J., 1975).

〔8〕有我在第一章第二节中描述的服从效应与皈依效应。见第四章第三节对其经验可靠性之讨论。

〔9〕Norman Dorsen, Talking Liberties, Civil Liberties, Winter 1990 – 1991, p. 16.

〔10〕Learned Hand, The Bill of Rights (Cambridge, Mass: Harvard University Press, 1958).

〔11〕John Donahue, The Privatization Decision: Public Ends, Private Means(New York: Basic Books, 1989), p. 21.

〔12〕Laurence Tribe, American Constitutional Law, 2nd ed. (Mineola,

N. Y. :Foundation Press,1988),pp. 10 – 11(最后一版中没出现)。

〔13〕Ethan Bronner,Hight Court Moves to the Right on Criminal Law, Boston Globe,April 26,1991,S. i. ,p. 1.

〔14〕比如见 Thurgood Marshall,Reflections on the Bicentennial of the United States Constitution,101 Harv. L. Rev. 1(1987);Frank Michelman, Judicial Supremacy,the Concept of Law,and the Sanctity of Life,Justice and Injustice in Law and Legal Theory, ed. Austin Sarat and Thomas Kearns (Ann Arbor:University of Michigan Press,1996)。

〔15〕比较 Robin West,Progressive and Conservative Constitutionalism, 88 Mich. L. Rev. 641,644 – 645(1990)。

〔16〕就这一脉路的泛读内容,见 Radical Intellectuals in American Culture and Politics, or, My Talk at the Gramsci Institute, in Duncan Kennedy,Sexy Dressing,Etc.(Cambridge,Mass:Harvard University Press, 1993)。

第二节 正统化效应

〔1〕我在本节与下节中所提出的正统化概念是葛兰西与阿尔都塞的层面上而非韦伯理解的层面。见 Antonio Gramsci,Exerpts from the Prison Notebooks, trans. Quintin Hoare and Geoffrey Smith (New York: International Publishers, 1971); Louis Althusser, Ideology and Ideological State Apparatuses(Notes toward an Investigation),in Lenin and Philosophy and Other Essays, trans. Ben Brewster(New York:Monthly Review Press, 1971), p. 127; Perry Anderson, Origins of the Present Crisis, in Towards Socialism, ed. Perry Anderson and Robin Blackburn (Ithaca: Cornell University Press,1966)p. 11。关于韦伯的理解,见 Alan Hyle,The Concept of Legitimation in the Sociology of Law,1983 Wisc. L. Rev. 379。在批判法学中"正统化"的使用有两个重要的先驱:John Griffiths, Ideology in Criminal Procedure: Toward a Third ' model ' of the Criminal Process, 79Yale L. J. 359 (1970); 与 Douglas Hay, Property, Authority and the Criminal Law, in Albion's Fatal Tree: Crime and Authority in Eighteenth

Century England, ed. Douglas Hay et al. (New York: Pantheon, 1975), p. 17。一些代表性的批判作品如 Karl Klare, Judicial Deradicalization of the Wagner Act and the Origins of Mordern Legal Cousciousness, 1937 - 1941, 61 Minn. L. Rev. 265 (1978); Alan Freeman, Legitimizing Radical Discrimination through Antidiscrimination Law: A Critical Review of Supreme Court Doctrine, 62 Minn. L. Rev. 1049 (1978); Duncan Kennedy, The Structure of Blackstone's Commentaries, 28 Buff. L. Rev. 205 (1979); Robert Gordon, New Approaches to Legal Theory, in The Politics of Law: A Progressive Critique, ed. David Kairys (New York: Pantheon, 1982) p. 281; Peter Gabel and Paul Harris, Building Power and Breaking Images: Critical Legal Theory and the Practice of Law, 11 N. Y. U. Rev. L. & Soc. Change 369 (1982 - 1983); Gerald Frug, The Ideology of Bureaucracy in American Law, 97 Harv. L. Rev. 1276 (1984); Mark Kelman, A Guide to Critical Legal Studies (Cambridge, Mass: Harvard University Press, 1987), pp. 262 - 295。综述类的见 Carol Steiker and Jordan Steiker, Sober Second Thoughts: Reflections on Two Decades of Constitutional Regulation of Capital Punishment, 109 Harv. L. Rev. 355. 429 - 432 (1995)。我在本节的后面就讨论具体学理领域中的批判观点，并在下一节中讨论新马克思主义与批判观点之间的关系。

〔2〕See Morton Horwitz, The Transformation of American Law, 1788 - 1860 (Cambridge, Mass: Harvard University Press, 1977) pp. 117 - 121.

〔3〕James Bradley Thayer, The American Doctrine of Constitutional Law, 7 Harv. L. Rev. 17 (1893).

〔4〕Franz Wieacker, A History of PrivateLaw (with Particular Reference to Germany), trans. Tony Weir (New York: Oxford University Press, 1995) pp. 431 - 441.

〔5〕Sally Merry, Getting Justices and Getting Even: Legal Consciousness among Working-class Americans (Chicago: University of Chicago Press, 1990) pp. 96 - 97.

〔6〕Michel Rosenfeld, Deconstruction and Legal Interpretation: Conflict,

Indeterminacy, and the Temptations of the New Legal Formalism, 11 Cardozo L. Rev. 1211, 1245 (1990).

〔7〕Duncan Kennedy and Frank Michelman, Are Property and Contract Efficient? 8 Hostra L. Rev. 711 (1980).

〔8〕一开始不清楚为什么规则的结构就处于背后。也许是因为我们认为它们显然正确或它们是治理此类互动的自然规则,或认为它们在逻辑上导源自某种无争议的前提。但处于背后则意味着处于绵延的意识或关怀之外部。在此意义上,自然化不是人们根据规则而展开的有意识的操作;它更有可能是一种假定。自然与必然之修辞只有在人们基于某种原因留意到背景时才有其作用,于是它一种最有可能的办法摆脱自然化并从后场走向前台。这引出一个问题,即是否规则没被自然化是因为它们处于背景中,而不是它们处于背景中是因为被自然化。我们不需要解开此谜团。即使背景化一些元素并将背景自然化是认知的需要,但我们仍努力将些特定的符号/背景实现转换。

〔9〕See Duncan Kennedy, The Stakes of Law, or Hale and Foucalt! in Sexy Dressing, Etc. (Cambridge, Mass: Harvard University Press, 1993). 这种方式看待法律在经济中的构成功能也适用于公司之间的冲突。See Rudolph Peritz, Competition Policy in America, 1888 - 1922: History, Rhetoric, Law (New York: Oxford University Press, 1996); Kipp Rogers, The Right of Publicity: Resurgence of Legal Formalism and Judicial Disregard of Policy Issues, 16 Beverly Hills Bar Assoc. J. 65 (1982).

〔10〕Hagai Hurvitz, American Labor Law and the Doctrine of Entrepreneurial Property Rights: Boycotts, Courts, and the Juridical Reorientation of 1886 - 1895, 8 Ind. Rel. L. J. 307 (1986); Ellen Kelman, American Labor Law and Legal Formalism: How 'legal Logic' Shaped and Vitiated the Rights of American Workers, 58 St. John's L. Rev. 1 (1983); John Nockleby, Tortious Interference with Contractual Relations in the Nineteenth Century: The Transformation of Property, Contract, and Tort, 93 Harv. L. Rev. 1510 (1980).

〔11〕William Forbath, Law and the Shaping of the American Labor

Movement(Cambridge,Mass:Harvard University Press,1991).

〔12〕Felix Frankfurter and Nathan Greene,The Labor Injunction(New York:Macmillan,1930).

〔13〕Klare,Judicial Deradicalization,p. 62. 另一部重要作品是 Kathrine Stone 的 The Post - War Paradigm in American Labor Law,90 Yale L. J. 1509(1981)。

〔14〕Stone,Post-War Paradigm,pp. 1514 – 1515.

〔15〕Klare,Judicial Deradicalization,pp. 309 – 310.

〔16〕Karl Klare, Critical Theory and Labor Relations Law, in The Politics of Law: A Progressive Critique, ed. David Kairys (New York: Panthleon Books,1982) p. 82.

〔17〕劳动关系批判从开始就充满了种族与性别问题,并且它很快把后期的批判法学进路植入进法律,因为法律中有种族与性别身份认同。See Karl Klare,The Question for Industrial Democracy and Struggle against Racism:Lessons from Labor Law and Civil Rights Law,61 Oregon L. Rev. 157 (1982); Karl Klare, Power/Dressing: Regulation of Employment Appearance,26 New Eng. L. Rev. 1395(1992).

〔18〕清楚的归纳见 Robert G. McCloskey, The American Supreme Court (Chicago: University of Chicago Press, 1960) pp. 144 – 150。见 Edward S. Corwin,Commerce Power vs. States Rights(Princeton:Princeton University Press,1936);Robert Stern,That Commerce Which Concerns More States Than One,47 Harv. L. Rev. 1375(1934)。

〔19〕归纳,见 William O. Douglas, Stare Decisis, 49 Colum. L. Rev. 735(1949)。

〔20〕Henry Hart & Herbert Wechsler,The Federal Courts and the Federal System(Brooklyn:Foundation Press,1953).

〔21〕Nathaniel Berman,But the Alternative Is Despair:Nationalism and the Modernist Renewal of International Law, 106 Harv. Law Rev. 1792 (1993).

〔22〕见 Duncan Kennedy,The Move to Institutions,8Cardozo L. Rev.

841(1987); Berman, But the Alternative; Nathaniel Berman, Modernism, Nationalism, and the Rhetoric of Reconstruction, 4 Yale J. Law&Human. 351 (1992); Nigel Purvis, Critical Legal Studies in Public International Law, 32 Harv. Int. L. J. 81 (1991); Oliver DeSchutter, Critical Legal Studies das le droit International, 31 Droit et Société 1(1992)。

〔23〕David Kennedy, Primitive Legal Scholarship, 27 Harv. Int. L. J. 1 (1986); David Kennedy, Spring Break, 63 Texas L. Rev. 1377(1985); David Kennedy, The International Style in Postwar Law and Policy, 1994 Utah. L. Rev. 7; David Kennedy, The Sources of International Law, 2 Amer. Univ. J. Int. Law&Policy 1 (1987); Nathaniel Berman, Nationalism Legal and Linguistic: The Teachings of European Jurisprudence, 24 N. Y. U. J. Int. Law&Politics 1515 (1992); Karn Engle, International Human Rights and Feminism: When Discourse Meet, 13 Mich. J. Int'l Law 517(1992).

〔24〕Gerald Frug, The City as a Legal Concept, 93 Harv. L. Rev. 1057 (1980); Gerald Frug, Decentering Decentralization, 60 Univ. Chic. L. Rev. 253(1993); Gerald Frug, Local Government Law(St. Paul, Minn: West Pub. Co., 1988); Richard Ford, The Boundaries of Race: Political Geography in Legal Analysis, 107 Harv. L. Rev. 1843(1994).

〔25〕Gerald Frug, The Geography of Community, 48 Stan. L. Rev. (May 1996); Ford, Boundaries of Race.

〔26〕Derrick Bell, Brown v. Board of Education and the Interest Convergence Dilemma, 93 Harv. L. Rev. 518(1980).

〔27〕Derrick Bell, And We Are not Saved(New York: Basic Books, 1987).

〔28〕Alan Freeman, Legitimizing Racial Discriminaition, p. 1049; Alan Freeman, Antidiscrimination Law: A Critical Review, in The Politics of Law: A Progressive Critique, ed. David Kairys(New York: Pantheon, 1982).

〔29〕Kimberle Crenshaw, Race, Reform, and Retrenchment: Transformation and Legitimation in Antidiscrimination Law, 101 Harv. L. Rev. 1331(1988).

〔30〕Gary Peller, Race Consciousness, 1990 Duke L. J. 758; Neil Gotanda, A Critique of 'our Constitution is Colorblind': Racial Categories and White Supermacy, 44 Stan. L. Rev. 1(1991).

〔31〕See Critical Race Theory: The Key Writings that Formed the Movement, ed. Kimberle Crenshaw, Neil Gotanda and Kendall Thomas (New York: New Press, 1995), Introduction, Pxiii – xxxii.

〔32〕Catharine MacKinnon, Only Words (Cambridge, Mass: Harvard University Press, 1993).

〔33〕Words that Wound: Critical Race Theory, Assaultive Speech, and the First Amendment, ed. Mari Matsuda et al. (Boulder, Colo.: Westview Press, 1993).

〔34〕Mark Tushnet, Corporations and Free Speech, The Politics of Law: A Progressive Critique, ed. David Kairys (New York: Pantheon Books, 1982); Jack Balkin, Some Realism about Pluralism: Legal Realist Approaches to the First Amendment, 1990 Duke L. J. 375; James Boyle, A Theory of Law and Information: Copyright, Splens, Blackmail, and Insider Trading, 80Calif. L. Rev. 1413(1994).

〔35〕Robert Steinfeld, The Invention of Free Labor: The Employment Relation in English and American Law and Culture, 1350 – 1870 (Chapel Hill: University of North Carolina Press, 1991).

〔36〕Catharine MacKinnon, Feminism, Marxism, Method, and the State, 8 Signs 650(1983).

〔37〕Frances Olsen, The Family and the Market: A Study of Ideology and Legal Reform, 96 Harv. L. Rev. 1497 (1983); Frances Olsen, The Myth of State Interention in the Family, 18 Mich. J. Law Reform 835 (1985); Frances Olsen, The Politics of Family Law, 2 Law &Inequality 1(1984).

〔38〕Andrea Dworkin, Right-wing Women (New York: Putman's Sons, 1983); Andrea Dworkin, Intercourse (New York: Free Press, 1987).

〔39〕Olsen, The Family and the Market.

〔40〕见 Catharine MacKinnon, Feminism Unmodified: Discourses on

Life and Law (Cambridge, Mass: Harvard University Press, 1987) p. 54; Dworkin, Right-wing Women, pp. 21 – 23. 亦见 Kennedy, Sexy Dressing, pp. 147 – 162。

〔41〕Mary Joe Frug, A Post-Modern Feminist Legal Manifesto (an unfinished draft), 105 Harv. L. Rev. 1045 (1992); Janet Halley, Sexual Orientation and the Politics of Biology: A Critique of the Argument from Immutability, 46 Stna. L. Re. 503 (1994). 参阅 Robin West, The Difference in Women's Hedonic lives: A Phenomenological Critique of Feminist Legal Theory, 3 Wisc. Women's L. J. 81 (1987)。

〔42〕Clare Dalton, An Essay in the Deconstruction of Contract Doctrine, 94 Yale L. J. 999 (1985); Mary Joe Frug, Re-Reading Constracts: A Feminist Analysis of a Contracts Casebook, 34 Am. Univ. L. Rev. 665 (1985); Elizabeth Schneider, Describing and Changing: Women's Self-Defense Work and the Problem of Expert Testimony on Battering, 9 Women's Rts. L. Rep. 195 (1986); Vicki Schultz, Telling Stories about Women and Work: Judicial Interpretations of Sex Segregation in the Workplace in Title VII Cases Raising the Lack of Interest Argument, 103Harv. L. Rev. 1749 (1990); Lama Abu-Odeh, Crimes of Honour and the Construction of Gender in Arab Societies, in Feminism and Islam, ed. Mai Yamani (Reading, Eng.: Garnet, 1996), p. 141.

〔43〕Frances Olsen, Statutory Rape: A Femimist Critique of Rights Analysis, 63 Tex. L. Rev. 387 (1993); Engle, International Human Rights.

〔44〕Susan Keller, Viewing and Doing: Complicating Pornography's Meaning, 81Georgetown, L. J. 2195 (1993); Lama Abu-Odeh, Post-Colonial Feminism and the Veil: Considering the Difference, 26 New Eng. L. Rev. 1527 (1992); Dan Danielsen, Representing Identities: Legal Treatment of Pregnancy and Homosexuality, 26New Eng. L. Rev. (1992); After Identity: A Reader in Law and Cultrue, ed. Dan Danielsen and Karen Engle (New York: Routledge, 1995).

〔45〕比如 Susan Keller 的 The Rhetoric of Marriage, Achievement, and

Power: An Analysis of Judicial Opinions Considering the Treatment of Professional Degree as Marital Property, 21 Vt. L. Rev. (1996. 亦见第四章第三节,注解 21)。

〔46〕Kimberle Crenshaw, Mapping the Margins: Identity Politics, Intersectionality, and Violence against Women, 43 Stan. L. Rev. 1241 (1991).

〔47〕Kendall Thomas, Beyond the Privacy Principle, 92 Colum. L. Rev. 501 (1992); Danielsen Representing Identities; Halley, Sexual Orientation.

〔48〕比如, Duncan Kennedy and Leopold Specht, Limited Equity Cooperatives as a Mode of Privatization, A Fourth Way? Privatization, Property, and the Emergence of New Market Economies, ed. Gregory Alexander and Grazyna Skapca (New York: Routledge, 1994), p. 267.

〔49〕Elizabeth Schneider, Equal Rights to Trial for Women: Sex Bias in the Law of Self-Defense, 15 Harv. C. R. – C. L. L. Rev. 623 (1980).

〔50〕Merle Weiner, From Dollars to Sense: A Critique of Government Funding for the Battered Women's Shelter Movement, 9 Law&Inequality 1985 (1991).

〔51〕Gregory Alexander, Pensioners in America: The Economic Triumph and Political Limitations of Passie Ownership; Karl Klare, Legal Theory and Democratic Reconstruction: Reflections on 1989; 与 William Simon, Republicanism, Market Socialism, and the Third Way, 都选自 A Fourth Way? Priatization, Property, and the Emergence of New Market Economics, ed. Gregory Alexander and Grazyna Skapca (New York: Routledge, 1994); Kathrine Stone, Labor and the Corporate Structure: Changing Conceptions and Emerging Possibilities, 55 U. Chi. L. Rev. 73 (1988); Karl Klare, Workplace Democracy and Market Reconstruction: An Agenda for Reform, 38Cath. U. L. Rev. 1 (1988); Alan Hyd, In Defense of Employee Ownership, 67Chi.-Kent L. Rev. 159 (1992); 类似的农业法研究进路, 见 Marjorie Benson, Agricultural Law in Canada, 1867 – 1995; With Particular Reference to Saskatchewan (Calgary: Canadian Institute of Resources Law, 1996)。

〔52〕Words and Wound (见 n. 33).

〔53〕Regina Austin, Employer Abuse, Worker Resistance, and the Tort of International Inflection of Emotional Distress, 41 Stan. L. Rev. 1(1998).

〔54〕Gerald Frug, Decentering Decentralization.

〔55〕Lawrence Kolodney, Eviction Free Zones: The Economics of Legal Bricolage in the Fight against Displacement, 18 Fordham Urban L. J. 507 (1991).

第三节　社会理论中的判决

〔1〕见 David Trubek and Marc Galanter, Scholars in Self-Estrangement: Some Reflections on the Crisis of Law and Development Studies in the United States, 1974 Wisc. L. Rev. 1062; David Trubek, Complexity and Contradiction in the Legal Order: Balbus and the Challenge of Critical Social Thought about Law, 11 Law&Soc'y Rev. 529(1977); David Trubek, Where the Action Is: Critical Legal Studies and Empiricism, 36 Stan. L. Rev. 575(1984); David Trubek 在 1970 年春于耶鲁法学院所作的"法律与发展"主题研讨班启发了我在本节中讨论的一些问题。他的作品与昂格尔的作品一直影响着我的研究,这在下面的行文中可以看得出来,当然他们的侧重点和结论与我不同。Robert Unger, Knowledge and Politics(New York: Free Press, 1975); Robert Unger, Law in Modern Society: Toward a Criticism of Social Theory (New York: Free Press, 1976); Robert Unger, The Critical Legal Studies Movement (Cambridge, Mass: Harvard University Press, 1986); Robert Unger, Politics: A Work in Constructive Social Theory, 3vols. (New York: Cambridge University Press, 1987).

〔2〕Susan Silbey, Ideals and Practices in the Study of Law, 9 Leg. Stud. Forum 7, 10(1985).

〔3〕a 和 b 部分保留了阿默斯特学派的传统观点:"批判法学通过对一些具体文本进行解构,试图把法律同法官与法学家们的文本看法联结起来。恰恰是这种把法律看作是修辞的观点,几乎排他性地只关注法律的推论方面——专业语法,被那些只在语法上来证成使用法规或强加法律制裁的人所引用。这样的语言证成法,不管怎么说只能看作是法律的

一小部分。相比之下,菲茨帕特里克(Fitzpatrick)对法律的理解面更宽敞,尽管未被明确地理论化但它可以包括进行政官员与法律‘主体’们的实践活动,而不只是法官所宣称的东西。”我们知道菲茨帕特里克“在批判法学所止步的一些地方开始——通过观察法律的深层矛盾性。”见 Lawrence Douglas 与 Austin Sarat,(De)mythologizing Jurisprudence: Speaking the ‘Truth’ about ‘Myth’, 19Law&Soc. Inquiry 523, 529 - 530 (1994)(注解略)。

〔4〕对“履行”的研究见 Alan Hyde, The Concept of Legitimation in the Sociology of Law, 1983 Wisc. L. Rev. 379, 410, n. 89。

〔5〕Jean Braucher, The Afterlife of Contract, 90 Northwestern L. Rev. 49, 80(1995)(概述见 Robert Gordon, Book Review, 1974 Wisc. L. Rev. 1216, 1223 - 1225)。

〔6〕Robert H. Mnookin and Lewis Kornhauser, Bargaining in the Shadow of the Law: The Case of Divorce, 88 Yale L. J. 950(1979).

〔7〕参见 Duncan Kennedy, Sexual Abuse, Sexy Dressing, and the Eroticization of Domination, in Sexy Dressing, Etc. (Cambridge, Mass: Harvard University Press, 1993)。

〔8〕Braucher, Afterlife, p. 88.

〔9〕换言之,社会学家们建议一种正统效应,但可惜的是没有努力给出经验证成。

〔10〕比如见 Rand Rosenblatt, Health Care Reform and Administrative Law: A Structural Approach, 88 Yale L. J. 243(1978)。

〔11〕Lon Fuller, The Morality of Law (New Haven: Yale University Press, 1964).

〔12〕Michel Foucault, The History of Sexuality, Vol. 1, trans. Robert Hurley(New York: Vintage, 1978), pp. 92 - 96. 一般讨论见 Duncan Kennedy, The Stakes of Law, or Hale and Foucault! in Sexy Dressing, Etc. (Cambridge, Mass: Harvard University Press, 1993).

〔13〕Hyde, Legitimation, pp. 408 - 409(注解略;引文源自 Hans Adamy, Legitimacy, Realigning Elections and the Supreme Court, 1973

Wisc. L. Rev. 790,808;着重号系原文所有).

〔14〕Frank Munger and Carol Seron, Critical Legal Studies versus Critical Legal Theory: A Comment on Method, 6 Law&Policy257, 269 (1984).

〔15〕Hyde, Legitimation, P383, n. 5.

〔16〕Antonio Gramsci, Prison Notebooks, ed. Joseph A. Buttigieg, trans. Joseph Buttigieg and Antonio Callari (New York: Columbia University Press, 1992).

〔17〕Louis Althusser, Ideology and Ideological State Apparatuses (Notes toward an Investigation), in Lenin and Philosophy and Other Essays, trans. Ben Brewster (New York: Monthly Review Press, 1971), p. 127.

〔18〕见 Hyde, Legitimation。

〔19〕见 Robert Gordon, New Development in Legal Theory, in The Politics of Law: A Progressive Critique, ed. David Kairys (New York: Pantheon Books, 1982)。

〔20〕Kimberle Crenshaw, Race, Reform, and Retrenchment: Transformation and Legitimation in Antidiscrimination Law, 101Harv. L. Rev. 1331 (1988).

〔21〕批判法学运动中的变体即"文化运动"表明,司法意见的修辞(比如他们所构想的妇女形象)是一般文化上的身份话语之一部分,故而值得研究。话语既反映了又促成了一些思想的再生成,即广泛流传的关于什么是男人与女人的文化上主流思想,如男女本质上是一样的。此外,文化形象在影响裁判规则的选择上可能比演绎或政策更有分量。这是下述观点的延伸:上诉判决是个意识形态的论坛,此中自由主义与保守主义竭力角逐且那些边缘的或较极端的立场被"盖了声音"。论坛的话语交流也许是正统的,比如性别角色。但这不是我本文中强调的这种效果。我所用的正统化,是指具体制度的判决实践效果而非一般的权威话语交流之效果。见 Peter Gabel, The Mass Psychology of the New Federalism: How the Burget Court's Political Imagery Legitimizes the Privatization of Everyday Life, 52Geo. Wash. L. Rev. 263 (1984); Rosemary Coombe, Contesting the

Self: Negotiating Subjectivities in Nineteen-Century Ontario Defamation Trials, 11 Studies in Law, Politics and Society3 (1991); Natianiel Berman, A Perilous Ambivalence: Nationalist Desire, Legal Autonomy, and the Limits of the Interwar Framework, 33 Harv. Int. L. J. 353 (1992); Lisa Bindet, With More Than Admiration He Admired: Images of Beauty and Defilement in Judicial Narratives of Rape, 18 Harv. Women's Law J. 265 (1995); Susan Keller, The Rhetoric of Marriage, Achievement, and Power: An Analysis of Judicial Opinions Considering Professional Degrees as Marital Property, 21Vt. L. Rev. (1996).

〔22〕见 Sally Merry, Getting Justice and Getting Even: Legal Consciousness among Working-Class Americans (Chicago: University of Chicago Press, 1990) p. 11; Barbara Yngvesson, Virtuous Citizen, Disruptive Subjects: Order and Complaint in a New England Court (New York: Routledge, 1993) pp. 11 – 12。

〔23〕见第一章第一节。

〔24〕Thomas Heller, Structuralism and Critique, 36 Stan. L. Rev. 127 (1984).

〔25〕See Joseph Singer, The Legal Rights Debate in Analytical Jurispredence from Bentham to Hohfeld, 1982 Wisc. L. Rev. 975.

〔26〕Robert M. Unger, Knowledge and Politics (New York: Free Press, 1975), p. 88.

〔27〕Duncan Kennedy, Legal Formality, 2 J. Legal Studies351, 364, n. 21 – 22 (1973); Duncan Kennedy, Form and Substance in Private Law Adjudication, 89 Harv. L. Rev. 1685 (1976).

〔28〕这种规范形式的外部确定性是下面两节讨论的主题。

〔29〕Richard A. Posner, Problems of Jurisprudence (Cambridge, Mass: Harvard University Press, 1990) pp. 459 – 460.

〔30〕Austin Sarat, Legal Effectiveness and Social Studies of Law: On the Unfortunate Persistence of a Research Tradition, 9Legal Stud. Forum23, 30 – 31 (1985).

〔31〕Boaventura de Sousa Santos, Toward a New Common Sense: Law, Science, and Politics in the Paradigmatic Transition (New York: Routledge, 1995).

〔32〕下面是对一场真实争论的描述,发生在四五年前的研讨会与夏令营上。该描述作为历史记述显然是有严重缺陷的,因为记忆反复无常且自恋迷醉带来扭曲性影响。此争论部分可见于我表述中提到的参与者们的作品中。

〔33〕Morton Horwitz, The Transformation of American Law, 1788－1860 (Cambridge, Msss: Harvard University Press, 1977); Karl Klare, Judicial Deradicalization of the Wagner Act and the Origins of Modern Legal Consciousness, 62 Minn. L. Rev. 265 (1978); Peter Gabel, Intention and Structure in Contractual Conditions: Outline of a Method for Critical Legal Theory, 61 Minn. L. Rev. 601 (1977); Mark Tushnet, A Maxist Analysis of American Law, Maxist Perspectives 96 (1978); Trubek, Complexity and Contradiction, Jay Feinman and Peter Gabel, Contract Law as Ideology, The Politics of Law: A Progressive Critique, ed. David Kairys (New York: Pantheon Books, 1982).

〔34〕Evgeny Pashukanis, Law and Marxism: A General Theory, Barbara Einhorn trans. (London: Ink Links, 1978); Issac Balbus, Commodity Form and Legal Form: An Essay on the 'Relative Autonomy' of the Law, 11 Law&Soc'y Rev. 571 (1977).

〔35〕Willard Hurst, Law and the Conditions of Freedom in the Nineteenth Century United States (Madison: University of Wisconsin Press, 1956).

〔36〕Lawrence Friedman, A History of American Law (New York: Simon and Schuster, 1973). 就新马克思主义的批判见 Mark Tushnet, Perspectives on the Development of American Law: A Critical Review of Friedman's 'A History of American Law', 1977 Wisc. L. Rev. 81。

〔37〕Duncan Kennedy, Form and Substance in Private Law Adjudication, 89 Harv. L. Rev. 1685 (1976); Unger, The Critical Legal

Studies Movement.

〔38〕Horwitz, The Transformation of American Law.

〔39〕见第二章第一节与该节中所引证的资料来源, n. 16。

〔40〕Alan Freeman, Legitimizing Racial Discrimination through Race Law: A Critical Review of Supreme Court Doctrine, 62 Minn. L. Rev. 1049 (1978); Alan Freeman, Antidiscrimination Law: A Critical Review, in The Politics of Law: A Progressive Critique, ed. David Kairys (New York: Pantheon Books, 1982); Frances Olsen, The Family and the Market: A Study of Ideology and Legal Reform, 96 Harv. L. Rev. 1497 (1983).

〔41〕Gerald Frug, The City as a Legal Concept, 93Harv. L. Rev. 1057 (1980); Mark Kelman, Interpretive Construction in the Substantive Criminal Law, 33Stan. L. Rev. 591 (1981); William Simon, Vision of Practice in Legal Thought, 36 Stan. L. Rev. 496 (1984); William Simon, The Invention and Reinention of Welfare Rights, 44 Md. L. Rev. 1 (1985).

〔42〕Robert Gordon, Unfreezing Legal Reality: Critical Approaches to Law, 15 Fla. St. L. Rev. 195 (1987).

〔43〕Hyde, Legitimation; Crenshaw, Retrenchment.

〔44〕有些例子支持我所讨论的态度, 如 Alan freman, Truth and Mystification in Legal Scholarship, 90 Yale L. J. 1229 (1981); Mark Kelman, Trashing, 36Stan. L. Rev. 293 (1984); Duncan Kennedy and Peter Gabel, Roll Over Beethoven, 36 Stan. L. Rev. 1 (1984)。

〔45〕Duncan Kennedy, The Structure of Blackstone's Commentaries, 28 Buff. L. Rev. 205 (1979); John Nockleby, Tortious Interference with Contractual Relations in the Nineteenth Century: The Transformation of Property, Contract, and Tort, 93Harv. L. Rev. 1510 (1980); Kenneth Vandevelde, The New Property of the Nineteenth Century: The Development of the Modern Concept of Property, 29 Buff. L. Rev. 325 (1980); James Kainen, Nineteenth Century Interpretations of the Fedral Contract Clause: The Transformation from Vested to Subsantive Rights Against the State, 31Buff. L. Rev. 381 (1982); Joseph Singer, The Player and the Cards: Nihilism and

Legal Theory,94Yale L. J. 1(1984).

〔46〕Kennedy,Blackstone's Commentaries,pp. 362 – 363,n. 56;Duncan Kennedy,The Role of Law in Economic Thought:Essays on the Fetishism of Commodities,34Amer. Univ. L. Rev. 939(1985).

〔47〕Karl Klare,Law Making as Praxis,Telos,Summer 1979,123.

〔48〕Robert Gordon,Critical Legal Histories,36Stan. L. Rev. 57,110 – 113(1984).

〔49〕W. N. Hohfeld,Some Fundamental Legal Conceptions as Applied in Judicial Reasoning,23 Yale L. J. 16(1913). Joseph Singer,The Legal Rights Debate in Analytial Jurispredence from Bentham to Hohfeld, 1982Wisc. L. Rev. 975.

〔50〕Kennedy,Form and Substance;Duncan Kennedy,Paternalist and Distributive Motives in Contract and Tort Law,with Special Reference to Compulsory Terms and Unequal Bargaining Power,41 Maryland L. Rev. 563 (1982).

〔51〕Duncan Kennedy and Frank Michelman,Are Property and Contract Efficient? 8 Hofstra L. Rev. 711(1980);Kennedy,Role of Law,见第二章第一节尤其注解16中关于“矛盾论”的讨论。

〔52〕Leopold Specht,The Politics of Property:Soviet Property as a Bundle of Rights,未刊的法学博士论文,哈佛法学院,Cambridge,Mass., 1994;J. Kornai,The Socialist system:The Political Economy of Communism (Princeton:Princeton University Press,1992),p. 226。

〔53〕Kennedy,Role of Law;Duncan Kennedy,Legal Education and the Reproduction of Hierarchy:A Polemic against the System(Cambridge, Mass.:AFAR,1983).

〔54〕Duncan Kennedy,Cost-Benefit Analysis of Entitlement Problems: A Critique,33Stan. L. Rev. 387(1981);Kennedy and Michelman,Are Property and Contract Efficient?,Kennedy,Role of Law.

〔55〕例如见 Robert Steinfeld,The Invention of Free Labor:The Employment Relation in English and American Law and Culture,1350 – 1870

(Chapel Hill: University of North Carolina Press, 1991), Ch. 6; Richard Abel, Why Does the A. B. A. Promulgate Ethical Reles? 59 Tex. L. Rev. 639 (1981).

〔56〕这种分析的创始人就是 David Trubek, Max Weber on Law and the Rise of Capitalism, 1972Wisc. L. Rev. 720。

〔57〕比如 Morton Horwitz, The Transformation of American Law, 1870 – 1960; The Crisis of Legal Orthodoxy (New York: Oxford University Press, 1992), Ch. 3。但见 Mark Hager, Bodies Politic: The Progressive History of Organizational 'Real Entity' Theory, 50 Univ. Pitt. L. Rev. 575 (1989)。亦见 Wythe Holt, Tilt, 52Geo. Wash. L. Rev. 280(1984)。

〔58〕Georg Lukacs, Reification and the Consciousness of the Proletariat, in History and Class Consciousness: Studies in Marxist Dialectics, Rodney Livingstone trans. (Cambridge, Mass. : MIT Press, 1971).

〔59〕Gramsci, Prison Notebooks.

〔60〕Althusser, Ideology.

〔61〕Jürgen Habermas, Legitimation Crisis, trans. Thomas McCarthy (Boston: Beacon Press, 1975).

〔62〕关于意识形态—批判的法西斯版本，见 Carl Schmitt meets Karl Marx, in William Scheuerman, Between the Norm and the Exception: The Frankfurt School and the Rule of Law (Cambridge, Mass. : MIT Press, 1994)。

〔63〕英国的新马克思主义法律社会学已经渐渐地放弃了这四点，正如 Alan Hunt 的深刻解释，见其 Explorations in Law and Society: Toward a Constitutive Theory of Law (New York: Routledge, 1993), pp. 117 – 1138，据我理解，没有采用任何替代概念。原文略。

〔64〕美国流行用法的学术谱系包括一些提出"整体论"批判的论者们(见 Abbot Gleason, Totalitarianism: the Inner History of the Cold War [New York: Oxford University Press, 1995]，在他看来，不是自由主义而是共产主义与法西斯主义是典范)、学术/历史传统，代表人物有 Karl Mannheim, Ideology and Utopia: An Introduction to the Sociology of Knowledge (New York: Harcourt, Brace, 1936)与"批判的"思想路线，主要

源自德国唯心主义并且许多表现在西方马克思主义中(比如 Karl Korsch 的 Marxism and Philosophy, trans. F. Halliday[New York:Monthly Review Press,1970]),它强调若不借助某种不可避免有局限性的认知框架则不可能完成操作。

〔65〕Mark Kelman, A Guide to Critical Legal Studies (Cambridge, Mass.:Harvard University Press,1987) p. 269.

〔66〕Hunt, Explorations, p. 154. 这一论说意在回应哈贝马斯对结构主义马克思理论的精彩批判,见其 Knowledge and Human Interests, trans. Jeremy Shapiro(Boston:Beacon Press,1971)。

〔67〕更多的内容,见 Michael Fischl, The Question the Killed Critical Legal Studies, 17 Law&Soc. Inquiry 779, 781 - 782(1992)。

第五章　后权利时代

第一节　美国人法律意识中的权利

〔1〕Cornel West, The Struggle for American Soul, New York Times Book Review, September, 15, 1991, p. 13.

〔2〕Gary Peller, Race Consciousness, 1990 Duke L. J. 758.

〔3〕Mark Tushnet, An Essay on Rights, 62 Texas L. Rev. 1363(1984).

〔4〕Peter Gabel, The Phenomenology of Rights Consciousness and the Pact of the Withdrawn Selves, 62 Texas L. Rev. 1563(1984).

〔5〕Frances Olsen, Statutory Rape: A Feminist Critique of Rights Analysis, 63 Texas L. Rev. 387(1984).

〔6〕Duncan Kennedy, Critical Labor Law Thoery: A Comment, 4 Industrial Relations L. J. 503(1981); Duncan Kennedy, The Structure of Blackstone's Commentaries, 28 Buff. L. Rev. 204(1979).

〔7〕Louis Schwartz, With Gun and Camera through Darkst CLS Land, 36 Stan. L. Rev. 247(1984).

〔8〕Philip Johnson, Do You Sincerely Want to Be Radical? 36Stan. L.

Rev. 247(1984).

〔9〕Staughton Lynd, Communal Rights, 62Texas L. Rev. 1417(1984).

〔10〕Edward Sparer, Fundamental Human Rights, Legal Entitlement, and the Social Struggle: A Friendly Critique of the Critical Legal Studies Movement, 36Stan. L. Rev. 509(1984).

〔11〕Michael Tigar, The Rights of Property and the Law of Theft, 62Texas L. Rev. 1443(1984).

〔12〕Martha Minow, Interpreting Rights: An Essay for Robert Cover, 96Yale L. J. 1860(1987); Elizabeth Schneider, The Dialectic of Rights and Politics: Perspectives from the Women's Movement, 61N. Y. U. L. Rev. 589(1986).

〔13〕Patricia Williams, The Alchemy of Race and Rights(Cambridge, Mass: Harvard University Press, 1991); Richard Delgado, The Ethereal Scholar: Does Critical Legal Studies Have What Minorities Want? 22 Harv. C. R.-C. L. L. Rev. 301(1987); Kimberle Crenshaw, Race, Reform, and Retrenchment: Transformation and Legitimation in Antidiscrimination Law, 101 Harv. L. Rev. 1331(1988).

〔14〕自18世纪晚期以来,在宪法领域一直存在一个元争论点,即未入律的外部权利之适当地位。见 Calder v. Bull, 3U. S. (3 Dall.) 386(1798),与 Loan Association v. Topeka, 87U. S. (20 Wall.) 655(1875)。反对从未入律的外部权利作司法推理的人一直坚持认为,在外部权利与内部权利之间存在一个清晰的界线,而法官只应当专注于内部权利。外部权利并不"现实地"存在;即使它们存在,它们也面临着太多的意识形态争议;即使它们存在且很清晰,它们也不是"法律"。

"严格实证主义"立场的反对者提出相反立场:诉诸外部权利能且应当化解裂隙、冲突与模糊点,这些因素产生于法官试图忽略法律的规范渊源时所产生的,如此等等。换句话说,实证主义者们称颂司法方法而诋毁权利理论,而解释论者则相反。这种讨论是边缘性的。大多数时间,意识形态知识分子们采用宪法主张在中间地带相互交锋。在中间地带中,双方都主张成文的宪法权利与司法方法的客观性。

〔15〕Minow, Interpreting Rights; Schneider, The Dialectic of Rights and Politics; Gabel, Phenomenology.

〔16〕Oliver Wendell Holmes, The Path of the Law, in Collected Legal Papers(Buffalo, N. Y.: William S. Hein, 1985), p. 181.

〔17〕Henry Terry, Legal Duties and Rights, 12 Yale L. J. 185, 188 (1903).

第二节　权利的批判

〔1〕Wesley Hohfeld, Fundamental Conceptions as Applied in Judicial Reasoning, 26 Yale L. J. 710(1917).

〔2〕比较 Vegelhan v. Gunter, 167 Mass. 92, 44 N. E. 1077(1896), 与 Hague v. C. I. O., 307 U. S. 496(1939)。

〔3〕Louis Brandies and Charles Warren, The Right of Privacy, 4Harv. L. Rev. 193(1890).

〔4〕Griswold v. Conn., 381 U. S. 479(1965).

〔5〕Lon Fuller and William Purdue, The Reliance Interest in Contract Damages, 46 Yale L. J. 52, 373(1936 - 37). 见 chapter 5。霍菲尔德再次成为十分重要的理论源头。Hohfeld, Fundamental Conceptions.

〔6〕但见 Alexander Aleinikoff, Constitutional Law in the Age of Balancing, 96 Yale L. J. 943(1987)。

〔7〕Pa. Coal v. Mahon, 260 U. S. 393(1922), Hadachek v. Sebastian, 233 U. S. 394(1915). Thomas Grey, Holmes and Legal Pragmatism, 41 Stan. L. Rev. 787, 819 - 820(1989).

〔8〕Hohfeld, Fundamental Conceptions.

〔9〕Cheney v. Doris Silk Co., 35 F. 2d 279(2d Cir. 1929).

〔10〕U. S. v. Aluminum Co. of Am., 148 F. 2d 416(2d Cir. 1945).

〔11〕U. S. v. Carroll Towing Co., 159 F. 2d 169(2d Cir. 1947).

〔12〕Dennis v. U. S., 182 F. 2d 201(2d Cir. 1950).

〔13〕Learned Hand, The Bill of Rights(Cambridge, Mass.: Harvard University Press, 1958).

〔14〕U. S. v. Carolene Products,304 U. S. 144,152 - 153,n. 4(1938).

〔15〕Powell v. Alabama,287 U. S. 45(1932).

〔16〕Hague v. C. I. O. ,307 U. S. 496(1939).

〔17〕W. va. v. Barnette,319 U. S. 624(1943).

〔18〕William O. Douglas,Stare Decisis,49 Colum. L. Rev. 735(1949).

〔19〕Herber Wechsler,Toward Neutral Principles of Constitutional Law, 73 Harv. L. Rev. 1(1959).

〔20〕Hugo Black,The Bill of Rights,35 N. Y. U. L. Rev. 865(1960).

〔21〕Dennis v. U. S. ,341 U. S. 494,524 - 543(1951)(大法官弗兰克福特赞同).

〔22〕例如见 Alexander Meiklejohn, The First Amendments is an Absolute,1961 Sup. Ct. Rev. 245。

〔23〕例见 Erwin Griswold,Abosulute is in the Dark,8 Utah. L. Rev. 167 (1963);Paul Freund,The Supreme Court of the United States(Cleveland: World Pub. ,1961)。

〔24〕Wehsler,Neutral Principles.

〔25〕Henry Hart and Herbert Wechsler, The Federal Courts in the Federal System(Brooklyn:Foundation Press,1953).

〔26〕对此一般种类,有三种极不同的反应。Robert McCloskey, Economic Due Process and the Supreme Court:An Exhumation and Reburial, 1962 Sup. Ct. Rev. 34;Jan Deutsch,Neutrality,Legitimacy,and the Supreme Court:Some Intersections Between Law and Political Theory,20 Stan. L. Rev. 169(1968);与 John Griffiths,Ideology in Criminal Procedure,or,A Third 'Model' of the Criminal Process,79 Yale L. J. 359(1970).

〔27〕Bd. of Regents of the Univ. of Cal. V. Bakke,438 U. S. 265 (1978).

〔28〕Ann Freedman, Sex Equality, Sex Difference, and the Supreme Court,92 Yale L. J. 913(1983).

〔29〕Derrick Bell,Serving Two Masters,85 Yale L. J. 470(1976).

〔30〕对 Thomas Sowell 的讨论见 Kimberle Crenshaw,Race,Reform,

and Retrenchment: Transformation and Legitimation in Antidiscrimination Law,101Harv. L. Rev. 1331,1339 - 1346(1988)。

〔31〕Thomas Grey, Discriminatory Harassment and Free Speech, 14 Harv. J. Law& Pub. Policy,157(1991).

〔32〕Kimberle Crenshaw, Mapping the Margins: Identity Politics, Intersectionality, and Violence against Women, 43 Stan. L. Rev. 1241(1991).

〔33〕Martha Minow, The Supreme Court, October 1986 Term, Foreword—Justice Engendered, 101 Harv. L. Rev. 10(1987); Mary Joe Frug, Post-Modern Legal Feminism(New York: Routledge, 1992).

〔34〕就这些理由中的一个来说,即使现实主义者对法律权利推理的批判未直接威胁到存在普遍人权的信念,它可能更多的是威胁到下述思想:抽象地识别它们将会脱离那种你想要回避的“价值判断”。这似乎并未出现在法律之外政治哲学中,但它困扰着美国法学,表现为“反多数主义难题”。

〔35〕Bella English, Keeping Rights in Perspective, Boston Globe, July 22, 1991, S. 2, p. 13.

〔36〕“我做同性恋性事是因为我有性事自由的权利。”“我能用公司的捐助来组建一个产业联合会的政治教育委员会,因为我有言论自由权利。”“奴隶制是错误的,因为它否认了不可让渡的生命、自由与财产权利。”“不可拒绝承担的严格产品责任是错误的,因为它否认了合同自由权。”“工会中的强制入会是错误的,因为它否认了自由结社的权利;阻止罢工是不对的,因为它否认了罢工权。”“禁止避孕是不对的,因为它违反了隐私权。”

〔37〕这种批判的一个典范是 Jeremy Paul, Book Review, 88 Mich. L. Rev. 1622(1990)(评 Jeremy Waldron 的 The Right to Private Property)。

〔38〕Martha Minow, Interpreting Rights: An Essay for Robert Cover, 96 Yale L. J. 1860 (1987); Elizabeth Schneider, The Dialectic of Rights and Politics: Perspectives from the Women's Movement, 61 N. Y. U. L. Rev. 589 (1986).

〔39〕Karl Marx, Capital: A Critique of Political Economy, Vol. 1, Ben

Fowkes trans. (New York: Vintage Books, 1977).

〔40〕Karl Marx, Critique of the Gotha Program (Moscow. Progress Publisher, 1971).

〔41〕Karl Marx, On the Jewish Question, in Writings of the Young Marx on Philosophy and Society, ed. and trans. Loyd Easton and Kurt Guddat (Garden City, N. Y.: Anchor, 1967), p. 216. 此文充满新黑格尔主义的反犹思想。我认为这是瑕不掩瑜的例子之一。它是典型的"早期马克思"作品。

〔42〕例见 Peter Gabel, The Phenomenology of Rights Consciousness and the Pact of the Withdrawn Selves, 62 Texas L. Rev. 1563 (1984); Alan Freeman 与 Elizabeth Mensch, The Public-Private Distinction in American Law and Life, 36Buff. L. Rev. 237 (1987); Duncan Kennedy, The Structure of Blackstone's Commentaries, 28 Buff. L. Rev. 205 (1979); Duncan Kennedy 与 Peter Gabel, Roll Over Beethoven, 36 Stan. L. Rev. 1 (1984)。

〔43〕对社会运动的不同阶段与美国政治史不同时刻权利修辞的作用,有许多批判性的分析。Gabel 的 Phenomenology, 与 Alan Hunt 的 Rights and Social Movements: Counter-Hegemonic Strategies, 17J. Law&Soc'y309 (1990). 它们不是权利批判的例子,尽管有时预设了这一点。

第三节 结语:无限递归之路上的风景

〔1〕我认为,此类看待 MPM 的陈述,最好的是 Nathaniel Berman 的现代主义讨论,见其 Modernism, Nationalism, and the Rhetoric of Reconstruction, 4 Yale J. law&Human. 351 (1992)。一种有趣的把批判法学解释为左倾现代主义的例子,见 David Luban, Legal Modernism, 84 Mich. L. Rev. 1656 (1986)。

〔2〕Jeremy Paul, The Politics of Semiotics, 69Texas L. Rev. 1779, 1812 - 1813 (1991).

〔3〕Jack Balkin, The Politics of Legal Semiotics, 69Texas L. Rev. 1831, 1846 - 1848 (1991).

〔4〕出处同上。

〔5〕Clare Dalton, Book Review, 6Harv. Women's L. Rev. 229(1982)(评 David Dairys ed. The Politics of Law); Gerald Frug, The Ideology of Bureaucracy in American Law, 97 Harv. L. Rev. 1276(1984); David Kennedy, The Turn to Interpretation, 58 So. Cal. L. Rev. 1(1985); Gary Peller, The Metaphysics of American Law, 73Cal. L. Rev. 1152(1985); David Kennedy, Critical Theory: Structuralism, and Contemporary Legal Scholarship, 21New Eng. L. Rev. 209(1986); 我试图反对这一进路,见 Duncan Kennedy, Freedom and Constraint in Adjudication: A Critical Phenomenology, 36 J. Legal Educ. 518(1986); Duncan Kennedy, A Semiotics of Legal Argument, 42 Syracuse L. Rev. 75(1991)(同样的文章见 European Introduction: Four Objections, in Collected Courses of the Academy of European Law, vol. 3, book 2, 1994, p. 309)。我赞同的观点接近于 Geral Frug 的,见其 Argumnt as Character, 40 Stan. L. Rev. 869(1988),还有 Matthew Kramer 的,见其 Legal Theory, Political Theory, and Deconstruction: Against Rhadamanthus (Bloomington: Indiana University Press, 1991), p. 248。文中讲道:"对于解构的批判论者来说,确定性其本身是一种功能,或是既定结构与自由游戏之永不停歇地交织的一个瞬间。确定性与不确定性相互生成并相互排斥,共处于一个其本身就既确定又不确定的过程之中……德里达已有很深的研究……他认为,差别的产生,即延异不是反结构的:它产生有机的并有规则的诸变异体,它们在一定程度上能够为结构科学留下空间。延异这个概念甚至提出了极为正统的有原则的'结构主义'之迫切要求。"(引自 Jacques Derrida, Positions, Chicago: University of Chicago Press, 1981, p. 28)但 Krame 错误地相信了解构总是可能的,尽管它在特定情况下可能不会出现,而在我看来,解构除非放置到一个具体的情况下外几乎无法自说其究竟可能还是不可能。见第三章。

〔6〕Frank Michelman and Margaret Radin, Pragmatist and Poststructuralist Critial Legal Practice, 139 U. Pa. L. Rev. 1019, 1035-1036 (1991).

〔7〕Jacques Derrida, Spectres of Marx, trans. Peggy Knauf(New York: Routledge, 1994) pp. 77 – 88.

〔8〕Sanford Levinson and Jack Balkin, Law, Music and Other Performing Arts, 139 U. Pa. L. Rev. 1597(1991).

〔9〕Michelle Green, The Dream at the End of the World: Paul Bowels and the Literary Renegades of Tangier(New York: Harpercollins, 1991).

〔10〕Pierre Schlag, Normative and Nowhere to Go, 43 Stan. L. Rev. 167 (1990).

〔11〕我所意识到的,在法律中此类不同的一些努力有 Francois Geny, Science at technique en droit privé positif: nouvelle contribution à la critique de la méthode juridique (Paris: L. Tenin, 1914 – 1924); Roscoe Pound, Jurisprudence(St. Paul, Minn.: West Pub. Co., 1959); Harold Laswell and Myres McDougal, Legal Education and Public Policy: Professional Training in the Public Interest, 52 Yale L. J. 203 (1943); Richard Posner, Problems of Jurisprudence(Cambridge, Mass.: Harvard University Press, 1990); Frank Michelman, Law's Republic, 97 Yale L. J. 1493 (1988); Margaret Radin, Reinterpreting Property (Chicago: University of Chicago Press, 1993); 与 Rober Unger, Politics: A Work in Constructive Social Theory (New York: Cambridge University Press, 1987)。就我所有的对不和谐之外的重建而言,这些当中最后一篇我很赞同。

〔12〕Nigel Purvis, Critical Legal Studies in Public International Law, 32 Harv. Int. L. J. 81, 127(1991).

〔13〕Michael Fischl, The Question that Killed Critical Legal Studies, 17 Law&Soc. Inquiry 779, 800(1992).

〔14〕Kimberle Crenshaw, Mapping the Margins: Identity Politics, Intersectionality, and Voilence against Women, 43 Stan. L. Rev. 1241 (1991). MPM 哲学与政治学之间的关系,见 Kramer, Legal Theory, pp. 246 – 247。

〔15〕Michel Foucault, Discipline and Punish: The Birth of the Prison, Alan Sheridan trans. (New York: Vintage, 1979).

〔16〕科学教育也包括广泛的标准化，但被用来衡量一种很窄意义上的能力——记忆力与纯粹认知能力。法学院很像我以前上的预科学校，在那里你经常会被课上点名，不断小测验和小考，还每年有几次不同的国民资质与成就检查，你每天在课上用希腊语朗诵一次就多得到一个学分。

〔17〕Duncan Kennedy, Legal Education and the Reproduction of Hierarchy (Cambridge, Mass.: AFAR, 1983); Duncan Kennedy, Liberal Values in Legal Education, 19 Nova. L. J. 603 (1986); Duncan Kennedy, Politicizing the Classroom, 4 U. S. C. Rev. Law&Women's Studies 81 (1995). Toni Pickard, Experience as Teacher: Discovering the Politics of Law Teaching, 33 Univ. Toronto L. J. 278 (1983).

〔18〕Joseph Raz, The Relevance of Coherence, 72 B. U. L. Rev. 273, 304, n. 52 (1992).

图书在版编目(CIP)数据

判决的批判:写在世纪之末/(美)肯尼迪著;王家国译.—北京:法律出版社,2012.2
(博观译丛)
书名原文:A Critique of Adjudication
ISBN 978-7-5118-3037-1

Ⅰ.①判… Ⅱ.①肯…②王… Ⅲ.①法学—研究 Ⅳ.①D90

中国版本图书馆 CIP 数据核字(2012)第 002120 号

判决的批判
——写在世纪之末

[美]肯尼迪 著
王家国 译

责任编辑 易明群 董 飞
装帧设计 乔智炜

开本 720 毫米×960 毫米 1/16
印张 25.5 **字数** 357 千
版本 2012 年 10 月第 1 版
印次 2012 年 10 月第 1 次印刷
出版 法律出版社
编辑统筹 学术·对外出版分社
总发行 中国法律图书有限公司
经销 新华书店
印刷 世纪千禧印刷(北京)有限公司
责任印制 吕亚莉

法律出版社/北京市丰台区莲花池西里 7 号(100073)
电子邮件/info@lawpress.com.cn
销售热线/010-63939792/9779
网址/www.lawpress.com.cn
咨询电话/010-63939796

中国法律图书有限公司/北京市丰台区莲花池西里 7 号(100073)
全国各地中法图分、子公司电话:
第一法律书店/010-63939781/9782
西安分公司/029-85388843
重庆公司/023-65382816/2908
上海公司/021-62071010/1636
北京分公司/010-62534456
深圳公司/0755-83072995

书号:ISBN 978-7-5118-3037-1
定价:56.00 元